国家级一流本科专业建设成果

高等学校智能财经系列教材

Python语言与数据分析

PYTHON YUYAN YU SHUJU FENXI

主　编　肖　泉　李圣宏
副主编　丁菊玲　赖新峰　姜文晖

中国教育出版传媒集团
高等教育出版社·北京

内容提要

本书是国家级一流本科专业建设成果,也是高等学校智能财经系列教材之一。

本书主要内容包括:导论、Python语法基础、程序控制结构、组合数据类型、函数、文件操作、Numpy科学计算、Pandas数据分析、Matplotlib数据可视化、Python文本分析、财经数据接口机及其应用、电商销售数据分析实践。

本书另配有教学课件、教学大纲、教案、代码、案例数据,并通过二维码链接了补充知识,适合教学。

本书适合作为高等学校相关课程教材,也可作为相关从业人员参考用书。

图书在版编目(CIP)数据

Python 语言与数据分析 / 肖泉,李圣宏主编.

北京 : 高等教育出版社,2025.7. -- ISBN 978-7-04-064752-5

Ⅰ.TP312.8

中国国家版本馆 CIP 数据核字第 20254LP118 号

| 策划编辑 | 熊柏根 | 特约策划 | 曹明卷 | 责任编辑 | 熊柏根 | 封面设计 | 张文豪 | 责任印制 | 高忠富 |

出版发行	高等教育出版社	网　　址	http://www.hep.edu.cn
社　　址	北京市西城区德外大街4号		http://www.hep.com.cn
邮政编码	100120	网上订购	http://www.hepmall.com.cn
印　　刷	上海叶大印务发展有限公司		http://www.hepmall.com
开　　本	787mm×1092mm 1/16		http://www.hepmall.cn
印　　张	19.25		
字　　数	457千字	版　　次	2025年7月第1版
购书热线	010-58581118	印　　次	2025年7月第1次印刷
咨询电话	400-810-0598	定　　价	49.00元

本书如有缺页、倒页、脱页等质量问题,请到所购图书销售部门联系调换

版权所有　侵权必究

物　料　号　64752-00

前　言

数字经济浪潮和大数据时代的到来引起经济社会深刻变革，人才培养面临重塑思维体系、变革培养模式等要求。特别是在以教育强国战略引领新文科建设的导向下，如何在新文科范畴的专业中融入信息技术，实现对原专业改造升级，通过多学科协同提升学生数据素养，是新文科人才培养亟待解决的问题。

当前，人工智能技术的迅速发展使Python语言得到越来越广泛的普及和应用，因为简洁高效、简单易学、语法灵活等特点，Python语言作为各专业智能化改造的嵌入点具有很强的适用性。但总体而言，新文科专业融合数据科学课程的人才培养体系尚处于探索和开发阶段。就Python语言类课程为例，尽管在多工科院校，以及非工科院校的计算机、信息管理、大数据等相关专业已具备较丰富的范本，但在更广范畴内的新文科专业中缺乏改革实践。新文科课程建设需要健全适用于新文科专业的数据科学课程体系，才能帮助学生聚焦面向数据分析的业务场景，更好地实现产教融合和协同育人。在传统文科专业人才培养方案中，人文素养课程主要侧重"广而全"的理论知识学习，计算机和数据科学类课程比重偏低，导致文科专业学生编程基础薄弱，计算思维有待提升。

本书针对当前新文科人才培养存在的问题，旨在以新文科专业学生为主体，以促进学生的知识、能力、素质协调发展为目标，培养学生的计算思维、Python编程基础能力，以及利用Python处理和分析数据的能力，提高学生通过编程解决实际问题的能力，同时注重学生逻辑思维能力、独立思考能力、团队协作能力、创新能力的协同培养。

本书编写团队由江西财经大学信息管理与数学学院的肖泉教授、李圣宏副教授、丁菊玲副教授、赖新峰副教授，以及计算机与人工智能学院的姜文晖副教授组成。团队具有丰富的非计算机类专业程序设计课程教学经验，并基于Python语言完成国家自然科学基金、国家社会科学基金等多个国家级项目的研究工作，以及多个企业实践项目，能够将理论与实践结合、将程序设计与经管实务结合。本书针对新文科专业学生认知基础设计内容，侧重计算思维培养，以及数据处理、数据分析、数据可视化等实践能力的塑造。

本书分为四篇共12章，分别为Python语言基础篇、Python语言进阶篇、数据分析基础篇和数据分析应用实践篇。

Python语言基础篇包括第一章至第四章，通过大量实例介绍Python的数据类型与运算，变量与表达式，整数、浮点数、字符串等基本数据类型，以及列表、元组、字典、集合等组合

前 言

数据类型；在此基础上，介绍分支和循环两种重要的程序控制结构，其中穿插内置函数库的使用，以及经管人文相关案例。这一篇能够使读者具备基本的 Python 程序编写能力。

Python 语言进阶篇包括第五章和第六章，进一步介绍 Python 语言中函数的定义和使用、文件和异常处理，具体包括模块化程序设计、文件的读写操作等内容。这一篇能够帮助读者编写逻辑更加复杂、功能更加强大，同时更加健壮的 Python 程序。

数据分析基础篇包括第七章至第九章，介绍了 Python 语言中的 NumPy、Pandas 和 Matplotlib 三个数据分析核心库。基于 NumPy 库介绍数组的科学计算，基于 Pandas 库介绍如何利用 Series 和 DataFrame 对象完成筛选、排序和分组统计等数据分析任务，基于 Matplotlib 库介绍对数据分析结果的各种可视化呈现。

数据分析应用实践篇包括第十章至第十二章，在前三篇基础上完成三个综合性较强的实践应用。第十章将介绍基本的英文文本分析、中文分词与文本分析、WordCloud 词云图绘制；第十一章将介绍 AKShare 等主流的财经数据接口的使用，并基于财经数据接口完成数据分析任务；第十二章将以一个全球电子商务公司销售业务为例，介绍数据清洗与预处理、数据分析和数据分析报告撰写的完整过程。

本书适用于文科类专业、经管类专业的大学本科生和高职高专学生使用，也适合作为文科及经管类专业的教师和研究生了解 Python 语言编程及数据分析方法的参考用书。相比于市面上已有相关教材，本书具有较为鲜明的特色。

第一，进行原创性探索，立足国家"新文科"战略的跨学科课程体系创新。针对文科教育"重理论轻技术"的现实问题，以 Python 编程语言结合数据分析场景推动经管、人文等专业的智能化转型路径。响应国家对多元创新人才的迫切需求，构建覆盖数据思维培养、工具应用、业务闭环的完整教学框架，弥补新文科专业数据科学课程体系的缺口。

第二，融合丰富实践场景的交叉学科知识生产。将中国传统文化资源与当代财经管理场景深度结合，形成丰富的原创教学案例。通过交叉学科方法论创新实践，实现人文社科研究方法与计算科学的范式融合，为中国特色哲学社会科学提供可操作的技术工具和交叉学科知识生产动力。

第三，赋能中国式现代化的能力培养模式重构。突破传统教材"重语法轻应用"的局限，构建"编程基础→数据分析→行业实践"的能力培养闭环设计，强化解决实际问题的能力。基于编写团队国家级课题与企业项目经验，将中国经济数字化转型需求落地为教学场景，推动人才培养与中国式现代化产业需求对接。

第四，资源丰富，利教便学。本书另配有完整的数据集、代码库、教学课件、教学视频、教学大纲、教案、课后习题答案等内容，能够有效辅助学生自学，并为教师教学提供便利。

最后，引领创新，兼顾考证。本书的内容涵盖了全国计算机等级考试二级 Python 语言程序设计的大纲范围，适合作为备考二级的参考书。

在章节内容学习和教学内容选择方面，本书前六章可以独立作为"Python 语言程序设计基础"等相关基础类课程的教学内容；第七章及之后的章节可作为"Python 数据分析"等相关课程的教学内容，其中人文类专业适合强化对 Python 文本分析相关知识的掌握，经管类专业有必要掌握财经数据接口的使用。

本书由肖泉、李圣宏担任主编，丁菊玲、赖新峰、姜文晖担任副主编。

具体编写分工如下：

第一章、十一章、十二章由肖泉编写，第二章、第四章由赖新峰编写，第三章、第五章由姜文晖编写，第六章、第七章由丁菊玲编写，第八章、第九章、第十章由李圣宏编写。本书由肖泉总纂定稿。感射李夏、黄伟玲、毛匡政、王晓洁、吴杨、张展毓、姜林冰、丁娇、郑永有、李阳等研究生参与资料收集与整理。

由于编者水平有限，书中存在的纰漏之处，恳请读者批评指正。

本书代码与数据

编　者

2025 年 6 月

目 录

第一篇　Python 语言基础

第一章　导论 ……………………………………… 003
学习目标 / 003
1.1　程序设计语言 / 003
1.2　Python 语言概述 / 005
1.3　程序设计的基本方法 / 007
1.4　数据分析概述 / 009
1.5　Python 的安装与使用 / 013
本章小结 / 021
复习思考题 / 021
操作实践题 / 022

第二章　Python 语法基础 ……………………………… 023
学习目标 / 023
2.1　基本语法规则 / 023
2.2　数值类型数据 / 030
2.3　布尔类型与运算 / 033
2.4　标准函数库的使用 / 036
2.5　字符串 / 039
本章小结 / 050
复习思考题 / 050
操作实践题 / 051

第三章　程序控制结构 ……………………………… 052
学习目标 / 052
3.1　顺序结构 / 052

3.2 分支结构 / 053
3.3 循环结构 / 060
3.4 turtle 库 / 070
3.5 异常处理结构 / 074
本章小结 / 076
复习思考题 / 077
操作实践题 / 077

第四章 组合数据类型 078

学习目标 / 078
4.1 列表 / 078
4.2 元组 / 089
4.3 字典 / 092
4.4 集合 / 097
本章小结 / 102
复习思考题 / 103
操作实践题 / 103

第二篇 Python 语言进阶

第五章 函数 107

学习目标 / 107
5.1 函数的概念与优点 / 107
5.2 函数的定义与调用 / 109
5.3 函数的参数 / 112
5.4 变量作用域 / 115
5.5 函数高级应用 / 119
5.6 程序级封装 / 123
本章小结 / 125
复习思考题 / 126
操作实践题 / 126

第六章 文件操作 127

学习目标 / 127
6.1 文件的相关概念 / 127
6.2 文件的打开与关闭 / 129
6.3 文件的读写 / 131
6.4 Word和Excel文件的读写 / 140

本章小结 / 143
复习思考题 / 144
操作实践题 / 144

第三篇 数据分析基础

第七章 NumPy科学计算 ……………………………… 147

学习目标 / 147
7.1　NumPy 库的基本数据结构 / 147
7.2　数组的访问与运算 / 152
7.3　数组的形态变换与排序 / 155
7.4　NumPy常用函数 / 157
本章小结 / 165
复习思考题 / 166
操作实践题 / 166

第八章 Pandas数据分析 ……………………………… 167

学习目标 / 167
8.1　Pandas 的基本数据结构 / 167
8.2　数据整理 / 173
8.3　数据分析 / 178
8.4　数据读写 / 181
8.5　数据绘图 / 183
本章小结 / 192
复习思考题 / 193
操作实践题 / 193

第九章 Matplotlib数据可视化 ……………………… 195

学习目标 / 195
9.1　Matplotlib 基本使用 / 195
9.2　常见图形绘制 / 203
9.3　图形绘制进阶 / 210
本章小结 / 217
复习思考题 / 217
操作实践题 / 217

第四篇 数据分析应用实践

第十章 Python文本分析 …… 221

学习目标 / 221

10.1 文本分析基础 / 221

10.2 中文文本分析 / 228

10.3 WordCloud词云图绘制 / 232

本章小结 / 241

复习思考题 / 241

操作实践题 / 241

第十一章 财经数据接口及其应用 …… 242

学习目标 / 242

11.1 财经数据接口简介 / 242

11.2 沪深股票数据分析 / 243

本章小结 / 257

复习思考题 / 257

操作实践题 / 257

第十二章 电商销售数据分析实践 …… 258

学习目标 / 258

12.1 案例背景与分析流程 / 258

12.2 数据准备 / 259

12.3 数据导入与探索 / 260

12.4 数据预处理 / 264

12.5 订单与商品分析 / 266

12.6 物流与配送分析 / 274

12.7 销售与利润分析 / 281

12.8 客户价值分析 / 287

12.9 数据分析报告撰写 / 292

本章小结 / 295

复习思考题 / 295

操作实践题 / 296

主要参考文献 …… 297

第一篇　Python 语言基础

Python 不仅是一种编程语言,更是数据分析的利器。尽管开展数据分析还存在诸多挑战,但 Python 的简洁易读的语法使得编写代码变得轻松高效。掌握 Python 语言的基础知识,是利用 Python 开展数据分析工作的必经之路。本篇由四章构成,分别为:导论、Python 语法基础、程序控制结构和组合数据类型。

在导论一章中,将介绍程序设计语言的相关概念,Python 语言的发展、应用和优缺点,对程序设计的基本方法,以及数据分析的基本概念和步骤等问题开展讨论,并介绍 Python 的安装与使用。

掌握变量、数据类型、运算符等基本概念,有助于更加灵活地处理数据,以及编写出高效且可维护的代码。因此,我们将在第二章对 Python 基本语法规则、数值、布尔、标准函数库和字符串数据类型的特点及操作进行介绍。在此基础上,第三章探讨 Python 中的程序控制结构,包括顺序、分支和循环结构等,为编写复杂程序奠定坚实的语法和逻辑基础。

除数值、字符串等基本数据类型外,Python 提供了列表、元组、集合和字典等组合数据类型来支持对批量数据的处理。在第四章中,我们将探索 Python 提供的这些组合数据类型。掌握这些不同组合数据类型的特性和用法,有助于更加高效地处理和管理数据,为实现数据分析的目标提供强有力的支持。

第一章 导 论

本章思维导图

学习目标

- 了解程序设计语言的类型,理解编译和解释执行方式;
- 了解 Python 语言的应用领域和优缺点;
- 掌握程序设计的基本方法,对于简单问题能用 IPO 方法进行分析;
- 了解数据分析的相关概念、基本要求和基本步骤;
- 了解 Python 语言常用的集成开发环境,掌握标准 Python 的安装方法和 IDLE 的基本使用方法;
- 掌握 Anaconda 的下载和安装方法,以及 Spyder 开发环境的使用。

在数字化浪潮席卷全球的今天,Python 以其简洁高效的语法、丰富强大的功能,成为连接技术与应用的桥梁,在人工智能、数据分析等领域发挥着不可替代的作用。对于初涉编程世界的读者而言,构建系统性的知识框架是掌握这门语言的关键。

1.1 程序设计语言

1.1.1 程序设计语言的概念与分类

人类语言是人与人交流和理解的一种交互体系,类似地,程序设计语言则是计算机能够理解和识别用户操作意图的一种交互体系,也叫编程语言。程序设计语言按照特定规则组织一系列计算机指令,形成计算机程序,使计算机能够自动进行各种运算和处理。使用特定的程序设计语言编写计算机程序的过程就称为编程。

从诞生和发展过程看,程序设计语言可以归纳为机器语言、汇编语言和高级语言三类。

机器语言是最早诞生的程序设计语言,其指令由二进制代码构成,是计算机能直接识别的程序设计语言。机器语言的每一条指令都与 CPU 中相应的电子线路对应,因此不同计算机结构的机器语言可能是不一样的。例如,执行数字 2 和 3 的加法,在 16 位计算机上的机器指令为：`11010010 00111011`。机器语言的优点是执行速度快,但缺点是通用性和可移植性差、难读难记、编程调试工作量大等。

为克服机器语言的这些缺点,汇编语言随之诞生。汇编语言又称符号语言,它使用接近人类语言的助记符来替代机器语言的指令。因此,它在保留机器语言速度快的优点的同时,很大程度上克服了机器语言难读难记、编程调试工作量大的缺点,在计算机发展早期有效地帮助程序员提高编程效率。例如,执行数字 2 和 3 的加法,汇编语言指令为：`add 2,3,result`,运算结果被写入 result 中。与机器语言一样,汇编语言也因机而异,不便移植。因为机器语言和汇编语言都直接操作计算机硬件并基于此设计,所以它们被称为低级语言。

为了进一步对低级语言的缺点进行改进,从 20 世纪 50 年代中期开始,计算机科学家利用语句语法比较接近人们习惯的自然语言和数学语言,陆续开发出了许多高级语言。其优点是具有较好的通用性,即用高级语言编写的程序可以在不同类型的计算机上使用。同时,高级语言易学,程序简短易读、便于维护,极大地提高了程序设计的可靠性和效率。计算机高级语言的出现使计算机的应用得以普及和推广。例如,执行数字 2 和 3 加法,高级语言代码为：`result=2+3`,非常适合人类思维的表达方式。目前国内外使用的高级语言有几百种之多,数量还在不断增加,有些高级语言也慢慢被淘汰而退出历史舞台。每种语言都有各自的特点,适用于不同的应用范围,其中常用的高级语言有 Basic、C、C++、Java、Python 等。

未来随着人工智能、量子计算机、生物计算机等新兴技术的发展,程序设计语言也将发生深刻变革。如同科幻电影中的情节,使用人类的自然语言作为指令来设计程序并驱动计算机完成不可思议的任务,在不远的将来即将成为现实。

1.1.2　程序设计语言的执行方式

用高级语言所编写的人类易于理解的"源程序",必须翻译成由二进制编码机器语言所组成的"目标程序"才能被计算机理解并执行,而这个翻译工作是由"语言翻译处理程序"来完成的。将源程序翻译成目标程序有两种方式：一种称为"编译",另一种称为"解释"。

编译方式是将源程序一次性全部翻译成目标程序,再使用连接程序将其连接成为可直接执行的可执行程序。以这种方式工作的翻译程序称为编译(或汇编)程序(compiler)。将源程序翻译成可执行程序的过程如图 1-1 所示。

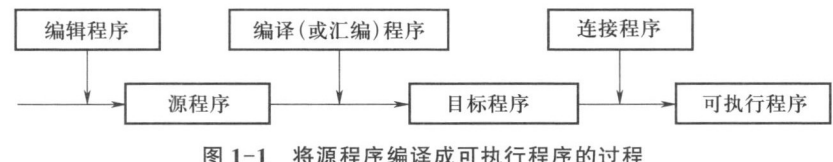

图 1-1　将源程序编译成可执行程序的过程

解释方式是将源程序逐句地翻译,译出一句就立即执行一句,边解释边执行。执行解释的计算机程序称为解释器(interpreter)。解释和编译的区别在于编译是一次性翻译,一旦程序被编译,不再需要编译程序或者源程序。解释则在每次程序运行时都需要解释器和源程序。这两者的区别类似于对外语资料的整篇翻译和同声传译。采用编译执行的编程语言称作静态语言,如 C、Java；采用解释执行的编程语言称作脚本语言,如 JavaScript、PHP。

Python语言是一种被广泛使用的高级通用脚本编程语言,虽采用解释执行方式,但它的解释器也保留了编译器的部分功能。随着程序运行,解释器也会生成一个完整的目标程序,兼具编译和解释两种方式的优点。

1.2 Python 语言概述

近年来,随着数据分析和人工智能应用需求的不断提升,Python 语言越发流行。Python 语言在 2007、2010、2018、2020 和 2021 年五度获得 TIOBE 排行榜评选的年度最佳语言,为近二十年获评次数最多的程序设计语言。截至 2025 年 6 月,Python 语言在 TIOBE 排行榜中排名第一,C++ 语言和 C 语言分列第二、第三位。Python 语言还在 IEEE Spectrum、PYPL 等多个权威排行榜中占据首位。

Python 语言的优势使它得到了国内外众多科技和金融公司的青睐,如 Google、YouTube、高盛、阿里巴巴、腾讯、百度、豆瓣等都在大规模使用 Python 语言支持其业务。Python 也是国内外众多高校和科研机构人员开展研究的重要工具。

1.2.1 Python 语言的应用

1.2.1.1 软件与应用系统开发

Python 语言既支持面向对象编程,也支持函数式编程,能够胜任各类软件与应用系统的开发工作。Python 的 Tkinter、PyQt 和 wxPython 等函数库可以用于创建桌面端的图形用户界面(GUI)应用程序,Django 和 Flask 等框架能够支持各种 Web 应用程序的开发。此外,还可以利用 Python 编写脚本程序来实现应用和系统服务器的自动化运行和维护。

1.2.1.2 科学计算

科学计算也称数值计算,是科学研究和工程领域中的一项重要任务。Python 在科学计算方面具有强大的能力,NumPy、SciPy、SymPy 等函数库使数组运算、微积分、矩阵运算、优化、统计、符号计算等方面的各项任务变得简单高效。

1.2.1.3 网络爬虫

网络爬虫也称网络蜘蛛(web spider),是获取网络数据的重要手段。Python 在网络爬虫方面具有丰富的库和工具,以及友好的语法和易用性,成为网络爬虫开发的首选语言。利用网络爬虫可以自动、高效、不分昼夜地从互联网免费获取数据,有效地节约了人力成本。

1.2.1.4 数据处理与分析

数据处理与分析是对数据内容与数据格式进行清洗、规范、转换和分析,并将结果进行可视化展现。Python 语言在科学计算、文本分析、图形视频、数据可视化等函数库的支持下,能够实现对各种格式数据的有效处理和分析,其规模可以达到 GB、TB 甚至更大。

1.2.1.5 游戏开发

Python 提供了多个游戏开发库和框架,如 Pygame、Pyglet 和 Panda3D,使得游戏开发人员能够快速创建 2D 和简单的 3D 游戏。这些库提供了图形渲染、输入处理、音频管理等功能，并且具有较低的学习曲线，适合初学者入门和教学使用，尤其适用于快速游戏原型开发、教育和小型游戏项目。

1.2.1.6　机器学习与人工智能

Python 语言在机器学习与人工智能领域稳居首位，它提供了众多强大的机器学习和深度学习库，如 Scikit-learn、TensorFlow 和 PyTorch，使得数据预处理、特征工程、模型训练和推理部署变得简单高效。这些库提供了丰富的算法和工具，以及各种优化和调参方法，使得机器学习和人工智能开发者能够快速实现算法原型，进行实验和模型评估。Python 语言在自然语言处理、计算机视觉、多模态分析等领域具有广泛应用，不仅降低了人工智能应用学习的门槛，还推动了人工智能技术的快速发展。

1.2.2　Python 语言的优缺点

Python 语言之所以如此受欢迎，与其具备的许多优点密不可分。

1.2.2.1　简单易学

Python 语言不但语法简单明了、代码结构清晰，易于理解和维护，而且开发环境易于使用。相比其他计算机语言，Python 对于初学者和非计算机专业人员来说非常友好。完成同样的工作，Python 语言的代码量只是其他编程语言的若干分之一。

1.2.2.2　丰富的第三方库和工具

Python 语言拥有强大的第三方库生态系统，为开发者提供了丰富的库和工具，涵盖了数据处理、科学计算、网络编程、Web 开发、人工智能等各个领域的功能和解决方案。这使得开发者可以直接使用这些现成的库，快速构建复杂的应用程序，无须从头设计，从而提供了诸多便利。

1.2.2.3　强大的社区支持

Python 语言拥有一个庞大且活跃的社区。大量的开发者和贡献者积极参与 Python 的发展和改进。社区不仅提供了丰富的教程、文档、示例代码等资源，还向开发者提供了解决问题和寻求帮助的渠道。这种社区支持不仅提供了技术上的帮助，更重要的是建立了一个积极互助的开发者社群，激发了创新和合作的精神。无论是初学者还是专业开发者，都能从 Python 社区中获得支持和激励，共同推动 Python 生态系统的发展。

1.2.2.4　跨平台性

作为一门脚本语言，Python 不需要编译，它的执行与操作系统无关。这意味着开发者可以使用一套统一的 Python 语言程序，在不同的操作系统上开发和部署应用程序，而无须为每个平台编写特定的程序。这种跨平台性为开发者带来了巨大的便利，使得开发者可以更加灵活地开发和部署 Python 应用程序，提高了开发效率和应用的可移植性。

1.2.2.5　可扩展性

通过各类接口或函数库，开发者可以方便地在 Python 程序中调用其他编程语言编写的代码，将它们整合在一起来完成特定的工作，这使得 Python 被称为"胶水语言"。例如，Python 可以通过 C 扩展来使用 C/C++ 编写的库，也可以与 Java、.NET 等平台进行交互。这使得开发者能够充分利用已有的其他语言的代码和资源，无缝地扩展 Python 程序的功能，进而完成各项新任务。

此外，Python语言也存在一些缺点。例如，与一些编译语言相比，Python程序执行相同任务的速度可能更慢。这是因为Python语言代码需要在运行时动态解释，影响了执行效率。Python语言在多线程、并发和并行编程方面的能力相对较弱，对移动设备的支持能力还不够强大。

1.3 程序设计的基本方法

1.3.1 程序设计方法——IPO

无论采用何种计算机语言，为了利用计算机来解决特定计算问题，都需要通过编写程序来实现。有的程序计算规模大、任务复杂，如火箭飞行控制程序、全国铁路运行调度程序等；有的程序计算和处理相对简单，如四则运算、汇率单位转换等。实际上，无论程序规模和复杂程度如何，都有一套通用的朴素运算模式可以遵循，即输入数据、处理数据和输出数据。也就是我们先将数据交给计算机，然后计算机进行内部计算处理，最后将结果反馈给我们。这种朴素运算模式就形成了基本的程序设计方法——IPO（input, process, output）方法。

输入（input）通常是一个程序的开始。我们将数据交给计算机可以通过多种方式，如键盘控制台输入、交互界面输入、文件输入、网络输入、随机生成数据输入。处理（process）是程序对输入数据进行计算并产生结果的过程，其中，计算问题的解决步骤称作"算法"，算法是一个程序的灵魂。产生的结果最终需要进行输出（output），这种输出可以通过屏幕控制台打印给用户，或者以图形界面展现，也可以直接输出到文件或者网络中。在复杂的问题中，IPO的过程还可能反复进行。

假设我们需要设计一个"圆面积计算"程序，由用户向计算机告知圆的半径，计算机计算并输出这个圆的面积，则这个程序的IPO描述如下：

```
输入：圆半径radius
处理：计算圆面积area = 3.1415926 * radius * radius
输出：圆面积area
```

通过这个例子可以看到，我们可以使用自然语言对计算问题的输入、计算处理方式和输出进行描述，从而使这个计算问题逻辑清晰，更易于后续的代码实现。对计算问题的IPO过程进行分析并描述，能够帮助程序设计初学者理解程序设计的开始过程、了解程序的运算模式，进而建立设计程序的基本概念，因此，初学者有必要掌握IPO这种程序设计的基本方法。

1.3.2 算法设计与实现

明确计算问题的IPO过程后，并没有形成真正可执行的程序，还需要继续完成以下一些工作。

1.3.2.1 设计算法

IPO分析初步明确了程序的处理功能。为了实现满足要求的程序，需要对处理功能的具体逻辑和步骤进行更加详细的设计,也就是设计算法。对于圆面积计算这样的简单问题,输入和输出的关系比较直观,直接选择或设计算法即可。对于复杂的问题,需要利用"分而治之"的思想,将复杂问题分解成若干简单问题,分别为简单问题设计算法,最终将其整合成原问题的求解算法。对初学者而言,即使是简单问题,也不建议跳过设计算法而直接编写程序,对算法的思考有助于计算思维的培养,会对复杂问题的算法分析大有益处。算法的设计可以采用自然语言、流程图、伪代码等方式进行描述。圆面积计算问题的流程图如图 1-2 所示。

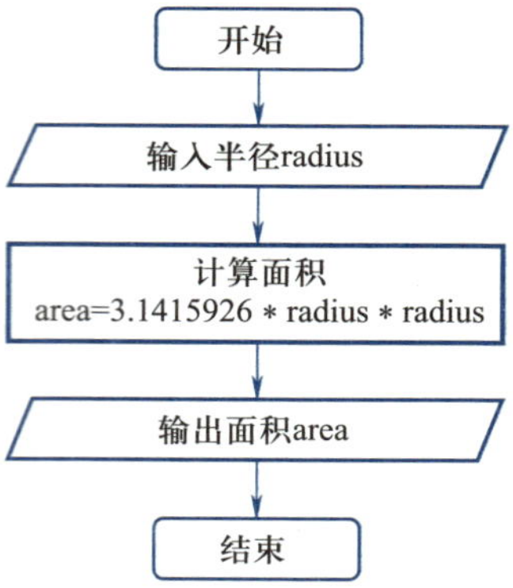

图 1-2 圆面积计算问题流程图

1.3.2.2 编写程序

明确算法后,就需要选择一门程序设计语言实现设计的算法。理论上来说,可以使用任何通用程序设计语言。但是,不同程序设计语言在程序的可读性、运行效率、开发周期、可维护性等方面存在很大差异。例如,Python 语言相比 C 语言在运行效率上略有逊色,不适合性能要求十分苛刻的特殊计算任务,但 Python 程序在可读性、开发周期和可维护性等方面比 C 语言更有优势。当前计算机已经能够满足大多数一般功能程序的性能要求,Python 语言在性能方面的微弱劣势对解决一般问题可谓微不足道。在此,我们可以使用 Python 语言对前一阶段用自然语言、流程图或者伪代码表示的算法进行实现。例如,示例代码 1.1 和示例代码 1.2 分别是对圆面积计算问题的 Python 语言和 C 语言实现。

示例代码 1.1 CircleArea.py
```
1    radius = float(input('请输入半径:'))
2    area = 3.1415926 * radius * radius
3    print('这个圆的面积为', area)
```

示例代码 1.2 CircleArea.c
```
1    #include <stdio.h>
2    int main(){
3        float radius;
4        printf("请输入半径:");
5        scanf("%f", &radius);
6        float area = 3.1415926 * radius * radius;
7        printf("这个圆的面积为 %f\n", area);
8        return 0;
9    }
```

通过对比发现,对于这个同样的问题,使用 Python 语言的代码比 C 语言简洁很多,也更易于理解。

1.3.2.3 调试测试

很多时候编写程序并不是一次成功的,特别是对于复杂的问题,即使经验丰富的程序员编写的程序也可能会存在错误和漏洞(bug)。一般来说,bug 数量会与程序规模呈正相关。所以编写完程序后,需要运行程序,通过单元测试和集成测试来评估程序运行结果的正确性。找到并排除 bug 十分必要,这个过程被称为调试(debug)。当程序正确运行后,可以测试程序在各种不同情况下的表现,如通过边界测试来发现潜在的边界问题和异常情况。比如，对于圆面积计算程序，经过测试发现如果输入的半径为负数，那么计算出来的面积也会是负数。这显然是不合理的，说明这个程序存在正负数边界处理的问题。

1.3.2.4 升级维护

调试测试通过意味着解决了当前问题，但是问题和需求可能会随情况不同而不断变化，程序也就需要相应地升级维护以适应这些变化。对于圆面积计算这个程序，如果未来我们需要利用这个程序解决更精密的半径和面积计算问题，就需要对这个程序进行升级和维护，以适应更高精度的要求。

综上所述，利用计算机解决计算问题我们可以按照以下五个步骤进行：问题的 IPO 分析、设计算法、编写程序、调试测试、升级维护。在这个过程中，编写程序只是其中的一个环节，在此之前的 IPO 分析和设计算法至关重要，但往往容易被初学者所忽视。事实上，IPO 分析和设计算法是计算思维的创造过程，是解决方案形成过程；而编写程序、调试测试和升级维护，则是对解决方案的计算机实现，属于技术实现过程。

1.4 数据分析概述

在诸多需要利用计算机解决的任务中，数据分析是近年来各行业领域的热点需求，而这也正是 Python 语言的优势所在。为更好地掌握如何利用 Python 语言开展数据分析，在学习之初对数据、数据分析等相关概念、基本要求和流程建立初步的认识是必要的。

1.4.1 数据的相关概念

数据一词大家应该耳熟能详，特别是在当今的大数据时代，数据无处不在。与数据密切相关的概念还有信息、知识和智慧，表示它们之间关系的 DIKW 模型（data-to-information-to-knowledge-to-wisdom model）如图 1-3 所示。

1.4.1.1 数据的概念

数据是用来记录、描述和识别事物的按一定规律排列组合的物理符号，是客观事物的属性、数量、位置及其关系等的抽象表示。它既可以是数字、文字、图形、图像、声音或者味道，也可以是计算机代码。数据本身是孤立的、互不关联的客观事实、文字、数字或符号，没有上下文和解释。数据表达的仅仅是一种描述，如 60 kg 就是一个数据，它的具体内涵解释我们不得而知。数据经过处理仍然是数据，经过解释变得具有意义，就能成为信息。

1.4.1.2 信息的概念

信息是人们对数据进行系统地收集、整理、管理和分析的结果，是经过一系列的提炼、加工和集

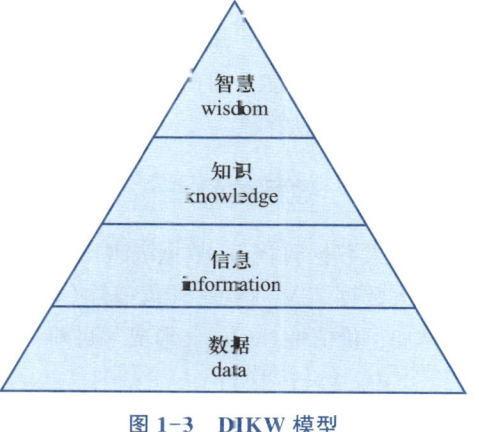

图 1-3 DIKW 模型

成后的数据,是对客观世界各种事物的特征的反映。而数据是信息的符号表示,或称载体。对于 60 kg 这个数据如果我们赋予一定的解释,如"张三同学的体重是 60 kg"这个表述就可以成为一条信息。

信息来源于数据,是对数据进行加工处理的产物。信息对决策或者行动是有价值的,其价值在于人类认识世界和改造世界活动的现实意义。数据资料所含信息量是由消除事物认识的不确定程度来决定的,数据资料消除的人们认识上的不确定性的大小也就是数据资料中所含信息量的多少。

1.4.1.3 知识的概念

知识是客观事物的属性与联系的反映,是客观世界在人脑中的相对正确的反映,有时表现为主体对事物的感性直觉或表象,属于感性知识,有时表现为关于事物的概念或规律,属于理性知识。知识是人们在实践活动中获得的有关世界的最本质的认识,是对信息的提炼、比较、挖掘、分析、概括、判断和推论。例如,分析体重信息后发现"体重过重对于人体健康不利",这就形成了一条知识。

知识按复杂性可分为显性知识和隐性知识。显性知识是用系统的、正式的语言传递的知识,可以编码和度量,可以清晰地表达出来,易于传播,可以在人与人之间进行直接交流,通常以语言文字的形式存在。显性知识的处理可以用计算机实现。隐性知识是存在于人脑中的、非结构化的、与特定语境相关的知识,很难编码和度量。隐性知识是人们在实践中不断摸索和反复体验形成的,通常以直觉、价值观、推断、经验、技能等形式表现出来,虽然难以描述,但它是个人能力的直接表现且更为宝贵。

1.4.1.4 智慧的概念

智慧是富有洞察力的知识,指人在了解多方面的知识后,能够预见一些事情的发生并主动地采取行动。智慧是人类特有的解决问题的一种能力,是人类针对物质世界运动过程中产生的问题,根据已有的数据、信息和知识进行分析、对比、演绎、推理从而找出解决方案的能力,这种能力运用的结果是知识架构的形成。例如,"体重过重对于人体健康不利"是大家都知道的知识,但是准确预见哪些人群具有更高的超重风险才是智慧。

1.4.1.5 数据、信息、知识、智慧之间的关系

通过以上概念可知"数据≠信息≠知识≠智慧"。我们可以从数据中提取信息,从信息中挖掘知识,而智慧是一种高层次的知识。换句话说,数据是信息和知识的符号表示,信息是数据的内涵意义,知识是具有前因后果的信息,是人们在长期的实践中总结出来的正确的内容,而富有洞察力和预见性的知识架构能够形成智慧。因此,如果没有数据,那么信息、知识和智慧就无从谈起。

1.4.2 数据的特征

在大数据时代下,数据表现出一系列新的特征。其中比较具有代表性的就是 IBM 公司提出的大数据"3V"特征,即规模性(volume)、多样性(variety)和高速性(velocity),后来专家们又增加了价值性(value),形成了目前我们常听说的大数据"4V"特征。

1.4.2.1 规模性

在早期的个人 PC 时代,一张小小的 MB 级别的软盘就能满足许多人的需求。随着物

联网基础设施及智能手机、可穿戴设备的普及,数据的规模越来越大,存诸单位从 GB、TB 级向着 PB、EB 级大踏步迈进。据国际数据公司 IDC 预测,2025 年全球每年产生的数据将增长到 175 ZB(1 ZB 相当于 1.1 万亿 GB)。目前美国的平均网速为 25 Mb/秒,一个人要下载完这 175 ZB 的数据,需要 18 亿年。

1.4.2.2 多样性

广泛的数据来源决定了数据形式的多样性。各个企业采集并利用的数据已经不限于传统的结构化数据(即按照预定义方式组织的标准化格式数据),半结构化和非结构化数据的增长速度超过了结构化数据的增长速度,任何形式的数据都可以产生作用,无论是数字、文本还是图片、音频和视频。

1.4.2.3 高速性

各领域的数据在以越来越高的速度产生并传输。与以往的档案、广播、报纸等传统数据载体不同,当前越来越多的数据交换和传播通过互联网、云计算等方式实现,远比传统媒介的信息交换和传播速度快,因而对处理数据的响应速度有更严格的要求。数据的增长速度、传输速度和处理速度是大数据高速性特征的重要体现。

1.4.2.4 价值性

传统数据因规模较小、形式单一,能够发挥的价值较为有限。大数据能够基于大量不同类型数据,利用数据挖掘、机器学习和人工智能等方法挖掘出有用的信息、揭示规律并形成新的知识和智慧,运用于财经、医疗、农业等各个领域,在改善社会治理、提高生产效率、推进科学研究等方面发挥重要价值。

1.4.3 数据分析的概念与要求

1.4.3.1 数据分析的概念

数据分析并不是计算机诞生后才出现,自古以来人们就不断观察自然世界中的对象,对观察得到的数据进行分析,从而发现各种规律和法则,如开普勒通过分析六体观测数据发现了开普勒定律。在记录过去发生事情的基础上,通过数据分析可以推断得到一些可能的规律,这些规律可以解释当前发生的事情,并对未来做出预测并提供行动指导。

数据分析可以从狭义和广义两个方面进行理解。狭义的数据分析称 data analysis,即运用一定的方法工具处理数据并得到信息的过程。广义的数据分析则称 data analytics,指利用合适的分析方法和工具对收集到的数据进行分析,提取有用信息、形成结论,并对数据加以详细研究和概括总结的过程,以帮助人们做出判断并采取适当行动。因此,狭义的数据分析可以认为是广义的数据分析中的一个技术性环节,后者比前者具有更高的要求。

1.4.3.2 数据分析的要求

1. 描述现象

数据分析的首要任务是描述和理解数据背后的客观现象,包括对数据的探索性分析、基本可视化和汇总统计。通过数据描述,我们可以获得对数据分布、趋势、关联等方面的认识,揭示数据中存在的模式、异常和趋势,从而对客观的自然或社会现象进行准确的刻画。描述现象需要回答从数据中可以看出什么(what)这一问题。

2. 给出解释

在描述客观现象的基础上,数据分析需要进一步深入解释现象,以明确现象背后的原因、影响因素或潜在的深层次含义;特别是对于"异象",更需要深入探究其背后的成因。这可能涉及数据挖掘、统计分析、机器学习等技术。通过建立模型探索关联关系、进行因果推断等方法,来找出影响现象发生的关键因素,并解释它们的关联和作用机制。给出解释需要回答为什么(why)会产生这样的客观现象,或者这样的客观现象表明了什么。

3. 提供对策

数据分析的目标是为决策和行动提供支持。基于对现象和原因的理解,数据分析需要提供有效的对策和建议。这可能包括基于模型的预测、优化方案、决策支持技术等。数据分析帮助我们理解问题背后的本质,并为制订合理的决策和解决方案提供依据,以实现改进、优化和创新。提供对策需要清楚地回答如何(how)行动这一关键问题。

综上,数据分析需要以描述现象为基础,进一步给出现象的解释,并最终为决策和行动提供有针对性的对策。这个过程是一个持续迭代的过程,通过不断分析、验证和改进,不断完善我们对数据和现象的理解,并为实现业务目标和改进决策提供持续的支持。

补充知识

数据分析师及其应具备的能力

1.4.4 数据分析的基本步骤

1.4.4.1 明确分析目标

在正式开展数据收集和分析之前,应当明确分析的目标和需要解决的问题,这是确保数据分析过程有效性的首要条件。简单来说,就是需要明确通过数据分析想要获得什么。例如,是想要通过对销售数据的分析精确地掌握网店当前的客户群,还是希望探寻潜在的客户?是希望从在线评论数据中了解不同年龄段用户对产品的需求差异,还是发掘产品缺陷来指导产品设计的优化?分析目标不同决定了后续数据收集和分析的过程也可能不同。

1.4.4.2 数据收集

一般来说,数据收集过程由分析目标决定,可以是数字、表格等结构化数据,也可以是文本、图像等非结构化数据,数据收集时应确保数据的质量和完整性,并且在数据收集前需要对收集的内容、渠道、方法和工具进行策划,以提升数据收集过程的主动性。在实际的数据收集过程中,为了保证数据不遗漏,还可能收集到大量冗余数据,甚至是错误的数据,有时还可能面临部分数据缺失等问题,需要对收集到的数据进行预处理才能进行进一步分析。

1.4.4.3 数据预处理

数据预处理主要是对已经采集到的数据进行适当的处理、清洗去噪等,包括从一致性、完整性、准确性和及时性四个方面分析数据质量,并根据发现的数据质量问题处理缺失值、异常值、重复值,进行数据转换和归一化等。

1.4.4.4 数据分析

狭义数据分析(data analysis)是广义数据分析(data analytics)流程中最核心的阶段,是对采集并预处理后的数据进行加工、整理和分析,转化为信息和知识的过程。正式的数据分析通常包括数据探索、数据建模及分析、结果解释及验证三个部分。首先,对预处理好的数据进行探索性分析,通过统计描述、可视化等手段了解数据的分布、关系、趋势等,发现数据的模式和趋势。然后,选择合适的数据分析方法和模型,对数据进行建模和分析,使用统计分析、机器学习、数据挖掘等技术揭示数据的规律和关联。最后,通过解释分析结果,将分析结果转化为有意义的见解,并进行验证和评估,确保分析结果的可靠性和可解释性。

1.4.4.5 数据呈现

传统的数据呈现方式是以文本、数字、表格等形式直接输出结果,但大数据时代的数据分析结果往往较为复杂,采用传统数据呈现方式难以满足复杂关系的刻画。因此,将分析结果以清晰、可视化的方式呈现是必要的。常见的数据可视化方式包括柱形图、折线图、饼状图、热力图、标签云、仪表盘等,常用的数据可视化工具和库包括 Matplotlib、Seaborn、Plotly、Tableau 等。

1.4.4.6 报告撰写

数据分析报告是对整个数据分析过程的总结,用于向利益相关方传达分析结论和建议,并为决策者提供科学、严谨的决策依据。数据分析报告需要根据受众的背景和需求来编写,并且应当具有明确的主题、清晰明了的结构和内容,以及图文并茂的数据阐释。根据需要,在报告中提供附录和参考资料,包括数据源、分析工具、方法的详细说明,以及其他支持材料,方便读者进一步了解和验证分析过程和结果。需要注意的是,数据分析报告应避免空洞,要符合数据分析在描述现象、明确原因、给出对策三个方面的要求。基于数据分析报告的结果,企业和组织可以制订合理的决策和行动计划,推动业务改进和优化,并监测评估实施效果。

1.5 Python 的安装与使用

1.5.1 标准 Python 安装

利用 Python 编写程序首先需要在计算机中安装 Python 语言开发环境。Python 官方网站提供标准 Python 安装包的下载,包括不同数字版本的 Python。本书使用 3.12.4 版本。

需要注意的是,Python 是跨平台的,可在多个平台上运行,我们需要根据操作系统下载对应版本的 Python 安装包,如 Windows、Linux/UNIX、macOS 等。一般来说,Python 官网下载页面会根据访问者操作系统不同自动列出对应操作系统的版本供下载,如果要下载其他操作系统的 Python 安装包,在官网的下载按钮的下方点击进入对应操作系统版本进行下载即可。下面以 Windows 系统为例介绍 Python 安装。

Python 安装包下载完成后,鼠标双击打开安装包进入 Python 安装向导。Python 安装方式选择界面如图 1-4 所示。点击"Install Now"链接开始在默认路径执行安装,对计算机较熟悉的用户还可以点击"Customize installation"执行定制化安装,选择安装路径及特性。对于图 1-4 下方"Use admin privileges when installing py.exe"和"Add python.exe to PATH"两个复选框,保持默认未选中状态即可。

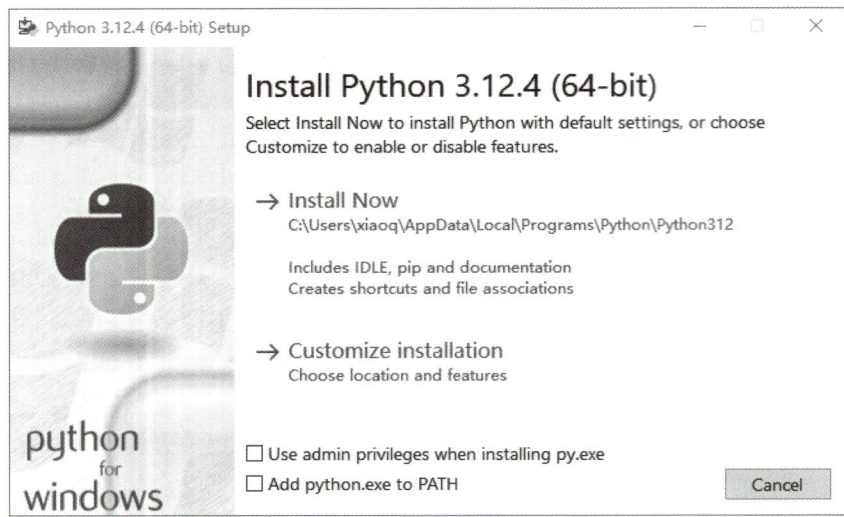

图 1-4　Python 安装方式选择

开始安装后屏幕将出现 Python 安装进度条界面,进度结束后系统会显示如图 1-5 所示的安装成功界面,单击 Close 按钮即结束标准 Python 安装过程。

图 1-5　安装成功界面

1.5.2　集成开发环境

1.5.2.1　集成开发环境的概念

标准 Python 自带集成开发环境(integrated development and learning environment,IDLE)。Python IDLE 提供 Python 程序代码的编辑、解释、调试、运行等诸多功能的一体化服务。

启动 Python IDLE 的操作步骤如下:选择 Windows 的"开始"菜单→Python 3.12 程序组→IDLE(Python 3.12 64-bit)菜单项,Python IDLE 窗口如图 1-6 所示。该窗口也是 Python 的命令(Shell)窗口,用户可以在窗口中编写并运行 Python 程序。

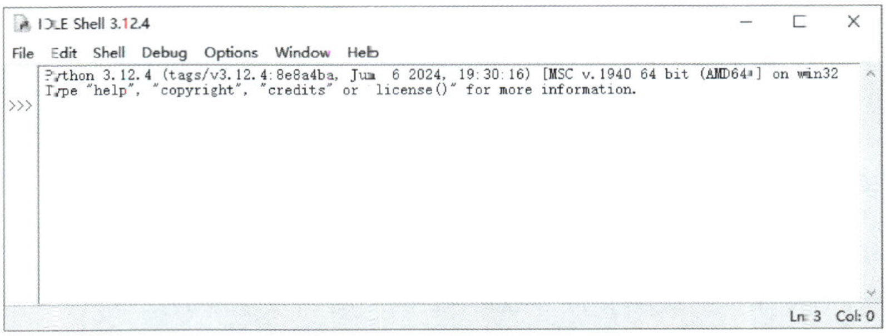

1.5 Python 的安装与使用

图 1-6 Python IDLE 窗口

1.5.2.2 集成开发环境的程序运行

在 IDLE 中编写并运行 Python 程序的方式有交互方式和文件方式两种。交互方式也称命令方式，Python 解释器即时响应并执行用户输入的程序代码。文件方式又称编程方式，用户将 Python 源代码以程序文件方式保存，然后由 Python 解释器批量执行文件中的程序代码。交互方式适合运行或调试少量代码，如果需要实现相对复杂的功能，则应采取文件方式。

1. 交互方式

在 IDLE 窗口的命令提示符"＞＞＞"后面输入单行 Python 代码，按回车键就会直接交互执行。例如，在提示符"＞＞＞"后面输入代码"print('Hello World!')"并按回车键，Python 解释器就会立即执行该行代码，并将执行结果"Hello World!"显示在下一行；如果输入"1+2"并回车，则可以看到下一行会显示结果"3"。

在提示符"＞＞＞"后面输入 exit()函数或 quit()函数，那么计算机执行命令后就会退出 Python 运行环境。

2. 文件方式

在 IDLE 窗口中，点击菜单栏的 File → NewFile 命令（或者按快捷键 Ctrl+N），即可打开程序编辑器窗口开始编写 Python 程序。程序编写完成后，点击菜单栏的 File → Save 命令（或者按快捷键 Ctrl+S）对程序进行保存，如将其存放在本地某个指定文件夹中，并命名为"MyFirstCode.py"。然后点击菜单栏的 Run → RunModule 命令（或者按 F5 键）来执行当前程序编辑器中的代码，运行结果将在 IDLE 窗口中显示，如图 1-7 所示。如果运行代码时出错，那么 IDLE 窗口会以红色文字显示错误信息以提示用户。

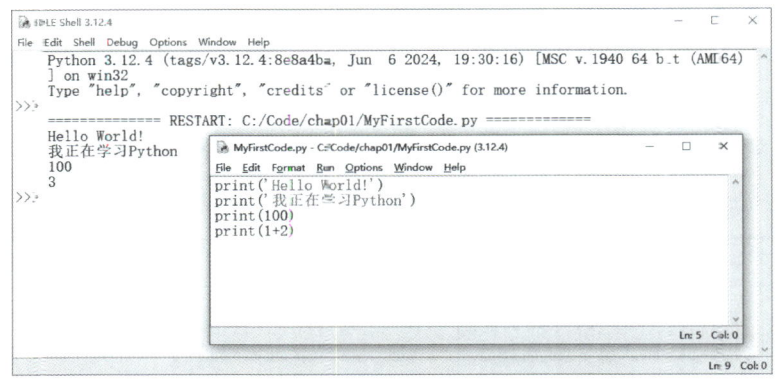

图 1-7 运行 Python 程序的文件方式

需要注意的是,Python 源代码必须以".py"为扩展名进行保存。需要打开已有 Python 程序时,可以在 IDLE 窗口中点击菜单栏的 File → Open 命令进行选择,打开后可以继续在程序编辑器中编辑、保存和运行该文件中的代码。

1.5.3 其他常用集成开发环境

Python IDLE 内置在标准 Python 安装包中,体积占用小,尽管其具备了语法高亮、代码自动补全、调试工具等基本功能支持,但总体上说还属于轻量级的集成开发环境,在面对复杂应用程序开发和数据分析任务时存在局限。为此,其他功能更加强大的集成开发环境应运而生,如 Anaconda、PyCharm、VSCode 都是当前非常流行的 Python 集成开发环境。

1.5.3.1 Anaconda 简介

Anaconda 是由 Anaconda 公司(前身为 Continuum Analytics)开发的一个开源 Python 发行版本,其包含了 Conda 包管理工具,并集成了 NumPy、Pandas 和 Matplotlib 等数百个科学计算和数据分析相关的工具包,以及 Jupyter Notebook 和 Spyder 两个强大的编程环境,非常适合数据工作者。Anaconda 的官方网站提供免费的个人版本的安装程序,适合 Windows、macOS 和 Linux 等多种操作系统,以及不同 Python 版本的安装包。

1.5.3.2 PyCharm 简介

PyCharm 是由 JetBrains 公司开发的一款 Python 集成开发环境,可以在官方网站下载安装包。PyCharm 带有一整套可以帮助用户在使用 Python 语言开发时提高效率的工具,如调试、语法高亮、项目管理、代码跳转、智能提示、自动完成、单元测试、版本控制。此外 PyCharm 还提供了一些高级功能,以及丰富的插件,用于满足各种专业的应用程序开发需求。PyCharm 有专业版(professional)、社区版(community)和教育版(education)三个版本,其中社区版和教育版是开源免费的,专业版功能强大但需要收费使用。相比于 Anaconda 在数据分析上的特长,PyCharm 在应用程序开发方面则更具优势。

1.5.3.3 VS Code 简介

VS Code(全称 Visual Studio Code),是微软公司推出的一款免费且功能强大的轻型通用集成开发环境。它支持几乎所有主流程序语言的语法高亮、智能代码补全、自定义热键、括号匹配、代码片段、代码对比、Git 等特性,支持插件扩展,并针对网页开发和云端应用开发做了优化,支持 Windows、macOS 和 Linux 等多种操作系统。在 VS Code 的官方网站可以下载不同版本的安装包。安装完成后,需安装 Python 扩展即可开始 Python 程序的开发。除 Python 外,VS Code 支持 C、C++、Java、R、SQL、HTML、Markdown 等主流的编程语言和标记语言。

以上三种集成开发环境分别具有各自的优劣势,以及适用场景,对比如表 1-1 所示。

表 1-1　　　　　　　　Anaconda、PyCharm 和 VS Code 对比

开发环境	优势	劣势	适用场景
Anaconda	集成科学计算和数据分析工具包、强大的包管理和虚拟环境管理工具	体积笨重、部分工具包冗余、应用程序开发支持能力不够强大	科学计算与数据分析

（续表）

开发环境	优势	劣势	适用场景
PyCharm	功能强大且全面、开发相关功能插件丰富	专业版本具有高级功能但需要付费、资源占用较高	Python 应用程序开发
VS Code	轻量、启动速度快、支持多种语言、丰富的插件和扩展生态系统	依赖插件才能较好进行数据分析和开发、高级功能配置过程相对复杂	小型项目、轻量级开发和数据分析、跨语言场景

从表 1-1 中可以看出，VS Code 适合轻量级项目和跨语言场景，PyCharm 尽管功能强大但更适合于 Python 应用程序的开发，而 Anaconda 集成了 Conda 包管理工具，以及大量科学计算和数据分析相关的工具包，非常适合完成科学计算与数据分析任务。因此，Anaconda 将作为本书所使用的集成开发环境。

1.5.4　Anaconda 安装与 Spyder 使用

1.5.4.1　Anaconda 的下载与安装

下面以 Windows 系统为例介绍 Anaconda 的下载与安装。

进入 Anaconda 官网后，点击主页的下载按钮，下载 Anaconda 安装包至本机，安装包文件名形如"Anaconda3-2024.06-1-Windows-x86_64.exe"。然后，双击安装包启动安装向导，在安装欢迎界面单击"Next"按钮，进入权限许可（License Agreement）界面，点击"I Agree"按钮。在选择安装类型（Select Installation Type）界面，选择仅限本用户使用（"Just Me"选项），也可以选择所有用户都能使用（"All Users"选项），继续点击"Next"按钮进入 Anaconda 安装位置选择（Choose Install Location）界面。

此时可以采用 Anaconda 默认安装位置，也可以根据自己的需要通过点击"Browse…"按钮修改安装位置，如"D:\Anaconda3"。然后，单击 Next 按钮，进入如图 1-8 所示的高级安装选项（Advanced Installation Options）界面，可以采用默认勾选方案，直接点击"Install"按钮开始安装。

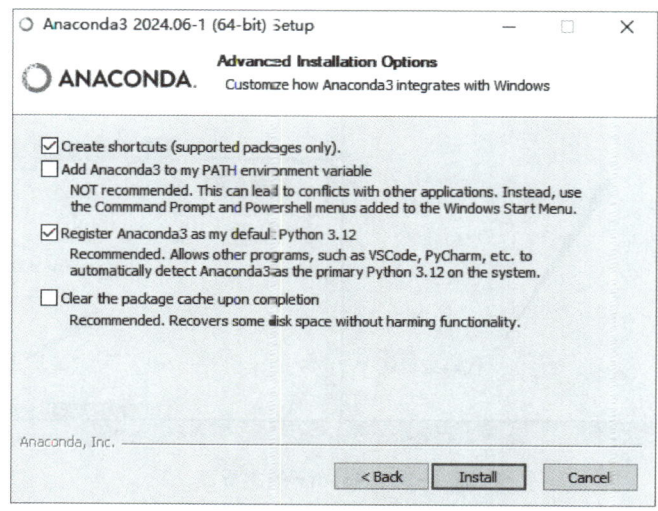

图 1-8　Anaconda 高级安装选项界面

等待安装进度条结束后,出现的安装结束(Installation Complete)界面,此时单击界面上的"Next"按钮,并在接下来的界面中点击"Next""Finish"按钮结束安装过程。

安装完成后,在开始菜单的程序组中将出现 Anaconda3,可以看到其中包含了 Anaconda Prompt 工具、Jupyter Notebook 和 Spyder 两种集成开发环境等,如图 1-9 所示。Spyder 是包含在 Anaconda 中用于科学计算的 Python 集成开发环境,结合了集成开发工具的高级编辑、分析、调试功能,以及数据探索、交互式执行、深度检查和数据可视化功能。本书将以 Spyder 为主要编程环境进行程序编写及数据分析。

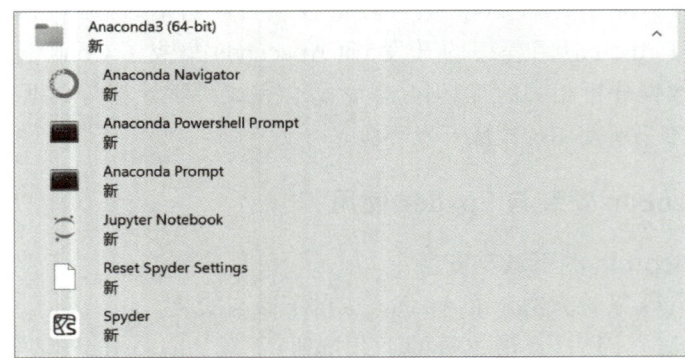

图 1-9　开始菜单中的 Anaconda3 程序组

1.5.4.2　Spyder 的功能界面

Spyder 的主界面如图 1-10 所示(可以在 Tool → Preferences 菜单中设置颜色主题)。

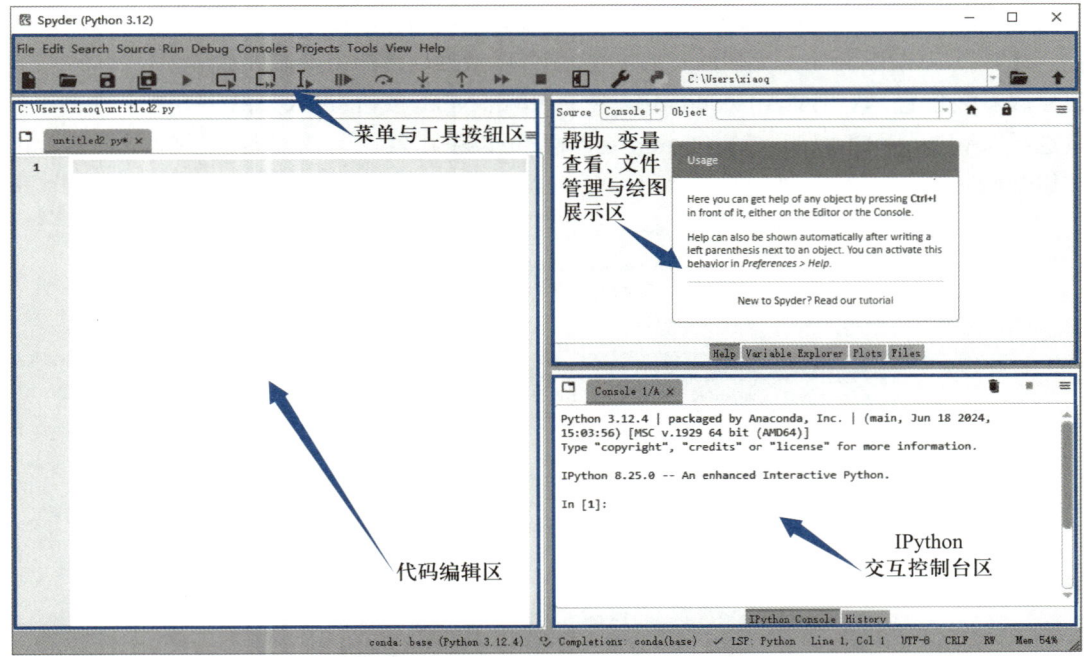

图 1-10　Spyder 的主界面

Spyder 的主界面分为以下四个区域。

（1）**菜单与工具按钮区**：菜单提供文件、编辑、搜索、源代码、运行调试、项目管理等方面的操作命令，工具按钮则提供相关功能的便捷操作方式。

（2）**代码编辑区**：提供以文件形式实现的源代码输入、修改等功能。

（3）**帮助**、**变量查看**、**文件管理与绘图展示区**：提供查看帮助文档、显示内存变量和磁盘文件列表等内容的视图。

（4）**IPython 交互控制台区**：提供交互式执行 Python 代码的功能。

与标准 Python 内置的 IDLE 相比，Spyder 既可以采用交互方式编程，又可以使用文件方式编程。Spyder 可以在左侧代码编辑区编写运行代码的同时，在右下角的 IPython 交互控制台区执行 Python 交互命令。并且，还可以在右上角随时进行文件管理、查看变量情况并查看帮助信息，为程序设计和数据分析任务提供了极大的便利。

1.5.4.3 Spyder 的基本使用方法

Spyder 的 IPython 交互控制台的使用与 IDLE 的交互方式类似，用户在"In［行号］："提示符后输入 Python 代码，可以在下方直接以"Out［行号］："为前缀看到对应行号的执行结果。用户还可以在"History"选项卡中查看过去执行过的 Python 代码历史。

采用文件方式进行编程的新建、编辑、保存和运行程序等基本操作总体与 IDLE 的文件方式类似，但是，为充分利用 Spyder 更好地实现程序文件管理，在未来面对越来越多各类程序文件时实现更有效地组织，建议按以下方式操作。

1. 设定工作目录

在编写程序之前，应当注意当前 Spyder 的工作目录，并合理设置工作目录，这样有助于进行程序文件的管理，以及相关资源的访问。工作目录的地址显示在 Spyder 主界面的右上方，即菜单与工具按钮区最右侧的地址栏。建议点击工作目录地址栏右侧的文件夹小图标选择合适的路径作为工作目录，可以是已有程序文件所在的路径，也可以是未来打算将程序文件存放的路径。选择好工作目录之后，右上角文件管理区的视图显示工作目录中的内容，如图 1-11 所示。此时可以在文件管理区自由切换目录，也可以进行新建目录，以及新建、打开和删除程序文件等操作。

2. 新建程序文件

启动 Spyder 集成开发环境窗口后，在程序编辑区默认打开的程序文件为 temp.py，但这只适合于编写简单的临时性程序。如果希望自己新建程序文件，常用的有以下两种方法：

（1）选择菜单栏中的 File → New file 菜单项（或按下组合键 Ctrl+N）。

（2）点击工具按钮栏中的新建文件按钮。

新建程序文件后，不建议使用默认类似"untitled0.py"这样的文件名，因为它并没有一个明确的含义，不便于后续的维护与管理。可以通过点击 File → Save 菜单项为未保存的程序文件命名，或者点击 File → SaveAs 菜单项另存程序文件。

3. 打开程序文件

可以在 Spyder 窗口打开并编辑已保存的 Python 程序文件。打开程序文件可以采取以下三种方法：

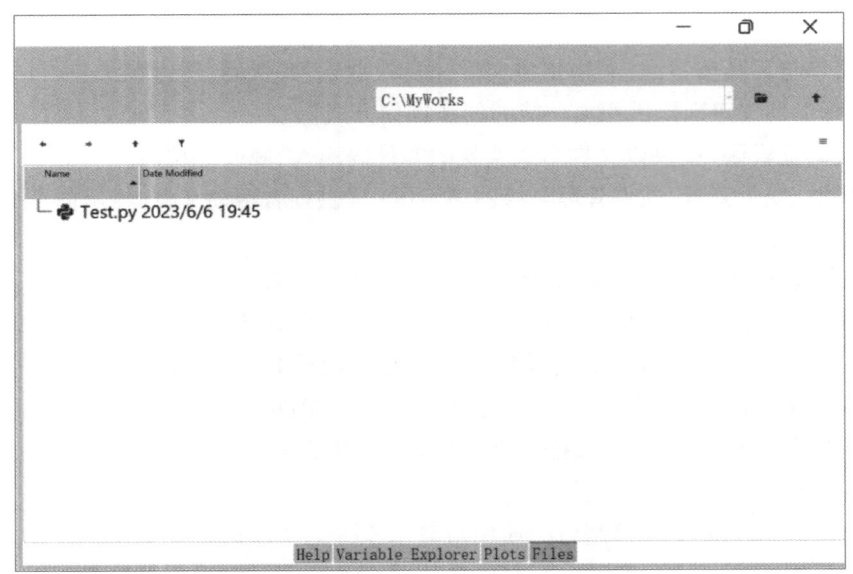

图 1-11　工作目录设置与文件管理区视图

（1）选择菜单栏中的 File → Open 命令（或按下组合键 Ctrl＋O），或单击工具栏中的"打开文件"按钮弹出"打开文件"对话框。然后，在对话框中选择需要打开的程序文件后，单击"打开"按钮。

（2）在 Windows 资源管理器中找到打开的程序文件，然后将文件拖到 Spyder 的程序编辑区中打开该文件。

（3）在右上角的工作目录设置与文件管理区操作，进入程序文件所在文件夹，然后双击程序文件。

此时在程序编辑区中即可显示该程序文件的源代码。Spyder 的程序编辑区可以以多标签的方式同时打开多个程序文件。

4. 编辑程序文件

新建或者打开的程序文件内容在程序编辑区显示，左列数字为程序代码的行号。在编辑程序过程中，及时保存是一个良好习惯，可以防止编辑中的程序代码因断电等意外而丢失。可以按组合键 Ctrl＋S，或者点击工具按钮栏中的保存文件按钮进行保存。

5. 运行程序文件

要运行编辑好的程序文件，可以选择菜单栏中的 Run → Run 命令，或单击工具栏中的"执行文件"按钮，或者按快捷键 F5。程序执行结果在 IPython 交互控制台窗口显示。若程序有错误，控制台窗口区中会显示错误信息。

程序运行后，变量查看器显示变量情况，包括变量名称、类型、取值等信息，在进行程序调试和数据观察时非常有用。此外，还可以在 IPython 交互控制台窗口以交互方式执行 Python 命令。如图 1-12 所示，代码编辑区的程序运行后，可以在变量查看器中看到 a、b、c 三个变量情况，IPython 交互控制台窗口显示了打印结果"3"，并且根据 In［2］行的指令在 Out［2］一行显示了变量 a 的值"1"。善用变量查看器和 IPython 交互控制台能够很好地帮助理解、调试程序，有助于后续数据分析任务的完成。

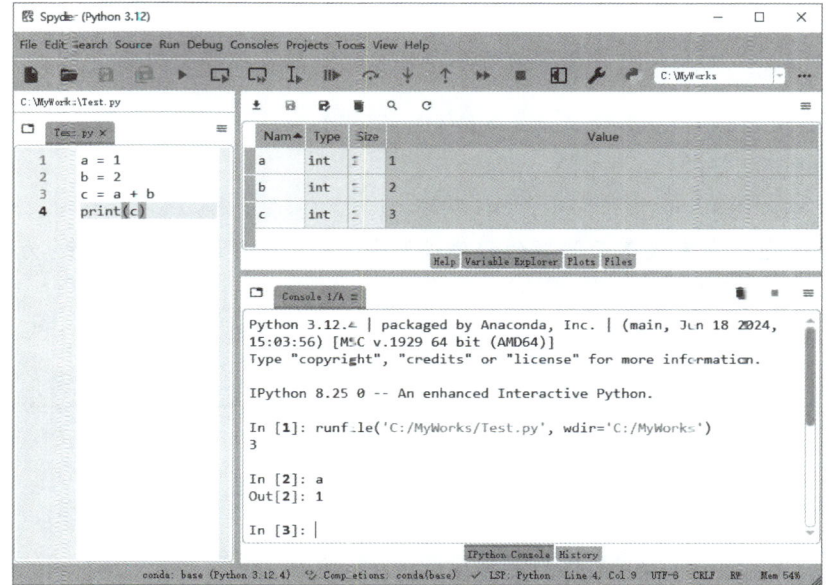

图 1-12　运行程序文件视图

本章小结

1. 程序设计语言包括机器语言、汇编语言和高级语言。Python 语言属于解释型的高级语言。它被广泛应用于科学计算、数据处理与分析、软件与应用系统开发、机器学习与人工智能等领域。

2. 利用计算机解决计算问题可以按照问题的 IPO、设计算法与实现、编写程序、调试测试、升级维护五个步骤，其中设计算法步骤至关重要，算法是程序的"灵魂"。

3. 数据是用来记录、描述和识别事物的按一定规律排列组合的物理符号，具有 4V 特征，良好的数据分析需要满足描述现象、给出解释和提供对策三个方面要求。

4. 数据分析的基本步骤包括明确分析目标、数据收集、数据预处理、数据分析、数据呈现，以及报告撰写。

5. Python 的集成开发环境包括官方提供的 Python IDLE、Anaconda、PyCharm 和 VS Code 等。

复习思考题

1. 简述 Python 的优缺点。
2. Python 应用领域主要有哪些？
3. 简述 IPO 程序设计的基本过程。
4. 简述数据分析的基本步骤。

5. 常见的 Python 开发工具有哪些？

6. Spyder 集成开发环境界面分为哪几个部分？分别实现哪些功能？

 **操作实践题**

尝试在 Spyder 中完成下面问题的程序编写和运行（注意设定工作目录,为每个问题单独创建一个程序文件）。

（1）输入三角形的底边长和高,计算并输出三角形的面积。

TriangleArea.py
```
1    length = float(input('请输入三角形的底边长:'))
2    height = float(input('请输入三角形的高:'))
3    area = 0.5 * length * height
4    print('这个三角形的面积为', area)
```

（2）输入底面圆半径和高度值,求圆柱体的体积并输出。

CylinderVolume.py
```
1    import math
2    radius = float(input('请输入圆柱体的底面圆半径:'))
3    height = float(input('请输入圆柱体的高:'))
4    volume = math.pi * radius * radius * height
5    print('这个圆柱体的体积为', volume)
```

（3）输入三科成绩,计算并输出平均分和总分。

CalScore.py
```
1    subject1 = float(input('请输入第一科的成绩:'))
2    subject2 = float(input('请输入第二科的成绩:'))
3    subject3 = float(input('请输入第三科的成绩:'))
4    total = subject1 + subject2 + subject3
5    average = total / 3
6    print('三科平均分为{:.1f},总分为{:.1f}。'.format(average, total))
```

第二章 Python 语法基础

本章思维导图

学习目标

- 了解程序设计语言的基本语法规则,理解变量、关键字和标识符的概念;
- 了解 Python 语言代码块与缩进规则,并正确使用注释语句;
- 掌握 Python 基本输入与输出函数的使用;
- 掌握数值类型、布尔类型、字符串类型的操作处理及类型转换;
- 掌握 math 库和 random 库的使用方法。

语法是 Python 编程的"通用语言规则"。就像人类语言遵循语法规则才能表意清晰一样,Python 代码只有严格遵循语法规范,才能被解释器或编译器准确解析执行,否则将引发错误,导致程序无法运行。语法也是 Python 强大功能的载体,通过语法规则调用数据类型、函数库等资源,开发者才能实现数据处理、算法设计、系统开发等多样化任务。

2.1 基本语法规则

2.1.1 变量、关键字与标识符

2.1.1.1 变量的概念与赋值

1. 变量的概念

一个程序中通常都会有被处理的对象,这些对象在被处理之前要以特定的类型存放在内存的特定位置中,需要时再取出来处理。为了存取方便,通常要为存放数据的内存位置设定一个名字,这种用标识符命名的存储单元就被称为"变量"。变量用来存储数据,通过标识符可以获取变量的值,也可以对变量进行赋值。

2. 变量的赋值

Python 中的赋值运算符号是"=",具体的格式如下:

第二章 Python 语法基础

```
变量名 = 表达式值
```

变量名指代被赋值的目标对象,而表达式值是由变量和运算符(如加、减、乘、除等)构成的运算式。将"="右边的计算结果赋值给左边的变量,这个过程被称为变量的赋值。在这里"="的含义与数学中相等的含义有所不同。

例如,我们在 Spyder 的 IPython 交互控制台区进行一次变量的赋值,其中"In:"为输入提示符,"In:"后面的内容由用户输入;"Out:"为输出提示符,后面为输出结果。代码如下:

```
In:    money = 100
In:    money
Out:   100
```

提示

本书中带有 In 和 Out 提示符的代码,推荐在 Spyder 的 IPython 交互控制台区进行交互式运行。

在以上交互代码中,Python 会根据数值 100 的数据类型(整型)在内存中找到一个存放数值 100 的空间,然后把数值 100 存放到此位置,同时定义变量名 money 指向该位置。需要指出的是,与其他一些编程语言(如 C 语言)不同的是,Python 语言不需要先声明变量的类型再使用,可以直接赋值,也就是说在赋值的过程中 Python 会根据所赋予的值自动地确定变量数据类型。

在 Spyder 中,想观察某个变量的值,可以在 IPython 交互模式下直接输入该变量名,如上面第二行中直接输入 money 就可以得到 money 的值,无须调用 print() 函数,也可以在变量查看器中查看该变量的类型和值。

变量的值并非一成不变,在程序中它可以根据实际需要而发生变化,参考下面的示例代码:

示例代码 2.1 ChangeVariable.py

```
1    money = 100
2    print(money)    # 显示的结果为100
3    money = 500     # 改变变量money的值,实际是指向了不同内存地址
4    print(money)    # 显示的结果为500
```

提示

在本书中带有行号的 Python 程序代码,推荐在 Spyder 的代码编辑区进行编写运行。

需要注意的是,变量名在被引用之前必须先赋值,如尝试打印一个从未被赋值的变量 abc,程序将会报错提示"NameError:name 'abc' is not defined"。遇到这一错误时,应当检查程序中是否存在未赋值就使用的情况。

Python 对于变量还提供了链式赋值和解包赋值两种方便的赋值方式。

(1)链式赋值。

链式赋值能够为多个变量同时赋相同的值,代码如下:

```
In:   x = y = z = 100
In:   print(x, y ,z)
Out:  100 100 100
```

这里的 x=y=z=100 等价于分别执行 x=100、y=100 和 z=100 三条语句。

（2）解包赋值。

解包赋值指将一组序列数据解包至对应相同个数的变量,如下面代码中 100 和 200 两个整数被分别赋值给了 x 和 y 变量,等价于分别执行 x=100 和 y=200 两条语句。

```
In:   x, y = 100, 200
In:   print(x, y)
Out:  100 200
```

利用解包赋值可以方便地实现两个变量值的交换。例如,在前面代码基础上,继续执行如下代码:

```
In:   x, y = y, x
In:   print(x, y)
Out:  200 100
```

此时可以观察到 x 和 y 的值成功发生了交换。这种交换在其他语言程序中往往需要借助第三个变量,通过三次赋值才能够实现。上面链式赋值、解包赋值,以及变量交换的代码很好地体现了 Python 语言相比其他计算机语言更为简洁。

2.1.1.2 关键字

关键字（也称保留字）是程序语言中具有特定含义和作用、与程序语法相关的固定词。Python 定义的关键字如表 2-1 所示。

表 2-1　　　　　　　　　　　　　　Python 的关键字

类别	关键字
条件	if、elif、else、and、or、not、is、in
循环	for、while、break、continue、pass
类、模块与函数	class、def、return、lambda、import、from、as、global、nonlocal
异常处理	try、except、finally、raise
其他	True、False、None、assert、del、with、yield、async、await

其中,True、False 和 None 三个关键字的首字母是大写的。对于以上大多数的关键字,我们在后面的学习中都会接触,现在不必刻意记住它们。在 Spyder 语法高亮功能的支持下,Python 关键字默认会以蓝色显示,需要加以留意。

补充知识

IDE 的语法高亮

2.1.1.3 标识符

标识符是用来标识、命名程序中的变量、函数、类、模块等对象的符号。虽然程序设计者可以自主定义程序中的标识符,但需要遵循如下规则。

（1）标识符可以包含字母、数字及下画线(_),但必须从一个非数字字符开始。

（2）标识符区分大小写,长度没有限制。

（3）关键字不能用作标识符。
（4）中文等 Unicode 字符也可以作为标识符，但在实际使用中并不建议。

例如：School、_money、C919、年龄是 Python 中的合法标识符；5A、c-a、for、my school、my@ 是 Python 中的非法标识符。

在定义标识符的时候最好尽可能反映其真实含义，做到见名知义。例如，在标识"年龄"变量时，变量名"age"就比"x"更合适。此外，标识符也尽量避免与 Python 内置函数名重复，如前面代码中的函数名 print，否则这些内置函数将失效。

2.1.2 代码块与缩进

Python 语言采用严格的"缩进"来表明代码的层次和隶属关系。缩进指每一行代码开始前的空白区域。不需要缩进的代码一般顶格编写，不留空白。在编程过程中，缩进可以用 Tab 键实现，也可以用多个空格（如 2 个或 4 个空格）实现，但是在同一个程序中两者不混用。

严格的缩进不仅有助于形成有层次的程序结构，还有利于提高代码结构的可读性。例如，示例代码 2.2 的第 3、4、6 三行就存在缩进，表明它们在逻辑上分别隶属于之前紧邻的无缩进代码行（即第 2、5 两行）的所属范畴。

示例代码 2.2　CheckScore.py
```
1    score = eval(input('请输入成绩:'))
2    if score >= 60:
3        print('恭喜你,考试通过!')
4        print('你将获得 3 个学分。')
5    else:
6        print('很遗憾,未能通过考试,继续努力!')
```

上面代码中第 3、4 行的 print 语句从属于第 2 行的 if 条件语句，形成缩进的"代码块"。也就是当该条件满足时，程序将打印字符串'恭喜你,考试通过！'以及'你将获得 3 个学分。'。而第 6 行的 print 语句则从属于第 4 行的 else，即 if 条件"score>=60"不满足的情形，如果用户所输入的成绩低于 60，程序将打印字符串'很遗憾,未能通过考试,继续努力！'。这里第 3、4 行和第 6 行代码必须正确缩进，否则程序将会出错。

2.1.3 注释

注释是程序设计者在编写代码时经常加入的一行或多行信息，其主要作用是对语句、函数、数据结构或方法等代码进行补充说明，提升代码的可读性。注释并不会被计算机执行。

在 Python 语言中，注释通常分为单行注释和多行注释。单行注释以 # 开头，可以单独成行，也可以在一行代码的后面进行注释。多行注释以三引号（三个单引号或三个双引号）开头和结尾。例如：

示例代码 2.3　Comments.py
```
1    # 这是单行注释,此行内容不会被计算机执行,通常用于解释后面代码行的用途
2    a = 1  # 这也是单行注释,它位于某行代码的后面,通常用于对该行代码进行解释
3    '''
4    print(2 ** 3) 此行内容在三引号内部,为多行注释语句,也不会被计算机执行
```

```
5    此行也在该多行注释中
6    '''
```

在上面的代码中,只有第 2 行的代码 a=1 为非注释语句,其余均为注释语句,执行时将被略过。

一般会在以下三种情况使用注释语句。

(1) 标明代码的版权信息,包括代码的作者、编写日期、主要用途和版权相关声明等信息。

(2) 对代码的原理或用途进行必要的解释。对于关键代码或者较为复杂的代码,可以在其附近添加注释以提高代码可读性。放在代码行后面的单行注释用于解释同行代码,不会影响程序的连贯性;如果对于某段代码需要进行整体解释,可在其之前添加单行或多行注释。

(3) 辅助程序调试。在调试程序过程中,有时我们希望临时性地排除一行或连续多行代码的影响,此时我们可以不必将其删除,而是将其"注释"掉之后进行调式,必要时可以再去掉注释予以恢复,从而提高调试效率。在 Spyder 的代码编辑区,可以定位到或选中需要注释的代码行,利用快捷键 Ctrl+1 将其变为注释,再次按下 Ctrl+1 则可以取消注释。

2.1.4 基本输入与输出

与其他语言类似,Python 语言提供了内置的输入函数 input() 和输出函数 print() 实现计算机与用户的交互。

2.1.4.1 输入函数 input()

输入函数用于获取用户从键盘输入的信息,之后可以用变量进行标识。具体的语法格式如下:

```
变量 = input('提示字符串')
```

input() 括号内引号中的内容是提示字符串,它的作用主要是提示用户需要输入的信息。程序执行到 input() 函数时,首先会把提示字符串的内容原封不动地显示在屏幕上,然后暂停并一直等待用户输入信息,当用户输入完成后按回车键,所输入的信息都会以字符串形式进行存储并赋值给等号前面的变量。例如,我们在 IPython 交互模式中执行以下代码,可以将用户输入的课程名称以字符串类型赋给变量 cname。

```
In:    cname = input('请输入课程名:')
       请输入课程名:Python 语言与数据分析
In:    cname
Out:   'Python 语言与数据分析'
```

注意通过 input() 函数得到的数据是字符串类型,即使输入数字 3,得到的也是字符串 '3'。如果想得到数字 3,可以用 eval() 函数转换。具体语法格式如下:

```
变量 = eval(input('提示字符串'))
```

内置函数 eval() 可以实现将 input() 函数获取的字符串的引号剥离,从而解析为数值型数据。比如,字符串 '3' 就解析为数值 3,但是如果对字符串 'Python 语言与数据分析' 使用 eval(),程序则会报错,因为它无法解析为相应的数值。

示例代码 2.4 展示了一种错误使用 input() 函数的例子。

示例代码 2.4　InputIncorrect.py
```
1    n = input('请输入数量:')
2    p = input('请输入单价:')
3    print('一共需要支付:', n*p)
```

执行以上程序,用户输入完数量和单价后,程序报错"TypeError:can't multiply sequence by non-int of type 'str'"。这是因为 input() 函数获取的是字符串类型,无法做乘法(*)运算。可以通过在 input() 函数外面嵌套 eval() 函数将用户输入的内容先解析为数值再进行运算来解决这一问题,正确的做法参考示例代码 2.5。

示例代码 2.5　InputCorrect.py
```
1    n = eval(input('请输入数量:'))
2    p = eval(input('请输入单价:'))
3    print('一共需要支付:', n*p)
```

也可以在获取用户输入内容后,在计算时使用 eval() 函数将字符串解析为对应的数值。在后面数据类型转换部分中,还会介绍利用 int() 函数和 float() 函数将用户输入进行类型转换得到对应的数值。

2.1.4.2　输出函数 print()

内置函数 print() 用于将结果打印输出在屏幕上。要显示的值以文本形式从左到右依次被打印。默认情况下,print() 函数会在显示值之间放置一个空格,下面是 print() 函数的使用示例。

```
In:   print(7 + 8)   # 输出表达式 7 + 8 的结果 15
Out:  15
In:   print(7, 8)    # 输出数字 7 和 8,中间会有一个空格隔开
Out:  7 8
In:   print()   # 输出一个空行
In:   print('7 + 8 =', 7+8)   # 输出第一项为字符串'7 + 8 =',第二项为表达式的结果 15
Out:  7 + 8 = 15
```

默认情况下,print() 函数输出完所有提供的表达式之后,会自动换行,后续打印的内容将在新的一行出现。如果希望 print() 函数输出完数据后不换行则可以在 print() 函数内部增加一个参数"end=''"。另外,打印的多个值之间默认的空格也可以通过增加 sep 参数进行修改,具体如示例代码 2.6 所示。

示例代码 2.6　PrintExample.py
```
1    print(0)
2    print(1, end='')   # 打印 1 之后不换行
3    print(2)
4    print(3, 4, 5)
5    print(6, 7, 8, sep='/')   # 打印的 6、7、8 之间用'/'分隔
6    print(9, 10, 11, sep='-', end='')   # 打印的 9、10、11 之间用'-'分隔,且打印完不换行
7    print(12)
```

程序运行结果如下：
```
0
1 2
3 4 5
6/7,8
9-10-1112
```

 案例 2-1 ··  货币兑换

2024年2月起中国和新加坡互免签证，新加坡大学生小李准备借此机会到中国来观光旅游，他需要提前准备一些新加坡元来兑换得到一些人民币。他在银行了解到当前1新加坡元（SGD）可以兑换5.34元人民币（CNY），现在他想知道兑换一定数量的人民币需要提前准备多少新加坡元。让我们通过设计 Python 程序来帮助他。

问题分析：

根据 IPO 程序设计方法，需要明确解决这一问题的输入、处理方式和输出，具体如下：

输入：希望兑换的人民币金额 cny、当前新加坡元对人民币的汇率 rate
处理：根据 cny 和 rate 计算需要准备的新加坡元金额 sgd = cny / rate
输出：需要准备的新加坡元金额 sgd

以上 IPO 分析的结果直接体现了解决该问题的算法，进而可以设计如下程序：

案例代码 2-1　货币兑换　CurrencyExchange.py
```
1    cny = float(input('请输入要兑换的人民币:'))    # 输入人民币金额并转换为浮点数
2    rate = float(input('请输入新加坡元对人民币的汇率:'))    # 输入汇率并转换为浮点数
3    sgd = round(cny / rate, 2)    # 转换为新加坡元金额并四舍五入保留小数点后2位
4    print('需要准备新加坡元', sgd)    # 打印输出结果
```

在 Spyder 的代码编辑区尝试编写并运行以上程序。在 Spyder 的 IPython 交互控制台区会要求我们输入数据。当人民币金额输入1 000，汇率输入5.34，运行结果为：

需要准备新加坡元 187.27

通过反复运行该程序，可以测试输入不同的人民币金额情况下需要准备的新加坡元的金额，从而帮助小李为这次中国之行做好更充分的准备。

通过对比可以发现，案例代码 2-1 与示例代码 1.1 的结构非常相似，也是简单 IPO 程序的典型结构。观察并理解该程序，了解 Python 语言程序的一般书写规则，具体如下几点。

（1）Python 语言程序通常一条语句占用一行。

（2）"#"开头的是注释语句，用来帮助人们理解程序，计算机不会将注释语句读入内存，因此注释语句也就不会被计算机执行。

（3）Python 对中英文不同输入法下的符号敏感，如冒号"："、单引号"'"、双引号"""和小括号"（）"等语法符号，都必须在英文输入法下输入，否则会报错。但是包含在字符串中的上述符号除外。

（4）Python 对每一行前面的空格敏感。目前我们大多的程序每一行都是顶格，前面不能有空格。初学者尤其要注意空格，仅仅多一个空格也会产生语法错误。以后我们还会在分支结构、循环结构、函数等章节中学习到不顶格（即需要缩进）的程序。

2.2 数值类型数据

如第一章中所介绍，数据是用来记录、描述和识别事物的按一定规律排列组合的物理符号，是客观事物的属性、数量、位置及其关系等的抽象表示。计算机科学中的数据指所有能输入计算机并被计算机程序处理的符号的总称。为满足实际应用需要，Python 将数据划分成多种类型，包括数值、字符串、列表、元组、字典、集合等。本节主要介绍数值类型数据，包括整数类型、浮点数类型和复数类型等。

2.2.1 整数、浮点数和复数

整数类型简称整型，用 int 表示，是 Python 中常用的数据类型之一。整数有正整数、零和负整数，其含义与数学中整数的含义相同。

浮点数类型简称浮点型，表示数学中的实数，既有整数部分又有小数部分。浮点型用 float 表示。

复数类型简称复数型，用 complex 表示。复数由实数部分和虚数部分构成，可表示为 x＋yj 形式，其中 x 是实数部分（实部），y 是虚数部分（虚部），j 为虚数单位。

下面代码中的变量 x、y 和 z 分别为整型、浮点型和复数型变量。

```
In:   x = 10        # 整型
In:   type(x)       # 用type()函数测试变量x的数据类型,输出 int
In:   x = 3.14      # 浮点型
In:   type(x)       # 输出 float
In:   x = 1 + 2j    # 复数型
In:   type(x)       # 输出 complex
```

在上面的例子中，利用 type() 函数可以判断一个对象对应的数据类型，可以看到变量 x 的所指向对象的类型随着赋值的不同发生了变化。图 2-1 展示了当运行 x＝10 和 x＝3.14 两个语句时，计算机内存发生的变化情况。

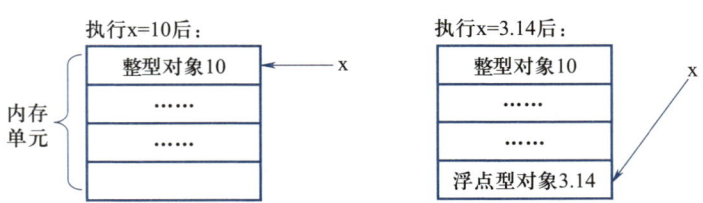

图 2-1 改变 x 值时的内存变化情况

2.2 数值类型数据

当执行语句 x=10 时，Python 解释器创建了整型对象 10 和变量 x，并将 x 指向内存中的整型对象 10。接着执行 x=3.14，解释器创建了浮点型对象 3.14，并将 x 指向浮点型对象 3.14。注意这里是在另一个内存单元创建了新的浮点型对象 3.14，而不是直接将原有内存单元中的整型对象 10 直接修改为 3.14，这是因为整型对象是一种"不可变对象"。

 提示：可变对象与不可变对象

在 Python 中，根据在创建后是否可以被修改，对象可以分为两种主要类型：不可变对象（immutable）和可变对象（mutable）。

不可变对象是指创建后其内容不能被修改的对象，任何试图修改不可变对象的操作都会创建一个新的对象，而不是修改原始对象，如这里的整数、浮点数，以及后续将学习的布尔类型、字符串类型和元组类型对象都是不可变对象。

而可变对象是指创建后其内容可以被修改的对象，后续将学习的列表、字典和集合类型对象则是可变对象。

2.2.2 内置的数值操作

2.2.2.1 内置的数值运算操作符

Python 语言内置的数值运算操作符和函数支持对数值数据进行一般的数学运算。内置的数值运算操作符和函数是指不需要引用标准库或第三方函数库，而由 Python 语言解释器直接提供、直接就能使用的操作符和函数。

Python 语言内置的数值运算操作符如表 2-2 所示。它们都是二元运算操作符，即对两个操作数进行运算的操作符。

表 2-2　　　　　　　　　　Python 语言内置的数值运算操作符

操作符	描述	实例	结果	备注
+	加法	3 + 4.5	7.5	与数学中加法相同
−	减法	12 − 4.8	7.2	与数学中减法相同
*	乘法	2 * 5.0	10.0	与数学中乘法相同
/	实数除法	10 / 4	2.5	与数学中除法相同，注意不是反斜杠 \
//	整数除法	10 // 4	2	采用向下取整方式
		−10 // 4	−3	
%	取余	10 % 3	1	操作数可以为实数
		3.5 % 3	0.5	
**	乘方	2 ** 3	8	操作数可以为实数
		4.0 ** 0.5	2.0	

在这里需要注意：

（1）在乘法运算中，"*"不可以省略，在书写表达式的时候要和数学中的写法相区别。

例如，数学中的计算式 m=4ab，在 Python 表达式中必须写成 m=4 * a * b。

（2）Python 语言中的除法有两种：一种是单斜杠（/）表示实数除法；另一种是双斜杠（//）表示整除，它会对除后的结果进行向下取整操作，即取不大于计算结果的最大整数。

下面通过一个例子"最优找钱方案"来进一步理解数值数据类型及其运算操作符的应用。

【例 2-1】 最优找钱方案

商店需要找钱给顾客，现在只有 50 元、20 元、5 元和 1 元面额的人民币若干张。输入一个需要找钱的整数金额，程序给出最优的找钱方案（优先使用面额大的钱币）。假设人民币足够多。

分析：根据 IPO 程序设计方法，这个问题的输入和输出是明确的，输入是需要找钱的整数金额，输出为各种面额人民币的张数。为了由输入得到输出，可以参考实际生活中思考该问题的办法解决，即先计算出需要找几张 50 元，对于剩下的金额，再计算需要找几张 20 元，以此类推，进而设计解决该问题的算法。代码如下：

例 2-1　MoneyExchange.py

```
1    money = eval(input('请输入需要找钱的整数金额:'))
2    m50 = money // 50    # 计算需要找 50 元面额的纸币数量
3    money = money % 50    # 计算找完 50 元纸币后剩下的金额
4    m20 = money // 20    # 计算剩下金额中需要找 20 元面额的纸币数量
5    money = money % 20    # 计算找完 20 元纸币后剩下的金额
6    m5 = money // 5    # 计算需要找 5 元面额的纸币数量
7    money = money % 5    # 计算找完 5 元纸币后剩下的金额
8    m1 = money    # 这个剩下的金额可以全部找 1 元
9    print('最优找钱方案如下:')
10   print('50 元面额张数:', m50)
11   print('20 元面额张数:', m20)
12   print('5 元面额张数:', m5)
13   print('1 元面额张数:', m1)
```

运行程序后，输入找钱金额 128，结果如下：

请输入需要找钱的整数金额:128
最优找钱方案如下:
50 元面额张数:2
20 元面额张数:1
5 元面额张数:1
1 元面额张数:3

PEP8 编码规范

补充知识　表 2-1 中的所有二元运算操作符（+、-、*、/、//、%、**）都可以和赋值运算符结合在一起，形成复合赋值运算符（+=、-=、*=、/=、//=、%=、**=），复合赋值运算符中间不能有空格。若 a 和 b 分别为操作数，则 a+=b 等价于 a=a+b；a *=b 等价于 a=a * b。下面给出复合赋值运算符示例，代码如下：

```
In:   x , y = 2, 8    # 解包赋值
In:   x -= y    # 等价于 x = x - y,注意 -= 中间不能有空格
In:   x /= 2    # 等价于 x = x/2
In:   x **= 3    # 等价于 x = x ** 3
```

2.2.2.2 内置的数值运算函数

除了上述内置的数值运算操作符,Python 语言中还内置了一些数值运算函数来支持对数值类型数据更丰富的运算和处理,如表 2-3 所示。

表 2-3　　　　　　　　　　Python 内置的数值运算函数

函数	描述
abs(x)	返回 x 的绝对值
divmod(x,y)	返回(x // y,x % y)
pow(x,y[,z])	返回(x ** y)% z　[]表示可选内容,也就是可以只提供 x 和 y 两个参数,当 z 省略的时候,该函数作用等价于 x ** y
round(x[,ndigits])	返回对 x 进行四舍五入操作之后的值,结果保留 ndigits 位小数;当 ndigits 省略的时候,返回四舍五入后的整数值
max(x1,x2,…,xn)	返回 x1,x2,…,xn 中的最大值
min(x1,x2,…,xn)	返回 x1,x2,…,xn 中的最小值
bin(x)	返回十进制整数 x 转换为二进制(binary)后的结果
hex(x)	返回十进制整数 x 转换为十六进制(hexadecimal)后的结果
int(x[,base])	返回将 x 转换为十进制整数结果,base 可以指定 x 的进制表示

表 2-3 中关于函数描述中的 "返回" 指调用该函数后将得到的值。下面示例展示了内置数值运算函数的调用。

```
In:   abs(-6)   # 得到 -6 的绝对值,即 6
In:   divmod(12, 5)   # 得到(12//5, 12%5),即(2, 2)
In:   pow(3, 2) + 100   # 省略了 pow()函数的第三个参数,结果为 109
In:   round(3.1415, 2)   # 四舍五入保留小数点后 2 位,结果为 3.14
In:   max(3, 4, 1)   # 结果为 4
In:   min(pow(2, 10), max(1000, 1100))   # 函数嵌套,结果为 1024
In:   bin(10)   # 结果为'0b1010'
In:   int('2A', 16)   # 返回十六进制数'2A'转换为十进制的结果,为 42
```

2.3　布尔类型与运算

2.3.1　布尔类型

布尔(bool)是在计算机中用于反映逻辑真和假的数据类型,它以英国数学家、布尔代数的奠基人乔治·布尔(George Boole)命名。Python 中的布尔类型只有 True 和 False 两种值。需要注意布尔值 True 和 False 不是一般字符串,其两边没有引号,并且首字母必须大写,其余字母小写。

2.3.2 逻辑运算

Python 支持三种基本的逻辑运算：and（与）、or（或）和 not（非）。and 和 or 对两个布尔值（或表达式）操作，是二元操作符；not 只对一个布尔值做取非的操作，为一元操作符。逻辑运算规则可描述如下：

（1）对于 and 操作符，如果左右两边布尔值都为 True，则表达式结果为 True，否则为 False。

（2）对于 or 操作符，只要左右两边有一个布尔值为真，则表达式结果为 True，否则为 False。

（3）对于 not 操作符，其结果是与 not 后面布尔值相反的布尔值。

Python 的逻辑运算规则可总结如表 2-4 所示。

表 2-4　　　　　　　　　　　　　Python 的逻辑运算规则

操作数 A	操作数 B	A and B	A or B	not A
True	True	True	True	False
True	False	False	True	False
False	True	False	True	True
False	False	False	False	True

对布尔值进行逻辑运算的代码如下：

```
In:   True and False
Out:  False
In:   True and True
Out:  True
In:   True or False
Out:  True
In:   True or True
Out:  True
In:   not False
Out:  True
In:   not not True
Out:  True
```

2.3.3 关系运算

上面的布尔类型值是直接写出的 True 或 False 字面值，事实上更多的布尔类型值来自关系运算的结果。Python 支持的关系运算符如表 2-5 所示，通过比较数据之间的大于、小于和等于的关系，得到布尔类型的比较结果。

需要注意 Python 中使用双等号"=="来判断数据是否相等，而不能使用用于赋值的单等号"="。

2.3 布尔类型与运算

表 2-5　　Python 支持的关系运算符

运算符	表达式举例	结果	说明
<	10 < 8	False	判断小于关系
>	10 > 8	True	判断大于关系
<=	10 <= 8	False	判断小于等于关系
>=	10 >= 10	True	判断大于等于关系
==	10 == 8	False	判断等于关系
!=	10 != 8	True	判断不等于关系

【例 2-2】 企业资产负债率合理性判定

企业经营管理，以及投资者决策都需要对企业各项相关财务指标进行评估，其中，资产负债率是衡量企业负债水平和风险程度的重要标志，其计算公式为：

$$资产负债率 = 负债总额 / 资产总额 \times 100\%$$

一家企业的资产负债率越低，说明通过负债运用外部资金的能力越弱，而资产负债越高，说明企业借债筹资越多，风险可能越大。因此，资产负债率应保持在一定的水平为佳。一般认为资产负债率的适宜水平是 40%~60%。

现在我们设计一个程序，由用户输入企业资产总额和负债总额，程序判断企业资产负债率是否在合理区间范围内。基于 IPO 思想，设计程序代码如下：

例 2-2　AssetLiabilityRatio.py

```
1    asset = eval(input('请输入企业资产总额(单位万元):'))
2    debt = eval(input('请输入企业负债总额(单位万元):'))
3    alt = debt / asset    # 计算资产负债率
4    print('该企业资产负债率为:', round(alt, 2))    # 四舍五入保留小数点后2位
5    print('资产负债率合理性判定结果:', alt >= 0.4 and alt <= 0.6)
```

运行结果如下：

请输入企业资产总额(单位万元):1200
请输入企业负债总额(单位万元):520
该企业资产负债率为: 0.43
资产负债率合理性判定结果: True

在上面代码第 5 行使用表达式"alt >=0.4 and alt <=0.6"来判定计算出来的资产负债率是否在 0.4 和 0.6 之间，这是对两个关系运算的结果再进行了一次逻辑"与"运算，即资产负债率（debt）同时满足大于等于 0.4 和小于等于 0.6。很多其他计算机语言也采用类似的写法来判断某个数值是否在某个区间之内。但在 Python 中，这一表达式可以进一步简化为连写的不等式"0.4 <=alt <=0.6"，这样就与数学中的书写方式非常接近，读者不妨自行尝试。

2.4 标准函数库的使用

补充知识
模块、包和函数库

除基本的运算符、内置函数外，Python 还提供了一系列函数库，这些函数库内包含了许多完成不同功能的函数可进行调用，极大拓展了 Python 语言解决各领域问题的能力。Python 的函数库包括标准函数库和第三方函数库，其中标准函数库随 Python 解释器一起被安装到系统中，而第三方库一般需要进行额外的安装才能使用。本书使用的 Anaconda 环境中已经集成大量与科学计算和数据分析相关的第三方函数库，使用这些集成在 Anaconda 内的函数库可无须额外安装。本节我们介绍 math 库与 random 库这两个与数值数据计算和处理相关的标准函数库。

2.4.1 math 库

2.4.1.1 math 库的常数与函数

标准函数库 math 主要用于支持数值计算，它提供了 5 个数学常数和 40 多个函数。其中部分常用的常数和函数如表 2-6 所示。

表 2-6 math 库部分常用的常数和函数

类别	常数/函数名	数学形式	说明
常数	e	e	自然常数，值为 2.71828…
	pi	π	圆周率，值为 3.14159…
数值函数	gcd(x, y)		返回 x 和 y 的最大公约数
	ceil(x)	$\lceil x \rceil$	向上取整，返回不小于 x 的最小整数
	floor(x)	$\lfloor x \rfloor$	向下取整，返回不大于 x 的最大整数
	factorial(x)	$x!$	返回 x 的阶乘
幂与对数函数	pow(x, y)	x^y	返回 x 的 y 次幂
	exp(x)	e^x	返回自然常数 e 的 x 次幂
	sqrt(x)	$\sqrt{x}$	返回 x 的平方根
	log2(x)	$\log_2 x$	返回以 2 为底 x 的对数
	log10(x)	$\log_{10} x$	返回以 10 为底 x 的对数
	log(x[, base])	$\log_{base} x$	返回以 base 为底 x 的对数，只输入 x 时返回 ln x
角度与三角函数	degrees(x)		返回弧度值 x 对应的角度值
	radians(x)		返回角度值 x 对应的弧度值
	sin(x)	$\sin x$	返回弧度值 x 的正弦函数值
	cos(x)	$\cos x$	返回弧度值 x 的余弦函数值
	asin(x)	$\arcsin x$	返回 x 的反正弦值

math 库不支持复数运算，仅支持整数和浮点数运算。与 abs()、round() 等内置函数不同，math 库中的常数和函数不能直接使用，需要用关键字 import 导入后才可以使用。后续我们接触的其他标准库和第三方库也是如此。

2.4.1.2 math 库的导入

导入 math 库有常规方式导入和 from 导入两种方式。

1. 常规方式导入

这种方式将整个函数库直接导入，其语法格式如下：

```
import 函数库名
```

函数库以常规方式导入后，其中包含的所有常量、函数等对象都可以调用，但调用时必须采用"函数库名.常量名"或"函数库名.函数名()"的方式使用函数库中的常量和函数等对象，代码如下：

```
In:     import math
In:     math.e
Out:    2.718281828459045
In:     math.pi
Out:    3.141592653589793
In:     math.gcd(24, 60)
Out:    12
In:     math.floor(-11.5)
Out:    -12
In:     print('5! =', math.factorial(5))
Out:    5! = 120
In:     math.pow(2, 0.5)
Out:    1.4142135623730951
In:     math.log(27, 3)
Out:    3.0
In:     math.sin(math.radians(90))
Out:    1.0
```

常规方式导入函数库时还可以为函数库取一个更简短的别名，方便后续使用，其语法格式如下：

```
import 函数库名 as 别名
```

下面代码展示了函数库别名的使用：

```
In:     import math as m
In:     m.sqrt(4)
Out:    2.0
```

2. from 方式导入

from 方式导入可以在导入时仅仅指定需要使用的常量和函数，其语法格式如下：

```
from 函数库名 import 常量名或函数名
```

采用 from 方式导入常量或函数后，调用导入的常量或函数不需要在前面加上函数库名，例如，用 from 方式导入 math 库中的 sqrt() 函数，并进行调用，代码如下：

```
In:     from math import sqrt
In:     sqrt(4)
Out:    2.0
```

from 方式导入还有一种用法是"from 函数库名 import *",此时该函数库中的所有对象一次性被导入,未来都可以直接使用,前面不需要再加上函数库名。但是如果采用这种方式容易引起与不同函数库,以及内置函数之间的冲突,因此对于初学者而言不建议使用这种一次性全部导入的方式。

提示:善用帮助

Python 生态中的函数库众多,每个函数库中又包含了许多函数,初学者短期记住诸如 math 库中的一系列函数并不现实。我们可以采用 Python 提供的帮助系统快速了解函数库及其包含的函数用法。例如,在导入 math 库之后,可以调用"help(math)"查看 math 库的帮助信息,调用"dir(math)"列出 math 库中包含的常数、函数等全部对象。例如,查看 math 库中的 hypot() 函数的用法,可以调用"help(math.hypot)"或者"?math.hypot"查看帮助信息。

2.4.2 random 库

随机数是指在一定范围内以不可预测的方式生成的数值,在模拟实验、游戏娱乐、加密安全等领域应用广泛。random 库用于实现随机数的生成和处理。使用 random 库之前也需要先导入,代码如下:

```
import random
```

表 2-7 中给出了 random 库中常用的随机数函数。

表 2-7　　　　　　　　　　random 库中常用的随机数函数

函数名	功能
random()	返回一个在[0,1]内的随机浮点数
randint(min, max)	返回一个[min, max]范围内的随机整数
randrange([start,]stop[, step])	返回一个在[start, stop)范围内以 step 为步长的整数序列中的随机整数
uniform(min, max)	返回一个[min, max)范围内的随机浮点数
choice(seq)	返回一个从序列 seq 中随机选取的元素
sample(seq, num)	返回从 seq 中随机选取 num 个元素的子序列
shuffle(seq)	将序列 seq 中的元素顺序打乱,无返回值

表 2-7 中涉及的序列可以是字符串、列表和元组类型,将在后续的章节学习。下面是常用随机数函数应用示例。

```
In:    import random
In:    random.random()
Out:   0.9682099452188285
In:    random.randint(10, 20)
Out:   16
In:    random.randrange(2, 20, 3)    # 从序列2, 5, 8, …, 17中随机返回一个整数
Out:   8
In:    random.choice((100, 200, 300))    # 从元组(100, 200, 300)中随机返回一个元素
Out:   100
In:    random.sample(['A', 'B', 'C'], 2)    # 从列表['A', 'B', 'C']中随机返回两个元
       素的子列表
Out:   ['C', 'A']
```

如果使用 from 方式导入，则可以省略函数前面的 random 库名。

2.5 字 符 串

字符串是日常生活中常见的一种数据类型，如人名、身份证号码、网站地址，甚至诗句、小说等。在 Python 语言中，字符串是一种由字符构成的有序序列，用来表示和存储文本信息，其类型为 str。本节将介绍字符串的表示、操作，以及与数值类型间的转换。

2.5.1 字符串的表示

2.5.1.1 引号表示

事实上，在本书前面的许多代码中已经出现过字符串，如 print() 函数中用引号引起来的内容。Python 语言中字符串的表示比较灵活，可以使用单引号、双引号，以及三引号，注意必须是英文输入法状态下的引号。

（1）单引号(' ')。使用单引号将文本引起来即构成字符串，其内部可以包含双引号。

（2）双引号(" ")。使用双引号将文本引起来也构成字符串，其内部可以包含单引号。

（3）三引号(''' '''或""" """)。三引号即三个单引号或三个双引号，其内部既可以包含单引号也可以包含双引号，并且三引号可以跨行，形成多行字符串。多行注释实际上就是由三引号引起来的多行字符串。

下面的代码展示了几种不同的字符串引号表示。

```
In:    'Python 语言与数据分析'
Out:   'Python 语言与数据分析'
In:    print('Python 语言与数据分析')
Out:   Python 语言与数据分析
In:    print("本节介绍'str'字符串数据类型")
Out:   本节介绍'str'字符串数据类型
In:    s = '''目前我们已经学习两个函数库，分别是：
       用于数值计算的'math'函数库；
       用于随机数处理的"random"函数库。'''
```

```
In:    print(s)
Out:   目前我们已经学习两个函数库,分别是:
       用于数值计算的'math'函数库;
       用于随机数处理的"random"函数库。
In:    s
Out:   '目前我们已经学习两个函数库,分别是:\n用于数值计算的\'math\'函数库;\n用于随机数
       处理的"random"函数库。'
```

在上面的例子中可以看到,如果利用print()函数,就可以打印原始的字符串内容;如果不使用print()函数直接交互式输出字符串,则会显示字符串外侧的引号,并且在最后一行输出中还出现了"\n""\'"这样的转义字符。

2.5.1.2 转义字符

转义字符是用于表示一些特殊字符的机制,这些特殊字符包括一些在语法上具有特殊意义的字符,如引号、换行符。Python中转义字符以反斜杠(\)开头,后跟一个或多个字符,用于告诉解释器应该将其后的字符解释为一个单独的字符,而不是其原本的含义。例如,前面出现的"\n"就表示一个换行符,即字符串在此处需要换行,"\'"则表示一个单引号。表2-8中列出了一些常用的转义字符。

表2-8   常用的转义字符

转义字符	描述	转义字符	描述
\\	反斜杠	\'	单引号
\n	换行	\"	双引号
\t	制表符	\b	退格

下面代码展示了转义字符的使用。

```
In:    'Lucy\'s dog'
Out:   "Lucy's dog"
In:    s="I\tlove\nPython"
In:    s
Out:   'I\tlove\nPython'
In:    print(s)
Out:   I       love
       Python
In:    len(s)    # 返回字符串s的长度,即包含的字符个数
Out:   13
```

上面的代码中,在字符串'Lucy\'s dog'中通过转义字符"\'"实现了在单引号字符串内部包含单引号。字符串s中包含了"\t"和"\n"两个转义字符,直接交互式输出字符串s时,转义字符原样输出,而使用print()函数输出字符串s时,转义字符执行了转义操作,从而可以看到跳格到制表位,以及换行的效果。字符串s的长度是13,表明转义字符"\t"和"\n"的长度各为1,即反斜杠和后面的字符作为一个整体构成一个转义字符。

2.5.2 字符串的索引和切片

对于字符串而言,索引和切片是两个最基本的操作。

2.5.2.1 索引

字符串作为由字符构成的有序序列,在被创建之后,其中每个字符在字符串中的位置(即索引)就已经确定。Python规定第一个字符的索引编号为0,第二个字符的索引编号为1,以此类推,这是一种从左到右编号的正向索引。此外,与其他许多编程语言不同的是,Python还支持从右到左编号的反向索引,最右侧字符的反向索引为 -1,往左依次为 -2、-3 等,反向索引的设计为字符串的访问和处理带来了很大便利。表 2-9 直观表示了字符串 'Python' 中各字符的正向和反向索引。

表 2-9　　　　　　　　　字符串 'Python' 的正向和反向索引

正向索引	0	1	2	3	4	5
字符串内容	P	y	t	h	o	n
反向索引	-6	-5	-4	-3	-2	-1

对字符串 'Python' 索引操作的代码如下所示。

```
In:     x='Python'
In:     x[0]
Out:    'P'
In:     x[4]
Out:    'o'
In:     x[-2]
Out:    'o'
In:     x[6]
Out:    Traceback(most recent call last):
           File"<stdin>", line 1, in <module>
        IndexError: string index out of range
```

上面代码中访问 x[6] 时出现了错误,这是因为字符串 x 的最大正向索引是 5,超出会出现下标越界的错误。

2.5.2.2 切片

索引是对字符串中的单个元素进行的操作,如果要提取字符串中的子字符串,可以使用切片操作。切片一词非常形象,即切取片段,字符串基本切片操作的语法如下:

字符串对象[起始索引:终止索引]

上述操作表示从左到右切取字符串对象,从起始索引开始到终止索引为止(不包含终止索引)的子字符串。在这种方式下,如果缺省起始索引(即不写起始索引),则表示从字符串对象的开头切取子字符串;如果缺省终止索引,则表示切取到字符串对象的最后一个字符;如果起始索引和终止索引均缺省,则切取整个字符串。下面是切片操作代码示例。

```
In:   s = 'I love Python'
In:   s[0:5]    # 输出'I lov',注意索引为 5 的字母 e 切取不到
In:   s[7:-1]   # 输出'Pytho',注意无法取到最后一个字符
In:   s[:5]     # 输出'I lov'
In:   s[7:]     # 输出'Python'
In:   s[7:-10]  # 输出空串'',因为起始索引在终止索引右侧,无法切取得到有效结果
```

除以上基本切片操作外,还可以在切片的方括号内再增加一个步长参数,语法如下:

字符串对象[起始索引:终止索引:步长]

这里的步长指定了切取数据的间隔。没有步长的基本切片操作是按照从左到右的顺序一个一个切取字符,相当于步长为1。当步长大于0时,表示从左到右切取字符;当步长小于0时,表示从右向左切取字符。步长的绝对值减1,表示每次切取字符的间隔。例如,步长为3,表示每次切取到的字符之间会隔2个字符。带步长的切片操作代码如下:

```
In:   s = '物华天宝,人杰地灵'
In:   s[0:4:1]    # 输出'物华天宝'
In:   s[1:7:2]    # 输出'华宝人'
In:   s[0:3:-1]   # 输出空串'',因为起始索引小于终止索引,与负步长反向切片矛盾
In:   s[3:0:-1]   # 输出'宝天华'
In:   s[3::-1]    # 输出'宝天华物'
In:   s[::-1]     # 输出'灵地杰人,宝天华物'
In:   s[::-3]     # 输出'灵人天'
```

从上面例子可以看出,通过切片操作 s[::-1]非常方便地得到了字符串的逆序串。

2.5.3 字符串的操作与处理

Python 提供了操作符、内置字符串处理函数和内置字符串处理方法来实现对字符串的各种操作与处理。

2.5.3.1 字符串的操作符

Python 提供了"+""*"和"in"等操作符实现字符串的拼接、复制和成员判断等操作,具体如表 2-10 所示。

表 2-10　　　　　　　　　　　　字符串操作符

运算符	描述与示例
+	字符串的拼接,如'北京'+'冬奥会'结果为'北京冬奥会'
*	字符串的复制,如'上海'*3,结果为'上海上海上海'
in	成员判断,即判断某字符是否在某一字符串中,如'A' in 'abc',结果为 False

2.5.3.2 内置字符串处理函数

与内置数值运算函数类似,Python 也为字符串处理提供了内置函数,这些函数同样不需要导入即可直接使用,常用的内置字符串处理函数如表 2-11 所示。

表 2-11　　　　　　　　　　常用的内置字符串处理函数

函数名	功能
len(x)	返回字符串 x 的长度
str(x)	将 x 转换为字符串类型
chr(x)	将 Unicode 编码值 x 转换为对应的字符
ord(x)	返回字符 x 的 Unicode 编码值

为便于处理字符数据，计算机系统为每一个字符提供对应的编码。早期的系统采用的 ASCII 编码体系仅支持英文字符，而没有覆盖其他语言中存在的更广泛的字符。目前大多数系统已采用 Unicode 编码体系，能够支持的语言文字范围大大增加。其中 chr() 和 ord() 就是用于单个字符和编码相互转换的函数。内置字符串处理函数代码示例如下：

```
In:   s = '物华天宝,人杰地灵'
In:   len(s)   # 结果为9
In:   str(3+6)   # 结果为'9'
In:   print(ord('A'), ord('B'))   # 打印:65 66
In:   print(ord('a'), ord('b'))   # 打印:97 98
In:   print(chr(65), chr(66))   # 打印:A B
In:   print(ord('中'), ord('国'))   # 打印:20013 22269
In:   print(chr(23431), chr(23449))   # 打印:宇 宙
```

通过以上示例可以观察到大写字母、小写字母和数字字符的 Unicode 编码都是顺序排列的，如 'a' 的编码为 97，'b' 的编码为 98。因为先排数字字符，再排大写字母，再排小写字母，因此小写字母的 Unicode 编码整体大于大写字母的 Unicode 编码。而中文字符的 Unicode 编码则要大得更多。

2.5.3.3　内置字符串处理方法

Python 语言对字符串对象提供了大量的内置方法用于字符串的检测、替换和排版等操作。使用时需要注意的是，字符串对象是不可变的，所以字符串对象提供的涉及字符串"修改"的方法都是返回修改之后的新字符串，并不对原字符串做任何修改。

 提示：函数与方法

> Python 内置函数可以通过"函数名()"的方式进行调用，而函数库中的函数则可以根据函数库的导入方式不同采取"库名.函数名()"或者"函数名()"的方式进行调用。这里提到的一个概念——"方法"，其实也是一类特殊的函数，它是与对象相关联的函数，本书不深入涉及面向对象相关知识，此处仅需了解方法应按照"对象名.方法名()"的方式进行调用即可。

1. 字符串查找类方法

字符串查找类方法主要用于从某字符串中查找所关心的子字符串所出现的索引位置和出现次数，其中：

（1）find() 方法和 rfind() 方法分别用来查找一个字符串在另一个字符串指定范围（默

认是整个字符串)中首次和最后一次出现的位置,如果不存在则返回 −1;

(2) index()方法和 rindex()方法与 find()方法和 rfind()方法功能类似,区别在于待查找的字符串不存在时,会报错(即会抛出异常);

(3) count()方法用来返回一个字符串在另一个字符串中出现的次数,如果不存在则返回 0。

具体代码如下:

```
In:   x = 'apple,orange,banana,pear'
In:   x.find('orange')   # 返回结果为 6
In:   x.find('a')   # 返回结果为 0
In:   x.rfind('a')   # 返回结果为 22
In:   x.find('pitaya')   # 没有查找到,返回结果为 -1
In:   x.index('orange')   # 返回结果为 6
In:   x.index('pitaya')   # 报错"ValueError: substring not found"
In:   x.count('na')   # 返回结果为 2,因为在字符串 x 中共出现 2 次字符串'na'
```

2. 字符串拼拆类方法

字符串拼拆类方法主要用于对字符串按照一定的规则进行拆分和拼接,其中:

(1) split()方法以指定字符为分隔符将原字符串分隔成多个子字符串,并返回包含分隔结果的列表(此处可以将列表理解为用方括号括起来的多个元素);

(2) join()方法与 split()方法相反,用来将列表中多个字符串进行拼接,并在相邻两个字符串之间插入指定字符,返回拼接后的新字符串。

具体代码如下:

```
In:   x = 'apple,orange,banana,pear'
In:   x.split(',')   # 指定','作为分隔符对字符串 x 进行拆分
Out:  ['apple', 'orange', 'banana', 'pear']   # 得到由四个字符串作为元素构成的列表
In:   x='I love Python'
In:   x.split()   # 不指定分隔符,将默认按照空格、换行符等进行拆分处理
Out:  ['I', 'love', 'Python']
In:   banks=['中国银行','中国农业银行','中国工商银行','中国建设银行' ]
In:   ':'.join(banks)   # 用':'作为连接符
Out:  '中国银行:中国农业银行:中国工商银行:中国建设银行'
In:   ''.join(banks)   # 注意''为两个紧挨着的单引号构成的空字符串
Out:  '中国银行中国农业银行中国工商银行中国建设银行'
```

3. 大小写转换类方法

大小写转换类方法主要用于对字符串中的英文字母进行特定的大小写处理,其中:

(1) lower()方法和 upper()方法分别用于将字符串转换为小写字符串和大写字符串;

(2) capitalize()方法用来将字符串首字母变为大写;

(3) title()方法用来将字符串中每个单词的首字母变为大写;

(4) swapcase()方法用于将字符串中的字母进行大小写互换。

具体代码如下:

```
In:   s = 'I love Python'
In:   s.lower()   # 返回小写字符串,结果为'i love python'
```

```
In:   s.upper()        # 返回大写字符串,结果为 'I LOVE PYTHON'
In:   s.capitalize()   # 首字母大写,结果为 'I love python'
In:   s.swapcase()     # 大小写互换,结果为 'i LOVE pYTHON'
```

4. 字符串替换类方法

字符串替换类方法的 replace()方法与文字处理软件中的替换功能相似,用来替换字符串中指定字符串,可以指定替换次数,不指定则全部替换。注意尽管是替换,但它仍然不能修改原字符串,只能返回一个新字符串。具体代码如下:

```
In:   s = '北京北站'
In:   s.replace('北','南')      # 将字符串 s 中的"北"字全部替换成"南"字
Out:  '南京南站'
In:   s.replace('北','南', 1)   # 指定只替换一次
Out:  '南京北站'
In:   s
Out:  '北京北站'
```

可以看到字符串 s 本身并未变化,如果需要使 s 的内容被替换掉,应该将替换后的返回结果再赋给 s,代码为 s=s.replace('北','南')。

5. 字符串判断类方法

字符串判断类方法按照一定要求对字符串进行检测判断,符合条件时返回 True,不符合条件时返回 False,其中:

(1) startswith()方法和 endswith()方法分别判断某字符串是否以另一个字符串开头或结尾;

(2) islower()方法和 isupper()方法分别判断一个字符串是否全为小写和大写;

(3) isdigit()方法用于判断字符串是否为全数字;

(4) isalnum()方法判断字符串是否为数字、字母或汉字等 Unicode 字符;

(5) isalpha()方法判断字符串是否为字母或汉字等 Unicode 字符。

具体代码如下:

```
In:   s1 = '金融科技'
In:   s1.startswith('金融')   # 检测字符串 s1 是否以'金融'开头,返回结果为 True
In:   s1.endswith('金融')     # 检测字符串 s1 是否以'金融'结尾,返回结果为 False
In:   s2 = 'Fintech'
In:   s2.islower()            # 判断字符串 s2 是否全为小写,返回结果为 False
In:   s3 = 'FINTECH'
In:   s3.isupper()            # 判断字符串 s3 是否全为大写,返回结果为 True
In:   day ='20030808'
In:   day.isdigit()           # 判断字符串 day 是否全为数字,结果为 True
In:   x = '北京2008年奥运会'
In:   x.isalnum()             # 判断字符串 x 是否全为字母或数字或 Unicode 字符,返回 True
In:   x.isalpha()             # 判断字符串 x 是否全为字母或 Unicode 字符,返回 False
```

6. 字符串排版类方法

字符串排版类方法主要用于将字符串按照一定的要求进行格式上的编排,并返回排版后的新字符串,其中:

（1）strip()方法、lstrip()方法和rstrip()方法分别可删除字符串两边、左边和右边的空格或指定字符串；

（2）center()方法、ljust()方法、rjust()方法可以指定排版后的字符串长度,分别实现原始字符串居中、居左和居右放置；

（3）zfill()方法可以指定排版后的字符串长度,在原始字符串左侧填充字符'0'。

具体代码如下：

```
In:    x = '    I love Python    '    # 两边各有多个空格
In:    x.strip()   # 删除两边空格,返回'I love Python'
In:    x.lstrip()  # 删除左边空格,返回'I love Python    '
In:    x.rstrip()  # 删除右边空格,返回'    I love Python'
In:    x = '**I love Python**'
In:    x.strip('*')   # 删除两边星号,返回'I love Python'
In:    x.lstrip('*')  # 删除左边星号,返回'I love Python**'
In:    x.rstrip('*')  # 删除右边星号,返回'**I love Python'
In:    s = 'I love Python'
In:    s.center(25,'*')   # 字符串居中显示,总长度为25,其余位置用'*'补齐
Out:   '******I love Python******'
In:    s.ljust(25,'*')    # 字符串居左显示,总长度为25,其余位置用'*'补齐。
Out:   'I love Python************'
In:    s.rjust(25,'*')    # 字符串居右显示,总长度为25,其余位置用'*'补齐。
Out:   '************I love Python'
In:    s.zfill(25)    # 在字符串左边用'0'填充,总长度为25。
Out:   '000000000000I love Python'
```

2.5.3.4 字符串格式化方法

除以上字符串排版类方法外,Python语言中还提供了format()方法进行字符串格式化。format()方法的使用语法为：

```
格式字符串.format(参数)
```

其中格式字符串是由普通字符串和{}组成的字符串,大括号括起来的部分是替换字段,也可以形象地称为"槽"；参数则指定匹配替换的内容。在进行格式化过程中,format()方法的参数值会替换格式字符串中与之匹配的槽。

1. 默认顺序和指定顺序代入

如果格式字符串的槽内包括数字序号,那么该槽将与format()方法对应序号上的参数进行匹配并代入,注意参数的序号是从0开始计；如果格式字符串中槽内没有数字序号,那么将按照format()方法内参数出现的顺序依次代入。具体代码如下：

```
In:    '{}语言和{}语言都被广泛用于数据分析'.format('Python','R')
Out:   'Python语言和R语言都被广泛用于数据分析'
In:    '{0}语言和{1}语言都被广泛用于数据分析'.format('Python','R')
Out:   'Python语言和R语言都被广泛用于数据分析'
In:    '{1}语言和{0}语言都被广泛用于数据分析'.format('Python','R')
Out:   'R语言和Python语言都被广泛用于数据分析'
In:    '{1}语言和{0}语言都被广泛用于数据分析,本书介绍{0}语言'.format('Python','R')
Out:   'R语言和Python语言都被广泛用于数据分析,本书介绍Python语言'
```

2. 格式控制标记设置

使用 format() 方法格式化字符串时,可以进一步通过设置格式控制标记对参数进行更为灵活的格式控制。具体办法为在"{}"中输入英文的":"作为格式引导符,随后可以对填充字符、对齐方式、宽度、精度、格式化数据类型等进行设定,如表 2-12 所示。

表 2-12　　　format() 方法支持的常用格式控制标记

标记项	说明
填充字符	设置宽度不满时填充的内容,限单个字符,缺省则填充空格
对齐方式	可设置 <、^、> 分别对应左对齐、居中和右对齐,缺省为右对齐
宽度	设置格式化后的字符串所占宽度,可省略
精度	设置数值型数据保留的小数位数,可省略
格式化数据类型	设置格式化类型,如整数(d)、小数(f)、科学计数法(e)、字符串(s)、百分比(%)等

下面代码展示了如何通过格式控制标记设置进行字符串格式化:

```
In:   '{:=^20}'.format('Python')   # 宽度20,居中对齐,空余处填充"="
Out:  '=======Python======='
In:   '代码为{0:*>8}的股票是{1:#<6}'.format('600000','浦发银行')
Out:  '代码为**600000的股票是浦发银行##'
In:   '圆周率的近似值为:{:.2f}'.format(3.1415926)   # 对浮点数保留小数点后2位
Out:  '圆周率的近似值为:3.14'
In:   '{1:d}年年末{0:s}人口为{2:10.4f}亿'.format('中国', 2023, 14.097)   # 不同
      数据类型的格式化
Out:  '2023年年末中国人口为    14.0970亿'
In:   '地球与月球之间的距离是{:.3e}公里'.format(384401)
Out:  '地球与月球之间的距离是3.844e+05公里'
In:   '今日原油期货价格上涨{:.2%}'.format(0.0567)
Out:  '今日原油期货价格上涨5.67%'
```

补充知识

字符串格式化方法 f-string

2.5.4 类型转换

目前,我们介绍了整数、浮点数和字符串三种数据类型,不同类型数据并非不能进行相互运算,但需要考虑类型转换问题,这涉及自动转换和强制转换两种方式。

2.5.4.1 自动转换

int 和 float 类型数据可以混合运算,如果表达式中包含 float 类型数据,则 int 类型数据会自动转换(也称隐式转换)成 float 类型,结果为 float 类型。在进行算术运算时,布尔类型值 True 自动转换成 1,False 自动转换成 0 参与运算。

```
In:   k = 30 + 30.0   # k的运算结果为60.0
In:   type(k)   # k的类型为float
In:   60 + False   # 结果为60,False 对应整数0
In:   60 + True    # 结果为61,True 对应整数1
In:   True + True + False   # 结果为2
In:   60 + '6'   # 提示错误,数值型和字符串无法直接进行加法运算
```

2.5.4.2 强制转换

强制转换（也称显式转换）是将变量或表达式强行转换成所需的数据类型。可以使用各类型对应的 int() 函数、float() 函数和 str() 函数实现转换。

```
In:    int(1.23)    # 将浮点型强制转换为整型,返回 1
In:    float(2)     # 将整型强制转换为浮点型,返回 2.0
In:    int('Python')    # 无法转换
In:    str(100)    # 将整数 100 转换为字符串'100'
In:    'A 股上市公司共有' + str(5000) + '余家'    # 需要将整数 5000 转换为字符串类型才能
       进行拼接
```

在使用 input() 函数获取用户输入数据时,除了使用 eval() 函数进行类型转换,还可以使用 int() 函数和 float() 函数将获取到的字符串类型数据转换成需要的类型。

```
In:    distance = float(input('请输入两地的距离:'))
       请输入两地的距离:1234.5
In:    type(distance)    # distance 的类型为 float
In:    seniority = int(input('请输入您的工龄:'))
       请输入您的工龄:15
In:    type(seniority)    # seniority 的类型为 int
```

2.5.5 time 库

在实际应用中,经常会遇到形如"2025 年 3 月 18 日""1986-07-12 20:06:29"等与时间相关的字符串,此时利用 Python 内置的 time 库可以方便地进行处理。time 库提供了时间获取、格式化转换等功能。

2.5.5.1 时间获取

与 math 库和 random 库类似,要使用 time 库中的函数首先必须使用 import 语句进行导入。导入后,可以使用 time() 函数获取系统当前时间戳(即距离 1970 年 1 月 1 日 0 点的总秒数);使用 ctime() 函数可以得到易读的系统当前时间字符串;使用 localtime() 函数可以返回本地时区的结构化时间对象(struct_time),包含年、月、日、星期等属性。

```
In:    import time
In:    time.time()
Out:   1743089471.7281878
In:    time.ctime()
Out:   'Thu Mar 27 23:32:03 2025'
In:    t = time.localtime()
In:    t
Out:   time.struct_time(tm_year=2025, tm_mon=3, tm_mday=27, tm_hour=23,
       tm_min=32, tm_sec=20, tm_wday=3, tm_yday=86, tm_isdst=0)
In:    t.tm_year    # 获取对象 t 的年份属性
Out:   2025
```

2.5.5.2 时间格式化转换

利用 time 库中的 strftime() 函数和 strptime() 函数能够实现时间类型与字符串类型的格式化转换。其中 strftime() 函数能够将结构化时间按指定格式转换为字符串;strptime()

2.5 字符串

函数则可以将字符串解析为结构化时间对象,这两个函数互为逆操作。

```
In:     import time
In:     time.strftime('%Y-%m-%d %H:%M:%S', time.localtime())  # 时间转字符串
Out:    '2025-03-28 21:33:41'
In:     time.strftime('%Y年%m月%d日%H时%M分%S秒', time.localtime())
Out:    '2025年03月28日21时34分56秒'
In:     time.strptime('2025-03-15', '%Y-%m-%d')   # 字符串转时间
Out:    time.struct_time(tm_year=2025, tm_mon=3, tm_mday=15, tm_hour=0, tm_
        min=0, tm_sec=0, tm_wday=5, tm_yday=74, tm_isdst=-1)
```

在上面代码中,使用到了 % 开头的日期时间格式符。其中 %Y 表示四位年份,%m 表示两位月份,%d 表示两位日期,%H 表示 24 小时制小时,%M 表示分钟,%S 表示秒。

此外,time 库中还提供了 sleep() 函数可以使程序暂停指定秒数,可用于定时任务或延迟操作。例如,在程序代码中加入 time.sleep(5),可以使程序执行到该处时暂停 5 秒再执行后续代码。

案例 2-2 ▶ 定期存款

假定银行一年期定期存款利率为 1.45%,在每年年底时,将本金和利息继续转为下一个年度的一年期定期存款。按照这种方式,如果一个用户开始时存入 m 元,请计算 n 年后,他的账户中总共有多少元(保留小数点后两位)?

问题分析:

根据 IPO 程序设计方法,这个问题具有明确的输入和输出,其中输入为初始金额 m,以及存款总年份 n,均可从键盘读入。输出是最后的账户总金额,要求保留小数点后两位,这里可以使用 format() 方法格式化输出,采用格式控制标记 {:.2f} 实现。

在输入到输出之间的数据处理方面,银行按年计算利息,则每年继续存款时,上一年度的本息和计入下一年度的本金。通过分析可以得到:

第一年到期后的账户总金额:$m_1 = m \times 1.45\% + m = m \times (1+1.45\%)$

第二年到期后的账户总金额:$m_2 = m_1 \times 1.45\% + m_1$
$= m_1 \times (1+1.45\%)$
$= m \times (1+1.45\%)^2$

第三年到期后的账户总金额:$m_3 = m \times (1+1.45\%)^3$

……

第 n 年到期后的账户总金额:$m_n = m \times (1+1.45\%)^n$

综合以上分析,基于目前所学的整数、浮点数和字符串等相关知识,编写代码如下:

案例代码 2-2　定期存款　FixedDeposit.py

```
1    import math
2    m, n = input('请输入初始存入资金和存款总年份(以逗号分隔):').split (',')   # 拆分并解包赋值
3    m = float(m)     # 将 m 转为浮点型
4    n = int(n)       # 将 n 转换为整型
5    rate = 0.0145    # 年利率
6    mn = m * math.pow(1 + rate, n)    # 利用 math 库的 pow 函数计算 n 年后账户总金额
7    s = '{}年后的账户总金额是:{:.2f}元 '.format(n, mn)    # 格式化输出字符串
8    print(s)
```

运行结果如下：

请输入初始存入资金和存款总年份(以逗号分隔):10000,5
5 年后的账户总金额是:10746.33 元

可以尝试输入任意的初始存入资金和存款总年份以观察计算结果。最后请思考,如果银行一年期定期存款利率也可以由用户自行输入,应该如何修改以上代码?

本章小结

1. 程序中涉及用户输入数据或者向用户展示结果时,需要用到 input( ) 函数和 print( ) 函数两个内置函数。

2. 数值类型是最为常用的数据类型,包括整型(int)、浮点型(float)和复数型(complex)。

3. 布尔类型用于反映逻辑上的真和假,布尔值之间可以进行逻辑运算,而关系运算也可以得到布尔类型结果。

4. Python 的两个相关的标准函数库 math 库和 random 库提供了与数值类型数据计算处理相关的大量函数,使用之前必须先导入。

5. 字符串是由字符构成的有序序列,format( ) 方法可以灵活地实现字符串格式化操作。

复习思考题

1. 什么是标识符?简述 Python 标识符的命名规则,并给出合法标识符和非法标识符的几个实例。

2. Python 常用的数值类型有哪几种?请举例说明。

3. 字符串有哪几种表示形式?

4. 简述函数库导入的两种常见方式。

5. 举例说明 random 库中 5 种函数的基本功能。

 操作实践题

1. 编写 Python 程序计算下面各表达式的值：
① $\ln(2\pi\sqrt{13+e})$；　② $\arctan\log_3(\pi+1)$。

2. 利用一元二次方程的求根公式，计算并打印方程 $2x^2+8x+5=0$ 的两个实数根，结果保留 2 位小数。

3. 编写 Python 程序，按要求完成计算：输入两个点的坐标 (x_1, y_1) 和 (x_2, y_2)，输出两点间的距离，结果保留 2 位小数。

4. 编写程序，随机生成由英文字符和数字组成的 4 位验证码。

5. 随机生成一个 100～200 的整数，分别输出它的百位、十位和个位；并求它们百位、十位和个位的平方和。

6. 小明的生日是 1999 年 6 月 18 日，请尝试利用 time 库找出他出生这天是星期几。

第三章 程序控制结构

本章思维导图

🎯 **学习目标**

- 掌握顺序结构程序的编写；
- 掌握单分支、双分支、多分支，以及分支嵌套结构程序的编写；
- 掌握 for 和 while 循环程序的编写；
- 了解 turtle 库；
- 理解 Python 的异常及处理机制。

计算机程序描述了某个问题的求解方法，它通过能被计算机识别和执行的指令序列实现。在实现计算机程序的过程中，需要按照程序设计语言的语法规则设计特定的逻辑次序，程序控制结构定义的就是计算机程序的逻辑次序。因此，学习和掌握程序控制结构对进一步设计复杂的算法或进行相关开发都十分重要。程序控制结构主要包括顺序、分支和循环三种。任何程序中的语句块（由一条或多条语句组成的语句序列）结构都属于以上三种结构之一。

3.1 顺 序 结 构

程序的顺序结构是指按语句出现的先后顺序执行的程序结构，每当一条语句执行完毕，计算机就自动转到下一条语句执行，直到完成顺序结构的最后一条语句的执行。顺序结构的流程图基本形式如图 3-1 所示，它表示计算机在执行语句（块）1 后，接着执行语句（块）2。

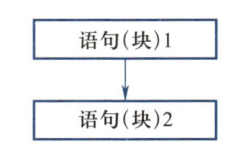

图 3-1 顺序结构的流程图基本形式

Python 程序的顺序结构不需要额外的程序控制语句，只需将程序中的多条语句按自然顺序编写即形成顺序结构。在前面章节中所出现的没有缩进的示例程序代码都是按照顺序结构来组织编写的。

3.2 分支结构

分支结构也称选择结构,是程序根据条件判断结果而选择不同执行路径的一种运行方式,分支结构包含条件判断语句(控制选择的条件表达式语句)和可选择执行的语句块。计算机首先计算条件表达式,然后根据条件表达式的逻辑值真假来选择执行语句块。Python 的分支结构是通过 if 语句实现的,包括单分支、双分支和多分支三种基本形式。

3.2.1 条件表达式

条件表达式是结果为布尔值(True 或 False)的表达式,可以通过关系运算、逻辑运算、成员判断等方式得到。例如:

(1)对于整数 x,判断 x 是否为一个奇数的条件表达式如下:

```
x % 2 == 1
```

如果取 x 为 7,那么表达式结果为 True,表示"x 为奇数"这一命题为真;如果取 x 为 8,则表达式结果为 False,表示"x 为奇数"这一命题为假。所以对于任意整数 x,这一表达式都能起到判断其是否为奇数的作用。

(2)对于正整数 x,判断 x 是否为一个三位数的条件表达式如下:

```
x >= 100 and x < 1000
```

(3)对于字符串 s,判断 s 中是否包含字符'A'且字符串的最后一个字符为'Y'的表达式如下:

```
'A' in s and s[-1] == 'Y'    # 也可以写成'A' in s and s.endswith('Y')
```

(4)已知三个实数 a、b 和 c,判断由它们作为边长能否构成三角形的表达式如下:

```
a > 0 and b > 0 and c > 0 and a + b > c and b + c > a and c + a > b
```

(5)已知整数 y 表示一个年份,判断该年份是否为闰年的表达式如下:

```
(y % 4 == 0 and y % 100 != 0) or (y % 400 == 0)
```

3.2.2 单分支结构

单分支结构的流程图如图 3-2 所示,当条件表达式的判断结果为真时,计算机执行语句块,否则计算机将跳过语句块而执行后续的语句。

单分支结构的语法格式如下:

```
if 条件表达式:
    语句块
```

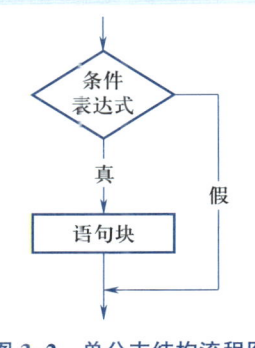

图 3-2 单分支结构流程图

注意在条件表达式之后的":"不可或缺,它表示后面的语句块从属于该条件表达式。冒号后面的语句块需要缩进,同一个语句块必须保证相同的缩进量。

示例代码 3.1 展示了如何用单分支结构实现对所输入的数字求绝对值。

示例代码 3.1　CalAbs1.py
```
1    number = float(input('输入一个数:'))
2    if number < 0:
3        print('输入的数字为负数')
4        number = -number
5    print('输入数字的绝对值为:', number)
```

当输入的数字为负数时,if 语句中条件表达式的逻辑值为真,此时将执行后面的语句块,打印字符串"输入的数字为负数",并利用 number=-number 以计算该负数的绝对值;如果所输入的数字为非负数,if 语句中条件表达式的逻辑值为假,此时不会执行缩进的语句块,而是直接输出原始数值。

初学者需要注意,上面的代码中第 3 行和第 4 行语句具有相同的缩进。当条件判断为真时,第 3 行和第 4 行语句将作为同一个语句块被顺序执行。而第 4 行和第 5 行语句不具有相同的缩进,它们不属于同一个语句块。实际上,无论用户输入的是不是负数,第 5 行代码都会被执行。以输入 -100 为例,以下是程序执行的结果:

输入一个数:-100
输入的数字为负数
输入数字的绝对值为:100

可以尝试将第 5 行也进行缩进,运行输入不同数字看看会发生什么问题,体会分支结构中缩进的正确用法。

提示

需要提醒读者注意的是,if 语句后面不只可以跟条件表达式。在 Python 语言中,当一个表达式或函数返回的最终值是 None、0、0.0、空字符串,以及后续将学习的空列表[]、空元组()、空字典{}和空集合 set()时,都会被当做假值,其余情况则会被当做真值。

3.2.3　双分支结构

3.2.3.1　基本的双分支结构

如图 3-3 所示,双分支结构的执行过程是先计算条件语句中条件表达式的值以判断其真假,如果判断为真则执行语句块 1,否则执行语句块 2。

双分支选择结构的语法格式如下:

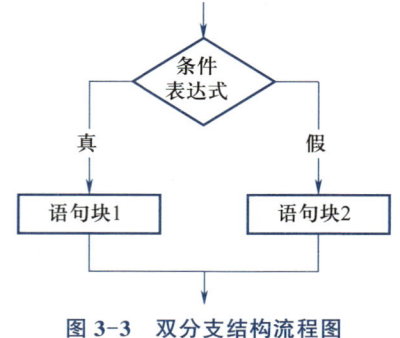

图 3-3　双分支结构流程图

```
if 条件表达式:
    语句块 1
else:
    语句块 2
```

条件表达式的逻辑值为真时,计算机将执行语句块 1 而不再执行语句块 2;条件表达式的逻辑值为假时,计算机将执行语句块 2 而不再执行语句块 1。也就是说语句块 1 和语句块 2 有且只有一个会被执行。

我们经常遇到很多编号,如身份证号、学号、工号,这些编号具有丰富的含义。例如,某高校的学生学号为 10 位数字,其中第一位数字如果为 1 则代表本科生,不为 1 则代表研究生。示例代码 3.2 展示了根据输入的学生学号判定学生类型的程序代码。

示例代码 3.2　StuStatus.py
```
1    stu_id = input('请输入学号:')
2    flag = stu_id[0]
3    if flag == '1':
4        print('本科生')
5    else:
6        print('研究生')
```

以下是程序执行的结果:
请输入学号:2160410176
研究生

示例代码 3.2 的第 3 行中,条件表达式为 flag=='1'。用户输入的学号为"2160410176"时,flag=='1'的值为 False,因此会进入 else 子句并执行第 6 行代码。

我们同样可以将示例代码 3.1 改写为双分支结构,如下所示:

示例代码 3.3　CalAbs2.py
```
1    number = float(input('输入一个数:'))
2    if number < 0:
3        number = -number
4        print('输入的数字为负数')
5    else:
6        print('输入的数字为非负数')
7    print('输入数字的绝对值为:', number)
```

3.2.3.2　三元表达式

对于简单的双分支结构语句,Python 还提供了一个更为简洁的表达形式,即三元表达式,其将 if/else 语句放在一行代码里。语法格式如下:

```
语句块 1 if 条件表达式 else 语句块 2
```

三元表达式的语法规则为:条件表达式的结果为真值时,整个表达式的结果为 if 关键字前的语句块 1 的值;条件表达式的结果为假值时,整个表达式的结果为 else 关键字后的语句块 2 的值。如果把三元表达式的值赋值给变量 a,三元表达式等价于以下双分支结构语法格式:

```
if 条件表达式:
    a = 语句块 1
else:
    a = 语句块 2
```

利用三元表达式,示例代码 3.2 可以改写成如下形式:

示例代码3.4 StuStatus.py
```
1    stu_id = input('请输入学号:')
2    flag = stu_id[0]
3    status = '本科生' if flag == '1' else '研究生'
4    print(status)
```

三元表达式简洁地表达了简单的双分支结构,但是过度地使用三元表达式,如三元表达式的嵌套有可能会降低程序的可读性,可以根据实际情况进行取舍。

3.2.4 多分支结构

多分支结构的流程图如图3-4所示。多分支结构的执行规则如下:先判断条件表达式1的逻辑值是否为真,若为真则执行语句块1,执行完语句块1后,跳过这个多分支结构中的其他所有语句而开始执行多分支结构的后续语句;若条件表达式1的逻辑值为假则接着判断条件表达式2的逻辑值是否为真,若为真则执行语句块2,然后跳过这个多分支结构中的其他所有语句而开始执行多分支结构的后续语句;若为假则接着判断条件表达式3的逻辑值是否为真,以此类推,若所有条件表达式的逻辑值都为假,则执行语句块n。

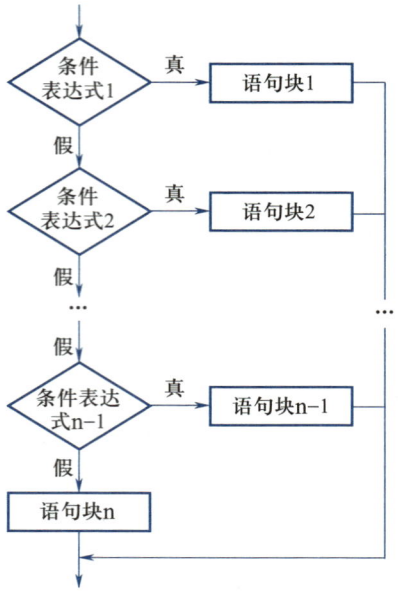

图3-4　多分支结构流程图

Python的多分支结构一般形式如下:

```
if 表达式1:
    语句块1
elif 表达式2:
    语句块2
...
elif 表达式n-1:
    语句块n-1
else:
    语句块n
```

其中关键字elif是elseif的缩写,具有"否则如果"的意思。

仍以通过学生学号判断学生类型为例,第一位数字为1代表本科生,第一位数字为2代表研究生,其余情况判定为"未知",则该例可以改写为由3个分支组成的多分支结构,代码如下:

示例代码3.5 StuStatus.py
```
1    stu_id = input('请输入学号:')
2    flag = stu_id[0]
3    if flag == '1':
4        print('本科生')
5    elif flag == '2':
6        print('研究生')
```

```
7    else:
8        print('未知')
```

以下是程序执行的结果：

请输入学号：0160410176
未知

【例 3-1】 根据应纳税所得额计算全年应缴纳的个税

根据2019年颁布的《中华人民共和国个人所得税法》，居民的工资薪金收入个税将按照个人所得税税率表中的税率阶梯式递增。个人所得税税率表（综合所得适用）如表3-1所示。

表 3-1　　　　　　　　　　个人所得税税率表（综合所得适用）

级数	全年应纳税所得额	税率/%	速算扣除数
1	不超过 36 000 元的部分	3	0
2	超过 36 000 元至 144 000 元的部分	10	2 520
3	超过 144 000 元至 300 000 元的部分	20	16 920
4	超过 300 000 元至 420 000 元的部分	25	31 920
5	超过 420 000 元至 660 000 元的部分	30	52 920
6	超过 660 000 元至 960 000 元的部分	35	85 920
7	超过 960 000 元的部分	45	181 920

表 3-1 中的"速算扣除数"是为了方便个税计算而设置，个人所得税计算公式如下：

应交个人所得税＝应纳税所得额×对应级数税率－速算扣除数

例如，小张的2024年应纳税所得额为110 000元，按照常规累进税率计算方法，需要把小张的应纳税所得额分成两段，其中的36 000元部分按3%交税，余下的74 000元（110 000－36 000）部分按10%交税。因此小张2024年应交税：

36 000×3%＋(110 000－36 000)×10%＝8 480(元)

如果对上式进行整理变形，可得：

$$36\,000 \times 3\% + (110\,000 - 36\,000) \times 10\%$$

$$= 36\,000 \times 3\% + 110\,000 \times 10\% - 36\,000 \times 10\%$$

$$= 110\,000 \times 10\% - 36\,000 \times (10\% - 3\%)$$

$$= 110\,000 \times 10\% - 2\,520$$

$$= 8\,480(元)$$

上面计算过程中的"110 000×10%－2 520"正是个人所得税计算公式，通过该公式计算个税，不需要再分段计算个税，可以大大节省算税时间。

例3-1代码实现了根据用户输入的应纳税所得额计算全年应缴纳个人所得税的功能。其中税率的阶梯式递增通过多分支选择结构实现。

例 3-1　CalcTax.py

```
1    taxable_income = int(input('请输入全年应纳税所得额(元):'))
2    # 定义税率和扣除数
3    tax_rate_1 = 0.03
4    tax_rate_2 = 0.1
5    tax_rate_3 = 0.2
6    tax_rate_4 = 0.25
7    tax_rate_5 = 0.3
8    tax_rate_6 = 0.35
9    tax_rate_7 = 0.45
10   deduct_num_1 = 0
11   deduct_num_2 = 2520
12   deduct_num_3 = 16920
13   deduct_num_4 = 31920
14   deduct_num_5 = 52920
15   deduct_num_6 = 85920
16   deduct_num_7 = 181920
17   # 根据税率计算税额
18   if taxable_income <= 0:
19       tax = 0
20   elif taxable_income <= 36000:
21       tax = taxable_income * tax_rate_1 - deduct_num_1
22   elif taxable_income <= 144000:
23       tax = taxable_income * tax_rate_2 - deduct_num_2
24   elif taxable_income <= 300000:
25       tax = taxable_income * tax_rate_3 - deduct_num_3
26   elif taxable_income <= 420000:
27       tax = taxable_income * tax_rate_4 - deduct_num_4
28   elif taxable_income <= 660000:
29       tax = taxable_income * tax_rate_5 - deduct_num_5
30   elif taxable_income <= 960000:
31       tax = taxable_income * tax_rate_6 - deduct_num_6
32   else:
33       tax = taxable_income * tax_rate_7 - deduct_num_7
34   print("您需要缴纳的个税为(元):", tax)
```

运行该程序结果如下：

请输入全年应纳税所得额(元):110000
您需要缴纳的个税为(元): 8480.0

3.2.5　分支嵌套

如果分支结构的语句块中还包含分支结构，那么就形成了嵌套的分支结构，即分支嵌套。分支嵌套的一般语法格式如下：

```
if 条件表达式 1:
    if 条件表达式 2:
        语句块 1
    else:
        语句块 2
```

```
        语句块 3
else:
    if 条件表达式 3:
        语句块 4
    else:
        语句块 5
语句块 6
```

【例 3-2】 贷款发放自动决策

在一些金融业务中,如银行决定是否向客户发放贷款,往往根据用户的诸多信息(如职业、收入、负债情况)综合进行研判。下面是通过分支嵌套结构实现自动决策的程序代码。

```
例3-2  IssueLoan.py
1    job = input('职业是否稳定(y/n):')
2    income = int(input('请输入年收入(万元):'))
3    debt = input('是否有其他贷款(y/n):')
4    flag = 0  # 初始标记为 0
5    if job == 'y':  # 如果职业稳定
6        if income >= 10:  # 如果年收入大于等于 10 万元
7            flag = 1  # 标记为 1
8        else:  # 否则,即年收入低于 10 万元
9            flag = 0  # 标记为 0
10   else:  # 否则,即职业不稳定
11       if income >= 20:  # 如果年收入大于等于 20 万元
12           flag = 1  # 标记为 1
13       elif income >= 15:  # 否则如果年收入大于等于 15 万元
14           if debt == 'n':  # 进一步判断如果没有贷款
15               flag = 1  # 标记为 1
16       else:  # 否则,即年收入低于 15 万元
17           flag = 0  # 标记为 0
18   if flag == 1:  # 标记为 1 则可以发放贷款,否则无法发放
19       print('可以发放贷款')
20   else:
21       print('无法发放贷款')
```

由于嵌套的分支结构可能会形成多层次的缩进,因此要注意确定不同层次语句块的缩进深度,否则容易导致程序不能正确执行。

案例 3-1　　　　　　　　　　　　　　　　　　　▶ 身体质量指数

描述身体健康状况的一个常用指标是身体质量指数(body mass index,BMI)。BMI 的计算公式为:BMI=体重/身高^2,其中体重以千克为单位,身高以米为单位。如果 BMI<18.5,则表示身材偏瘦;如果 18.5≤BMI<24.9,则身材属于正常范围;如果 24.9≤BMI<30,则体重超重;如果 BMI≥30,则属于肥胖。显然,判断身材状况是一个典型的多分支结构。下面展示了计算身体质量指数并输出判断结果的代码。

案例代码 3-1　身体质量指数 BMI　CalBMI.py

```
1    height = float(input('请输入您的身高(单位:米):'))
2    weight = float(input('请输入您的体重(单位:千克):'))
3    bmi = weight / (height ** 2)
4    if bmi < 18.5: result = '偏瘦'
5    elif bmi < 24.9: result = '正常'
6    elif bmi <30: result = '超重'
7    else: result = '肥胖'
8    print('您的BMI值为{0:.2f},身材属于{1:s}。'.format(bmi, result))
```

该程序首先提示用户输入身高和体重,然后根据输入的数值计算 BMI 值。接着第 4 至第 7 行使用分支语句判断 BMI 的范围,并得到结果字符串。最后在第 8 行格式化输出结果。

细心的读者可能会发现这段代码中似乎存在若干问题:第一,根据 BMI 判定身材状况的规则中,18.5≤BMI<24.9 的身材属于正常范围,但是在代码第 5 行仅仅判断了 bmi<24.9,请思考一下代码在逻辑上是否真的存在问题。第二,作为一个分支结构程序,这段代码中竟然没有缩进,这不是代码或排版错误,而是在 Python 中存在一个约定,就是如果分支中缩进的语句块只有一条语句,可以直接写在前面的 if、elif 或 else 语句的冒号后面,这样能够使代码更为简洁。

3.3　循 环 结 构

通过案例 3-1 的程序可以顺利地完成单个人的 BMI 值求解和身材状况的判定,但如果现实中需要做这样计算的人不止一个,而是 10 个或 20 个,该怎么办?将程序运行 10 遍或者是 20 遍?现实情况下我们还面临很多类似的问题,例如:

(1)从 1 到 100 所有整数的和是多少?
(2)输出数列{1,1,2,3,5,8,…}的前 n 项。
(3)在所有的三位数中,找出个位是 5 且是 3 的倍数的所有整数。

通过分析可以发现这些问题具有两个共同的基本特征:

(1)需要做一系列的重复性操作。
(2)这些重复性操作有规律,这个规律可以表述得清楚。

显然比较好的解决办法是程序自动反复执行多次,而不是由人来反复操作。为了解决这类问题,程序设计中通常引入循环结构。

3.3.1　for 循环

for 循环用一个循环控制器(Python 语言中称其为迭代器)来描述语句块的重复执行方式,它的基本语法格式如下:

3.3 循环结构

```
for 变量 in 迭代器:
    语句块
```

其中，for 和 in 都是关键字。由关键字 for 开始的行称为循环头，语句块称为循环体。循环头决定程序如何循环，而循环体描述每次循环程序做什么。与 if 结构中的语句块情况类似，这里语句块中的语句也是下一层的成分，同样需要缩进，且同一个语句块中各个语句的缩进量必须相同。

在 for 循环程序编写中，循环头中的迭代器很关键。迭代器是 Python 语言中的一类重要机制，一个迭代器描述一个值序列。在 for 语句中，变量按顺序取得迭代器表示的值序列中的各个值，对每一个值都将执行循环体中的语句块一次。由于变量取到的值在每一次循环中不一定相同，因此虽然每次循环都执行相同的语句块代码，但执行的效果却随变量取值的变化而变化。下面介绍几种常见的迭代器及其用于实现 for 循环的方式。

3.3.1.1 字符串作为迭代器

字符串本身就属于迭代类型，可以直接放在 for 循环中作为迭代器使用，使用方式如下：

示例代码 3.6 ForInStr.py
```
1    for s in 'abcde':
2        print(s, end='  ')
```

以下是程序执行的结果：

```
a  b  c  d  e
```

在上面 for 循环中，s 作为循环变量可以按顺序取到字符串 'abcde' 中的每一个字符，反复执行语句 print(s, end=' ')，就输出了每一个字符，并在每个字符输出后以两个空格结束。

【例 3-3】 统计英文句子中各类字符的数量

如果需要统计一个英文句子中大写字符、小写字符和数字各有多少个，可以参考下面代码实现。

例 3-3 LetterSta.py
```
1    words = input('请输入一个英文句子:')
2    ccunt_upper = 0    # 用于统计大写字符个数
3    ccunt_lower = 0    # 用于统计小写字符个数
4    ccunt_digit = 0    # 用于统计数字字符个数
5    for s in words:
6        if s.isupper(): count_upper = count_upper + 1
7        if s.islower(): count_lower = count_lower + 1
8        if s.isdigit(): count_digit = count_digit + 1
9    print('大写字符个数:', count_upper)
10   print('小写字符个数:', count_lower)
11   print('数字字符个数:', count_digit)
```

运行结果：

```
请输入一个英文句子:The population of China is about 1.4 billion.
大写字符个数:2
小写字符个数:32
数字字符个数:2
```

在以上代码中,通过 for 循环遍历字符串中的每一个字符 s,然后利用 isupper()方法、islower()方法、isdigit()方法来判断 s 的字符类型,并用 count_upper、count_lower、count_digit 三个变量来进行计数。

3.3.1.2　range()函数生成迭代序列

range()函数是 Python 语言中的一个内置函数,调用这个函数就能产生一个迭代序列范围,因此适合放在 for 循环的头部作为迭代器。range()函数有以下几种不同的调用方式:

(1) range(n)。通过 range(n)得到的迭代序列范围为:0,1,2,3,…,n−1。例如,range(100)表示序列范围:0,1,2,3,…,99。当 n≤0 的时候序列范围为空。

(2) range(m,n)。range(m,n)得到的迭代序列范围为:m,m+1,m+2,…,n−1。例如,range(11,16)表示序列范围:11,12,13,14,15。当 m≥n 的时候序列范围为空。

(3) range(m,n,d)。range(m,n,d)得到的迭代序列范围为:m,m+d,m+2d,…,按步长值 d 递增,如果 d 为负则递减,直至那个最接近但不包括 n 的等差值。因此,range(11,16,2)表示序列范围:11,13,15;range(15,4,−3)表示序列范围:15,12,9,6。这里的 d 可以是正整数,也可以是负整数,正数表示增量,而负数表示减量,如果 m、n 和 d 的值不匹配,也有可能出现空序列的情况。

如果 range()函数产生的序列为空,那么用这样的迭代器控制 for 循环的时候,其循环体将一次也不执行,循环立即结束。range()函数产生迭代序列范围的机制与字符串切片中的索引机制有异曲同工之处。

【例 3-4】　for 循环求 1—100 所有整数的和

对于求 1—100 所有整数的和,高斯给出了一个经典的求和方法,这里我们利用 for 循环来模拟对 100 个数字逐个累加的过程,代码如下:

例 3-4　CalTotalFor.py

```
1    total = 0
2    for i in range(1, 100+1):
3        total = total + i
4    print('1—100 所有整数的和为:', total)
```

运行结果:

1—100 所有整数的和为: 5050

这里的 total 变量起累加器的作用,for 循环负责遍历取值范围,注意这里 range()函数的终值为 101。在循环过程中,i 会取到 1—100 的每一个整数,在循环体中将 i 的值加入累加器 total 变量。当循环结束后,total 的值就是和。思考一下,如果程序中的 print 语句也跟上一行一起缩进了,那么运行结果会发生怎样的变化呢?

【例 3-5】　分别求 1—100 所有奇数和偶数的和

如果对例 3-4 的求和要求做一些修改,分别对奇数和偶数的和进行统计,此时可以参考下面的代码实现:

例 3-5　OddEvenTotal.py

```
1    total_odd = 0
2    total_even = 0
```

```
3        for i in range(1,100+1):
4            if i%2 == 1:   # i 为奇数
5                total_odd = total_odd + i
6            else:   # i 为偶数
7                total_even = total_even + i
8        print('1—100 所有奇数的和为:', total_odd)
9        print('1—100 所有偶数的和为:', total_even)
```

运行结果：

1—100 所有奇数的和为:2500
1—100 所有偶数的和为:2550

本例中需要遍历的范围仍然是 1—100，故 for 循环头与上例相同。在遍历的过程中，需要对 i 的奇偶性做判断，因此在循环体中引入了分支结构。在这里要注意语句的缩进关系。实际应用中经常采用 for 循环嵌套分支结构来解决问题，即先用 for 循环来遍历取值空间，再用 if 结构对取到的数据进行判断和筛选。

【例 3-6】 求正整数 n 的所有约数

约数也称因数，求正整数 n 的所有约数，即找出所有能把 n 整除的数。例如，对于正整数 6，其约数包括 1、2、3、6。该问题仍然可以利用循环嵌套分支的思路来解决。这里需要遍历的取值范围在 $1\sim n$，对于该范围中的每一个数可以用求余运算结果是否为 0 来判断它是否为 n 的约数，代码如下：

例 3-6　FindFactor.py

```
1    n = int(input('请输入一个正整数:'))
2    for i in range(1, n+1):
3        if n % i == 0:
4            print(i, end=' ')
```

运行结果：

请输入一个正整数:28
1 2 4 7 14 28

请思考为什么约数的输出都是从小到大的，如果需要从大到小输出约数值，应该如何修改上面的代码。

实际上，除了字符串和 range() 函数可以作为迭代器，后面我们将要学习的列表、元组、集合、字典等类型数据也可以作为迭代器，实现对其中的每一个元素进行循环遍历处理。

3.3.2　while 循环

for 循环通过迭代器生成遍历空间，然而有时候循环的初值和终值并不明确，或者没有一个明确的迭代器对象，但是如果有清晰的循环条件，这时采用 while 循环会更为方便。

while 循环用一个条件表达式来控制循环，当条件成立的时候反复执行循环体，直到条件不成立的时候循环结束。while 语句的语法格式比较简单，如下所示：

```
while 条件表达式:
    语句块
```

注意条件表达式后的":"不可省略,作为循环体的语句块需要缩进。执行 while 循环的时候,计算机会先求条件表达式的值,如果值为 True 就执行循环体语句块一次,然后再求条件表达式的值,如果为 True 则又再次执行循环体语句块一次,如此反复;条件表达式的值为 False 的时候,则不会执行循环体的语句块,while 循环结束。

while 循环可以实现 for 循环能实现的所有计算。例如,例 3-7 用 while 循环实现求 1—100 所有整数的和。

【例 3-7】 while 循环求 1—100 所有整数的和

例 3-7 CalTotalWhile.py
```
1   total = 0
2   i = 1
3   while i <= 100:
4       total = total + i
5       i = i + 1
6   print('1—100 所有整数的和为:', total)
```

运行结果:

1—100 所有整数的和为:5050

与这一问题的 for 循环实现不同,while 循环实现必须自己管理循环中使用的变量 i,例如,该例中第 5 行"i=i+1"就是自己在做增量操作。如果去掉"i=i+1"这句话,变量 i 的值将一直等于 1,循环条件"i<=100"将一直成立,这个循环就一直无法结束,变成了"死循环"。

对比 for 和 while 两种循环可以发现,如果循环比较规范,循环中的控制比较简单,事先可以确定循环次数,那么用 for 循环程序往往会更简洁、可读性更高。

【例 3-8】 猜数字游戏

现在我们作为游戏设计者,来设计一款猜数字游戏,首先由计算机随机生成一个 1—100 的整数由用户猜,计算机通过返回相对大小提示用户数字的范围。如果用户所猜的数字比生成的那个数字小,则提示"猜小了!再试一次";如果用户所猜的数字比生成的数字大,则提示"猜大了!再试一次";如果用户所猜的数字正好与生成的数字相同,则提示"恭喜你!你猜对了!"从而游戏结束。

对于该问题,首先可利用 random 库生成随机整数 number,用户猜测数字 guess 并与 number 比较是一个不断重复的过程,因此需要编写循环程序。用户多少次能够猜中不得而知,故循环的次数并不确定,但一旦用户所猜的数字 guess 与 number 相同,游戏即可结束,因此适合用 while 循环来构造循环头,循环条件为 guess !=number,只要两者不相等,则继续猜数字并比较。下面是对以上思路的代码实现。

例 3-8 GuessNum.py
```
1   import random
2   number = random.randint(1, 100)
3   guess = -1
4   print('欢迎来到猜数字游戏!我已经想好一个 1 到 100 之间的数字。')
5   while guess != number:
6       guess = int(input('猜猜这个数字是多少:'))
```

```
7        if guess < number:
8            print('猜小了！再试一次。')
9        elif guess > number:
10           print('猜大了！再试一次。')
11       else:
12           print('恭喜你！你猜对了！')
13   print('我想好的数字就是:', number)
```

请思考：如果需要统计一共猜了多少次才猜中这个数字，应该怎样修改这个程序？

现在我们换一个角色，从游戏设计者变为游戏玩家，如果由你来猜数字，你会采用什么样的策略，使猜口的次数尽可能少呢？一种方法是找到数字范围的中间点进行猜测，这样即使不对，也可以迅速排除掉一半的错误答案，其实这就是"折半查找"策略思想。根据这一思想，可以在1至100范围的中间点选择50猜测，如果运气很好直接猜中则游戏结束。如果50比目标数字大，则将范围缩小至当前猜测值的左侧部分，进而在1至49的中间点选择25猜测；如果50比目标数字小，则在51至100的中间点选择75猜测……一直按照这样的策略猜测，即使是运气最差的情况，7次也可以猜中。

补充知识

折半查找策略

3.3.3 循环的额外控制

3.3.3.1 break 和 continue

尽管 for 和 while 循环的循环头明确了如何进行循环，但实际中有时会遇到在循环体的执行过程中需要终止当前循环过程或者立刻去执行下一次循环的情况，这时就要用到 break 和 continue。break 的功能是结束所在层循环内的所有语句块，并执行所在层循环结构之外的后续语句。continue 的功能则是立即结束本轮循环迭代，并回到所在层循环条件的判断以确定是否开启下一轮循环迭代。示例代码 3.7 展示了 break 和 continue 的使用。

示例代码 3.7　BreakCont.py

```
1    s = 'abcde'
2    print('break 结果:')
3    for c in s:
4        if c == 'c':
5            break
6        print(c)
7    print('continue 结果:')
8    for c in s:
9        if c == 'c':
10           continue
11       print(c)
12   print('结束')
```

程序运行结果为：
```
break 结果:
a
b
continue 结果:
a
b
```

d
e
结束

在本例中将两次循环遍历字符串 s 中的每一个字符,在第 3 行控制的 for 循环中,如果循环变量 c 的内容为字符 'c',则执行第 5 行的 break 语句,for 循环提前终止,转而执行第 7 行(循环体外)的语句。在第 8 行控制的 for 循环中,条件分支内的语句是 continue,表示当遇到循环变量 c 的内容为字符 'c' 时,仅结束该轮循环迭代,并立即开启下一轮循环迭代(取 s 的下一个值 'd')。

需要注意的是,break 和 continue 都只能出现在循环体内,且只能控制包含它们的最内层循环(因为循环可能嵌套)。通常情况下,break 和 continue 总是出现在条件语句中,用于在某种情况发生的时候控制循环的执行。

【例 3-9】 质数判断

质数,又称素数。一个大于 1 的自然数,如果除了 1 和它自身,不能被其他自然数整除,则称为质数,否则称为合数。判断一个数是否为质数的一种基本方式是寻找 2 到这个数之间,是否有其他数字能整除该数字。因此该问题可以利用循环结构逐个测试来实现,代码如下:

例 3-9 PrimeNum.py

```
1    number = int(input('请输入一个大于1的自然数n:'))
2    isprime = 1
3    for i in range(2, number):
4        if number % i == 0:
5            isprime = 0
6            break
7    if isprime:
8        print(number, '是质数')
9    else:
10       print(number, '不是质数')
```

在程序中,首先设置标志位 isprime 表示判断结果是否为质数,默认为 1。第 4 行语句表示如果发现任何 2 到 number 之间的整数 i 能将输入数字整除,则可以判断该输入数字不是质数;此时将标志位设为 0,并通过 break 语句终止循环,而不需要继续查找。如果在循环过程中没有发现任何可以整除的整数,则标志位保持为 1 不变,表明该输入数字为质数。程序最后根据标志位的取值显示判断结果。

3.3.3.2 else 子句

在 for 和 while 循环中,还可以带有 else 子句,其语法格式如下:

```
for/while 循环头:
    语句块(循环体)
else:
    语句块
```

for 循环正常遍历迭代完成,或者 while 循环条件不成立而结束循环时,程序将执行后面 else 子句内的语句块。若循环由于 break 语句而提前结束,则不会执行 else 子句内的语句块。

【例 3-10】 用 else 子句实现质数判断

例 3-9 的程序中引入了标志位 isprime 记录输入数字是否为质数。实际上，任何 2 到输入数字之间的整数能将输入数字整除时，循环都会触发 break 而无法正常终止。因此，可以根据循环是否正常终止来实现对质数的判断，代码如下：

```
例 3-10  PrimeNumElse.py
1    number = int(input('请输入一个大于 1 的自然数 n:'))
2    for i in range(2, number):
3        if number % i == 0:
4            print(number, '不是质数')
5            break
6    else:
7        print(number, '是质数')
```

对比例 3-10 和例 3-9 的代码不难发现，使用 else 子句能够使质数判断的代码更加简洁、优雅。

3.3.4 循环嵌套

若一个循环语句的循环体内包含另一个完整的循环语句，则称为循环嵌套，又称双重循环。内嵌的循环还可以继续嵌套另外的循环，则形成多重循环。

while 循环和 for 循环可以互相嵌套，具体分为以下几种情况：

（1）外层是 while 循环，内层可以是 while 或 for 循环，如图 3-5 所示。

（2）外层是 for 循环，内层是 while 或 for 循环，如图 3-6 所示。

```
while 循环头：
    # 外层循环体
    while 循环头：
        # 内层循环体
    ...
```

```
while 循环头：
    # 外层循环体
    for 循环头：
        # 内层循环体
    ...
```

图 3-5　外层是 while 循环的嵌套

```
for 循环头：
    # 外层循环体
    while 循环头：
        # 内层循环体
    ...
```

```
for 循环头：
    # 外层循环体
    for 循环头：
        # 内层循环体
    ...
```

图 3-6　外层是 for 循环的嵌套

【例 3-11】 找出 100 以内的所有质数

在例 3-9 和例 3-10 中，我们展示了判断质数的两种实现方式。现在思考如何进一步列举 100 以内所有的质数。在这个问题中，我们仅需要对 2 至 100 之间的所有整数逐一判断其是否为质数即可。因此，我们可以对例 3-10 的代码进行简单修改，通过一个额外的外层循环来遍历 2—100 的所有整数，形成双重循环结构，代码如下：

例3-11 AllPrime.py
```
1    for number in range(2,101):
2        for i in range(2, number):
3            if number % i == 0:
4                break
5        else:
6            print(number, end=' ')
```

程序运行结果为：

2 3 5 7 11 13 17 19 23 29 31 37 41 43 47 53 59 61 67 71 73 79 83 89 97

【例 3-12】 打印九九乘法表

相信读者都对九九乘法表很熟悉，如果我们想打印一份完整的九九乘法表，应该如何实现？考虑到乘法表中的被乘数和乘数的取值需要遍历 1—9，因此可以通过一个双重循环来实现，参考代码如下：

例3-12 MultTable.py
```
1    for i in range(1, 10):       # 外层循环,代表乘法表的行
2        for j in range(1, i + 1):   # 内层循环,代表每列
3            s = '{}x{}={:<2}'.format(j, i, j*i)   # 对算式格式化
4            print(s, end=' ')    # 打印算式
5        print()    # 每行中所有列的算式打印完之后需要换行
```

程序运行结果为：

```
1×1=1
1×2=2  2×2=4
1×3=3  2×3=6  3×3=9
1×4=4  2×4=8  3×4=12  4×4=16
1×5=5  2×5=10 3×5=15  4×5=20  5×5=25
1×6=6  2×6=12 3×6=18  4×6=24  5×6=30  6×6=36
1×7=7  2×7=14 3×7=21  4×7=28  5×7=35  6×7=42  7×7=49
1×8=8  2×8=16 3×8=24  4×8=32  5×8=40  6×8=48  7×8=56  8×8=64
1×9=9  2×9=18 3×9=27  4×9=36  5×9=45  6×9=54  7×9=63  8×9=72  9×9=81
```

【例 3-13】 枚举法找水仙花数

水仙花数是指各位数字的立方和刚好等于这个数本身的三位数，如 $153=1^3+5^3+3^3$。查找 100 到 999 之间的水仙花数与前面查找质数的例子类似，这里可以先实现对某个特定数字是否为水仙花数进行判断，再通过循环逐一判断 100 到 999 的所有数字，查找满足条件的数。在程序设计中，我们把列出有穷序列集的所有成员的归纳方法称为枚举法。由于判断的数值范围是确定的，因此适合用 for 循环实现。

例 3-13-1　NarcissisticNumber1.py

```
1   for number in range(100, 1000):
2       high = number // 100    # 取百位
3       mid = number // 10 % 10  # 取十位
4       low = number % 10        # 取个位
5       if number == high ** 3 + mid ** 3 + low ** 3:
6           print(number, '是一个水仙花数')
```

程序执行结果为：

```
153 是一个水仙花数
370 是一个水仙花数
371 是一个水仙花数
407 是一个水仙花数
```

枚举法找水仙花数的方法除了根据给定的数字分离出个、十、百这三位上的数字还可以遍历所有可能的个、十、百位的组合以生成对应的三位数。这时需要三重循环，代码如下：

例 3-13-2　NarcissisticNumber2.py

```
1   for high in range(1, 10):
2       for mid in range(0, 10):
3           for low in range(0, 10):
4               number = 100 * high + 10 * mid + low
5               if number == high ** 3 + mid ** 3 + low ** 3:
6                   print(number, '是一个水仙花数')
```

枚举法

 案例 3-2  三斜求积

对于三角形面积，大家熟知的方法是利用公式"底×高÷2"计算得到。实际上如果已知三角形的三条边，它的面积也是可以依据公式直接计算出来的。假设在平面内，有一个三角形，边长分别为 a、b、c，那么这个三角形的面积 S 可由以下公式求得：

$$S=\sqrt{p(p-a)(p-b)(p-c)}$$

其中 p 为半周长：

$$p=(a+b+c)/2$$

利用计算机程序实现三斜求积术的前提条件是表示三角形边长的三个变量 a、b、c 必须满足三角形构形条件，也就是使如下条件表达式结果为 True：a＞0 and b＞0 and c＞0 and a＋b＞c and b＋c＞a and c＋a＞b。因此，对用户输入的三角形三条边的长度，要判断能否构成三角形。如果能构成三角形，则计算其周长和面积并输出。否则，提示用户重新输入，直到满足三角形的构形条件。该问题需要使用循环结构实现用户的重复输入。该循环的执行次数是不确定的，因为用户输入多少次才能构成三角形不得而知，因此适合用 while 循环实现，参考代码如下：

案例代码 3-2　三斜求积　Triangle.py

```
1  while True:
2      print('请分别输入三角形的三条边长:')
3      a = float(input('a='))
4      b = float(input('b='))
5      c = float(input('c='))
6      if a > 0 and b > 0 and c > 0 and a + b > c and b + c > a and c + a > b:
7          break
8      else:
9          print('不能构成三角形,请重新输入!')
10 p = (a + b + c) / 2
11 area = (p * (p - a) * (p - b) * (p - c)) ** 0.5
12 print('该三角形面积为{:.2f}'.format(area))
```

以上代码中第 1 行采用的是一个"while True:"的循环头,也就是循环条件永远为 True,这是一个人为构造的"死循环"。但该循环不会永远执行下去,因为一旦变量 a、b、c 满足第 6 行的三角形构形条件,则会进入分支执行第 7 行的 break 跳出循环,进而执行第 10 和 11 行的计算,以及第 12 行结果输出。人为构造"while True:"循环,并在合适的时候通过 break 跳出循环,是编写循环程序时一个有用的技巧。

3.4　turtle库

3.4.1　turtle 库介绍

turtle 库是 Python 的一个标准库,提供了一个简易的海龟绘图机器人,可以使用 Python 代码模拟控制海龟机器人的在画板上的爬行和动作,从而实现绘制图形的功能。画板采用笛卡尔坐标系,原点(0,0)位于画板中央。最初海龟位于坐标系原点,朝向 x 轴正方向(即向右)。turtle 库支持绘制点、直线、圆、椭圆、曲线、填充颜色等功能,可以用来绘制各种各样的图形和图案。

3.4.2　turtle 库的基本函数

使用前需先导入库,可以使用 from turtle import * 或者 import turtle 两种方式。turtle 库的常用函数及其描述如表 3-2 所示。

表 3-2　　　　　　　　　　　turtle 库的常用函数及其描述

函数	描述
Turtle()	创建一个新的 Turtle 对象
forward(length) 或 fd(length)	前进 length 个像素单位

3.4 turtle 库

（续表）

函数	描述
backward(length) 或 bk(length)	后退 length 个像素单位
left(degree) 或 lt(degree)	左转 degree 度（角度制）
right(degree) 或 rt(degree)	右转 degree 度（角度制）
goto(x, y)	从当前位置移动到(x, y)位置
home()	从当前位置回到原点
done()	表示完成图形绘制

下面先通过简单的示例展示 turtle 库的基本画图操作。

示例代码 3.8 TurtleEx.py
```
1  import turtle
2  t = turtle.Turtle()  # 创建一个 Turtle 对象
3  t.forward(100)  # 移动 Turtle 对象前进 100 步
4  t.left(90)  # 向左旋转 90 度
5  t.forward(50)  # 移动 Turtle 对象前进 50 步
6  t.goto(0, 0)  # 移动到(0, 0)原点,也可以用 t.home()让海龟回到原点
7  turtle.done()  # 完成图形绘制
```

运行结果如图 3-7 所示。

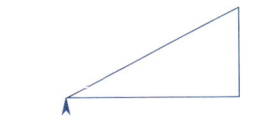

图 3-7 turtle 绘图简单示例

 提示

Spyder 环境的一些版本可能会与 turtle 库存在冲突,导致每运行两次程序会报一次错,或者出现绘图窗口卡死的情况,这时可以尝试在程序末尾 turtle.done() 的后面再添加一行 turtle.bye() 解决。

3.4.3 使用 turtle 库绘制特殊图形

使用 turtle 库绘图时,可以结合顺序、分支和循环结构来绘制不同的图形。

3.4.3.1 基本形状绘制

绘制正方形的思路是,沿着正方形四条边的方向依次移动。因此,可以通过顺序结构进行绘制,示例代码如下:

示例代码3.9　DrawSquare.py

```
1  import turtle
2  turtle.fd(100)    # 与示例代码3.8先创建Turtle对象不同,这里直接调用turtle库的fd()函数
3  turtle.rt(90)
4  turtle.fd(100)
5  turtle.rt(90)
6  turtle.fd(100)
7  turtle.rt(90)
8  turtle.fd(100)
9  turtle.done()
```

运行结果如图3-8所示。

观察示例代码3.9可以发现,程序中涉及多段重复的结构,原因是正方形可以通过重复相同的旋转角度和相同的前进步长进行绘制。因此,可以通过循环结构进行简化,示例代码如下:

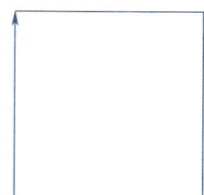

图3-8　边长为100像素的正方形

示例代码3.10　DrawSquareSimp.py

```
1  import turtle
2  for _ in range(4):
3      turtle.fd(100)
4      turtle.rt(90)
5  turtle.done()
```

在第2行代码中,for之后的循环变量名为下划线"_",这也是Python允许的变量名标识符,有时对于循环内部不会用到的临时循环变量,可以将其命名为"_"。

请思考：如果需要绘制长方形,应该如何对代码进行修改？

采用类似的思路,绘制五角星,示例代码如下:

示例代码3.11　DrawStar.py

```
1  import turtle as t    # 为turtle库取一个别名t
2  for _ in range(5):
3      t.fd(100)
4      t.lt(144)
5  t.done()
```

运行结果如图3-9所示。

以上图形都具有规则性,因此仅需要计算好重复的规律,就可以结合循环结构实现图形绘制。

3.4.3.2　复杂图形绘制

下面结合一些稍复杂图形的绘制来了解turtle库的更多用法。

1. 绘制点划线

例如,示例代码3.12利用抬笔和落笔操作绘制了一条点划线。

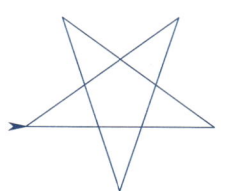

图3-9　边长为100像素的五角星

3.4 turtle 库

示例代码 3.12　DrawDotLine.py

```
1   import turtle as t
2   t.pencolor('blue')  # 画笔颜色设置为蓝色
3   t.pensize(5)  # 设置画笔宽度为 5
4   for _ in range(10):
5       t.fd(25)  # 前进 25
6       t.penup()  # 抬笔
7       t.fd(15)  # 前进 15
8       t.dot()  # 画点
9       t.fd(15)  # 前进 15
10      t.pendown()  # 落笔
11  t.done()
```

运行结果如图 3-10 所示。

图 3-10　点划线

2. 绘制太阳花

示例代码 3.13 绘制了一个太阳花的图案。

示例代码 3.13　DrawSunflower.py

```
1   import turtle as t
2   t.color('red','yellow')  # 分别设置画笔颜色和填充颜色
3   t.begin_fill()  # 开始填充
4   for _ in range(36):
5       t.fd(200)
6       t.lt(170)
7   t.end_fill()  # 结束填充
8   t.hideturtle()  # 隐藏海龟
9   t.done()
```

运行结果如图 3-11 所示。

图 3-11　太阳花图案

3. 绘制多个具有公共交点的圆

示例代码 3.14 绘制了多个具有公共交点的圆。

示例代码 3.14　DrawCircles.py

```
1  import turtle as t
2  t.color('blue')   # 画笔颜色设置为蓝色
3  t.pensize(2)      # 设置画笔宽度
4  t.speed('fast')   # 设置绘图速度,可以是'fast''low'等字符串,也可以是 0~10 的整数
5  t.shape('turtle') # 设置画笔形状,可以是'arrow''turtle''circle'等
6  for i in range(20):
7      t.circle(50, 360)  # 绘制半径为 50 的 360 度圆弧(即圆)
8      t.left(18)
9  t.done()
```

运行结果如图 3-12 所示。

彩色插图

图 3-12

图 3-12　多个具有公共交点的圆

3.5　异常处理结构

3.5.1　异常的基本概念

在执行程序时,经常会出现不可预料的错误导致程序无法正常执行,甚至提前终止,这类问题称为异常(Exception)。异常是一种事件,该事件会在程序执行过程中发生,影响程序后续指令的正常执行。Python 使用异常对象来表示异常情况。程序执行遇到错误后会引发异常,如果异常对象未被处理和捕捉,程序就会终止执行并输出错误信息。

在 Python 中,常见的异常如下(括号中为触发的系统异常名称):

(1)使用未定义的标识符(NameError);

(2)除数为零(ZeroDivisionError);

(3)在序列中访问不存在的索引(IndexError);

(4)函数输入的参数不符合预期的类型或范围(ValueError);

(5)打开的文件不存在(FileNotFoundError);

(6)导入的模块没被找到(ImportError)。

例如:

```
In:   s = 'Python'
In:   s[10]
```

执行结果为：

```
Traceback (most recent call last):
  File "<ipython-input-12-34c622ab6870>", line 1, in <module>
    s[10]
IndexError: string index out of range
```

在上述代码中，执行语法检查时没有任何问题，但程序实际运行时会因为出现异常而终止，这是因为字符串 s 中一共有 6 个字符，其正向索引最大为 5，无法做 s[10] 的索引操作。每当出现这类运行时错误，Python 运行环境就会创建一个异常对象（这里的系统异常名称为IndexError）。如果处理不当，程序会终止，系统将输出这个错误的一些细节。但如果在发生异常时能够及时捕获并做出处理，就能控制异常、纠正错误，从而保证后续程序顺利执行。

3.5.2 异常处理机制

Python 语言中专门提供了 try 子句来进行异常的捕获与处理。try 子句的基本格式如下：

```
try:
    语句块
except  异常名称:
    捕获异常时处理
else:
    未发生异常时处理
```

程序执行时，如果 try 语句块中发生了指定的异常，则执行 except 子句部分进行异常的处理；否则，执行未发生异常则执行 else 子句部分。例如，从键盘输入一个负数，如果调用 math 库的 sqrt() 函数做平方根运算，就会出现 ValueError 的异常。因此，程序应该对此异常及时捕获和处理，示例代码如下：

示例代码 3.15　CalSqrt.py

```
1  import math
2  try:
3      a = int(input('请输入一个数值:'))
4      b = math.sqrt(a)
5  except ValueError:
6      print('输入的数字不能为负数！')
7  else:
8      print('计算结果为:', b)
```

输入 -1 时，程序运行结果如下：

```
请输入一个数值:-1
输入的数字不能为负数！
```

输入 4 时，程序运行结果如下：

```
请输入一个数值:4
计算结果为: 2.0
```

第一次运行程序时，输入的 a 为 -1，程序捕获到了 ValueError 异常并输出了 except

子句中的出错信息;第二次运行程序时,输入的 a 为正数,没有触发任何异常,程序执行了 try 子句中的 else 部分,顺利输出了正确结果。

需要提醒的是,异常处理不能"消灭"异常本身,但是却可以让原本不可控的异常及时被发现,并按照设计好的方式被处理。

回顾案例 3-1 身体质量指数,身高的平方作为分母用于计算 BMI 值。虽然正常情况下人的身高和体重都为正数,但是用户有可能不小心输入身高为 0,此时会产生 ZeroDivisionError 异常,程序输出结果如下:

```
请输入您的身高(单位:米):0
请输入您的体重(单位:千克):50
Traceback (most recent call last):
bmi = weight / (height ** 2)
ZeroDivisionError: division by zero
```

对于实际使用这套程序的用户来说,有可能没有意识到自己输入错误的数值,因此也很难理解屏幕上的错误信息是什么含义。因此,我们可以对代码稍作修改以捕获除数为零的异常,并提示给用户容易理解的信息。示例代码如下:

示例代码 3.16　CalBMI.py
```
1   height = float(input('请输入您的身高(单位:米):'))
2   weight = float(input('请输入您的体重(单位:千克):'))
3   try:
4       bmi = weight / (height ** 2)
5   except ZeroDivisionError:
6       print('身高不能为 0,请您检查您的输入是否正确。')
7   else:
8       if bmi < 18.5: result = '偏瘦'
9       elif bmi < 24.9: result = '正常'
10      elif bmi < 30: result = '超重'
11      else: result = '肥胖'
12      print('您的 BMI 值为{0:.2f},身材属于{1:s}。'.format(bmi, result))
```

用户输入的身高为 0 体重为 50 时,程序运行结果如下:

请输入您的身高(单位:米):0
请输入您的体重(单位:千克):50
身高不能为 0,请您检查您的输入是否正确。

综上所述,异常处理让程序不会被意外终止,而是按照设计以不同的方式结束运行。在这个设计中,except 后的异常类型至关重要,需要根据 try 子句的具体操作进行恰当的选择,如果不能确定异常类型,也可以直接在 except 后面写通用的异常对象 Exception,此时 except 子句能捕获所有类型的异常。程序中的异常往往难以避免,但如果养成良好的编程习惯,对可能触发的异常及时捕获并处理,就能保证完整和顺利地执行程序。

 本章小结

1. 对于分支结构,Python 中的"if-elif-else"语句用于根据条件执行代码,具有单分支、双分支和多分支三种形式。

2. 循环结构包括 for 和 while 两种循环形式。for 循环用于遍历迭代器（如 range 对象、字符串、列表等），而 while 循环则根据条件反复执行代码块。在循环内部，根据条件语句结合 break 和 continue 来对循环进行额外的控制。

3. 标准库 turtle 通过模仿海龟爬行轨迹来进行图案绘制，配合分支和循环可以画出许多有意思的图案。

4. 程序设计中异常通常难以避免，对可能触发异常的语句块进行处理，将有助于保证程序的顺利执行。

复习思考题

1. 程序控制结构有哪几种？其特点分别是什么？
2. 举例说明循环语句的迭代器有哪几种形式。
3. 什么是异常？简述 Python 的异常处理机制。

操作实践题

1. 输入一元二次方程 $ax^2+bx+c=0$ 的 3 个系数 a、b、c，求方程的根，注意考虑不同根的数量情况。

2. 输入一元一次方程 $ax+b=0$ 的 2 个系数 a、b，求方程的根，注意捕获计算过程中可能产生的异常。

3. 输入百分制成绩，输出相应的等级：90 分以上为"A"；80～89 分为"B"；70～79 分为"C"；60～69 分为"D"；60 分以下为"E"；如果分数大于 100 或者小于 0，则输出"成绩有误"。

4. 编写程序，输出 2000 到 3000 年之间所有的闰年。

5. 给定某一字符串 s，对其中的每一字符 c 进行大小写转换：如果 c 是大写字母，则将它转换成小写字母；如果 c 是小写字母，则将它转换成大写字母；如果 c 不是字母，则不进行转换。

6. 编写程序计算 $1^2-2^2+3^2-4^2+\cdots+97^2-98^2+99^2$。

7. 使用 random 库，产生 10 个 100 到 200 的随机数，求这 10 个数的最大值、最小值、总和、平均值，并打印其中大于 180 的数。

8. 利用循环结构编程打印如下图形：

```
*            *****        12345              1
**           ****          1234            222
***          ***            123          3333333
****         **              12         44444444444
*****        *                1        555555555555555
 (a)         (b)            (c)              (d)
```

9. 利用 turtle 库绘制奥运五环图。

10. 输入一个整数 n，程序绘制 n 边形。注意 n 边形的大小要合适。

第四章　组合数据类型

本章思维导图

学习目标

- ➢ 了解组合数据类型的种类、明确它们的差异；
- ➢ 掌握列表的创建、基本操作和函数与方法；
- ➢ 掌握元组的创建、基本操作，以及它与列表的转换；
- ➢ 掌握字典的创建，以及常用函数与方法的使用；
- ➢ 掌握集合的概念与相关操作，以及常用函数的使用。

计算机除了对变量表示的单个数据进行处理，常常还需要对一组数据进行批量处理。这种能表示多个数据的类型称为组合数据类型。Python 的组合数据类型主要包括列表、元组、字典和集合。

4.1 列　　表

4.1.1 序列的类型

在使用程序处理数据时，不仅需要对单个数据进行处理，更多的时候，需要对一组数据进行批量处理，例如：

（1）给定一个班级的成绩明细，统计这个班的平均成绩。
（2）给定一个商场所有店铺的销售情况，计算商场的月销售额。
（3）给定一个国家的年度人口普查数据，计算每年的人口出生率。

Python 中的序列正是用于处理这些具有先后顺序的相关数据的。Python 中常用的序列主要包括：

（1）字符串（str）：字符按照一定顺序组合成的不可变序列类型，例如："金融科技"和"科技金融"就是两个不同的字符串。

(2) 列表(list):包含 0 个或多个相同或不同类型元素的可变序列类型,用方括号将元素包含在一起,例如:[1.1,2.2,3.3]、[701,'李白',40]。

(3) 元组(tuple):包含 0 个或多个相同或不同类型元素的不可变序列类型,用圆括号将元素包含在一起,例如:(100,200,300)、('600000','浦发银行',11.48)。

所有序列类型都具有一些通用的操作,如索引、切片、连接、重复、成员判断、计算元素出现次数。在 Python 中处理数据常用的内置函数 len()、max() 和 min() 也同样适用于序列类型的数据。需要注意的是,字符串和元组属于不可变类型,即对象被创建后,在内存中不可进行修改,而列表属于可变类型。

4.1.2 列表的创建

在实际应用中,数据通常可以通过用户输入、文件读取或网络获取等方式动态产生。在利用列表存储这些数据前,需要先创建列表。下面是 Python 中常见的列表创建方法。

4.1.2.1 方括号创建列表

使用方括号[]创建列表时,需要在列表中列出所有元素:

```
In:   names = ['招商银行']   # names 列表的元素仅包含一个字符串
In:   words = ['招','商','银','行']   # words 列表的元素包含四个字符串
In:   lst = []   # lst 是空列表
In:   data = [[1, 2, 3, 4], [5, 6, 7, 8]]   # data 是一个由列表构成的列表,称作二维
      列表
```

列表的命名和普通变量命名的规则相同,但是由于列表一般存储的是多个数据,所以建议用复数形式,如 classes、names、students。但列表存储单个个体的多个信息时,可以考虑用单数命名,如 student1。这样的命名方式能够提高代码的可读性,便于后期的代码维护和更新。

4.1.2.2 list() 函数创建列表

类似 int() 函数转换整数、float() 函数转换浮点数,以及 str() 函数转换字符串,使用 list() 函数可以将括号中的参数转换为列表:

```
In:    list('招商银行')
Out:   ['招','商','银','行']
```

list() 函数的参数可以是字符串、元组、字典或者集合,但不能是整数、浮点数或布尔值。

如果希望创建数据有规律的列表,则适合使用 range() 函数先构造数据范围,再利用 list() 函数将其转换成列表。例如,创建列表[1,2,3,4,5,6],可以借助 range(1,7) 函数先构造数据范围。

```
In:    list(range(5))
Out:   [0, 1, 2, 3, 4]
In:    list(range(1, 7))
Out:   [1, 2, 3, 4, 5, 6]
In:    list(range(1, 7, 2))
Out:   [1, 3, 5]
```

4.1.2.3　input()函数获得用户输入的列表

可以通过input()函数获取用户输入的列表,输入列表时需带方括号"[]"。由于input()函数接收的是字符串,用户输入的"[]"也被input()函数看作字符串的一部分。因此,还需要利用eval()函数转换。

```
In:     lnum = eval(input('请输入一个数值列表:\n'))
        请输入一个数值列表:
        [1, 2, 3, 4, 5, 6]
In:     lnum
Out:    [1, 2, 3, 4, 5, 6]
In:     type(lnum)
Out:    <class 'list'>
```

此处,eval()函数的作用可以理解为将获取的字符串'[1,2,3,4,5,6]'的一对引号去掉,并解析引号中的内容,得到列表[1,2,3,4,5,6]。

此外,对于列表还有一种Python特有的创建方式,即"列表生成式",将在4.1.5节详细介绍。

4.1.3　列表的基本操作

4.1.3.1　列表的索引与切片

由于和字符串同属序列类型,所以列表的索引与切片操作与字符串的基本相同,只是字符串以其内部每一个字符为单位操作,而列表以其内部每个元素为单位进行操作。可以参考2.5.2节关于字符串索引和切片操作对照理解。

1. 索引

列表中每个元素都对应一个位置编号,即元素的索引。可以通过索引来访问列表元素,具体的语法格式如下:

列表名[索引]

列表元素的索引也是从0开始、向右依次加1进行编号。

```
In:     names = ['中国银行','中国农业银行','中国工商银行','中国建设银行']
In:     names[0]
Out:    '中国银行'
In:     names[1]
Out:    '中国农业银行'
```

列表元素也有正向和反向两种索引方式。因此长度为n的列表中最后一个元素的索引既可以是n−1,也可以直接用 −1 表示。

```
In:     names = ['中国银行','中国农业银行','中国工商银行','中国建设银行']
In:     names[3]
Out:    '中国建设银行'
In:     names[-1]
Out:    '中国建设银行'
```

2. 切片

列表的切片操作可以获得列表的多个元素,其用法也与字符串切片相同。

4.1 列表

```
In:  t = [1, 2, 3, 4, 5, 6]
In:  t[1:5]    # 截取列表 t 中从索引 1 到索引 4 的元素
Out: [2, 3, 4, 5]
In:  t[1:]     # 截取列表 t 中从索引 1 到末尾的元素
Out: [2, 3, 4, 5, 6]
In:  t[:5]     # 截取列表 t 中从开始到索引 4 的元素
Out: [1, 2, 3, 4, 5]
In:  t[1:5:3]  # 截取列表 t 中从索引 1 到索引 4,步长为 3 的元素
Out: [2, 5]
In:  t[-3:-1]  # 截取列表 t 中从索引 -3 到索引 -2 的元素
Out: [4, 5]
In:  t[3:0:-2] # 步长为负,从右向左截取列表 t 中从索引 3 到索引 1 的元素
Out: [4, 2]
In:  t[-2:-5:-2] # 步长为负,从右向左截取列表 t 中从索引 -2 到索引 -4 的元素
Out: [5, 3]
```

4.1.3.2 列表的合并与重复

1. 合并

可以使用运算符 "+" 将两个列表合并在一起。

```
In:  ['a', 2] + [3, 'c']
Out: ['a', 2, 3, 'c']
```

2. 重复

使用运算符 "*" 将指定列表重复若干次。

```
In:  ['a', 1] * 5
Out: ['a', 1, 'a', 1, 'a', 1, 'a', 1, 'a', 1]
```

4.1.3.3 列表元素的判断与迭代

1. 判断

使用 "in" 操作符判断对象是否为列表中的元素。

```
In:  'a' in ['a', 'b', 'c']
Out: True
In:  'a' in ['abc', 'b', 'c']
Out: False
```

2. 迭代

迭代操作可用于遍历列表中的元素。

```
In:  t = ['abc', 'b', 'c']
In:  for x in t:
         print(x)
Out: abc
     b
     c
```

4.1.3.4 列表元素的修改

列表创建后,可以通过元素赋值的方式修改列表中的元素。需要修改列表中的某个元

素时,可以通过索引明确要修改元素的位置:

```
In:     stock_info = ['601988','中国银行', 3.52, 3.54, 3.61, 3.4]
In:     stock_info[3] = 3.96
In:     stock_info
Out:    ['601988','中国银行', 3.52, 3.96, 3.61, 3.4]
In:     stock_info[4:6] = [0, 0]    # 通过切片赋值批量修改指定区间的元素
In:     stock_info
Out:    ['601988','中国银行', 3.52, 3.96, 0, 0]
```

由于列表是可变的,因此这里是在列表原位置进行修改,也就是改变了列表本身的值,而不是创建新的列表。

4.1.3.5 列表元素的删除

可以使用 del 命令,利用索引或切片删除列表中的一个或多个元素:

```
In:     stock_info = ['601988','中国银行', 3.52, 3.54, 3.61, 3.4]
In:     del stock_info[2]
In:     stock_info
Out:    ['601988','中国银行', 3.54, 3.61, 3.4]
In:     del stock_info[1:3]
In:     stock_info
Out:    ['601988', 3.61, 3.4]
```

4.1.4 列表的函数与方法

4.1.4.1 列表元素的统计函数

对于元素均为数值类型的数值列表,Python 提供了几个内置的函数,进行简单的数学统计:

(1) max()函数:求数值列表中元素的最大值。

(2) min()函数:求数值列表中元素的最小值。

(3) sum()函数:求数值列表中所有元素之和。

```
In:     a = [1, 2, 3, 4]
In:     min(a), max(a), sum(a)
Out:    (1, 4, 10)
```

4.1.4.2 列表元素的增加方法

1. append()方法

通过 append()方法可以在列表末尾追加新元素,语法格式为:

列表对象.append(元素值)

其中,列表对象为源列表,方法参数为待添加至列表末尾的元素值。

```
In:     lb = ['A', 'B', 'C']
In:     lb.append('D')
In:     lb
Out:    ['A', 'B', 'C', 'D']
In:     lb.append(['A', 'B'])
```

```
In:   lb
Out:  ['A', 'B', 'C', 'D', ['A', 'B']]
```

2. insert()方法

通过 insert()方法可以将元素插入列表的指定位置,语法格式为:

列表对象.insert(插入位置索引,元素值)

此时参数中的新元素将被插入列表对象的指定索引位置处,其余元素位置顺延。

```
In:   lb = ['A', 'B', 'C']
In:   lb.insert(1, 'D')
In:   lb
Out:  ['A', 'D', 'B', 'C']
```

3. extend()方法

使用 extend()方法,可以一次在列表的末端插入多个元素,这是一个对列表进行原地修改的方法。extend()方法会循环地访问传入的参数(可迭代对象),并把每次访问产生的元素逐个添加到列表末端。

```
In:   stock_info = ['601988', '中国银行']
In:   stock_price = [3.52, 3.54, 3.61, 3.4]
In:   stock_info.extend(stock_price)
In:   stock_info
Out:  ['601988', '中国银行', 3.52, 3.54, 3.61, 3.4]
```

请注意,extend()方法与加号连接符"+"不同,加号连接符会产生一个新的列表,不会改变加号两边的列表值。而 extend()方法是在原有列表末端添加元素,这会改变原有列表。

4.1.4.3 列表元素的删除方法

1. remove()方法

remove()方法可以实现根据元素值来移除对应元素,语法格式为:

列表对象.remove(元素值)

调用该方法一次只能从列表中删除一个与参数值相同的元素。

```
In:   lb = ['A', 'B', 'C', 'D', 'A', 'B', 'C', 'D']
In:   lb.remove('B')
In:   lb
Out:  ['A', 'C', 'D', 'A', 'B', 'C', 'D']
In:   lb.remove('A')
In:   lb
Out:  ['C', 'D', 'A', 'B', 'C', 'D']
```

2. pop()方法

通过 pop()方法可以移除列表中的某元素,并返回该元素的值。语法格式为:

列表对象.pop([索引])

其中,参数中的索引为待移除元素的下标,该参数用方括号"[]"括起来,表示可以缺省,缺省时表示移除最后一个元素。例:

```
In:    lb = ['A', 'B', 'C', 'D']
In:    lb.pop()
Out:   'D'
In:    lb
Out:   ['A', 'B', 'C']
In:    lb.pop(0)
Out:   'A'
In:    lb
Out:   ['B', 'C']
```

pop()方法与append()方法互为逆操作。remove()方法是按值删除,而pop()方法是按索引删除。按索引删除还可以使用del命令实现。

4.1.3.4 列表的反转与排序方法

1. reverse()方法

通过reverse()方法可以将列表元素反转。语法格式为:

```
列表对象.reverse()
```

该方法可以将列表改变为元素顺序跟原列表元素顺序相反的列表。示例如下:

```
In:    lb = ['A', 'B', 'C', 'D']
In:    lb.reverse()
In:    lb
Out:   ['D', 'C', 'B', 'A']
```

2. sort()方法

sort()方法可以实现对列表中元素排序,若是数值型数据则按值的大小排序,若是字符串则按字典顺序排序。默认情况下元素按升序排列,通过设置参数reverse=True可以实现元素按降序排列,示例如下:

```
In:    lb = ['A', 'D', 'C', 'E', 'B']
In:    lb.sort()  # 默认升序
In:    lb
Out:   ['A', 'B', 'C', 'D', 'E']
In:    lb = ['A', 'D', 'C', 'E', 'B']
In:    lb.sort(reverse=True)   # 参数reverse=True表示按降序排列
In:    lb
Out:   ['E', 'D', 'C', 'B', 'A']
```

注意上面的排序代码不能写为lb=lb.sort(),因为lb.sort()执行后不会返回新列表,而是返回空值None,若将None值赋给lb,则lb原来的数据就会丢失。

sort()方法将直接改变原列表对象的顺序,如果排序时希望原列表不变而返回一个新的有序列表,那么可以借助sorted()函数。

```
In:    lb= ['A', 'D', 'C', 'E', 'B']
In:    lb2 = sorted(lb)
In:    lb2
Out:   ['A', 'B', 'C', 'D', 'E']
In:    lb
```

4.1 列表

```
Out:    ['A', 'D', 'C', 'E', 'B']
In:     lb3 = sorted(lb, reverse=True)   # 参数reverse=True表示按降序排列
In:     lb3
Out:    ['E', 'D', 'C', 'B', 'A']
```

4.1.4.5 列表的复制方法

利用同时缺省"起始索引"和"终止索引"的切片操作可以实现列表的复制。

```
In:     banks = ['中国银行','中国农业银行','中国工商银行','中国建设银行']
In:     banks
Out:    ['中国银行','中国农业银行','中国工商银行','中国建设银行']
In:     bcopy = banks[:]
In:     bcopy
Out:    ['中国银行','中国农业银行','中国工商银行','中国建设银行']
```

除了使用这种特殊的切片操作来实现列表的复制，列表还提供了一个copy()方法来生成列表的一个备份。

```
In:     bcopy1 = banks.copy()
In:     bcopy1
Out:    ['中国银行','中国农业银行','中国工商银行','中国建设银行']
```

为什么不直接用语句"bcopy=banks"实现复制，而要使用切片或者copy()方法呢？实际上，采用"[:]"切片操作或者copy()方法对列表进行复制时，Python会在另一块内存区域创建与原列表banks内容相同的一个备份，此时原列表banks与复制后的列表相互独立、互不影响。而执行"bcopy=banks"操作时，Python会将变量bcopy指向与原列表banks相同的内存区域，此时bcopy和banks指向的都是同一个列表，其中在任何列表变量上执行的操作，都可能对另一个列表变量造成影响，并未真正实现复制的功能。

4.1.5 列表生成式

列表生成式也称列表推导式，是从可迭代对象中快速简洁地生成新列表的一种方式，其语法格式如下：

```
新列表对象 = [表达式 for 变量 in 可迭代对象]
```

它表示可以从可迭代对象中依次取得变量的值，将变量代入表达式计算得到新值，由这些新值构成新的列表。上面定义新列表对象的一行代码等价于下面三行代码：

```
新列表对象 = []
for 变量 in 可迭代对象:
    新列表对象.append(表达式)
```

下面是列表生成式的一些代码示例：

```
In:     lst1 = [x ** 2 for x in range(1,11)]   # 对1—10范围中的每个元素平方构建新
        列表
In:     lst1
Out:    [1, 4, 9, 16, 25, 36, 49, 64, 81, 100]
```

```
In:  lst2 = [abs(x) for x in range(-3,4)]    # 对 -3—3 范围中的每个元素求绝对值
     构建新列表
In:  lst2
Out: [3, 2, 1, 0, 1, 2, 3]
In:  lst3 = ['北京', '石家庄', '西双版纳']
In:  lst4 = [len(s) for s in lst3]   # 对 lst3 中的每个元素计算长度构建新列表
In:  lst4
Out: [2, 3, 4]
In:  import random
In:  [random.randint(20, 30) for _ in range(10)]    # 生成 10 个 20~30 的随机
     整数
Out: [27, 24, 22, 30, 27, 25, 20, 20, 23, 28]
```

列表生成式也可以加上 if 条件,语法如下:

```
新列表对象 = [表达式 for 变量 in 可迭代对象 if 条件]
```

这样一来,可以对可迭代对象中的元素进行判断,符合条件的元素才会进行表达式运算并加入新列表对象。

补充知识
Pythonic
代码

```
In:  lst1 = [x ** 2 for x in range(10) if x % 3 ==0]   # 0~9 范围中 3 的倍数元
     素平方构建新列表
In:  lst1
Out: [0, 9, 36, 81]
In:  lst2 = [y for y in range(10) if y not in lst1]    # 0~9 范围中不在 lst1 中
     的元素构建新列表
In:  lst2
Out: [1, 2, 3, 4, 5, 6, 7, 8]
```

通过观察以上列表生成式相关代码可以发现,列表生成式的使用可以有效地简化程序,使之更为简洁和优雅。使用列表生成式的代码被认为更具有 Python 语言风格,或者说更加"Pythonic"。

4.1.6 序列处理函数

Python 提供了 zip() 函数、map() 函数、enumerate() 函数等内置函数实现对列表等序列类型数据的迭代处理。

4.1.6.1 zip() 函数

在获取数据时,有时可能会分开获取,将数据存储在不同的序列对象中,如将股票代码、名称和收盘价分别存储在三个不同的列表。不同列表中相同位置对应的元素又是相关的,如同一位置对应的是同一只股票的信息。我们展示或者处理这样的数据时,就需要使用同一个索引在三个不同的列表中获取元素。Python 中提供了 zip() 函数,可以将这些序列中并排的元素配对成元组后,组成一个新的可迭代对象。其语法格式如下:

```
zip(*可迭代对象)
```

其中,参数的可迭代对象可以是多个序列,星号 "*" 代表可迭代对象,可以收集任意数量的序列。示例代码 4.1 将两个元组和一个列表中对应的元素配成元组后,构成新的可迭

代对象。在 for 循环中每次将一个元素（一只股票的代码、名称和收盘价构成的元组）赋值给变量 item。

示例代码 4.1　ZipFunction.py
```
1    stock_code = ('600750','000063','002415','601328')
2    stock_name = ('江中药业','中兴通讯','海康威视','交通银行')
3    close_price = [21.32, 21.70, 31.08, 5.97]
4    for item in zip(stock_code, stock_name, close_price):
5        print('{1}的代码是:{0},收盘价:{2:.2f}元'.format(item[0],item[1], item[2]))
```

程序执行结果如下：
江中药业的代码是:600750,收盘价:21.32 元
中兴通讯的代码是:000063,收盘价:21.70 元
海康威视的代码是:002415,收盘价:31.08 元
交通银行的代码是:601328,收盘价:5.97 元

可以利用 list() 函数将 zip() 函数的内容转化为列表，代码如下：

```
In: list(zip(stock_code, stock_name, close_price))
Out:[('600750','江中药业', 21.32),
    ('000063','中兴通讯', 21.7),
    ('002415','海康威视', 31.08),
    ('601328','交通银行', 5.97)]
```

4.1 6.2　map() 函数

在使用程序处理数据、解决问题时，经常需要对序列中的每个元素做相同的操作，并把其结果收集起来。在 Python 语言中，可以利用 map() 函数简化这类代码。其语法格式如下：

```
map(函数名，可迭代对象)
```

map() 函数有两个参数，其中第一个参数是函数名，代表了对序列中元素进行的操作；第二个参数为可迭代对象。示例如下：

```
In:    sell_list = ['15','20','100']
In:    map_obj = map(int, sell_list)
In:    print('总销售数量为{}件'.format(sum(map_obj)))
Out:   总销售数量为:135 件
```

在以上代码中，列表 sell_list 中每个元素都是字符串，无法直接进行求和等算术运算，将 int() 函数应用在 sell_list 每个元素中，会得到对应的整数值，构成可迭代对象中的一个元素。map() 函数返回的是一个可迭代的 map 对象，而不是列表。对这个可迭代的 map 对象调用 sum() 函数求和，就计算出了 map 对象中所有元素之和。如果希望从 map 对象中得到其元素构成的一个列表，需要使用 list() 函数进行转换，代码如下：

```
In:    map(abs, [10,-20,8,-9])    # 结果是一个 map 对象,并不包含真实数据
Out:   <map object at 0x7f9270114250>
In:    list(map(abs, [10,-20,8,-9]))    # 将 map 对象转换为列表
Out:   [10, 20, 8, 9]
```

4.1.6.3 enumerate()函数

在使用循环时,我们可以通过range()函数生成序号,然后通过序号取得可迭代对象中的每个元素。有时需要同时获得序号和元素值,如:一个排序后的商品销售列表,需要打印商品名称和排名。在Python中,可以通过enumerate()函数将代码写得更加简洁。语法格式如下:

```
enumerate(可迭代对象)
```

enumerate()函数会产生一个新的可迭代对象,对象中的元素是由参数中元素的序号和元素值构成的元组。这样,使用for循环遍历enumerate()函数的结果时,就可以同时得到序号和元素值了,如示例代码4.2所示。

```
示例代码4.2    EnumerateFunction.py
1    item_list = [['华为手机', 900], ['小米手机', 700], ['联想电脑', 600]]
2    for idx, item in enumerate(item_list):
3        print('第{}名{}销量:{}台'.format(idx+1, item[0], item[1]))
```

在上面第2行代码中,for后面的循环变量有idx和item两个,这是因为enumerate()函数能够同时得到可迭代对象的序号和元素值,其中序号在每次循环时将被赋给idx变量,而元素值被赋给item变量。其中item_list列表的元素值是一个包含商品名称和销量的列表。以下是程序执行的结果:

```
第1名华为手机销量:900台
第2名小米手机销量:700台
第3名联想电脑销量:600台
```

案例 4-1　　　　　　　　　　　　　▶ 基本统计值计算

算术平均值、中位数和标准差是基础且常用的统计指标。算术平均值表示数据的平均水平,中位数表示数据的中间值,标准差表示数据的离散程度。现在编写一个程序,由用户输入一组数据,程序计算并输出这组数据的算术平均值、中位数和标准差。

问题分析:

假定一组数据表示为 $A=a_0, a_1, a_2, \cdots, a_{n-1}$,则其算术平均值计算公式为:

$$\text{mean} = \left(\sum_{i=0}^{n-1} a_i\right)/n$$

在计算中位数时,先将全部数据按照从小到大(或者从大到小)顺序排列,得到排序后的数据记为 $A'=a'_0, a'_1, \cdots, a'_{n-1}$,在其中找出位于中间位置的值。如果数据元素个数 n 为奇数,则可以找到唯一的中间值即中位数,其位置下标为 $n//2$;如果 n 为偶数,则不存在唯一的中间值即中位数,中位数为中间两个数的平均值,其位置下标分别为 $n//2-1$ 和 $n//2$。根据以上规则,中位数计算公式如下:

$$\text{median} = \begin{cases} a_{n//2} & n \text{ 为奇数} \\ \dfrac{(a'_{n_r/2-1} + a'_{n//2})}{2} & n \text{ 为偶数} \end{cases}$$

数据的标准差计算公式为:

$$\text{std} = \sqrt{\left(\sum_{i=0}^{n-1}(a_i - \text{mean})^2\right)/(n-1)}$$

在程序实现时,可将用户输入的全部数据存入列表中,按照以上计算公式分别计算列表中元素的算术平均值、中位数和标准差,其中涉及列表排序、列表生成式等操作。案例代码如下:

案例代码 4-1　基本统计值计算　Statistics.py

```
1   data_str = input('请输入一组数据,数字间用英文逗号分隔开:')
2   data = [float(d.strip()) for d in data_str.split(',')]   # 用列表生成式处
    理得到数据列表
3   # 计算算术平均值
4   n = len(data)
5   mean = sum(data) / n
6   # 计算中位数
7   data.sort()   # 数据排序
8   mid = n // 2
9   median = data[mid] if n % 2 == 1 else (data[mid - 1] + data[mid]) / 2
10  # 计算标准差
11  std = (sum([(x - mean) ** 2 for x in data]) / (n-1)) ** 0.5
12  # 输出结果
13  print('算术平均值:{:.4f}'.format(mean))
14  print('中位数:{:.4f}'.format(median))
15  print('标准差:{:.4f}'.format(std))
```

4.2　元　　组

元组是用一对圆括号"()"定义的序列,元组中的元素值自元组创建后就不能修改。元组中的元素数据类型可以相同,也可以不相同。

4.2.1　元组的创建与操作

4.2.1.1　元组的创建

可以使用圆括号"()"括起一组数据直接创建一个元组对象,语法如下:

(元素1,元素2,…)

其外侧的圆括号可以省略。此外还可以使用tuple()函数将其他可迭代对象(字符串、列表、字典、集合等)转换得到元组对象。以下是创建元组的例子。

```
In:    yz = ('A','B','C')   # 使用"()"创建元组
In:    yz
Out:   ('A','B','C')
In:    yz2 = tuple([4, 5, 6])   # 使用tuple()函数创建元组,参数为列表对象
In:    yz2
Out:   (4, 5, 6)
In:    a = range(2,6)   # 使用range()函数产生可迭代对象
In:    d = tuple(a)   # 使用tuple()函数在可迭代对象a的基础上创建元组
In:    d
Out:   (2, 3, 4, 5)
```

4.2.1.2 元组的操作

元组作为序列类型之一,其操作符和函数与字符串、列表基本相同,如元组的索引和切片操作与列表的索引和切片操作方式相同,区别在于对元组的切片操作得到的结果仍然为元组。此外,也可以利用对序列通用的操作符和函数实现对元组的长度计算、合并、重复、迭代、成员判断等操作。需要注意的是,元组一旦被创建,其中的元素即不能被修改。简单地说,读者可以将元组理解为不能修改的"列表"。因此,列表中所有会对元素进行修改的操作均不适用于元组,除此以外两者的操作基本一致。

```
In:    yz = ('A','B','C','D','E')
In:    len(yz)   # 求元组长度
Out:   5
In:    ('A','B','C') + ('D','E')   # 合并两个元组
Out:   ('A','B','C','D','E')
In:    ('A','B','C') * 2   # 重复元组2次
Out:   ('A','B','C','A','B','C')
In:    yz = ('A','B','C')
In:    for x in yz:
           print(x)   # 遍历元组元素并打印
Out:   A
       B
       C
In:    'C' in ('A','B','C')   # 成员判断
Out:   True
In:    'E' in ('A','B','C')
Out:   False
In:    yz = ('A','B','B','C')
In:    yz.count('B')   # 元素出现次数统计
Out:   2
```

4.2.2 序列间的转换

字符串、列表和元组作为序列类型,可以方便地进行相互转换。

4.2.2.1 列表与元组的转换

列表与元组结构相似,相互转换起来最为简单。tuple()函数可将列表转换为元组,list()函数可将元组转换为列表。

```
In:    sp1 = ('A001','文具盒', 25)
```

```
In:    lb1 = list(sp1)
In:    lb1
Out:   ['A001', '文具盒', 25]
In:    lbprice = [21, 20, 25, 24, 23]
In:    yzprice = tuple(lbprice)
In:    yzprice
Out:   (21, 20, 25, 24, 23)
```

4.2.2.2 字符串与列表的转换

字符串与列表的转换相对复杂一些,涉及list()函数、split()方法和join()方法。

1. 字符串转换为列表的list()函数

使用list()函数可以直接将参数中的字符串转换为列表。

```
In:    list('你好,中国')
Out:   ['你', '好', ',', '中', '国']
In:    list('I love Python')
Out:   ['I', ' ', 'l', 'o', 'v', 'e', ' ', 'P', 'y', 't', 'h', 'o', 'n']
```

2. 字符串转换为列表的split()方法

上例中的列表元素是单个字符,如果将字符串转换为以词为元素的列表,可以使用split()方法,按指定分隔符拆分字符串得到列表。例如,"你好,中国"字符串用中文逗号","隔开,英文字符串'I love Python'中单词用空格隔开。

```
In:    '你好,中国'.split(',')
Out:   ['你好', '中国']
In:    'I love Python'.split()
Out:   ['I', 'love', 'Python']
```

相比于list()函数,字符串的split()方法提供了一种更为灵活的方式将字符串拆分并生成列表,这在后续的文本处理和分析中会经常使用到。

3. 列表转换为字符串的join()方法

join()方法作为split()方法的逆操作,实现将列表按照指定连接符连接得到字符串。

```
In:    ''.join(['你好', '中国'])
Out:   '你好中国'
In:    '-'.join(['你好', '中国'])
Out:   '你好-中国'
```

4.2.2.3 元组与字符串的转换

利用tuple()函数可以直接将参数中的字符串转换得到元组,而join()方法可以实现将参数中的元组按照指定的连接符连接得到字符串。

```
In:    tuple('数据分析')
Out:   ('数', '据', '分', '析')
In:    '*'.join(('P', 'y', 't', 'h', 'o', 'n'))
Out:   'P*y*t*h*o*n'
```

综上,列表、元组和字符串的转换操作如图4-1所示。

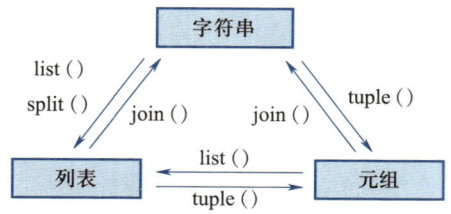

图 4-1　列表、元组和字符串的转换操作

4.3　字　　典

字典（dict）是存储键（key）与值（value）的映射关系（即"键值对"）的一种数据结构，利用字典可以直观、高效地维护键与值的映射关系。

4.3.1　字典的创建和基本操作

4.3.1.1　创建字典

可以使用标记"{ }"创建一个字典对象。字典中的每个元素都包含键和值两部分内容，一个键值对称作一个条目（item）。创建字典时，键和值用冒号"："隔开，条目之间用逗号"，"分开，语法格式如下：

```
{键1:值1，键2:值2，…}
```

也可以使用dict（）函数创建一个字典对象，语法格式如下：

```
dict(键1=值1，键2=值2，…)
```

创建字典如下所示：

```
In:    sp = {}    # 空字典
In:    sp
Out:   {}
In:    dict()    # 空字典
Out:   {}
In:    sp = {'商品编号':'A001','商品名称':'文具盒','商品价格':25}
In:    sp
Out:   {'商品编号': 'A001', '商品名称': '文具盒', '商品价格': 25}
In:    dict(code='600000', name='浦发银行', price=7.06)
Out:   {'code': '600000', 'name': '浦发银行', 'price': 7.06}
```

在创建字典时需要注意，字典的键具有唯一性，即不允许出现相同的键，但不同的键允许对应相同的值。另外，字典的键必须是数字、字符串、元组等不可变类型，而值的类型不受限制。

4.3.1.2　字典的访问

字典不是序列类型，其中保存的条目是无序的，因此字典没有索引的概念，也不能进行

切片操作。访问字典中的元素是通过键获取相应的值,语法格式如下:

字典名[键]

访问前还可以通过 in 操作符检验指定的键是否在字典中,如果存在则结果为 True,否则结果为 False。代码如下:

```
In:     sp = {'商品编号':'A001','商品名称':'文具盒','商品价格':25}
In:     '商品名称' in sp
Out:    True
In:     'A001' in sp
Out:    False
In:     sp['商品名称']    # 对于存在的键可以通过键取值
Out:    '文具盒'
In:     sp['A001']    # 对于不存在的键将报错,也不能直接取出值。
Out:    KeyError:'A001'
```

4.3.1.3　添加和修改字典条目

添加和修改字典条目的语法格式如下:

字典名[键] = 值

以上是一个双重操作:如果字典中不存在该键,那么在字典中添加一个该键和对应值的条目;如果字典中已存在该键,那么将字典中该键对应的值修改为新值,代码如下:

```
In:     sp = {'商品编号':'A001','商品名称':'文具盒','商品价格':25}
In:     sp['产地'] = '中国'    # 在字典中添加键为'产地',值为'中国'的条目
In:     sp
Out:    {'商品编号': 'A001', '商品名称': '文具盒', '商品价格': 25, '产地': '中国'}
In:     sp['商品价格'] = 20    # 修改字典中'商品价格'的值为20
In:     sp
Out:    {'商品编号': 'A001', '商品名称': '文具盒', '商品价格': 20, '产地': '中国'}
```

4.3.1.4　删除字典条目

删除字典条目可以使用 del 命令,语法格式如下:

del 字典名[键]

只需要指定字典的键,即可将对应条目整体删除,代码如下:

```
In:     sp = {'商品编号':'A001','商品名称':'文具盒','商品价格':25}
In:     del sp['商品价格']
In:     sp
Out:    {'商品编号': 'A001', '商品名称': '文具盒'}
In:     del sp    # 该操作将删除整个字典对象
In:     sp
Out:    NameError: name 'sp' is not defined
```

4.3.2　字典的常用方法

Python 提供了许多专门处理字典对象的方法,表 4-1 列出了其中比较常用的方法。

表 4-1　　　　　　　　　　　　　　字典的常用方法

方法	说明
copy()	复制整个字典
update(dct)	使用参数 dct 字典数据更新当前字典
pop(key, default)	返回键 key 对应的值,并删除该条目;如果字典中不存在 key 键,则返回默认值 default
clear()	清除字典中的所有元素
get(key, default)	返回键 key 对应的值;如果字典中不存在 key 键,则返回默认值 default
keys()	返回所有键
values()	返回所有值
items()	返回所有键值对

下面代码分别展示了以上方法的使用。

4.3.2.1　复制字典的 copy() 方法与更新字典的 update() 方法

```
In:    sp = {'商品编号':'A001','商品名称':'文具盒','商品价格': 25}
In:    fz = sp.copy()
In:    fz
Out:   {'商品编号':'A001','商品名称':'文具盒','商品价格': 25}
In:    u={'商品编号':'A002','商品价格': 20}
In:    sp.update(u)    # 根据字典 u 中的数据更新字典 sp
In:    sp
Out:   {'商品编号':'A002','商品名称':'文具盒','商品价格': 20}
```

4.3.2.2　删除条目的 pop() 方法与清除整个字典的 clear() 方法

```
In:    sp = {'商品编号':'A001','商品名称':'文具盒','商品价格': 25}
In:    sp.pop('商品价格')   # 返回字典中键为'商品价格'的值,并删除该条目
Out:   25
In:    sp
Out:   {'商品编号':'A001','商品名称':'文具盒'}
In:    sp.clear()
In:    sp
Out:   {}
```

4.3.2.3　根据键返回值的 get() 方法

```
In:    sp = {'商品编号':'A001','商品名称':'文具盒','商品价格': 25}
In:    sp.get('商品价格')    # 获取字典中键为'商品价格'的值
Out:   25
In:    sp.get('产地','中国')   # 字典中无'产地'键,返回参数值'中国'
Out:   '中国'
```

4.3.2.4　返回所有键、值、键值对的 keys() 方法、values() 方法和 items() 方法

```
In:    sp = {'商品编号':'A001','商品名称':'文具盒','商品价格': 25}
In:    sp.keys()   # 获取字典中的所有键
```

```
Out:  dict_keys(['商品编号', '商品名称', '商品价格'])
In:   sp.values()   # 获取字典中的所有值
Out:  dict_values(['A001', '文具盒', 25])
In:   sp.items()    # 获取字典中的所有键值对
Out:  dict_items([('商品编号', 'A001'), ('商品名称', '文具盒'), ('商品价格', 25)])
```

keys()方法、values()方法和items()方法返回的对象可以放在for循环中作为迭代器,从而实现对字典数据的遍历,如示例代码4.3所示:

示例代码4.3　DictTraversal.py

```
1   dct = {'600000': '浦发银行', '600004': '白云机场', '600006': '东风汽车'}
2   print('字典中所有的键:')
3   for k in dct.keys():
4       print(k, end=' ')
5   print('\n字典中所有的值:')
6   for v in dct.values():
7       print(v, end=' ')
8   print('\n字典中所有的键值对:')
9   for k, v in dct.items():
10      print('{}-{}'.format(k,v , end=' ')
```

程序运行结果如下:

字典中所有的键:
600000　600004　600006
字典中所有的值:
浦发银行　白云机场　东风汽车
字典中所有的键值对:
600000-浦发银行　600004-白云机场　600006-东风汽车

 案例 4-2

编写一段程序,统计 Python 语言的标语"Life is short, we need Python"中,每个字符出现的次数。

问题分析:

统计每个字符出现次数,其结果不仅仅是一组数字,需要明确指出哪一个字符出现了多少次,因此应该是一组由"字符-频数"构成的数据。其中字符不会重复,字符与频数形成映射关系,适合使用字典来保存统计结果。

对于计算每一个字符出现的次数,可以利用字符串的count()方法,通过遍历字符串的每一个字符,调用count()方法对每一个字符出现的次数进行统计。这种方法虽然可行,但是实际效率并不高。因为对相同字符会重复计数,并且count()方法每次计数都会对整个字符串遍历。一种更为高效的办法是参考我们投票计数时画"正"字计数的思想,将字符串遍历,将每个字符在原有计数基础上添加一笔,完整扫描一遍即完成全部的统计。

根据上述思想,可以按以下思路来解决字符出现次数统计的问题。

(1) 定义字符串 s 存放英文句子，定义空字典 counts 存放结果。

(2) 如果不考虑字母大小写的区别，可以先将所有字母转换为大写或小写字母；如果大小写字母需要区分，则不必转换。

(3) 遍历字符串 s 中的每一个字符 c，如果当前字符 c 在字典 counts 中不存在，说明是第一次碰到该字符，可以通过执行 "counts[c]=1" 将条目 c:1 存入字典；如果当前字符 c 在 counts 中已经存在，说明不是第一次出现，应该在原有次数的基础上增加 1，可通过执行 "counts[c]=counts[c]+1" 来实现。也就是说，在 for 循环的循环体内部，存在一个类似下面代码的分支结构：

```
if c in counts:
    counts[c] = counts[c] + 1
else:
    count[c] = 1
```

实际上，利用字典的 get() 方法配合默认值，就可以利用一行代码实现上面的分支逻辑，即：

```
counts[c] = counts.get(c, 0) + 1
```

也就是每次尝试利用 get() 方法从 counts 字典里取字符 c 的值，如果字典中存在字符 c 这个键，那么将会取到键 c 对应的值，做加 1 操作并更新 c 对应的值；如果字典中不存在字 c 这个键，表示是一个从未统计过的新出现字符，那么使用 get() 方法的默认值 0，在 0 的基础上加 1。

(4) 遍历循环完成后，将统计好的字典打印输出。

案例完整代码如下：

案例代码 4-2 字符统计 CharCount.py

```
1  s = 'Life is short,we need Python.'
2  s = s.lower()
3  counts = {}
4  for c in s:
5      counts[c] = counts.get(c, 0) + 1
6  for k, v in counts.items():
7      print('{}出现{}次'.format(k, v), end=' ')
```

程序运行结果为：

　l出现1次　　i出现2次　　f出现1次　　e出现4次　　 出现4次　　s出现2次　　h出现2次　o出现2次　　r出现1次　　t出现2次　　,出现1次　　w出现1次　　n出现2次　　d出现1次　　p出现1次　　y出现1次　　.出现1次

请思考：如果希望对结果按照字符出现次数由高到低的顺序排序，应该如何实现？可以尝试 sort() 方法或 sorted() 函数。

4.4 集　　合

Python 中的集合(set)与数学概念上的集合非常相似,是由不重复元素构成的无序组合,因此不支持索引操作。集合本身是可变类型,可以添加或删除集合中的元素,但集合中的元素必须是不可变类型。

4.4.1 集合的创建与访问

4.4.1.1 集合的创建

可以使用标记"{}"创建一个集合对象,也可以使用函数 set() 创建一个集合对象。集合中的元素用逗号","分隔。创建集合的语法格式如下:

```
{元素1,元素2,…}
```

或

```
set(可迭代对象)
```

创建集合的代码如下:

```
In:   set()     # 创建空集合
Out:  set()
In:   {'中国银行','中国农业银行','中国工商银行'}    # 创建3个元素的集合
Out:  {'中国农业银行','中国工商银行','中国银行'}    # 集合是无序的,显示顺序可能和创建时
                                              不一致
In:   set(['中国银行','中国农业银行','中国工商银行'])  # 以列表为参数,创建3个元素的
                                                   集合
Out:  {'中国农业银行','中国工商银行','中国银行'}
In:   set(['A','A','C','C','E','E','E'])    # 集合不允许重复元素,所以可以利用集
                                              合快速去重
Out:  {'A','C','E'}
In:   len({1, 2, 2, 3, 3})    # 集合中重复元素被去掉后计算集合长度
Out:  3
```

创建空集合应使用不带参数的 set() 函数而不能直接使用"{}",因为"{}"表示创建空字典而不是空集合。

4.4.1.2 集合的访问

由于集合中的元素没有索引的属性,也没有像字典中"键值对"的对应关系,因此无法直接获取集合中的指定元素,一般通过循环来遍历集合中的所有元素进而进行其他操作。遍历集合代码如下所示:

```
In:   banks = {'中国银行','中国农业银行','中国工商银行'}
In:   for b in banks:
          print(b, end=' ')
Out:  中国银行 中国工商银行 中国农业银行
```

4.4.2 集合的操作方法

Python 提供了一系列对集合对象进行各种操作的方法。表 4-2 列出了常见的集合操作方法。

表 4-2　　　　　　　　　　　　常见的集合操作方法

方法	说明
add(i)	添加元素,若集合中不存在元素 i,则添加
copy()	复制整个集合
update(q)	将另一个集合的不同元素添加进来
remove(q)	删除元素 q,若集合中不存在 q,则会报错
discard(q)	删除元素 q,即使 q 不存在也不会报错
pop()	随机返回集合中的一个元素,并删除该元素
clear()	清除所有元素

集合操作的常用函数的应用如下两部分内容。

4.4.2.1 集合的添加、复制与更新

add()方法、copy()方法、update()方法的代码如下:

```
In:    continents = {'亚洲','欧洲'}
In:    continents.add('非洲')    # 集合元素添加的 add()方法
In:    continents
Out:   {'亚洲','欧洲','非洲'}
In:    continents_copy = continents.copy()    # 集合元素复制的 copy()方法
In:    continents_copy
Out:   {'亚洲','欧洲','非洲'}
In:    continents1 = {'南极洲','美洲','非洲'}
In:    continents.update(continents1)    # 将集合 continents1 的内容更新至 continents
In:    continents
Out:   {'亚洲','南极洲','欧洲','美洲','非洲'}
```

4.4.2.2 集合的删除

remove()方法、discard()方法、pop()方法、clear()方法的代码如下:

```
In:    continents.remove('南极洲')   # 集合元素删除的 remove()方法
In:    continents
Out:   {'亚洲','欧洲','美洲','非洲'}
In:    continents.discard('非洲')    # 使用 discard()方法也可以删除集合元素
In:    continents
Out:   {'亚洲','欧洲','美洲'}
In:    continents.remove('大洋洲')   # 使用 remove()方法删除集合中不存在的元素,将
       报错
Out:   KeyError: '大洋洲'
```

4.4 集合

```
In:   continents.discard('大洋洲')    # 使用discard()方法删除集合中不存在的元素,
                                     并不报错
In:   continents.pop()   # 使用pop()方法从集合中随机删除并返回一个元素
Out:  '美洲'
In:   continents
Out:  {'亚洲', '欧洲'}
In:   continents.clear()   # 使用clear()方法清空集合
In:   continents
Out:  set()
```

4.4.3 集合运算

Python中的集合支持两个集合的并集、交集、差集等各种运算。常见的集合运算符如表4-3所示。

补充知识

集合运算的
韦恩图

表4-3 常见的集合运算符

运算符	说明
P & Q	交集,返回一个由两个集合P和Q中都存在的元素构成的集合
P | Q	并集,返回一个包含了两个集合P和Q中的所有元素的集合
P − Q	差集,返回一个由在集合P中存在但在集合Q不存在的元素构成的集合
P ^ Q	对称差集,返回一个由不在集合P和集合Q中同时存在的元素构成的集合
P == Q	集合P和集合Q中的元素相同返回True,否则返回False
P != Q	集合P和集合Q中的元素不相同返回True,否则返回False
P <= Q	子集测试,集合P是集合Q的子集返回True,否则返回False
P < Q	真子集测试,集合P是集合Q的真子集返回True,否则返回False
P >= Q	超集测试,集合P是集合Q的超集返回True,否则返回False
P > Q	真超集测试,集合P是集合Q的真超集返回True,否则返回False

对于集合的交集、并集、差集和对称差集,除了以上运算符,Python还提供了intersection()方法、union()方法、difference()方法和symmetric_difference()方法实现。集合运算相关代码示例如下

```
In:   P, Q = {1, 2, 3, 4}, {2, 4, 6, 8}   # 解包赋值,P和Q分别为{1, 2, 3, 4}和
      {2, 4, 6, 8}
In:   P & Q   # 求交集,也可以调用P.intersection(Q)
Out:  {2, 4}
In:   P | Q   # 求并集,也可以调用P.union(Q)
Out:  {1, 2, 3, 4, 6, 8}
In:   P - Q   # 求差集,也可以调用P.difference(Q)
Out:  {1, 3}
In:   P ^ Q   # 求对称差集,也可以调用P.symmetric_difference(Q)
Out:  {1, 3, 6, 8}
In:   P == Q, P != Q
```

```
Out:    (False, True)
In:     Q = {1, 2, 3, 4, 5}    # 将Q的值修改为{1, 2, 3, 4, 5}
In:     P < Q, P <= Q
Out:    (True, True)
In:     P > Q, P >= Q
Out:    (False, False)
```

案例 4-3 金砖国家与 G20

2001年，美国高盛公司首次提出BRIC概念，用巴西（Brazil）、俄罗斯（Russia）、印度（India）、中国（China）四个新兴市场国家英文名称首字母组成缩写词。因"BRIC"拼写和发音同英文单词"砖"（brick）相近，中国媒体和学者将其译为金砖国家，特指世界新兴市场。截至2024年4月，金砖国家正式成员包括：巴西、俄罗斯、印度、中国、南非、埃及、埃塞俄比亚、伊朗、沙特阿拉伯、阿联酋。

G20（Group of 20）即二十国集团，是由中国、阿根廷、澳大利亚、巴西、加拿大、法国、德国、印度、印度尼西亚、意大利、日本、韩国、墨西哥、俄罗斯、沙特阿拉伯、南非、土耳其、英国、美国，以及欧盟组成的国际经济合作主要论坛。G20成员涵盖面广，代表性强，构成兼顾了发达国家和发展中国家，以及不同地域利益平衡。

现在希望利用程序找出：

（1）金砖与G20中的所有成员；

（2）同时是金砖和G20的成员；

（3）只是金砖但不是G20的成员；

（4）只加入金砖或者G20其中之一的成员。

问题分析：

对于该问题，首先需要将两个不同组织的成员名单分别存储在两个变量中。我们已经学习过列表、元组、字典和集合四种组合数据类型。这里的成员名单不需要成对数据，可排除字典。使用列表、元组和集合均可存储国家名单，但是对于本例需要完成的任务，使用列表和元组实现起来较为复杂，而运用集合的并集、交集、差集和对称差集可以轻松完成求解任务。具体代码如下：

案例代码4-3 金砖国家与G20 BICKS_G20.py

```
1    BRIC = {'巴西','俄罗斯','印度','中国','南非', \
2             '埃及','埃塞俄比亚','伊朗','沙特阿拉伯','阿联酋'}
3    G20 = {'中国','阿根廷','澳大利亚','巴西','加拿大', \
4             '法国','德国','印度','印度尼西亚','意大利', \
5             '日本','韩国','墨西哥','俄罗斯','沙特阿拉伯', \
6             '南非','土耳其','英国','美国','欧盟'}
7    print('金砖与G20中的所有成员如下:')
8    print(BRIC | G20)
```

```
9   print('\n同时是金砖和G20的成员如下:')
10  print(BRIC & G20)
11  print('\n只是金砖但不是G20的成员如下:')
12  print(BRIC - G20)
13  print('\n只加入金砖或者G20其中之一的成员如下:')
14  print(BRIC ^ G20)
```

程序运行结果如下：

金砖与G20中的所有成员如下：
{'南非', '伊朗', '意大利', '土耳其', '沙特阿拉伯', '埃及', '埃塞俄比亚', '加拿大', '法国', '德国', '美国', '墨西哥', '印度尼西亚', '欧盟', '中国', '阿联酋', '日本', '澳大利亚', '英国', '韩国', '巴西', '俄罗斯', '印度', '阿根廷'}

同时是金砖和G20的成员如下：
{'南非', '印度', '巴西', '俄罗斯', '沙特阿拉伯', '中国'}

只是金砖但不是G20的成员如下：
{'埃塞俄比亚', '伊朗', '埃及', '阿联酋'}

只加入金砖或者G20其中之一的成员如下：
{'伊朗', '意大利', '土耳其', '埃及', '埃塞俄比亚', '加拿大', '法国', '德国', '美国', '墨西哥', '印度尼西亚', '欧盟', '阿联酋', '日本', '澳大利亚', '英国', '韩国', '阿根廷'}

请思考：如果本例使用列表或元组来保存两个组织的成员名单，代码应该如何编写？再对比案例代码中的集合实现方式，体会合适数据类型的选取对于程序设计的重要性。

 案例 4-4  生日悖论

生日悖论是概率论中的一个有趣现象：在一组随机选择的人中，至少有两个人生日是同一天的概率会出乎意料地高。这个现象之所以被称为"悖论"，是因为它违反了人们的直觉，人们通常会低估两个人同一天生日的概率。关于生日悖论有一个观点，即如果一个房间里有23人或以上，那么至少有两个人生日相同的概率大于50%。你觉得这个观点对吗？请编程验证。

问题分析：

初看这个问题是一个概率计算的问题，其实如果没有足够的概率论知识，也完全可以编写程序用模拟重复随机实验的方式来解决。可以模拟多次实验，如10 000次，每次实验随机生成23个人的生日，然后检验这23个生日是否有重复，如果这10 000次实验中有超过5 000次有生日重复的情况发生，那么上述观点就得到了验证，否则验证失败。

按照以上思想，在设计算法和编写程序时还存在几个关键问题：

（1）如何随机生成23个人的生日？

（2）如何判断23个生日数据中的重复情况？

（3）如何将实验重复10 000次？

对于问题（1），每个人的生日可以用四位数字表示，如0512表示5月12日、1208表示12月8日，那么生成23个这样格式的四位数字即可。然而需要注意的是，这些数字并非对应连续的整数，如0131之后应该为0201而不是0132，因此并不能按连续整数方式进行处理。进一步考虑，可以直接利用1～365的整数来表示某人出生在当年的第几天，这就间接表示出了生日。例如，1代表某人出生于该年的第1天，即生日为1月1日；365代表此人出生于当年的第365天，因而生日为12月31日；32则代表此人生日为2月1日。这样一来，问题（1）就变成了生成23个1～365的随机整数的问题，可以利用列表生成式配合random库解决。

对于问题（2），已经可以生成由23个整数构成的列表，那么要判断这个列表里面有没有重复元素，可以利用集合去重的性质，将列表转换为集合，查看这个集合的长度有没有减少，如果减少就表示存在重复元素。

对于问题（3），可以通过构建10 000次循环，在循环内完成上述随机数生成和重复检查操作，如果存在重复则计数器增加1，在循环完成后查看计数器值是否大于5 000即可验证上面生日悖论说法是否成立。

根据以上思路，设计程序如下：

案例代码4-4　生日悖论　BirthdayParadox.py

```
1    import random
2    count = 0
3    for i in range(10000):
4        b = [random.randint(1,365) for _ in range(23)]
5        if len(set(b)) < len(b):
6            count += 1
7    print(count)
```

补充知识

蒙特卡罗模拟

多次运行以上程序，结果基本都是大于5 000，生日悖论的观点得到了验证。

生日悖论是一个揭示直觉与概率计算的差异的有趣现象，它提醒我们直觉并不可靠，数学计算、逻辑推理和计算机模拟等方法有助于提升决策的正确性。

本章小结

1. Python的组合数据类型，主要是列表、元组、字典和集合。元组一旦创建，其中的元素就不可修改。

2. 列表、元组和字符串都属于序列类型数据，具有许多共同的操作，也可以进行相互转换。字典和集合则属于非序列类型，其中的元素没有顺序，也不存在索引和切片操作。

3. 字典中保存的是由键和值构成的成对数据，即条目，其中键不重复，可以通过键访问值。集合与数学概念基本一致，也可以进行交、并、差等集合运算。

复习思考题

1. 列表和元组这两种序列结构有什么区别？
2. 字典和集合有什么异同？
3. 列表、元组、字典和集合分别怎样遍历？

 操作实践题

1. 设计3个字典dict_a、dict_b和dict_c，每个字典存储一个具体学生的信息，包括姓名（name）和学号（id），然后把这3个字典存储到一个列表（student）中，遍历这个列表，将其中每个学生的所有信息都打印出来。

2. 创建一个存储Python关键字的元组，然后检测用户输入的单词是否是Python的关键字。

3. 编写一个用户登录程序，把多个用户的用户名和密码信息事先保存到字典中，当用户登录时，首先判断用户名是否存在，如果不存在，则提示"用户名不存在"；如果用户名存在，则继续判断密码是否正确，如果正确，则提示"登录成功"，如果密码错误，则提示"密码错误"。

4. 请编写一个程序，找到列表nums=[3,6,10,8,4,14,2,7,1]中任意相加等于9的元素对，结果保存在元素为双元素元组的列表中，如[(3,6),(2,7),…]。

5. 使用列表生成式生成列表，其元素为100以内所有能被3整除的数的2倍。

6. 输入一个英文句子，求其中最长的单词长度。

7. 李雷和韩梅梅正在对某个留学生班级的学生国籍进行调查，他们决定分头行动，李雷调查男生国籍，韩梅梅调查女生国籍，最后将结果进行合并。李雷调查结果为巴西4人、摩洛哥4人、韩国3人、法国3人、加蓬2人、芬兰1人；韩梅梅调查结果为韩国5人、摩洛哥3人、芬兰2人、意大利1人。请编写程序给出汇总后各国籍的学生人数。

8. 学校本学期提供三门选修课，某个班有25名学生，目前选择每门课程的学生名单如下：

选择课程1的学生包括李莉、张园、汪潇、陈虎、方霞、司马琪；
选择课程2的学生包括石磊、李锋、刘翔、方霞、孙宇、黄辉；
选择课程3的学生包括陈虎、方霞、刘鹏、张园、施希、司马琪。
编写程序解决以下问题：
a）这个班级中还有多少学生没有选任何课程？
b）有多少学生选了两门课程？分别是谁？
c）有多少学生选了三门课程？分别是谁？
c）有多少学生只选了一门课程？分别是谁？

第二篇　Python 语言进阶

对于较复杂的程序，如果代码缺乏组织，不仅实现过程中思路比较混乱，完成的代码也不利于阅读和理解，更难进行升级和维护。人们在社会生产活动中遇到的复杂问题，常用的做法是首先将一个比较复杂的问题分解为一组比较简单的问题，然后分别求解这些简单的问题，最后把简单问题的解组合起来得到复杂问题的解。例如，生产一辆汽车时，首先把汽车分解为发动机、变速箱、传动系统、车体等组成部分，由不同的厂家生产不同的组成部分，然后把它们组装成一辆完整的汽车。同样，使用 Python 语言编写程序去求解一个问题时，人们也常常遵循这种把复杂问题简单化的思路。因此，我们可以对代码进行分解和抽象，形成更容易理解的结构。

函数是程序的一种基本抽象方式。它将一系列实现某种特殊功能的语句组织起来，通过函数名和相应的参数提供给其他程序使用。将语句封装成函数的优势是便于代码复用。换言之，只要调用函数并输入对应参数即可实现相同的功能，无须重复编写相同的代码。

在前序章节的示例中，需要处理的数据都直接以代码的形式存储在程序文件中，或以交互的形式由用户临时输入。前者的存储形式会导致代码不利于阅读和维护，后者的数据则完全存储在电脑的内存中，如果程序退出，内存回收，数据就丢失了。此外，程序的输出结果只显示在屏幕上，一旦程序关闭，处理结果也会消失。在实际的应用场景中，为实现数据的永久保存，往往将数据存储在文件中。Excel 表、记事本文档等都是文件的不同存储格式。将数据记录在文件中允许开发者实现数据和代码的分离，以及数据的永久保存。处理的数据更新时，只需要修改待处理的文件对象，无须修改已经编写的程序功能。

在本篇的内容中，将向读者介绍 Python 语言中函数的定义和调用方法，以及文件的操作方法。

第五章 函 数

本章思维导图

学习目标

- 熟练掌握函数的定义和调用方法;
- 理解函数的参数传递过程,以及变量的作用域;
- 掌握用 lambda 定义函数的方法;
- 熟悉 pyinstaller 工具的使用。

当程序要实现的功能较为复杂,不划分模块将降低程序的可读性。解决这一问题的最好方法是先将问题拆解为不同的功能块(即模块),并确立好模块之间的逻辑关系,每个模块只实现一个简单的功能,再将各个模块的设计目标逐一用语句实现。这一设计思路被称为模块化设计。我们常用函数来封装和实现一个功能块。Python 的函数包括内置函数和自定义函数。

5.1 函数的概念与优点

5.1.1 函数的概念

在程序设计语言中,函数是一段具有特定功能的、可重用的语句块,用函数名来表示并通过函数名进行功能调用。函数也可以看作是一段具有名字的子程序,可以在需要的地方调用执行,不需要在每个执行的地方重复编写这些语句。每次使用函数可以提供不同的参数作为输入,以实现对不同数据的处理;函数执行后,还可以反馈相应的处理结果。

5.1.2 函数的优点

函数的使用具有以下优点。

(1)提升代码的复用率。在程序设计中,一些代码的功能是相同的,只是操作的数据不同。在此种情况下，可以将这种功能写成一个函数模块，要使用此功能时只需要调用这个函数模块就可以了，不需要再重复地编写同样的代码，实现了代码的复用。代码复用可以解决大量同类型的问题，避免重复性操作，提高编程效率。如图 5-1 所示，主程序分别调用了 func1() 函数、func2() 函数，func1() 函数中调用了 func3() 函数、func4() 函数、func5() 函数，func2() 函数中调用了 func5() 函数和 func6() 函数。其中，func5() 函数被调用了多次。如果不使用函数对 func5() 函数实现的功能进行封装，则需要对 func5() 函数的内容重复编写两次。通过提升代码的复用率，可以极大提升开发效率。

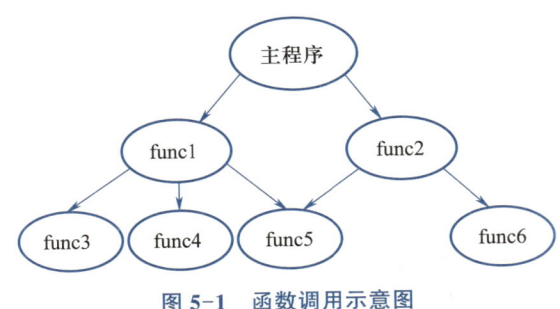

图 5-1　函数调用示意图

（2）提升代码的可维护性。使用函数后，实现了代码的复用，某个功能需要核查或修改时，只需要核查或修改功能对应的函数就可以了。对功能的修改可以使调用对应函数的所有模块同时生效，极大提升代码的可维护性。

（3）提高代码的可读性。代码较为复杂时，将特定功能的语句封装为函数能够提高程序的可读性。例 3-11 中列举 100 以内所有质数的例子，其中第 2 至 6 行实现了判断质数的功能。然而，这一功能很难让人一目了然。如果能将这些语句块封装为一个名为 check_isprime 的函数并在例 3-11 中直接调用，程序的可读性将显著提高，代码如下：

```
for number in range(2,101):
    if check_isprime(number):
        print(number, end=' ')
```

Python 中的函数包括内置函数、标准库函数、用户自定义函数等。其中内置函数是系统已经定义好的函数，可以直接调用。标准库函数在安装 Python 后也可以直接使用。

例如，在学习函数前，进行幂运算可以使用操作符"**"：

```
In:    2 ** 4
Out:   16
```

在学习函数后，可以调用内置函数 pow() 函数来执行幂运算，如下所示：

```
In:    pow(2, 4)
Out:   16
```

也可以根据需要自定义函数，实现相应功能。需要注意的是，自定义函数需要先定义该函数，并实现对应功能的语句块后，才可以调用该函数使用其功能。为了对自定义函数有直观的认识，先展示一个简单的示例：

示例代码 5.1 FuncEx.py
```
1    def myFun():   # 自定义函数定义
2        print('大家好,这是我的第一个自定义函数!')
3    myFun()   # 自定义函数调用
```

运行结果为:

大家好,这是我的第一个自定义函数!

上述代码首先定义 myFun()函数,这个函数的功能为打印字符串"大家好,这是我的第一个自定义函数!";随后调用了这个 myFun()函数,实现在控制台输出这个字符串。以后要输出这个字符串,只需要再次调用 myFun()函数即可。由此可见,Python 语言中函数的定义和使用都很方便。

5.2 函数的定义与调用

5.2.1 函数的定义

函数通常由函数名、参数列表,以及由语句块组成的函数体构成。函数定义的一般格式如下:

```
def 函数名([形参列表]):
    函数体
    [return 返回值]
```

其中,关键字 def 用于定义函数;函数体为实现函数功能的代码块,函数体内相同的逻辑行需要相对 def 保持同等缩进;关键字 return 代表函数执行结束,其后如果有返回值,则返回值为该函数执行后返回至调用处的结果;形参列表为实现函数功能时需传入的参数,被一对小括号围绕。由于函数定义时,括号中的参数还没有实际值,因此被称为形式参数,简称形参。注意形参列表的括号外紧跟一个冒号。在上面的语法符号中,方括号括起的内容表示"可缺省",也就是定义一个函数时,可以没有形参列表,也可以没有 return 语句。

例如,示例代码 3.1 中实现了计算输入数字的绝对值,如果用函数实现该功能,则可以按照示例代码 5.2 所示编写。

示例代码 5.2 FuncAbs.py
```
1    def cal_abs(number):
2        if number < 0:
3            number = -number
4        return number
```

其中,cal_abs 为函数名,number 为参数名。计算输入数字的绝对值,则需将这个数字提供给函数,此时形参列表中有 1 个参数,用于传入需计算的数。

再如,定义 minval() 函数,它的功能是求两个数中的较小值,如示例代码 5.3 所示:

示例代码 5.3　FuncMin.py
```
1    def minval(m, n):
2        if m > n:
3            return n
4        else:
5            return m
```

其中,minval 为函数名,包含形式参数 m 和 n。求两个数中的较小值,则需同时给出两个数,此时形参列表为 2 个参数,参数用逗号分隔。因此,形参的个数由函数的功能决定。

在函数的定义中,需要注意以下两点:

(1) 如示例代码 5.3 所示,函数体内可以存在多个 return。一旦执行 return 语句,则立刻退出函数调用,并返回结果,return 之后函数体内的其他代码不会执行。又如示例代码 5.1 所示,函数体内也可以没有 return,则函数将执行到最后一条语句后结束。

(2) 如果函数的功能与任何输入均无关,此时形参列表可以为空。如示例代码 5.1 所示的函数仅用于打印一串固定的字符,不需要与任何输入变量交互,此时形参列表就是空的。请注意,在函数定义过程中,即使没有形参,也要保留这对括号。

5.2.2　函数的调用

函数只有被调用后,函数体才会执行。函数调用的常规语法格式如下:

函数名([实参列表])

实参列表为待传递给函数执行的实际数据。调用函数时,调用语句括号中的参数用于将实际需处理的数据传给函数去执行,因此被称为实际参数,简称实参。调用函数时应注意实参与形参一一对应。函数的调用方法如下所示:

示例代码 5.4　CallMin.py
```
1    def minval(m, n):        # 函数定义
2        if m > n:
3            return n
4        else:
5            return m
6    c = minval(8, 3)         # 函数调用
7    d = minval(-1, 9)        # 函数调用
```

在该示例代码中,执行语句 c = minval(8,3)调用函数时的实际参数为 8 和 3。调用函数的命令执行时,系统将实际参数 8 和 3 分别传递给形式参数 m 和 n。函数执行后,返回值将作为函数的输出赋值给主程序中对应的变量。每调用一次函数,函数体就执行一遍。若需多次执行函数定义的功能,无须重复书写函数体内的语句块,只要重复调用函数即可,从而避免了代码的冗余。

Python 语言支持函数的返回值不止 1 个。当函数的返回值超过 1 个,可以用逗号将多个返回值分隔开,如示例代码 5.5 所示:

示例代码 5.5　FuncMinmax.py

```
1    def minmax(m, n):
2        if m > n:
3            return n, m
4        else:
5            return m, n
```

该例中函数的返回值为 2 个数值,按顺序依次为输入数据的较小值和较大值。此时调用函数后可以用两个变量来接收,例如:

```
In:   x , y = minmax(10, -1)
In:   print(x, y)
Out:  -1 10
```

此外,Python 语言也允许用一个变量接收函数的多个返回值,此时多个返回值将形成一个元组,例如:

```
In:   x = minmax(10, -1)
In:   print(x)
Out:  (-1, 10)
```

为了方便理解程序调用一个函数的执行步骤,编写并执行示例代码 5.6 如下所示:

示例代码 5.6　CallFuncEx.py

```
1    def callee(val):    # 函数定义
2        print('2.函数传入参数值,val 的值为', val)
3        val = val - 1
4        print('3.函数执行,val 的值为', val)
5        return val
6        print('4.return 函数之后的语句不执行')
7    
8    param = 5
9    print('1.调用函数之前,param 的值为', param)
10   ret = callee(param)    # 调用函数
11   print('4.调用函数结束,返回参数值,ret 的值为', ret)
```

程序的输出如下:

1. 调用函数之前,param 的值为 5
2. 函数传入参数值,val 的值为 5
3. 函数执行,val 的值为 4
4. 调用函数结束,返回参数值,ret 的值为 4

从这个例子可以看出,调用函数的执行顺序,如图 5-2 所示。

【例 5-1】　区间连续整数求和函数

对于任意一个闭区间[n1,n2],定义一个能求 n1 到 n2 之间所有整数之和的函数。

回顾例 3-4 关于 1 到 100 之间所有整数求和的代码,本题将 range()函数中的参数修改为 n1,n2+1 即可实现对闭区间[n1,n2]为所有整数

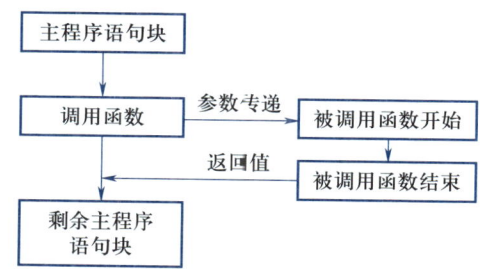

图 5-2　调用函数的执行顺序

第五章 函数

求和。如果要自定义函数,怎样能够使程序更加合理呢?考虑提高代码复用性,可以将区间起始整数和结束整数分别作为函数的形参,而将求和结果作为函数返回值。实现代码如下:

例5-1 IntervalSum.py
```
1    def calSum(n1, n2):
2        total = 0
3        for i in range(n1, n2+1):
4            total = total + i
5        return total
6
7    n1 = int(input('请输入区间起始整数:'))
8    n2 = int(input('请输入区间结束整数:'))
9    print(calSum(n1, n2))
```

在已经定义 calSum() 函数基础上,要求解任意区间内连续整数和,只需要将区间起始值和终止值作为实参传递给 calSum() 函数即可。而对于计算"(1+2+…+20)×(100+101+…+150)"的问题,无须编写两次循环程序,只需要调用 calSum(1,20) * calSum(100,150) 即可。

5.3 函数的参数

5.3.1 不可变和可变类型参数

Python 中的数据对象分为两种,即不可变对象和可变对象。其中,整数、浮点数、布尔值、字符串和元组是不可变对象,列表、集合和字典等是可变对象。不可变对象是具有固定值的对象,因此作为函数的实参时,如果在函数体内改变对应形参的值,并不会导致实参值发生改变。如示例代码 5.7 所示:

示例代码5.7 ImmutVar.py
```
1    def func(a):
2        a = 10
3        print('a =', a)
4    b = 4
5    func(b)
6    print('b =', b)
```

输出如下:
a = 10
b = 4

该示例中,实参 b 的值初始化为 4。调用 func() 函数时,将它的值传递给形参 a。在 func() 函数中,将形参 a 的值改变为 10,该操作将仅改变形参 a 的值。函数调用结束后,实参 b 的值没有发生改变,仍为 4。

与之相反,可变对象作为函数实参时,如果在函数体内改变形参的值,会导致实参的值发生改变。如示例代码 5.8 所示:

示例代码 5.8 ChangeList.py
```
1    def changeList(a):
2        for i in range(len(a)):
3            a[i] = a[i] - 1
4        print('a =', a)
5    b = [1, 2, 4]
6    print('函数调用前 b =', b)
7    changeList(b)
8    print('函数调用后 b =', b)
```

实参为列表 b,调用函数之前它的值为 [1,2,4]。调用 changeList() 函数时,将它的值传递给形参 a,在 changeList() 函数的内部,将形参 a 的每个元素减少 1,形参 a 的值变为 [0,1,3]。调用结束后实参 b 的值也相应改变。程序的输出如下:

```
函数调用前 b = [1, 2, 4]
a = [0, 1  3]
函数调用后 b = [0, 1, 3]
```

综上所述,在定义的函数中,如果需要对形参值进行修改,务必要仔细检查,确认形参是可变对象还是不可变对象,以免改变实参值造成预料外的后果。

5.3.2 默认值参数

函数定义时可以为形参设置默认值。默认值是指,调用函数没有给对应参数传入实参时,形参会被赋值为预先设定的值。给形参设置默认值的一般语法格式如下:

```
def 函数名(其他形参列表, 形参名 = 默认值):
    函数体
```

调用函数时可以不给具有默认值的形参传值,如示例代码 5.9 所示:

示例代码 5.9 DefaultPar.py
```
1    def default_par(a, b='world'):
2        print('a = {}, b = {}'.format(a, b))
```

该例中,default_par() 的参数 b 设置了默认值。如果调用时没有为它传值,那么 b 的值为 "world":

```
In:   default_par('hello')
Out:  a = hello, b = world
```

调用时也可以给具有默认值的形参传值,这时形参的默认值被实参值覆盖:

```
In:   default_par('hello', 'Python')
Out:  a = hello, b = Python
```

第五章 函数

需要注意的是,形参列表中,具有默认值的参数右侧不能出现没有默认值的参数。以下是一种错误的定义方式:

```
In:     def default_par(a, b=1, c):
            print('a = {}, b = {}, c = {}'.format(a, b, c))
Out:    SyntaxError: non-default argument follows default argument
```

以上示例中,具有默认值的参数 b 右边出现了没有默认值的参数 c,因此产生错误提示。

5.3.3 关键字参数

通常情况下,实参和形参的映射是按从左到右的顺序一一对应的。而关键字参数通过调用函数时指定形参名,可以改变这个对应关系,实现实参不按照形参的顺序书写。具体定义方式如示例代码 5.10 所示:

```
示例代码 5.10  KeyPar.py
1    def key_par(a, b, c):
2        print('a = {}, b = {}, c = {}'.format(a, b, c))
```

如果需要给形参 a、b 和 c 分别传值 3、2 和 1,默认的调用方式为:

```
In:     key_par(3, 2, 1)
Out:    a = 3, b = 2, c = 1
```

即形参的值与实参的输入顺序保持一致。而如果使用关键字参数,则可按以下方式调用:

```
In:     key_par(c = 3, b = 0, a = -2)
Out:    a = -2, b = 0, c = 3
```

此时函数调用过程中指定了赋值的形参名,实参和形参的顺序不再一致。使用关键字参数的好处是形参和实参的对应关系明确,在即使不记得或不了解函数定义时形参顺序的情况下也能够实现函数准确调用。

5.3.4 不定长参数

不定长参数又称可变长参数。如果在定义函数时不能确定形参的数量,则可以定义不定长参数。不定长参数的定义形式有两种,第一种形式的语法格式如下:

```
def 函数名(*形参名):
    函数体
```

即在形参名的前面加上一个星号(*),系统会将任意数量的实参组合成一个元组传给形参,例如:

```
示例代码 5.11  VarPar.py
1    def var_par(*params):
2        print(params)
3    var_par(1, 2, 3)
4    var_par('a', [4, 5], 'bc')
```

输出结果如下：
(1, 2, 3)
('a', [4, 5], 'bc')

以上述方式定义的函数，实际参数也可以是列表、元组、集合及其他可迭代对象。

第二种形式的语法格式如下：

```
def 函数名(**形参名):
    函数体
```

即在形参名的前面加两个星号(**)，Python 语言将传入的任意数量的、显式赋值的实参组合成一个字典传给形参，又称可变关键字参数，例如：

示例代码 5.12　VarPar.py
```
1    def var_par(**params):
2        for it in params.items():
3            print(it)
4    var_par(a=1, b=2, c=3)
```

输出结果为：
('a', 1)
('b', 2)
('c', 3)

以上述方式定义形参时，其实参可以是字典。如果实参是字典，实参名前面也要加上两个星号(**)，如对示例代码 5.12 定义的函数进行如下调用：

```
In:    stocks = {'江中药业' : 21.32,'交通银行' : 5.97,'中兴通讯' : 21.7 }
In:    var_par(**stocks)
Out:   ('江中药业', 21.32)
       ('交通银行', 5.97)
       ('中兴通讯', 21.7)
```

一般来说，不定长参数应当定义在普通参数之后。

5.4　变量作用域

变量的作用域是指变量在程序中的作用范围，又称变量的命名空间。变量根据其作用范围可以分为局部变量和全局变量。

5.4.1　局部变量

在函数内部定义的变量即内部变量，又称局部变量。该变量只在函数内部有效，函数外无法使用，如示例代码 5.13 所示。

示例代码 5.13　LocalVar.py

```
1    def local_var(param):
2        param = 100
3        print('函数内部输出 param 的值为：', param)
4        return param
5    local_var(10)
6    print('函数外部输出 param 的值为：', param)
```

运行结果如下：

```
函数内部输出 param 的值为：100
NameError: name 'param' is not defined
```

在示例代码 5.13 中，变量 param 是在函数内部定义的变量，因此只能在该自定义函数 local_var() 内部有效。在函数外部访问该变量时则报错（无法识别变量名 param）。因此，如果需要在函数外部访问函数内部变量的值，可在函数中通过 return 语句将该变量的值传出；也可以使用全局变量对函数内外进行统一处理。

5.4.2　全局变量

在函数外部定义的变量即外部变量，又称全局变量。全局变量在整个程序文件中均有效。如示例代码 5.14 所示：

示例代码 5.14　GlobalVar.py

```
1    a = 50
2    def func(n):
3        n = n + 1
4        print('函数内部输出 n 的值为：', n)
5        print('函数内部输出 a 的值为：', a)
6    func(20)
7    print('函数外部输出 a 的值为：', a)
```

运行结果如下：

```
函数内部输出 n 的值为：21
函数内部输出 a 的值为：50
函数外部输出 a 的值为：50
```

在示例代码 5.14 中，变量 n 是在函数内部定义的局部变量，只在函数内部有效；变量 a 是在函数外部定义的全局变量，在整个文件中均有效，因此在函数内及函数外均可以访问该变量的值。在函数内部虽可以读取外部定义的全局变量的值，但无法修改其值，如示例代码 5.15 所示：

示例代码 5.15　GlobalVar.py

```
1    a = 50
2    def func(n):
3        a = a + 1
4        print('函数内部输出 n 的值为：', n)
5        print('函数内部输出 a 的值为：', a)
6    func(20)
7    print('函数外部输出 a 的值为：', a)
```

运行结果如下：

```
UnboundLocalError: cannot access local variable 'a' where it is not
associated with a value
```

该例中，在函数外部定义了全局变量 a，在函数内部未使用保留字 global 进行声明，就直接执行"a=a+1"，发生异常。在 Python 语言中，如果要在函数内部修改全局变量的值，则需要在函数内部使用关键字 global 对该变量进行声明，然后才能修改其值。如示例代码 5.16 所示：

示例代码 5.16 GlobalVar.py

```
1    a = 50
2    def func(n):
3        global a
4        a = a + 1
5        print('函数内部输出 n 的值为：', n)
6        print('函数内部输出 a 的值为：', a)
7    func(20)
8    print('函数外部输出 a 的值为：', a)
```

此时运行结果如下：

函数内部输出 n 的值为：20
函数内部输出 a 的值为：51
函数外部输出 a 的值为：51

程序的第 3 行使用"global"对变量 a 进行了声明，表明函数内后续代码操作的 a 变量为全局变量，既可读取其值，也可以对其进行修改。总而言之，在函数内部被赋值又没有 global 修饰的变量，都是局部变量；被 global 修饰的变量，则为全局变量。

5.4.3 变量同名问题

在函数内部定义的局部变量，只能在函数内部访问；在函数外部定义的全局变量，在整个程序文件中均可以访问。若在某函数内部定义的局部变量与全局变量名称相同，这时发生同名冲突，此时以作用域小的为准。如示例代码 5.17 所示：

示例代码 5.17 NameVar.py

```
1    a = 50
2    def func(n):
3        a = n + 1
4        print('函数内部输出 n 的值为：', n)
5        print('函数内部输出 a 的值为：', a)
6    func(20)
7    print('函数外部输出 a 的值为：', a)
```

运行结果如下：

函数内部输出 n 的值为：20
函数内部输出 a 的值为：21
函数外部输出 a 的值为：50

该例中，函数 func 外定义了全局变量 a，并赋值为 50；调用 func(20) 函数后，由于函数内部未使用保留字 global 对 a 进行声明,而执行的语句"a=n+1"是赋值语句,因此,此处变量 a 为局部变量。此时,函数内部发生同名冲突,应以作用域小的为准。函数中后续代码操作的对象为局部变量,因此输出 a 的值为 21。函数调用结束后,主程序中全局变量 a 的值仍然保留原来的值 50 不变。

  提示

　　理解同名变量可以帮助读者理解 Python 语言的特性。然而,使用同名变量存在较大的出错风险,并且降低了代码的可读性。因此,应尽可能避免在函数中使用同名变量。

 案例 5-1 ▶ 枚举法查找质数

在例 3-11 中介绍了利用枚举法查找 100 以内的所有质数。如果将质数的判断封装为函数,则代码的可读性将进一步提高。完整的代码实现如下:

案例代码 5-1(1)　枚举法查找质数　FindAllPrime.py
```
1    def check_isprime(number):    # 定义函数,判断输入数字是否为质数
2        isprime = True   # 设定初值为 True,即表示是质数
3        for i in range(2, number):
4            if number % i == 0:
5                isprime = False  # 如果除尽立即断定不是质数并结束循环
6                break
7        return isprime
8
9    for number in range(2,101):   # 主程序
10       if check_isprime(number):  # 调用函数判断质数
11           print(number, end=' ')
```

以下是程序执行的结果:
2 3 5 7 11 13 17 19 23 29 31 37 41 43 47 53 59 61 67 71 73 79 83 89 97

案例代码 5-1(1)中定义了 check_isprime() 函数,仅包含一个参数。函数的功能是判断该输入参数是否为质数,如果为质数则返回 True,否则返回 False。在主程序中对 100 以内的整数依次调用该函数进行判断,如果为质数则打印至屏幕。可见,函数封装能够避免直接编写多重循环程序,使主程序的逻辑更加清晰易懂。并且已封装的函数还可以复用于其他相关问题的解决。

将 check_isprime() 函数保存为 FindAllPrime.py 文件,解决孪生质数对问题。孪生质数对是指相差 2 的质数对,如(3,5)(5,7)(11,13)等,现在要编程求出 100 以内的所有孪生质数对。只需要依次枚举 number,并用自定义的质数判断 check_isprime() 函数对

number 和 number+2 进行检测，如果它们都为质数，那么它们就是一组孪生质数对。具体代码如下：

案例代码5-1(2) 孪生质数对 TwinPrime.py

```
1  from FindAllPrime import check_isprime
2  for number in range(2, 101):
3      if check_isprime(number) and check_isprime(number+2):
4          print('({},{})'.format(number, number+2), end=' ')
```

程序运行结果如下：

(3,5)(5,7)(11,13)(17,19)(29,31)(41,43)(59,61)(71,73)

枚举法查找质数的程序文件 FindAllPrime.py 中已经定义质数判断 check_isprime() 函数，此时可以直接利用 "from FindAllPrime import check_isprime" 语句从 FindAllPrime 模块中导入 check_isprime() 函数，而无须重复定义该函数。这样一来，整个孪生质数对的程序只有4行代码。通过本案例应该能够体会到，定义函数大大提高了程序的可读性和复用性。

5.5 函数高级应用

5.5.1 lambda 函数

5.5.1.1 lambda 函数的定义

lambda 函数又称匿名函数，是一种在一行内定义函数的方法，它广泛用于需要函数对象作为参数，或者函数比较简单且只使用一次的场景中。

定义 lambda 函数的语法格式如下：

```
lambda 参数1, 参数2, …, 参数n: 表达式
```

冒号之后就是匿名函数的函数体，只能包含一个表达式，表达式的值就是该匿名函数的返回值。以下展示的 lambda 函数生成了一个函数对象，函数的形参为 x 和 y，函数的返回值为 x 与 y 的乘积，代码如下：

```
In:   f = lambda x, y: x * y
In:   print(f(12, 2))
Out:  24
```

在该例子中，lambda 函数可以被等价地写成以下形式：

```
In:   def f(x, y):
In:       return x * y
In:   f(12, 2)
Out:  24
```

对比以上两种实现方法，显然使用 lambda 函数的语句更为简洁，可以在一行语句中完成函数的定义。由于 lambda 函数只能是一条语句，因此无法构造功能复杂的函数。

5.5.1.2 利用 lambda 函数实现数据过滤

利用 lambda 函数筛选出列表中所有的负数，如示例代码所示：

示例代码 5.18　FiltNeg1.py
```
1    f = lambda x: x < 0
2    datalist = [6, 5, -9, 0, -2, 3]
3    for x in filter(f, datalist):
4        print(x, end=' ')
```

运行结果如下：

```
-9 -2
```

在该例中，filter() 函数用于过滤序列中不符合条件的元素，返回由符合条件元素组成的新列表。filter() 函数接收两个参数，第一个参数为函数名，第二个参数为序列。序列的每个元素作为参数传递到函数进行判断，并返回 True 或 False，最后将返回为 True 的元素保留下来。这段代码也可简化为以下语句：

示例代码 5.19　FiltNeg2.py
```
1    datalist = [6, 5, -9, 0, -2, 3]
2    for x in filter(lambda x: x < 0, datalist):
3        print(x, end=' ')
```

以上示例代码等价于下面的标准函数写法：

示例代码 5.20　FiltNeg3.py
```
1    def f(x):
2        return x < 0
3    datalist = [6, 5, -9, 0, -2, 3]
4    for x in filter(f, datalist):
5        print(x, end=' ')
```

对比以上三种实现方式可见，lambda 函数省去了函数定义的步骤，因此语句更为简洁。

5.5.1.3 利用 lambda 函数实现数据排序

在商业活动中，经常需要对产品销量、价格等数据进行排序。Python 语言提供了 sorted() 函数实现排序功能。对字典数据进行排序，其中字典的键是产品的 id，字典的值为产品的销量，代码如下：

```
In:   dict_data = {'产品1': 256, '产品2': 275, '产品3': 273, '产品4': 270}
In:   print(sorted(dict_data))           # 按键排序,输出键
In:   print(sorted(dict_data.items()))   # 按键排序,输出键值对
Out:  ['产品1', '产品2', '产品3', '产品4']
      [('产品1', 256), ('产品2', 275), ('产品3', 273), ('产品4', 270)]
```

对字典类型的数据，sorted() 函数默认的排序关键字是字典的键。sorted() 函数的默认值参数 key，可以在排序时指定对象元素的某个属性或函数值作为排序关键字，从而达

到自定义排序规则的目的。这时,常用 lambda 函数定义排序规则。以下代码展示了利用 lambda 函数实现按产品销量从小到大排序:

```
In:   dict_data = {'产品168': 256, '产品170': 275, '产品169': 273, '产品171': 270}
In:   print(sorted(dict_data.items(), key=lambda x: x[1]))   # 按值排序,输出键值对
Out:  [('产品168 ', 256), ('产品171', 270), ('产品169', 273), ('产品170', 275)]
```

在该例中,lambda 函数的功能是选取键值对中的值作为函数的返回值,从而达到按值排序的目的。类似地,对于数值列表,如果按照列表中每个元素的平方值排序,则可以进行以下操作:

```
In:   datalist = [-2, 7, -3, 2, 9, -1, -1, 0, 4]
In:   print(sorted(datalist, key=lambda x: x * x))
Out:  [0, -1, -1, -2, 2, -3, 4, 7, 9]
```

如果列表中的元素是字符串,需要按列表中元素的长度排序,则可以进行以下操作:

```
In:   strlist = ['their', 'are', 'this', 'they', 'is']
In:   print(sorted(strlist, key=lambda x: len(x)))
Out:  ['is', 'are', 'this', 'they', 'their']
```

5.5.2 递归函数

递归是指通过重复将问题分解为同类的子问题而解决原始问题的方法。在程序设计中,一个函数既可以调用另一个函数,也可以调用其本身。如果一个函数调用了它本身,就称作递归。

【例 5-2】 通过递归实现阶乘运算

正整数的阶乘定义为:n! = n×(n−1)×(n−2)×⋯×2×1。n=1 时,n!=1,即 n! 是所有小于或等于 n 的正整数的乘积。一种方法是参考 1+2+3+⋯+n 的思想,用循环结构来求 n!;另一种简便方法就是递归。可以将阶乘的定义转换为如下形式:

$$n! = \begin{cases} 1 & n=1 \\ n \times (n-1)! & n>1 \end{cases}$$

其中,(n−1)! 本身也是阶乘运算。因此,计算 n 的阶乘可以转换为计算 n−1 的阶乘,依此类推。定义 fact() 函数,通过迭代地调用自身函数来实现阶乘运算。

例 5-2 Factorial.py
```
1   def fact(n):
2       if n == 1:
3           return 1
4       else:
5           return n * fact(n-1)
6   for i in range(1, 6):    # 输出 1-5 的阶乘
7       print('{}! = {}'.format(i, fact(i)))
```

运行结果如下:

```
1! = 1
```

第五章　函数

```
2! =   2
3! =   6
4! =  24
5! = 120
```

需要注意的是,实现递归函数必须满足两个条件:

第一,递归必须有终止条件。换而言之,执行到某一次递归时,函数将返回确定的输出,不再递归调用。如例 5-2 中,fact()函数递归的终止条件为"n == 1"。

第二,递归调用的过程中,必须将大问题化解为小问题解决。在例 5-2 中,计算 fact(n)时,递归调用的函数为 fact(n—1)。fact(n—1)是比 fact(n)更为简单的计算问题。在不断将问题化简的过程中,逐步满足递归的终止条件,从而完成递归的迭代。

【例 5-3】 通过递归求斐波那契数列

斐波那契数列是数学家斐波那契在研究兔子繁殖问题时提出的一组数列。假设一对刚出生的小兔一个月后就能长成大兔,再过一个月就能生下一对小兔,并且此后每个月都生一对小兔,且小兔不会死亡,那么每个月兔子的总数形成的数列就是斐波那契数列。斐波那契数列的定义如下:

$$f_n = \begin{cases} 1 & n=1,2 \\ f_{n-1}+f_{n-2} & n \geqslant 3 \end{cases}$$

下面是通过递归求斐波那契数列的程序代码。

例 5-3　Fibo.py
```
1    def fibo(n):
2        if n == 1 or n == 2:
3            return 1
4        else:
5            return fibo(n-1) + fibo(n-2)
6    for i in range(1, 21):    # 主程序
7        print('{:8}'.format(fibo(i)), end = '' if i % 5 !=0 else '\n')
```

运行结果为:

```
   1       1       2       3       5
   8      13      21      34      55
  89     144     233     377     610
 987    1597    2584    4181    6765
```

斐波那契数列的定义满足递归的两个基本要求。n=1,2 的时候,f_n=1,递归终止。$n \geqslant 3$ 的时候,将第 n 步的函数与第 $n-1$ 和第 $n-2$ 步的函数关联。每次递归调用参数值 n 均变小,所以一系列参数值会逐渐收敛到结束条件"n==1"或"n==2"。

在例 5-3 代码的第 7 行 print()函数中,end 参数值是一个 if/else 三元表达式,表示 i 如果为 5 的倍数,则打印换行,否则只打印不换行,从而实现每行打印 5 个数字。

5.6 程序级封装

Python 程序运行依赖于本地计算机所安装的 Python 环境，在其他计算机中运行程序需要安装配置好相应的 Python 环境。是否能像计算机中所安装的应用程序一样，无须复杂的安装环境步骤，双击程序直接运行呢？

Python 提供了第三方库 pyinstaller，在 Windows、Linux、Mac OS X 等操作系统下将整个 Python 程序甚至多个 Python 程序组成的项目封装打包成一个可执行文件。这样一来，我们所设计的 Python 程序或项目就可以作为独立"软件"在没有安装 Python 的环境中运行，也可以作为独立文件便于传递和管理。

5.6.1 pyinstaller 的安装

pyinstaller 是将 Python 程序转换为可执行程序的一个第三方库。作为第三方库，表示其并非集成在默认的 Python 环境中，需要先安装后才能使用。在连接网络的情况下，在 Anaconda Prompt 中使用以下命令进行在线安装：

```
pip install pyinstaller
```

在 Anaconda Prompt 界面看到 "Successfully installed pyinstaller…" 的字样即安装完成。如果安装报错，可根据报错信息查找原因，解决后再次安装。

提示

第三方库安装时默认从国外服务器下载，有时可能下载速度较慢，特别是对于较大的第三方库。此时可以使用国内的镜像地址来加速下载。可以在执行 pip install 时使用 -i 参数指定镜像地址。

5.6.2 pyinstaller 的基本使用方法

pyinstaller 成功安装后，可以在 Anaconda Prompt 界面使用 pyinstaller 命令将计算机中已有的 Python 源代码文件打包成一个可执行程序，其语法格式如下：

```
pyinstaller [选项] python 源代码文件路径
```

一个 Python 项目包含多个源代码文件时，只需在 pyinstaller 命令行中指定包含程序入口的源代码文件路径。例如，若源代码文件为 target.py，则将该程序转换为可执行程序的命令如下：

```
pyinstaller -F -c target.py
```

其中，-F 选项指定生成单独的可执行文件，-c 选项指定使用命令行窗口运行程序。如果用户编写的 Python 程序含有图形用户界面（如使用了 tkinter 库），那么转换命令如下：

```
pyinstaller -F -w target.py
```

其中，-w 选项指定使用图形窗口运行程序。

命令执行后，将在当前目录下增加一个 dist 目录，并在 dist 目录下生成一个 target.exe 文件，双击该文件即可执行程序。将文件复制到未安装 Python 的机器中，双击程序也可直接运行。这是因为 target.exe 中已包含 Python 运行的支持库。

案例 5-2　　用 pyinstaller 制作 BMI 计算工具

第一步：安装 pyinstaller

确保 pyinstaller 已正确安装，在 Anaconda Prompt 运行命令：

```
pip list
```

如果安装成功，在显示的库列表中确保能够看到 pyinstaller 及其版本，如图 5-3 所示。

第二步：修改程序代码

案例代码 3-1 在 Spyder 中虽然可以正常运行，但是如果封装成可执行文件，就会在显示完 BMI 计算结果后，被系统认为程序已经执行完毕而自动关闭窗口。为避免这种情况，对案例代码 3-1 进行微调，在首行增加语句 "import os" 导

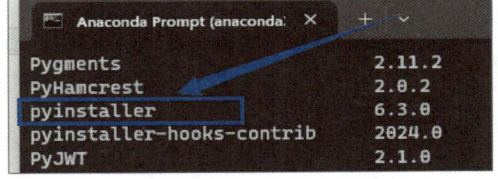

图 5-3　pyinstaller 安装情况

入内置的 os 库，并在最后一行增加语句 "os.system('pause')"，使程序运行完成后暂停下来，以便用户观察结果。修改后的完整代码如下：

案例代码 5-2　BMI 计算工具　CalBMI.py

```
1    import os
2    height = float(input('请输入您的身高(单位:米):'))
3    weight = float(input('请输入您的体重(单位:千克):'))
4    bmi = weight / (height ** 2)
5    if bmi < 18.5: result = '偏瘦'
6    elif bmi < 24.9: result = '正常'
7    elif bmi < 30: result = '超重'
8    else: result = '肥胖'
9    print('您的BMI值为{0:.2f}，身材属于{1:s}。'.format(bmi, result))
10   os.system('pause')
```

修改后将程序保存，这里假定保存路径为 "D:/MyCode/CalBMI.py"。

第三步：使用 pyinstaller 进行封装

打开 Anaconda Prompt，其默认路径可能是 C 盘下面的系统用户目录，而不是刚刚保存程序的"D:/MyCode/"。可以通过切换盘符（d:）和切换文件夹（cd）命令进入"D:/MyCode/"，如图 5-4 所示。

然后，执行以下命令，即可利用 pyinstaller 进行封装：

图 5-4　切换至程序文件所在文件夹

```
pyinstaller -F -c CalBMI.py
```

这里选项填写的是 -F 和 -c，这是因为我们编写的是一个命令行窗口程序，并要把它封装成一个单独的可执行文件。等待打包运行完成后，"D:/MyCode/"中会多出一个 dist 文件夹，里面包含一个名为"CalBMI.exe"的文件，如图 5-5 所示。

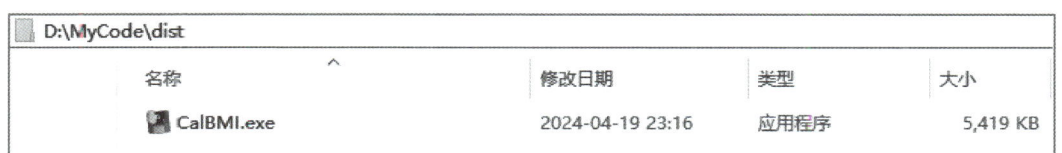

图 5-5　dist 文件夹中的 CalBMI.exe 文件

双击该文件即可执行程序，运行效果如图 5-6 所示。BMI 信息显示完成后窗口不会立即关闭，而是等待用户按任意键后才关闭，这是因为程序代码中最后一行语句"os.system('pause')"发挥了作用。

这个"CalBMI.exe"文件还可以发送或拷贝至其他未安装 Python 环境的计算机直接双击运行使用。

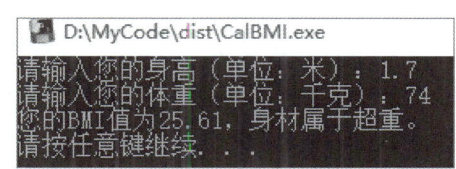

图 5-6　CalBMI.exe 程序运行效果

补充知识

Python 语言的计算生态

 本章小结

1. 绝大多数程序设计语言都存在函数的概念，通过设计函数来实现代码的封装和模块化。

2. 函数的参数类型有可变参数与不可变参数、默认值参数、关键字参数、不定长参数等。

3. 变量根据定义位置不同，可以分为局部变量和全局变量。

4. 使用 pyinstaller 工具对 Python 原代码文件打包成可执行程序，可以在没有安装 Python 环境的计算机中运行。

复习思考题

1. 定义函数时需要关注哪些方面?
2. 什么是形参和实参?
3. 什么是递归函数?
4. 默认值参数和关键字参数有什么区别?

 **操作实践题**

1. 编写 isodd(x) 函数,要求:如果 x 不是整数,给出提示后退出程序;如果 x 为奇数,返回 True;如果 x 为偶数,返回 False。

2. 编写 change(str1) 函数,其功能是对参数 str1 进行大小写转换,将大写字母转换成小写字母;小写字母转换成大写字母;非英文字符不转换。

3. 编写并测试 gcd(m, n) 函数和 lcm(m, n) 函数,其功能是求两个整数 m、n 的最大公约数和最小公倍数。

4. 编写 area(r) 函数,可以根据半径 r 求出圆的面积。再定义 ring(inner, outer) 函数,可以利用定义的 area() 函数计算外圆半径为 outer,内圆半径为 inner 的圆环的面积。然后利用这两个函数,计算半径分别为 3.5、2.9 的圆的面积,以及外圆半径为 6.2、内圆半径为 3.3 的圆环的面积,结果保留两位小数。

5. 定义一个函数,用来判断某个整数是否为完数,并返回其所有真因子。完数(perfect number)是一些特殊的自然数,它所有的真因子(即除自身外的约数)的和,恰好等于它本身。例如,6=1+2+3,所以 6 是完数。然后,利用该函数,列出 1 000 以内所有完数,以及它们的真因子构成。

6. 用递归方法求数列"1,1,1,3,5,9,17,31,…"的前 20 项。

7. 创建 inventory_analysis(stock_list) 函数,接收包含元组的库存清单列表参数(商品名,数量,单价)(例如[('笔记本电脑',10,6000),('小米手机',8,2800),('华为蓝牙耳机',15,288)]),返回总库存价值最高的商品名称。请尝试使用列表生成式。

8. 贷款计算器:定义并实现 loan_calculator(principal, rate, years) 函数,根据本金、年利率和年限计算等额本息月供,利用 pyinstaller 打包该程序生成 exe 文件供财务人员使用。

第六章 文件操作

本章思维导图

 学习目标

- 了解文件相关的基本概念；
- 掌握 Python 文件的打开与关闭操作；
- 掌握 Python 文件的读写操作；
- 了解 Python 对 Word 和 Excel 文档的读写操作。

目前，程序处理的数据均来自键盘输入，其结果总是显示到屏幕上。这样的程序处理数据的能力显然是有限的。实际上，我们总是希望能直接获取到需要处理的数据，处理结果也能永久存储下来，以便日后查看或再次使用。通常来说，在 Python 中永久存储数据主要通过文件方式来实现。

6.1 文件的相关概念

6.1.1 文件与路径的概念

6.1.1.1 文件的概念

在计算机中，文件指的是存储在磁盘上的数据序列，它可以包含任何数据内容。文件是一些相关数据的集合和抽象。

"文件名"是文件的一个重要属性。文件名通常由文件主名和扩展名构成。一般来说，文件主名和扩展名之间用一个圆点"."隔开。扩展名由1~4个字符组成，用于表示文件的类型。例如：report.docx 是文件主名为 report、扩展名为 docx 的 Word 文档，searchGoods.py 是文件主名为 searchGoods、扩展名为 py 的 Python 文件。

计算机中使用"文件夹"（也常称作目录）来组织文件。文件夹就像装文件的盒子，可以在大盒子中再装小盒子，也就是说文件夹可以包含文件和其他文件夹。

6.1.1.2 路径的概念

路径指明了文件在计算机中存储的位置。路径中包含了存储文件的各级文件夹,文件夹之间用斜线隔开。在 Windows 中使用反斜杠"\"来分隔,在 macos 和 Linux 中使用斜杠"/"作为路径分隔符。文件路径有以下两种常见的表示方式:

(1)绝对路径:从根目录开始的路径,如'C:\\Users\\zhh'。

(2)相对路径:从当前工作目录开始的路径,如'Documents\\report.docx',表示当前工作目录中的 Documents 子文件夹下的 report.docx 文件。

 提示:raw 字符串

> 文件路径字符串内的反斜杠应该使用转义字符"\\"来表示,这有时会使代码看起来令人费解。此外,还有一个不错的办法来解决此问题,就是使用 Python 语言中的 raw 字符串。raw 字符串的格式是 r'…',因此,上面的绝对路径和相对路径字符串可以分别表示为 r'C:\Users\zhh' 和 r'Documents\report.docx'。在 raw 字符串中,所有的字符都直接按照字面意思来解释,没有转义字符。raw 字符串的这种特性会让一些工作变得更加简单。

每个运行在计算机上的程序,都有一个"当前工作目录"。在 Python 中,可以用 os 库中的 chdir() 函数设置工作目录,用 getcwd() 函数获取当前工作目录:

```
In:    import os
In:    os.getcwd()
Out:   'C:\\Users\\Administrator'
In:    os.chdir(r'D:\123')
In:    os.getcwd()
Out:   'D:\\123'
```

在 Spyder 环境中,通过右上角的地址栏也可以观察和修改当前工作目录。

6.1.2 文本文件与二进制文件

计算机上的文件最终都是以二进制存储的,一般可以采取以下两种方式读取。

6.1.2.1 文本文件

文本文件一般由单一特定编码的字符组成,如 UTF-8 编码、GB2312 编码,以便在不同语言环境下统一展示和阅读。大部分文本文件都可以通过文本编辑软件或文字处理软件创建、修改和阅读。由于文本文件存在编码,因此它也可以被看作是存储在磁盘上的长字符串。最常见的文本文件是 txt 文件,如"myExample.txt"。带有 .py 扩展名的 Python 源代码文件也是一种文本文件。

6.1.2.2 二进制文件

二进制文件直接由比特 0 和比特 1 组成,没有统一字符编码,文件内部数据的组织格式与文件用途有关。Word 文档、PDF 文档、图像文件和编译后的可执行文件等类型的文件需要用特定程序打开才能读取,如可以使用 Word 软件打开扩展名为 docx 的文件,但是不能打开扩展名为 xlsx 的文件。

二进制文件和文本文件最主要的区别在于是否有统一的字符编码。二进制文件因为没有统一字符编码,只能当作字节流,而不能看作字符串。

6.2 文件的打开与关闭

通过绝对路径或者相对路径可以指向计算机中的任何文件,接下来就可以进行相关的文件操作了。一般来说,文件的操作分以下三个步骤:① 打开文件;② 读文件或者写文件;③ 关闭文件。

6.2.1 文件的打开

大多数文件都是长期保存在外部存储器的,需要操作时必须先调入内存,才能由CPU进行处理。而"打开"操作就是将文件从外部存储器调入内存的过程,这个过程需要使用Python语言内置的open()函数,并生成一个文件对象。具体的语法格式如下:

```
文件对象名 = open(文件路径字符串,模式字符串)
```

其中,文件路径字符串可以采用绝对路径,也可以采用相对路径;打开文件的模式字符串用于指定打开文件的类型和操作文件的方式。其中打开文件的类型有t和b两种,分别表示文本文件和二进制文件,如果缺省则默认为文本文件t。操作文件的方式有r、w、a和+,分别表示读、覆盖写、追加写和扩展模式,如果缺省则默认为读模式r;+ 与其他模式组合使用,表示在读的基础上增加写的功能,或者在写的基础上增加读的功能。

文件类型和操作方式组合构成的打开模式具体情况如表6-1所示。

表 6-1 文件打开模式

打开模式	文件类型	操作方式	文件不存在时	是否覆盖写
'r'	文本文件	只可读文件	报错	
'r+'		可读可写	报错	是
'w'		只可写文件	新建文件	是
'w+'		可读可写	新建文件	是
'a'		只可写文件	新建文件	否,从文件末尾开始追加写
'a+'		可读可写	新建文件	否,从文件末尾开始追加写
'rb'	二进制文件	只可读文件	报错	
'rb+'		可读可写	报错	是
'wb'		只可写文件	新建文件	是
'wb+'		可读可写	新建文件	是
'ab'		只可写文件	新建文件	否,从文件末尾开始追加写
'ab+'		可读可写	新建文件	否,从文件末尾开始追加写

下面是 open()函数使用的几个示例：

```
fr = open(r'd:\file1.txt', 'r')
```

该语句的作用是以"只读"方式打开 d 盘根目录下的文本文件"file1.txt"，若成功则返回文件对象 fr。

```
fw = open('file2.txt', 'w')
```

该语句的作用是打开当前工作目录中文件名为"file2.txt"的文件，并使用文本文件的覆盖写入方式，若成功则返回文件对象 fw。如果该文件存在，则会打开该文件准备写入，未来写入时原有内容将被覆盖；如果该文件不存在，则会创建一个新文件，并允许写入内容。

```
fbw = open('d:\\file3.dat', 'ab+')
```

该语句的作用是以"可读可写"方式打开 d 盘根目录下的二进制文件"file3.dat"，并且采用的是文件末尾"追加写"的方式。

 提示：文本文件的编码问题

由于文本文件的编写者可能使用不同编码来保存文件，因此文本文件都会存在一个特定的编码（如 UTF-8、ANSI），如果打开文件时编码指定不对，将可能导致后续读写时发生错误。为解决这一问题，可以在 Spyder、记事本等编辑器中打开该文件，在右下角观察其编码（encoding），并在调用 open()函数时通过 encoding 参数指定该编码。例如：
　　f1 = open('test1.txt', 'r', encoding = 'UTF-8') #用于以只读模式打开 UTF—8 编码的文本文件"test1.txt"
　　f2 = open('test2.txt', 'a', encoding = 'ANSI') #用于以追加写模式打开 ANSI 编码的文本文件"test2.txt"

6.2.2　文件的关闭

6.2.2.1　close()方法

执行 open()函数打开文件后，这个文件就被 Python 程序占用并被调入内存，其后所有的读写操作都发生在内存。当读写操作结束后，必须将文件从内存保存回外存。这样做一方面是为了将内存中文件的变化同步至外存，以便长期保存；另一方面是为了释放 Python 程序对文件的占用。这个将文件保存回外存的操作是由文件对象的 close()方法实现的。close()方法的具体语法格式如下：

```
文件对象名.close()
```

需要注意的是，Python 不允许对关闭后的文件执行读写操作。

6.2.2.2 with 语句

当需要频繁进行文件操作时,反复调用 open()函数会显得有些烦琐,close()方法也容易被遗漏。因此,Python 语言引入了 with 语句用来打开文件,并在文件操作结束后自动关闭文件。其具体的语法格式如下:

```
with open(文件路径字符串,模式字符串  as 文件对象名:
    缩进的语句块
```

使用 with 语句可以把对文件的相关操作放在缩进的语句块中,语句块执行完毕后,将自动关闭 with 语句首行所打开的文件对象。从结构上来看,with 语句更清晰地描述了文件从打开到操作完毕的整个过程,使用起来也更为方便简洁。

6.3 文件的读写

文件的读写操作是 Python 编程中常见的操作之一。通过文件的"读"操作可以获取文件中的数据,通过"写"操作可以向文件中写入内容,从而达到长期保存数据或操作结果的目的。本节仅涉及文本文件的读写,读者可自行了解用于二进制文件读写的 pickle 库。

6.3.1 读取文本文件

文本文件的读取方法有很多,可以用内置的方法 read()、readline()和 readlines(),还可以通过逐行读入语句进行读取。

6.3.1.1 read()方法

read()方法用于以字符为单位读取文本文件内容。其语法格式如下:

```
文件对象名.read(读取字符数)
```

其中,文件对象名指已打开待读取内容的文件对象,read()方法的参数指定从文本文件读取的字符数,若该方法参数为空,表示将文件内容全部读出并以字符串类型返回。

下面示例代码展示了利用 read()方法对内容为"欢迎来到 Python 世界!Python 功能很强大!"的文本文件 readtest.txt 所进行的读取操作。

示例代码 6.1　Read.py

```
1    file = open('readtest.txt', 'r', encoding='utf-8')
2    print(file.read(4))    # 读取并打印 4 个字符"欢迎来到"
3    print(file.read(9))    # 读取并打印 9 个字符"Python 世界!"
4    print(file.read())     # 读取余下所有字符并打印
5    file.close()
```

则运行结果为:

欢迎来到
Python 世界!
Python 功能很强大!

6.3.1.2 readline()方法

在读文件的过程中,有时会遇到文件过大,不便于用 read()方法直接读取所有内容;如果文件中的每一行代表一条记录信息,就适合利用 readline()方法以"行"为单位进行读取处理。其语法格式如下:

```
文件对象名.readline()
```

其功能为读取文件中的一行内容以字符串类型返回,即从当前位置开始读取,直到遇到换行符。例如,文本文件 "readexample.txt" 的内容如图 6-1 所示。

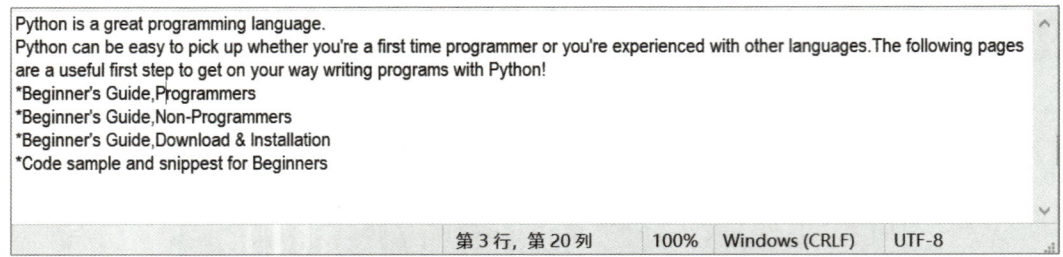

图 6-1　文本文件 "readexample.txt" 的内容

下面代码展示了利用 readline()方法对该文件进行的读取操作。

```
示例代码 6.2    ReadLine.py
1    f = open('readexample.txt', 'r', encoding='utf-8')
2    print(f.readline())       # 读取并打印整行
3    print(f.read(6))          # 读取并打印 6 个字符
4    print(f.readline())       # 读取该行剩余字符并打印
5    print(f.readline(1))      # 读取 1 个字符
6    print(f.readline())       # 读取该行剩余字符并打印
7    f.close()
```

在示例代码 6.2 中,首先通过 f.readline()读出文件的一行内容,通过 f.read(6)读出了 6 个字符,又通过 f.readline()获取当前位置到本行结束的内容(换行符为行结束标记),接着通过 f.readline(1)读出 1 个字符,又通过 f.readline()获取当前位置到本行结束的内容。运行结果如下:

```
Python is a great programming language.
Python
 can be easy to pick up whether you're a first time programmer or you're
experienced with other languages.The following pages are a useful first
 step to get on your way writing programs with Python!
*
Beginner's Guide,Programmers
```

由示例代码 6.1 和 6.2 可以看出 readline(num)方法与 read(num)方法作用相同,均为从当前位置读取 num 个字符;read()方法读取当前位置后的所有内容;readline()方法从当前位置开始读至本行结束。两个方法返回的结果均为字符串类型。

6.3.1.3 readlines()方法

通过 readlines()方法可以以"行"为单位读取文件的所有内容,并返回一个列表。该列表中的元素是每一行内容构成的字符串。其语法格式为：

`文件对象名.readlines()`

对 readexample.txt 文件执行以下代码：

示例代码 6.3　ReadLines.py

```
1    f = open('readexample.txt', 'r', encoding='utf-8')
2    print(f.readlines())
3    f.close()
```

运行结果如下：

```
['Python is a great programming language.\n', "Python can be easy to pick up whether you're a first time programmer or you're experienced with other languages.The following pages are a useful first step to get on your way writing programs with Python!\n", "*Beginner's Guide,Programmers\n", "*Beginner's Guide,Non-Programmers\n", "*Beginner's Guide,Download & Installation\n", '*Code sample and snippest for Beginners']
```

运行结果中的"\n"即表示回车换行符。该列表共包括 6 个字符串元素，分别对应文本文件 readexample.txt 中的 6 行文本。

read()方法、readline()方法和 readlines()方法的作用各有不同，在实际运用中可根据所需进行的操作选择合适的读取方式。

6.3.1.4　逐行读取语句

通过 readlines()方法可以读取每一行内容作为元素构成的列表，但它与 read()方法一样，是将文件内容一次性读入内存。若待读取文件的内容较多，就不适合这种方法。此时，可以利用逐行读取语句将文件内容逐行读入内存。例如，可以对 readexample.txt 文件执行如下代码：

示例代码 6.4　ForLine.py

```
1    f = open('readexample.txt', 'r', encoding='utf-8')
2    for line in f:
3        print(line)
4    f.close()
```

运行结果如下：

```
Python is a great programming language.
Python can be easy to pick up whether you're a first time programmer or you're experienced with other languages.The following pages are a useful first step to get on your way writing programs with Python!
*Beginner's Guide,Programmers
*Beginner's Guide,Non-Programmers
*Beginner's Guide,Download & Installation
*Code sample and snippest for Beginners
```

通过"for line in f:"即可将文件逐行读入内存。在这个 for 循环中 line 为自定义的循环变量，表示每一行 f 为打开的文件对象，作为迭代器；在缩进的循环体中可以对读取到的各行数据做处理。

6.3.2 写入文本文件

6.3.2.1 write()方法

通过write()方法可以直接将字符串写入文件,其语法格式如下:

文件对象名.write(字符串)

执行该语句后,将会把参数中的字符串写入已打开的文件对象,如下所示:

示例代码6.5 WriteEx1.py
```
1    f = open('writeexample.txt', 'w')
2    f.write('hello world!')
3    f.write('python is a great programming language')
4    f.close()
```

示例代码6.5的第2和3行先后两次通过write()方法向文件写入内容。代码执行后,文件内容如图6-2所示。

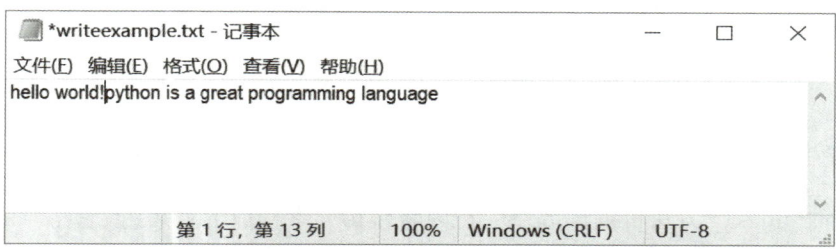

图6-2 writeexample.txt文件内容

由此可以看出,通过write()方法向文件内写入内容,并不会自动换行,若需要换行,则需添加换行符"\n",将代码修改为:

示例代码6.6 WriteEx2.py
```
1    f = open('writeexample.txt', 'w')
2    f.write('hello world!\n')
3    f.write('python is a great programming language\n')
4    f.close()
```

运行后,writeexample.txt文件更新后内容如图6-3所示。因为采用的是'w'覆盖写模式,所以原有内容全部被覆盖。

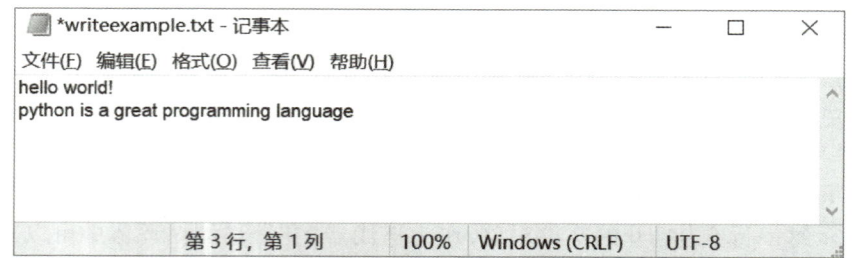

图6-3 writeexample.txt文件更新后内容

6.3.2.2 writelines() 方法

writelines() 方法与 readlines() 方法互为逆操作。readlines() 方法返回以文件中每一行内容作为元素的列表；而 writelines() 方法是将由若干字符串构成的列表中的每一个元素写入文件。其语法格式如下：

```
文件对象名.writelines(字符串列表)
```

通过该方法的调用，可以将参数字符串列表中的所有元素写入已打开待写入的文件。注意，使用 writelines() 也不会自动换行，若要换行，则需自行添加回车换行符"\n"。writelines() 方法的使用如示例代码 6.7 所示：

```
示例代码 6.7   WritelinesEx.py
1    f = open('writeexample.txt', 'w')
2    f.writelines(['Python Programming Language\n', 'I like it.'])
3    f.close()
```

运行后，文件内容如图 6-4 所示。

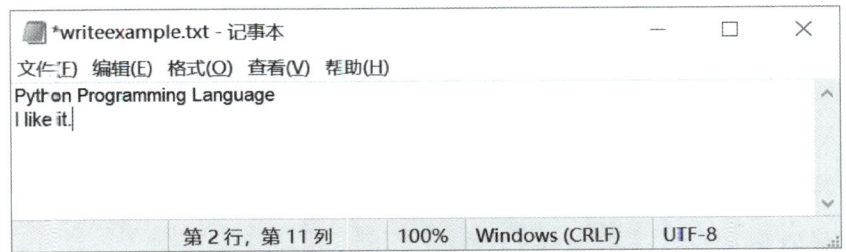

图 6-4　writeexample.txt 文件内容

6.3.3　CSV 文件读写

6.3.3.1　CSV 文件的概念

逗号分隔值（comma-separated values，CSV）文件是指用逗号分隔（也可以是其他简单字符分割）的纯文本形式存储表格数据的文件。

CSV 文件属于文本文件，因此可以用记事本、写字板和 Excel 等软件打开。例如，一个保存了股票信息的 CSV 文件 stock.csv，分别用记事本和 Excel 打开后的界面如图 6-5 所示。

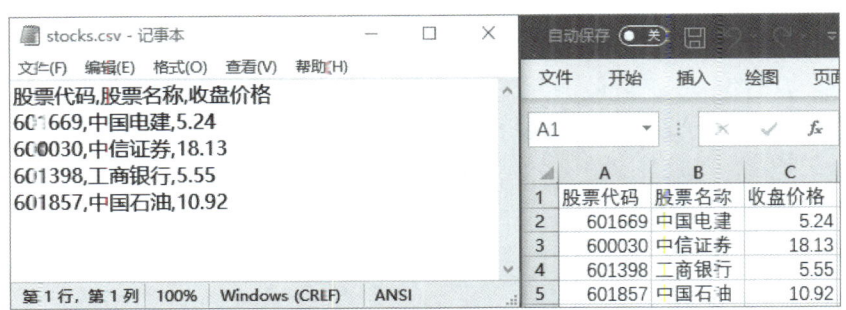

图 6-5　CSV 文件打开后界面

CSV 文件因为不带任何字体、颜色等格式信息,所以广泛应用于在不同程序之间转移表格数据。CSV 文件的分隔符不限定为逗号,但是作为 CSV 文件,一般需要具有以下特征:

(1) 纯文本,使用某个字符集,如 ASCII、Unicode、GB2312。
(2) 由记录组成,一行对应一条记录,每行开头不留空格。
(3) 每条记录被英文半角分隔符(可以是逗号、分号、制表符等)分割为多个字段。
(4) 每条记录都有同样的字段序列。
(5) 如果文件包含字段名,字段名写在文件第一行。

针对 CSV 文件,Python 语言提供了内置的 csv 库进行读写操作,读写时需要定义 reader 对象和 writer 对象。

6.3.3.2 CSV 文件的读取

CSV 文件可以使用 open 命令直接打开。使用 csv 库读取 CSV 文件数据时需要先创建一个 reader 对象。然后通过迭代遍历 reader 对象来遍历文件的每一行内容。下面以读取 stocks.csv 文件为例来讲解 reader 对象的具体使用,如示例代码 6.8 所示:

示例代码 6.8 ReadCSV.py
```
1    import csv
2    with open('stocks.csv', 'r') as stockscsv:
3        reader = csv.reader(stockscsv)
4        for row in reader:
5            print(row)
```

运行结果如下:
```
['股票代码', '股票名称', '收盘价格']
['601669', '中国电建', '5.24']
['600030', '中信证券', '18.13']
['601398', '工商银行', '5.55']
['601857', '中国石油', '10.92']
```

上述代码中,用 with 语句以只读模式打开 stocks.csv 文件后,针对该文件创建了一个 csv 的 reader 对象,然后通过 for 循环遍历 reader 对象,按行输出文件中的数据。从输出形式来看,每一行都以列表的形式输出,且列表中所有的数据都是字符串。

6.3.3.3 CSV 文件的导入

用 csv 库将数据写入 CSV 文件时就需要创建 writer 对象。因为 CSV 文件都是按行存储的,所以写文件时需要调用 writer 对象的 writerow() 方法,将用列表存储的每一行数据写入文件。

以 stocks.csv 文件为例,通过 csv 库的 writer 对象向文件中追加两条新的股票信息记录:

600660,福耀玻璃,46.00
600009,上海机场,36.30

如示例代码 6.9 所示:

示例代码 6.9　WriteRowCSV.py
```
1    import csv
2    with open('stocks.csv', 'a', newline='') as stockscsv:
3        writer = csv.writer(stockscsv)
4        writer.writerow(['600660','福耀玻璃','46.00'])
5        writer.writerow(['600009','上海机场','36.30'])
```

注意，这里在 open( ) 函数内增加了一个参数 "newline=''"（等号右边为两个紧邻的单引号），用于指明在写入新的记录后不插入空行，如果没有这个参数会使新增数据中出现多余的空行。writerow( ) 方法写入数据后的 CSV 文件如图 6-6 所示。

csv 库的 writer 对象也提供一次写入多行的 writerows( ) 方法，可以将参数列表中的一个元素列表作为一行写入 CSV 文件，如示例代码 6.10 所示：

示例代码 6.10　WriteRowsCSV.py
```
1    import csv
2    with open('stocks.csv', 'a', newline='') as stockscsv:
3        writer = csv.writer(stockscsv)
4        writer.writerows([['600196','复星医药','22.51'], ['601607', '上海医药',
         '17.79']])
```

注意，此处 writerows( ) 方法中的参数是一个二维列表。写入多行数据后的 CSV 文件如图 6-7 所示。

图 6-6　writerow( ) 方法写入数据后的 CSV 文件　　图 6-7　writerows( ) 方法写入多行数据后的 CSV 文件

案例 6-1　　连锁超市经营情况统计

一家连锁超市在某个城市有 8 家门店，sales.csv 记录了这 8 家门店在某个月的经营情况，包括门店编号、销售收入、商品成本、人员成本、租金水电费用和其他支出等方面的数据（单位：元），如图 6-8 所示。

现在要求对这家连锁超市的经营情况做如下统计：
（1）计算 8 家门店的总销售收入；
（2）计算 8 家门店的平均人员成本；

第六章 文件操作

	A	B	C	D	E	F
1	门店编号	销售收入	商品成本	人员成本	租金水电费用	其他支出
2	Shop001	95800	70700	12000	15000	3100
3	Shop002	80600	48900	13500	11000	2800
4	Shop003	183700	141000	15300	13600	2200
5	Shop004	199900	120000	15050	14200	9100
6	Shop005	190300	115000	16400	7550	4700
7	Shop006	156800	101000	27500	12800	5000
8	Shop007	134900	103000	29700	7050	6650
9	Shop008	86200	92500	16400	7750	3900

图 6-8 连锁超市经营数据

（3）计算各家门店的利润，并按照门店利润降序排列。

统计结果输出到 report.txt 文件中。

问题分析：

数据保存在 CSV 文件中，可以使用 csv 库进行读取，构建 reader 对象遍历文件每一行，将数据保存在一个二维数组中。对于分析任务（1）和（2），可以利用列表生成式进行统计；对于分析任务（3），由于需要对门店利润排序，既需要给出门店编号又需要给出利润信息，因此可以利用字典，并借助 lambda 函数实现排序。最后结果保存到 txt 文件可以利用文件的 write( ) 方法实现。参考代码如下：

案例代码 6-1　连锁超市经营情况统计　BusinessStatistics.py

```
1   import csv
2
3   # 将数据读入列表 data
4   with open('sales.csv', 'r') as file:
5       reader = csv.reader(file)
6       data = list(reader)
7
8   # 利用列表生成式计算总销售收入
9   total_sales = sum([int(d[1]) for d in data[1:]])    # 销售收入的列索引为 1
10
11  # 利用列表生成式计算平均人员成本
12  average_staff_cost = sum([int(d[3]) for d in data[1:]]) / len(data[1:])
13
14  # 统计各家门店利润
15  dct_profit = {}    # 创建空字典,用于保存门店编号和利润
16  for d in data[1:]:
17      shop_id = d[0]
18      profit = int(d[1]) - int(d[2]) - int(d[3]) - int(d[4]) - int(d[5])
19      dct_profit[shop_id] = profit
20
21  # 对利润排序
22  sorted_data = sorted(dct_profit.items(), key=lambda x:x[1], reverse=True)
23
24  # 将结果写入文件
25  with open('report.txt', 'w') as output:
26      output.write('各门店总销售收入为:{}元 \n'.format(total_sales))
```

```
27        output.write('各门店平均人员成本为:{:.2f}元 \n'.format(average_staff_
   cost))
28        output.write('各门店利润排序结果如下:\n')
29        for idx, tpl in enumerate(sorted_data):
30            output.write('第{}名 {} 利润{}元 \n'.format(idx+1, tpl[0], tpl
   [1]))
```

运行以上程序代码后,在当前目录下的 report.txt 文件中输出结果如图 6-9 所示。

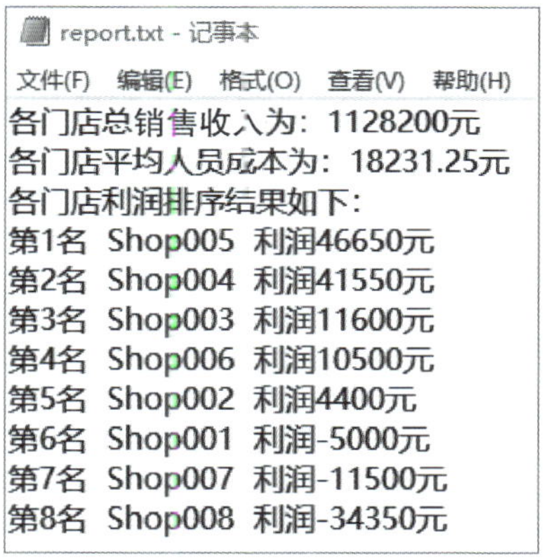

在以上代码中,首先打开文件并创建 reader 对象,对于 reader 对象可以直接调用 list() 函数,将 CSV 文件中所有的数据读入二维列表 data 中,内容如图 6-10 所示。

从图 6-10 中可以看出,二维列表 data 中的元素都是字符串,并且包含表头列表。可以利用切片操作 data[1:] 排除表头,只取数据部分。案例代码的第 9、12 行分别利用两个列表生成式遍历 data[1:],利用 c[1] 和 d[3] 获得销售收入数据和人员成本数据,将其转换成整数并求和及平均值。

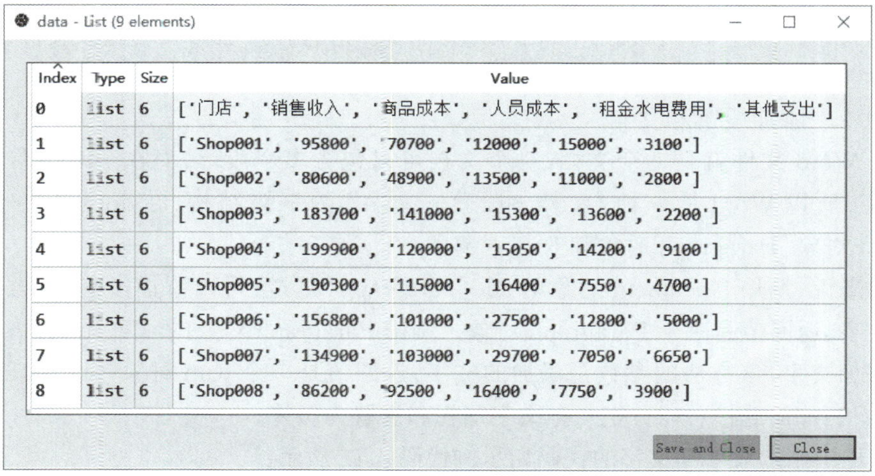

图 6-9　report.txt 文件输出结果

图 6-10　二维列表 data 的内容

在利润统计方面,定义字典 dct_profit 来收集门店编号和利润数据,其中案例代码的第 18 行反映了利润计算公式,即"利润 = 销售收入 − 商品成本 − 人员成本 − 租金水电费用 − 其他支出"。在对利润排序时,案例代码的第 22 行中使用了 sorted() 函数搭配 lambda 表达式的办法,实现对字典 dct_profit 按值降序排列。

在结果输出方面,直接向文本文件输出内容,可以使用 'w' 模式打开文件,并利用 write() 方法写入。其中案例代码的第 29 行使用了 enumerate() 函数,在遍历数据的同时还可以获得索引号,以便于给出排名。注意索引 idx 是从 0 开始的,在输出时需要做加 1 的操作。

6.4 Word 和 Excel 文件的读写

6.4.1 读写 Word 文件

docx 是读写 Word 文件的一个第三方库,其安装命令为:

```
pip install python-docx
```

6.4.1.1 新建 Word 文件

利用 docx 库创建 Word 文件,代码如下:

示例代码 6.11 CreateDoc.py
```
1    from docx import Document
2    doc = Document()
3    doc.save('test.docx')
```

首先,从 docx 库中导入 Document() 函数,注意 from 后面是 docx 而不是 python-docx。导入后,调用 Document() 函数创建一个 Document 对象 doc。最后利用 doc 对象的 save() 方法将文档保存到当前工作目录的 test.docx 文件中。运行程序后可以看到该文件,打开后文件内容为空白。

6.4.1.2 添加段落和文字

一个 Word 文件就是一个文档,一个文档可以包含多个段落,而在一个段落中可以有一些文字,所以 Word 是一种"文档-段落-文字"的三级结构,在 docx 库中分别对应 Document 对象、Paragraph 对象和 Run 对象。

具体来说,调用 Document 对象的 add_paragraph() 方法可以添加段落,该方法的参数是段落文字,返回值是一个 Paragraph 对象。调用 Paragraph 对象的 add_run() 方法可以为该段落添加文字,该方法的参数是添加的文字,返回值是一个 Run 对象。设置 Run 对象的 bold 属性和 italic 属性可以分别与把文字加粗和设置为斜体。

在文档中添加段落和文字的代码如示例代码 6.12 所示:

示例代码 6.12 AddContent.py
```
1    from docx import Document
2    doc = Document()
3    p = doc.add_paragraph('这里有一些文字:')      # 添加一个段落p,里面包含文字
4    p.add_run('这些文字会被加粗。').bold = True
5    p.add_run('这几个字为默认格式。')
6    p.add_run('我变成斜体字了。').italic = True
7    doc.save('test.docx')
```

程序运行结束后,打开文件 test.docx,具体内容如图 6-11 所示。

6.4.1.3 读取文档内容

Document 对象的 paragraphs 属性是一个包含文档所有 Paragraph 对象的列表对象。

图 6-11 test.docx 文件内容

对 paragraphs 属性进行循环遍历可以操作文档的所有段落。利用 Paragraph 对象的 text 属性能够获取段落的文字。示例代码 6.13 能够读取并打印指定 Word 文件中全部段落内的文字。

示例代码 6.13 ReadContent.py
```
1    from docx import Document
2    doc = Document('test.docx')
3    for p in doc.paragraphs:
4        print(p.text)
```

运行结果如下：

这里有一些文字：这些文字会被加粗。这几个字为默认格式。
我变成斜体字了。

限于篇幅本节仅介绍了 docx 库的部分基本操作，此外，还可以利用 docx 库实现表格的添加读取、增加图片、字体字号、对齐、样式等方面的处理。docx 库是处理 Word 文档自动化的理想选择，特别是在你需要批量读取或者生成文档的时候。有兴趣的读者可以访问 docx 库的官网学习。

6.4.2 读写 Excel 文件

openpyxl 是读写 xlsx 文件的一个第三方库，因为 Anaconda 中已经集成 openpyxl，所以无须额外安装。与 Word 文件类似，Excel 也存在一个三级结构，即"工作簿 - 工作表 - 单元格"。一个 Excel 文件就是一个工作簿，在工作簿内可以包含多个工作表，而工作表由诸多单元格构成。在 openpyxl 库中，工作簿、工作表和单元格分别对应 Workbook 对象、Worksheet 对象和 Cell 对象。

6.4.2.1 新建 Excel 文件

新建 Excel 文件可以利用 openpyxl 库中的 Workbook() 函数构建 Workbook 对象，并利用该对象的 save() 方法保存文件，如示例代码 6.14 所示：

示例代码 6.14 CreateXlsx.py
```
1    from openpyxl import Workbook
2    wb = Workbook()
3    wb.save('test.xlsx')
```

上述代码结构与 docx 库创建 Word 文件的结构非常相似。运行完成后，将在当前工作目录中创建名为"test.xlsx"的工作簿，即 Excel 文件。打开文件后只有一个名为"Sheet"的默认工作表，单元格中没有任何内容。

6.4.2.2 创建工作表

可以利用 Workbook 对象的 create_sheet()方法来创建工作表,该方法的参数是工作表的名称,代码如下:

示例代码 6.15 CreateSheet.py
```
1    from openpyxl import Workbook
2    wb = Workbook()
3    wb.create_sheet('Sheet1')
4    wb.create_sheet('Sheet2')
5    wb.save('test.xlsx')
```

该程序将在工作簿"test.xlsx"中创建两个工作表:"Sheet1"和"Sheet2"。连同默认的工作表"Sheet",该工作簿一共有三个工作表。

6.4.2.3 修改单元格数据

修改单元格数据需要先打开工作簿,并指定要操作的工作表。打开工作簿可以使用 load_workbook()函数,而获得指定工作表对象有以下两种方法。

(1)使用 Workbook 对象的 worksheets 属性。该属性是一个 Worksheet 对象列表,如 ws = wb.worksheets[1]表示获得 wb 工作簿的索引为 1 的工作表对象 ws。

(2)直接指定工作表名称。例如,ws = wb['Sheet1']表示获得 wb 工作簿中名为 "Sheet1"的工作表对象 ws。

一个 Cell 对象代表一个单元格。指定 Worksheet 对象后,可以通过三种方法获得 Cell 对象并修改其中的数据。

(1)直接指定单元格名称。如"ws['A1']='商品名称'"表示将 ws 工作表中 A1 单元格的值修改为字符串"商品名称"。

(2)通过 Worksheet 对象的 cell()方法。该方法的第一个和第二个参数为单元格的行号和列号,均从 1 开始,第三个参数为设置单元格的值。例如,"ws.cell(2,3,50)"表示将 ws 工作表中第 2 行第 3 列的单元格设置为 50。

(3)通过 Worksheet 对象的 append()方法。其参数为列表,可以把列表中的值添加到表格中的一行,每个列表元素对应一个单元格。例如,"ws.append([100,200,300])"表示在工作表 ws 最后增加一行,三个单元格的值分别为 100、200 和 300。

如果需要在单元格内设置公式,可以向单元格设置形式为'=公式'的字符串,公式按照 Excel 的语法书写。

修改单元格数据的代码如下:

示例代码 6.16 SetCell.py
```
1    from openpyxl import load_workbook
2    wb = load_workbook('test.xlsx')    # 加载已有工作簿
3    ws = wb.worksheets[0]    # 取索引为 0 的工作表
4    ws['A1'] = '语文'    # 为 A1 单元格设置值"语文"
5    ws['b1'] = '数学'    # 单元格名称大小写均可
6    ws['C1'] = '总分'
7    ws['D1'] = '平均分'
8    ws.cell(2, 1, 91)    # 第 2 行第 1 列设置为 91,
```

```
9     ws.cell(2, 2, 98)
10    ws.append([92, 85])    # 追加一行,各单元格元素分别为 92 和 85
11    ws['C2'] = '=SUM(A2:B2)'    # Excel 中的求和公式
12    ws['C3'] = '=SUM(A3:B3)'
13    ws['D2'] = '=AVERAGE(A2:B2)'    # Excel 中的求平均值公式
14    ws['D3'] = '=AVERAGE(A3:B3)'
15    wb.save('test.xlsx')    # 保存工作簿
```

程序执行后,工作表内容如图 6-12 所示。

	A	B	C	D
1	语文	数学	总分	平均分
2	91	98	189	94.5
3	92	85	177	88.5

图 6-12 修改单元格数据后的工作表内容

6.4.2.4 读取单元格数据

利用"工作表对象['单元格名称']"或者"工作表对象.cell(行编号,列编号)"方式可以获得工作表对象中指定的单元格 Cell 对象,访问 Cell 对象的 value 属性就可读取该单元格中的数据,代码如下:

示例代码 6.17 ReadCell.py
```
1    from openpyxl import load_workbook
2    wb = load_workbook('test.xlsx')
3    ws=wb['Sheet']
4    print(ws['A1'].value)
5    print(ws.cell(2,3).value)
6    print(ws.cell(3,4).value)
```

程序运行结果为:
语文
=SUM(A2:B2)
=AVERAGE(A3:B3)

本章小结

1. 文件的基本操作包含打开、读写和关闭三个步骤。

2. 文件的打开和关闭分别对应 open() 函数和 close() 方法,在打开文件时,要注意模式字符串务必书写正确。读文件可以使用 read() 方法、readline() 方法、readlines() 方法,而写文件则有 write() 方法、writelines() 方法可供调用。

3. 读取 CSV 文件需先创建 reader 对象。写入 CSV 文件需先创建 writer 对象。

复习思考题

1. 请列出任意 4 种文件打开模式，并说明其含义。
2. 使用 readlines()方法和 readline()方法读取文本文件的主要区别是什么？
3. CSV 文件有何特点？如何创建 CSV 文件？

 操作实践题

1. 将一个文本文件加密后在控制台输出，规则如下：大写英文字符 A 变换为 C，B 变换为 D，……，Y 变换为 A，Z 变换为 B，小写英文字符规则同上，其他字符不变。

2. 对某食堂的满意度调查结果有四种："满意""不满意""非常满意""一般"。通过编程随机模拟生成 100 个调查结果，结果之间用分号隔开，保存在文本文件"result.txt"中。编写程序读取该文件，然后统计各调查结果出现的次数。注意考虑文件读写时的异常处理。

3. 当前目录下有一个文本文件"test.txt"，查找该文件中最长的一行并输出该行的内容。

4. 在一个文本文档里保存一首你喜欢的七言绝句，每句一行。编写程序读取文本文档内容，将该绝句写入另一个 Word 文档。

5. 当前目录下有一个 Excel 工作簿"成绩.xlsx"，它保存了四名学生的三门课程的成绩。用程序在该工作簿中输入公式，为每名学生计算总分放在 E 列、为每门课程计算平均分放在第 6 行。"成绩.xlsx"文件格式如图 6-13 所示。

	A	B	C	D
1	学生	课程1	课程2	课程3
2	A	89	79	95
3	B	91	84	91
4	C	93	89	87
5	D	95	94	83

图 6-13 "成绩.xlsx"文件格式

第三篇 数据分析基础

在数据分析领域，NumPy、Pandas 和 Matplotlib 库是 Python 的三大利器。本篇将介绍这三个重要的库，分别涵盖科学计算、数据分析和数据可视化的主要方面，有助于理解和掌握数据分析的基础知识和技能。

NumPy 是 Python 中用于科学计算的函数库，提供了丰富的数组操作和数学函数，比组合数据类型提供了更强大的计算能力和更高效的数据结构。第七章将介绍 NumPy 的基本功能和用法，包括数组的创建、访问、运算、变换等操作，以及在统计、随机数、多项式处理和文件方面的数学函数。

Pandas 是 Python 中极流行的数据分析库之一，提供了快速、灵活和富于表现力的数据结构，如 Series 和 DataFrame；能够实现丰富的数据分析功能，如数据清洗、筛选、排序、分组统计、合并等。第八章将介绍 Pandas 库的使用方法，包括对 CSV 和 Excel 文件的读写操作。

Matplotlib 是 Python 中极具代表性的数据可视化库之一。它提供了丰富的绘图功能，可以绘制各种类型的统计图表，以帮助分析人员更直观地展示数据。第九章将介绍 Matplotlib 库的基本用法，包括绘制折线图、柱形图、饼状图、散点图、直方图等各种统计图表的技巧，为数据分析结果的展示增添视觉效果。

第七章　NumPy 科学计算

本章思维导图

学习目标

- 了解 NumPy 库的概念和导入方法；
- 了解数组对象 ndarray 的概念、属性和使用方法；
- 掌握数组的创建及其操作；
- 掌握 NumPy 库中提供的常用函数及其使用方法。

NumPy 是 Python 中关于科学计算的重要函数库之一。它提供了多维数组对象，并支持快速的数组和矩阵运算，包括数学、逻辑、形状操作、多项式处理、基本线性代数、统计运算、随机处理、文件读写等内容。NumPy 的大部分代码是用 C 语言编写的，因此 NumPy 要比纯 Python 代码的速度快得多。NumPy 是在 Python 中进行数据分析、机器学习、人工智能开发的必备工具，也是理解学习很多 Python 工具包的基础。

7.1　NumPy 库的基本数据结构

NumPy 库是第三方库，标准 Python 安装包中不含 NumPy，可以执行如下命令来安装：

```
pip install numpy
```

Anaconda 环境中默认已经集成 NumPy，因此可以不用额外安装。

一般采用如下方式导入 NumPy 库：

```
import numpy as np
```

这里为 NumPy 库取了一个别名 np，使得后续调用更为简洁，可将 np 用于指代 NumPy。

可以通过 NumPy 的 __version__ 属性来了解当前 NumPy 库的版本。

```
In:   import numpy as np
In:   np.__version__   # 观察NumPy库的版本，version的左右两端分别都是两个下划线
Out:  '1.26.4'
```

7.1.1 数组对象 ndarray

NumPy库提供了一种重要的数据结构——n维数组（ndarray），又称数组（array），是一种由同质元素组成的多维序列数据。同质指的是所有元素的类型必须是相同的。ndarray的基本概念和属性有以下几点。

（1）轴（axes）：轴是指ndarray中的数组维度（dimensions）。一维数组只有一个维度，因此只有一个轴，其编号为0；二维及以上数组则存在多个维度，因此有多个轴。例如，二维数组的轴编号如图7-1所示，其中，行数据构成第0轴，列数据构成第1轴。

（2）秩（rank）：秩是数组的维数，通过数组的ndim属性可以获得数组的维数。

（3）大小（size）：数组的大小是指数组中的元素个数。

（4）形状（shape）：数组的形状，包括数组的维度和大小。

（5）类型（dtype）：数组中元素的数据类型。

（6）元素大小（itemsize）：数组中元素占用的字节数。

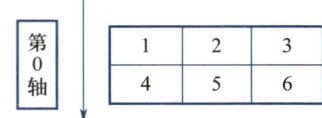

图7-1 二维数组的轴编号

NumPy数组的数据类型是numpy.ndarray。下面代码产生一个一维数组对象。

```
In:   import numpy as np       # 导入NumPy
In:   arr = np.arange(5)       # 生成一个数组，含5个元素
In:   arr
Out:  array([0,1,2,3,4])
In:   type(arr)                # 查看其数据类型
Out:  numpy.ndarray
```

为了进一步了解数组的基本属性信息，下面代码调用arange()函数创建一个含有6个元素的一维数组，然后使用reshape()函数将其转换为一个2×3的二维数组，进而查看数组的维数、大小、形状、数据类型、元素大小等属性，并调用内置的help()函数和dir()函数来查看NumPy提供的帮助信息。代码如下：

```
In:   b = np.arange(6).reshape(2, 3)   # 生成一个2x3的二维数组
In:   b
Out:  array([[0, 1, 2],
             [3, 4, 5]])
In:   b.ndim       # 数组维数，结果为2
In:   b.size       # 数组中的元素个数，结果为6
In:   b.shape      # 数组形状，结果为元组(2,3)
In:   b.dtype      # 数组元素的数据类型，结果为dtype('int32')
In:   b.itemsize   # 数组的元素大小，结果为4，因为32位二进制占用4个字节
In:   help(b)      # 查看数组b的帮助信息
In:   dir(b)       # 显示数组b的属性和方法
In:   help(np.arange)   # 查看arange()函数的帮助信息
```

7.1.2 数组的创建

NumPy 提供了多种创建数组的方法,可直接用元组或列表来生成数组,也可用内置的各种函数快速生成等差数组、全 0 或全 1 等特殊数组,还可生成各类随机数数组。

7.1.2.1 使用 array() 函数生成数组

可将元组、列表作为参数传递给 array() 函数以生成 NumPy 数组,代码如下:

```
In:     b = np.array((1, 2, 3, 4))   # 以元组为参数生成数组
In:     b
Out:    array([1, 2, 3, 4])
In:     b = np.array([10, 20, 30, 40])   # 以列表为参数生成数组
In:     b
Out:    array([10, 20, 30, 40])
```

可以理解为通过 array() 函数将元组和列表"转换"为数组。因此列出多个数据时,要注意将数据放入()或[],即以元组或列表的形式列出多个数据。类似 np.array(1, 2, 3, 4) 的语句将出现语法错误。

NumPy 的数组对象可调用 tolist() 函数"转换"回 Python 的列表对象。例如:

```
In:     lst = b.tolist()   # 数组转换为列表
In:     lst
Out:    [10, 20, 30, 40]
```

利用 array() 函数还可以生成二维数组,只需要传入二维列表或元组作为参数,例如:

```
In:     c = np.array([[1, 2], [3, 4], [5, 6]])   # 生成一个 3×2 的二维数组
In:     c
Out:    array([[1, 2],
               [3, 4],
               [5, 6]])
```

7.1.2.2 使用 arange() 函数和 linspace() 函数生成等差数组

arange() 函数类似于 range() 函数,调用格式为 arange(start, stop, step),功能是生成 [start, stop) 区间范围内的等差数组。range() 函数的步长参数 step 必须为整数,而 arange() 函数的步长参数 step 可以为小数。如果数组比较大而不方便显示输出数组的全部元素,那么 NumPy 会自动跳过数组中间的部分而只显示数组四周的元素。例如:

```
In:     b = np.arange(1, 5)   # 生成 1 至 4(不含终值 5)的数组,步长默认为 1
In:     b
Out:    array([1, 2, 3, 4])
In:     np.arange(1, 9, 2)   # 生成 1 至 9(不含终值 9)步长为 2 的等差数组
Out:    array([1, 3, 5, 7])
In:     np.arange(1, 4, 0.5)   # 生成 1 至 4(不含终值 4)步长为 0.5 的数组
Out:    array([1. , 1.5, 2. , 2.5, 3. , 3.5])
In:     np.arange(4000).reshape(4, 1000)   # 生成 4×1000 的大数组,默认只显示四周元素
```

```
Out:    array([[   0,    1,    2, ...,  997,  998,  999],
               [1000, 1001, 1002, ..., 1997, 1998, 1999],
               [2000, 2001, 2002, ..., 2997, 2998, 2999],
               [3000, 3001, 3002, ..., 3997, 3998, 3999]])
```

使用 linspace(start,stop,num)函数可以创建一个等差数组,调用时需要指定等差数组的初值 start、终值 stop 和数据个数 num,但不需要指定差值。linspace()函数生成数组时默认包含终值,若设置 endpoint = False,则不包含终值。例如:

```
In:     np.linspace(1, 2, 5)    # 在区间[1,2]内等间距生成 5 个数,含终值 2
Out:    array([1.,1.125,1.5,1.75,2.])
In:     np.linspace(-np.pi, np.pi, 10)    # 在区间[-π,+π]内等间距生成 10 个数
Out:    array([-3.14159265,-2.44346095,-1.74532925,-1.04719755,-0.34906585,
               0.34906585,1.04719755,1.74532925,2.44346095,3.14159265])
In:     np.linspace(1, 2, 5, endpoint=False)    # 不含终值
Out:    array([1.,1.2,1.4,1.6,1.8])
```

7.1.2.3 利用 ones()函数、zeros()函数、eye()函数、full()函数等生成数组

利用 ones()函数和 zeros()函数可以分别生成全 1 和全 0 的数组;full()函数可以生成元素值相同的数组;eye()函数可以生成单位矩阵数组,即对角线上元素为 1,其余元素为 0 的数组。例如:

```
In:     np.ones(5)    # 生成含有 5 个元素的一维全 1 数组
Out:    array([1., 1., 1., 1., 1.])
In:     np.ones((2, 3))    # 生成 2×3 的二维全 1 数组
Out:    array([[1., 1., 1.],
               [1., 1., 1.]])
In:     np.zeros((2, 3))    # 生成 2×3 的二维全 0 数组
Out:    array([[0., 0., 0.],
               [0., 0., 0.]])
In:     np.full(5, 1.2)    # 生成 5 个元素都为 1.2 的一维数组
Out:    array([1.2, 1.2, 1.2, 1.2, 1.2])
In:     np.eye(3)    # 生成 3×3 的单位矩阵数组
Out:    array([[1., 0., 0.],
               [0., 1., 0.],
               [0., 0., 1.]])
```

7.1.2.4 利用 rand()函数生成数组

利用 rand()函数生成数组代码如下所示:

```
In:     np.random.rand(3, 4)    # 生成 3×4 数组,rand()函数生成在区间[0,1)内均匀分布的小数
Out:    array([[0.59422816, 0.91248939, 0.26359475, 0.93780046],
               [0.10649823, 0.75394711, 0.26237852, 0.20097172],
               [0.74015315, 0.61047814, 0.01115065, 0.3589018 ]])
```

NumPy 可以设置小数的精度。例如:

```
In:     np.set_printoptions(precision=3)    # 设置小数部分显示 3 位
In:     np.random.rand(3, 4)
```

```
Out:  array([[0.25 , 0.645, 0.698, 0.195],
             [0.65 , 0.163, 0.613, 0.061],
             [0.8  , 0.68 , 0.336, 0.846]])
```

7.1.3 数组的数据类型

为满足科学计算的实际需求，NumPy 增加了很多与科学计算有关的数据类型，常用的数值数据类型如表 7-1 所示。与列表允许包含不同数据类型的元素有所区别，ndarray 要求其中元素的数据类型必须相同。

表 7-1　　　　　　　　　　　　NumPy 常用的数值数据类型

类型名	描述
bool	布尔类型（值为 True 或 False，分别对应 1 和 0）
int	由所在平台决定其精度的整数（一般为 int32 或 int64）
int8	8 位整数，范围为 $-128 \sim 127$
int16	16 位整数，范围为 $-32\,768 \sim 32\,767$
int32	32 位整数，范围为 $-2^{31} \sim 2^{31}-1$
int64	64 位整数，范围为 $-2^{63} \sim 2^{63}-1$
uint8	无符号 8 位整数，范围为 $0 \sim 255$
uint16	无符号 16 位整数，范围为 $0 \sim 65\,535$
float16	半精度浮点数（16 位）：1 位符号位，5 位指数，10 位尾数
float32	单精度浮点数（32 位）：1 位符号位，8 位指数，23 位尾数
float64	双精度浮点数（64 位）：1 位符号位，11 位指数，52 位尾数复数
complex64	复数，分别用两个 32 位浮点数表示实部和虚部

此外，NumPy 数组还支持 Unicode 字符、日期时间、对象等非数值数据类型。

创建数组时，不同的创建函数具有不同的默认数据类型，可以在创建时用 dtype 参数指定数据类型。例如：

```
In:   b = np.arange(5)   # arange()函数生成整数数组的默认类型是 int32
In:   b.dtype
Out:  dtype('int32')
In:   b[0] = 6.5   # 因为 b 是 int32 类型，所以在赋小数值时只保留整数 6
In:   b
Out:  array([6, 1, 2, 3, 4])
In:   c = np.arange(5, dtype='float32')   # 指定数据类型为 float32
In:   c[0] = 8.5   # 因为 c 是 float32 类型，所以可以保留小数
In:   c
Out:  array([8.5, 1. , 2. , 3. , 4. ], dtype=float32)
```

数据类型之间可用 astype() 函数进行转换，转换后生成一个新数组，原数组不变。例如：

```
In:    d = c.astype('int32')
In:    c.dtype, d.dtype
Out:   (dtype('float32'), dtype('int32'))
```

7.2　数组的访问与运算

NumPy 通过各种索引方式实现对数组的访问,数组与单个数据或数组之间允许执行各种运算。

7.2.1　数组的基本索引和切片

7.2.1.1　一维数组的索引和切片

一维数组的访问方式与列表类似,可通过单个索引或切片方式进行访问。一维数组索引操作的代码如下:

```
In:    b = np.arange(5, 10)
In:    b
Out:   array([5, 6, 7, 8, 9])
In:    b[1]    # 通过单个索引下标访问元素
Out:   6
In:    b[-1]   # 访问末尾元素
Out:   9
In:    b[4] = 20   # 将第 5 个元素修改为 20
In:    b
Out:   array([ 5,  6,  7,  8, 20])
```

数组切片和列表切片的语法相同,但内存管理机制不同。如果列表中的元素是普通数据而非列表,那么一般的列表切片是复制元素,切片结果和原列表在内存中是独立的,两者互不影响。但数组切片产生的是一个视图,视图和原数组指向同一个内存空间,两者会相互影响。NumPy 这样处理的目的是提升数组的操作性能。可以设想,对于一个庞大的数组,在切片时采用复制元素的方式会极大地耗费内存空间。

```
In:    b = np.arange(5, 10)
In:    c = b[0:3]   # 对数组 b 进行切片访问
In:    c
Out:   array([5, 6, 7])
In:    c[0] = 100
In:    c, b
Out:   (array([100,   6,   7]), array([100,   6,   7,   8,   9]))
```

上面的代码中,数组 c 是数组 b 的切片,两者共享内存。将数组 c 的第 0 个元素修改为 100 时,原数组 b 也被修改。如果希望避免这种影响,可用 "c=b[0:3].copy()" 这样的复制语句,复制得到的数组 c 是与原数组 b 内存相独立的新数组。

7.2.1.2 二维数组的索引和切片

二维数组分为行和列两个维度,其索引下标要比一维数组更灵活,可以使用[行,列]、[行]、[:,列]等下标形式。

```
In:    b = np.arange(12).reshape(3, 4)    # 生成一个3×4的二维数组
In:    b
Out:   array([[ 0,  1,  2,  3],
              [ 4,  5,  6,  7],
              [ 8,  9, 10, 11]])
In:    b[1, 2]    # 访问数组第1行的第2个元素
Out:   6
In:    b[1][2]    # 访问数组第1行的第2个元素,坐标也可写为[1][2]
Out:   6
In:    b[1, 1:3]    # 访问数组第1行的第1-2个元素
Out:   array([5, 6])
In:    b[1]    # 只给出行坐标,省略列坐标,访问数据第1行的所有元素
Out:   array([4, 5, 6, 7])
In:    b[:, 1]    # 行坐标仅写冒号代表所有的行,访问数据第1列的所有元素
Out:   array([1, 5, 9])
In:    b[1:3, 1:4]    # 取数据第1-2行、第1-3列的数据块
Out:   array([[ 5,  6,  7],
              [ 9, 10, 11]])
```

7.2.2 布尔索引与花式索引

7.2.2.1 布尔索引

布尔索引是指用一个布尔数组来索引数组元素,选取True值对应位置的数据。

```
In:    np.random.seed(7)    # 设置随机数种子7
In:    b = np.random.randint(40, 100, size=10)    # 生成10个在区间[40,100)内的
       随机整数
In:    b
Out:   array([87, 44, 65, 94, 43, 59, 63, 79, 68, 97])
In:    c = b < 60    # 生成一个布尔数组
In:    c
Out:   array([False, True, False, False, True, True, False, False, False,
              False])
In:    b[c]    # 利用布尔索引获取数据,得到小于60的数据
Out:   array([44, 43, 59])
In:    b[b > 90]    # 利用布尔索引直接找出大于90的元素
Out:   array([94, 97])
```

代码"c = b < 60"会将数组b中每个元素与60进行比较,得到一个布尔数组,其值为"array([False, True, False, False, True, True, False, False, False, False])",其中第1、4、5位置上的元素为True,并赋给了变量c。执行"b[c]"时将从数组b中选取布尔数组c中True值对应位置的元素,即从数组b中选取第1、4、5位置上的元素,分别为44、43和59。

代码"b[b > 90]"则以更直接的方式利用布尔索引找出数组b中大于90的元素,这也是对数组元素进行筛选的典型方式。

利用布尔索引选取数据时,还可结合&(与)、|(或)、~(非)等逻辑运算进行更复杂的数据选取。

```
In:   b[(b >= 60) & (b <= 80)]   # 显示区间[60,80]内的数据,注意此处要用&而不能用 and
Out:  array([65, 63, 79, 68])
In:   b[(b < 60) | (b > 90)]   # |表示或,选取小于60或大于90的数据
Out:  array([44, 94, 43, 59, 97])
In:   b[~(b < 60)]   # ~表示非,显示>=60的数据
Out:  array([87, 65, 94, 63, 79, 68, 97])
```

7.2.2.2 花式索引

花式索引是利用整数列表对数据进行索引。只需要传入一个用于指定顺序的整数列表或数组,就可以得到按照指定顺序选取元素的数组子集。下面代码展示了花式索引的使用。

```
In:   b = np.arange(5, 10)   # 数组b的元素包括5、6、7、8、9
In:   b[[0, 1, 3]]   # 访问第0、1、3 个元素,注意多个下标要放在方括号内
Out:  array([5, 6, 8])
In:   bank_array = np.array(['中国银行', '农业银行', '工商银行', '建设银行'])
In:   bank_array[[3, 2, 1]]
Out:  array(['建设银行', '工商银行', '农业银行'], dtype='<U4')
```

7.2.3 数组的运算

7.2.3.1 数组与单个数据的运算

数组在与单个数据运算时,数组中的每个元素分别与该单个数据进行运算。列表一般需要循环语句才能对每个列表元素进行计算,而数组不需要循环语句就可实现同样的操作,代码如下:

```
In:   b = np.arange(5)
In:   b
Out:  array([0, 1, 2, 3, 4])
In:   b + 1   # 将每个数组元素加1
Out:  array([1, 2, 3, 4, 5])
In:   b * 2   # 将每个数组元素乘以2
Out:  array([0, 2, 4, 6, 8])
In:   b / 2   # 将每个数组元素除以2
Out:  array([0. , 0.5, 1. , 1.5, 2. ])
```

7.2.3.2 数组之间的运算

当两个数组的形状相同时,各位置上的元素分别进行"对位运算"。代码如下:

```
In:   a1 = np.arange(5)
In:   a1
Out:  array([0, 1, 2, 3, 4])
In:   a2 = np.arange(5,10)   # a1,a2 数组形状相同
In:   a2
Out:  array([5, 6, 7, 8, 9])
```

```
In:    a1 + a2    # 两个数组的各个元素对位相加
Out:   array([ 5,  7,  9, 11, 13])
In:    a1 * a2    # 两个数组的各个元素对位相乘
Out:   array([ 0,  6, 14, 24, 36])
In:    a1 / a2    # 两个数组的各个元素对位相除
Out:   array([0.   , 0.167, 0.286, 0.375, 0.444])
```

补充知识

数组运算的广播规则

7.3 数组的形态变换与排序

数组维度和内部的元素并非一成不变,可以根据实际计算的需要进行形态变换,也可以对数据进行排序。

7.3.1 数组的形态变换

7.3.1.1 reshape()方法

reshape()方法可以将原数组按照指定的形状返回一个新数组。reshape()方法不会改变原数组对象本身。代码如下:

```
In:    a1 = np.arange(12)
In:    a2 = a1.reshape((2, 6))    # 将一维数组 a1 转换为 2 行 6 列的二维数组
In:    a2
Out:   array([[ 0,  1,  2,  3,  4,  5],
              [ 6,  7,  8,  9, 10, 11]])
In:    a3 = a1.reshape((2, 2, 3))    # 将数组 a1 转换为 2 层 2 行 3 列的三维数组
In:    a3
Out:   array([[[ 0,  1,  2],
               [ 3,  4,  5]],

              [[ 6,  7,  8],
               [ 9, 10, 11]]])
In:    a1    # reshape()函数不会改变原数组
Out:   array([ 0, 1, 2, 3, 4, 5, 6, 7, 8, 9, 10, 11])
```

7.3.1.2 resize()方法

resize()方法可以把原数组本身直接变为指定形状的数组,返回空值。代码如下:

```
In:    a1.resize((3, 4))
In:    a1    # resize()方法使原数组本身发生改变
Out:   array([[ 0,  1,  2,  3],
              [ 4,  5,  6,  7],
              [ 8,  9, 10, 11]])
In:    type(a1.resize((3, 4)))    # 检验 resize()方法的返回值类型
Out:   NoneType
```

7.3.1.3 transpose()方法

transpose()方法可以实现对数组的转置,返回转置后的新数组,不改变原数组本身。

数组转置操作与线性代数中的矩阵转置相同,即将行数据变为列、列数据变为行。除使用 transpose()方法外,也可以通过数组对象的".T"操作来实现。代码如下:

```
In:     a4 = a1.transpose()
In:     a4
Out:    array([[ 0,  4,  8],
               [ 1,  5,  9],
               [ 2,  6, 10],
               [ 3,  7, 11]])
In:     a5 = a1.T
In:     a5
Out:    array([[ 0,  4,  8],
               [ 1,  5,  9],
               [ 2,  6, 10],
               [ 3,  7, 11]])
```

7.3.1.4　flatten()方法

flatten()方法被用来展平数组,即将高维数组转换为一维数组,返回一个新的一维数组而不改变原数组。代码如下:

```
In:     a6 = np.arange(6).reshape((2, 3))
In:     a6
Out:    array([[0, 1, 2],
               [3, 4, 5]])
In:     a7 = a6.flatten()
In:     a7
Out:    array([0, 1, 2, 3, 4, 5])
In:     a6
Out:    array([[0, 1, 2],
               [3, 4, 5]])
```

7.3.2　数组的排序

数组对象的 sort()方法,可将数组数据从小到大排列,即升序排列。该方法会改变原数组。代码如下:

```
In:     b = np.array([5, 3, 1, 2, 4, 3])
In:     c = b.copy()   # 将数组b复制一份至数组c,作为备份
In:     b.sort()       # 排序后直接改变了b的数据顺序
In:     b
Out:    array([1, 2, 3, 3, 4, 5])
```

如果排序时不想改变数组自身,那么可以使用 sort()函数。代码如下:

```
In:     b = c.copy()   # 从备份数组c中恢复原数组
In:     np.sort(b)     # np.sort()函数排序后返回一个新数组,数组b自身不变
Out:    array([1, 2, 3, 3, 4, 5])
```

然而,NumPy 库不提供类似列表从大到小降序排列时所用的 reverse=True 参数,因此如果要对数组元素从大到小排列,可以借助 sort()函数的反函数 argsort()来实现。

argsort()函数能够返回一个数组对象全部元素从小到大排列时的下标索引数组,代码如下:

```
In:    b = np.array([5, 3, 1, 2, 4, 3])
In:    arg = np.argsort(b)
In:    arg
Out:   array([2, 3, 1, 5, 4, 0], dtype=int64)
```

数组 arg 中的元素 "2,3,1,5,4,0" 的含义是,数组 b 中最小元素的下标索引为 2,其次是下标为 3 的元素,接下来分别是下标为 1、5、4 的元素,最大元素的下标为 0。

利用数组 arg 对数组 b 做花式索引,即可得到从小到大排列后的数组。代码如下:

```
In:    b[arg]
Out:   array([1, 2, 3, 3, 4, 5])
```

而要将数组降序排列,可使用这样一个小技巧:先利用 -b 对数组 b 的每个元素取相反数,这样 np.argsort(-b) 将返回一个代表原数组 b 的值从大到小排列的索引下标,再以此索引下标对原数组 b 做花式索引,就得到了降序排列后的结果。代码如下:

```
In:    b = np.array([5, 3, 1, 2, 4, 3])
In:    b[np.argsort(-b)]
Out:   array([5, 4, 3, 3, 2, 1])
```

7.4 NumPy 常用函数

NumPy 中提供了大量的函数来支持数组对象的各种操作,下面分别对常用的统计与计算函数、随机函数、多项式处理函数,以及文件读写函数进行介绍。

7.4.1 统计与计算函数

表 7-2 列出了 NumPy 中常用的统计与计算函数,这些函数可以分为普通函数和 ufunc 通用函数两类。

表 7-2   NumPy 常用的统计与计算函数

函数名	函数描述	类型
max()、min()	返回数组元素的最大值、最小值	普通函数
sum()、mean()	返回数组元素的和、平均值	普通函数
var()、std()、median()	返回数组元素的方差、标准差、中位数	普通函数
prod()	返回数组元素累乘结果	普通函数
cumsum()	累加并返回中间结果	普通函数
cumprod()	累乘并返回中间结果	普通函数

（续表）

函数名	函数描述	类型
sqrt()	返回数组各元素的算术平方根	ufunc 通用函数
sin()、cos()、tan()	返回数组各元素的三角函数	ufunc 通用函数
floor()、ceil()	返回数组中各元素向下取整、向上取整的结果	ufunc 通用函数

下面是关于普通函数调用的实例：

```
In:    b = np.array([2, 1, 3, 5])
In:    np.max(b), np.min(b)   # 求最大值、最小值
Out:   (5, 1)
In:    np.sum(b), np.mean(b)   # 求和、平均值
Out:   (11, 2.75)
In:    np.var(b), np.std(b), np.median(b)   # 求方差、标准差、中位数
Out:   (2.1875, 1.479019945774904, 2.5)
In:    np.prod(b)   # 返回数组元素累乘结果
Out:   30
In:    np.cumsum(b)   # 返回累加中间结果
Out:   array([ 2, 3, 6, 11])
In:    np.cumprod(b)   # 返回累乘中间结果
Out:   array([ 2, 2, 6, 30])
```

> **提示：函数式调用与方法式调用**
>
> 前面关于统计与计算函数的调用采用的是"np.函数名(数组)"形式，这属于函数方式的调用。实际上，对于很多常用的函数，numpy 也将其包装为数组对象自身的方法，所以也可写为"数组.方法名()"的形式。例如，代码"np.sum(b)"是以函数方式调用 sum() 函数，也可以写成"b.sum()"，此时是以方法方式调用数组对象 b 的 sum() 方法。

ufunc 通用函数，是 NumPy 中的一类可以对数组进行元素级操作的函数。ufunc 通用函数的特点是它们可以对数组进行整体的向量化操作，而不需要编写循环来对元素进行逐个计算，在处理大型数据集时非常高效。例如，表 7-2 中的 sqrt() 函数，可以直接对数组中的每个元素计算算术平方根，而不需要编写循环对元素一个个做开平方处理。下面是关于 ufunc 通用函数调用的实例：

```
In:    b = np.array([2.5, 1.5, 3.2, 0.3])
In:    np.sqrt(b)
Out:   array([1.58113883, 1.22474487, 1.78885438, 0.54772256])
In:    np.sin(b)
Out:   array([ 0.59847214,  0.99749499, -0.05837414,  0.29552021])
In:    np.floor(b)
Out:   array([2., 1., 3., 0.])
In:    np.ceil(b)
Out:   array([3., 2., 4., 1.])
```

7.4.2 随机函数

NumPy提供了很多随机函数,可以用于各种数据测试和统计研究,如表7-3所示。这些随机函数都位于NumPy的random子模块中,调用语法为"np.random.随机函数(参数)"。Python中的随机数都是按照一定的算法生成的伪随机数,如果每次都先设置相同的随机数种子值(seed),那么就能保证随机数按顺序生成的不变性。

表7-3　　　　　　　　　　　　NumPy常用的随机函数

函数名	函数描述
seed()	设置随机种子
randint(low, high, size)	返回[low, high)间形状由size指定的随机整数数组
rand(d0, d1, …, dn)	返回[0, 1)间的符合均匀分布的随机小数数组
random(size)	返回[0, 1)间形状由size指定的均匀分布的随机小数数组
uniform(low, high, size)	产生区间[low, high)内均匀分布的随机数
randn(d0, d1, …, dn)	返回符合标准正态分布$N(0, 1)$的随机小数数组
normal(loc, scale, size)	返回符合正态分布$N(loc, scale^2)$的随机数
choice(a, n)	从数组a中随机选择n个数

下面是关于NumPy随机函数调用的实例:

```
In:   np.random.seed(100)
In:   np.random.randint(1, 100, 10)   # 返回1到99之间的10个随机整数的数组
Out:  array([ 9, 25, 68, 88, 80, 49, 11, 95, 53, 99])
In:   np.random.rand(5)   # 返回区间[0,1)内的5个随机小数的数组
Out:  array([0.18646718, 0.21010774, 0.4527399 , 0.87014264, 0.06368104])
In:   np.random.rand(2, 3)   # 返回2×3二维随机小数数组
Out:  array([[0.62431189, 0.52334774, 0.56229626],
             [0.00581719, 0.30742321, 0.95018431]])
In:   np.random.random((2, 3))   # 返回2×3二维随机小数数组
Out:  array([[0.12665424, 0.07898787, 0.31135313],
             [0.63238359, 0.69935892, 0.64196495]])
In:   np.random.uniform(low=2, high=3, size=10)   # 生成区间[2, 3)内的10个随
      机小数的数组
Out:  array([2.92002378, 2.29887635, 2.56874553, 2.17862432, 2.5325737 ,
             2.64669147, 2.14206538, 2.58138896, 2.47918994, 2.38641911])
In:   np.random.uniform(6, 8, size=(2,3))   # 生成区间[6, 8)内的2×3二维数组
Out:  array([[6.88092989, 6.80951466, 6.88450807],
             [6.06024656, 7.55201063, 7.10191676]])
In:   np.random.randn(10)   # 返回符合标准正态分布N(0, 1)的10个随机数的数组
Out:  array([ 0.56682064, -2.30337426,  1.37700072, -1.18738682,  0.07939305,
              0.10796363,  0.5069511 ,  1.12558936, -1.00805248,  0.35482923])
In:   b = np.arange(1, 20, 2)
In:   b
Out:  array([ 1,  3,  5,  7,  9, 11, 13, 15, 17, 19])
```

```
In:   np.random.choice(b, 8, replace=False)   # 随机抽取 8 个数,False 表示不允许
      重复,即无放回抽样
Out:  array([15,  1,  7, 13, 17,  3, 19, 11])
In:   np.random.choice(b, 8, replace=True)    # True 表示允许重复,即有放回抽样
Out:  array([ 1, 15,  5,  7, 11,  9,  5,  9])
```

7.4.3 多项式处理函数

NumPy 支持多项式的构造、求值、求微分、积分,以及多项式拟合等操作,常用的多项式处理函数如表 7-4 所示。

表 7-4　　　　　　　　　　NumPy 常用的多项式处理函数

函数名	函数描述
poly1d(A)	利用系数数组 A 生成多项式
polyder(p, m=1)	求多项式 p 的 m 阶导数,m 默认值为 1
polyint(p, m=1)	求多项式 p 的 m 重积分,m 默认值为 1
polyadd(p1, p2)	对多项式 p1 和 p2 求和,等价于 p1+p2
polysub(p1, p2)	对多项式 p1 和 p2 求差,等价于 p1−p2
polymul(p1, p2)	对多项式 p1 和 p2 求积,等价于 p1×p2
polydiv(p1, p2)	对多项式 p1 和 p2 求商,等价于 p1/p2,结果为商和余数构成的元组
polyfit(x, y, k)	多项式拟合,x 和 y 分别为待拟合的两个数组,k 为拟合多项式最高次幂

对于 NumPy 构造的多项式,可代入数值进行计算,还可求微分、积分、解方程。一元二次多项式 $y=x^3-3x+4$ 的构造示例如下:

```
In:   y = np.poly1d([1, 0, -3, 4])    # 以列表形式给出多项式的系数,y 是构造得到的多
      项式
In:   y
Out:  poly1d([ 1, 0, -3, -4])
In:   print(y)   # 打印 y 可以看到多项式的数学形式
Out:     3
      1 x - 3 x + 4
In:   y(1)   # 计算 x=1 时多项式的值
Out:  2
In:   np.polyval(y, 2)    # 计算 x=2 时多项式的值
Out:  6
In:   p = np.poly1d([3, -4])    # 构造多项式 p=3x-4
In:   y + p    # 计算多项式 y 和 p 之和,等价于 np.polyadd(y, p)
Out:  poly1d([1, 0, 0, 0])
In:   print(np.polyder(y))    # 求多项式 y 的一阶导并打印
Out:     2
      3 x - 3
In:   print(np.polyder(y, m=2))    # 求多项式 y 的二阶导并打印
Out:  6 x
In:   print(np.polyint(y, 1))    # 求多项式 y 的一重积分并打印
Out:       4      2
      0.25 x - 1.5 x + 4 x
```

多项式拟合函数 polyfit( ),需要同时提供两个数组,分别作为拟合的自变量和因变量,并指定拟合多项式的最高次幂(即用几次多项式来拟合数据),代码如下:

```
In:   x = np.array([0, 1, 2, 3, 4, 5])
In:   y = np.array([0.1, 0.8, 1.1, 0.3, -0.6, -1.2])
In:   a = np.polyfit(x, y, 2)    # 对x和y做二次多项式拟合,得到多项式系数数组
In:   a
Out:  array([-0.20178571,  0.68035714,  0.23214286])
In:   f = np.poly1d(a)    # 利用拟合得到的系数数组构建拟合的二次多项式f
In:   print(f)
Out:           2
       -0.2018 x + 0.6804 x + 0.2321
In:   f(x)    # 利用拟合的多项式f计算x每个元素对应的函数值,可以看出与y值的变化趋势相符
Out:  array([ 0.23214286,  0.71071429,  0.78571429,  0.45714286, -0.275,
       -1.41071429])
```

7.4.4 文件读写函数

大量的科学计算数据都是以文件形式进行存储的,NumPy库为数组提供了专门的文件读写函数,能够以文本和二进制两种方式实现读写。NumPy库中常用的文件读写函数如表7-5所示。

表 7-5　　　　　　　　　　NumPy 库中常用的文件读写函数

函数名	函数描述	读写方式
np.savetxt()	将一个一维数组或二维数组写入指定的文本文件	文本方式
np.loadtxt()	从指定的文本文件中读取数据,返回数组	文本方式
np.save()	将数组写入一个扩展名为 .npy 的二进制文件中	二进制方式
np.load()	从扩展名为 .npy 的二进制文件读取数据,并返回数组	二进制方式

7.4.4.1 以文本方式读写

下面代码使用 savetxt( ) 函数把数组 a 存入 a.txt 文件。如果 a.txt 文件不存在,程序将自动创建 a.txt 文件并写入数据。

```
In:   a = np.arange(12).reshape((3, 4))
In:   a
Out:  array([[ 0,  1,  2,  3],
             [ 4,  5,  6,  7],
             [ 8,  9, 10, 11]])
In:   np.savetxt('a.txt', a)    # 将数组a存到当前工作目录的文本文件'a.txt'中
```

用记事本打开文本文件 a.txt,可以看到数据都以科学计数法表示,如图 7-2 所示。

这是因为 savetxt( ) 函数保存文件时默认采用科学技术法并保留小数点后 18 位。如果希望保存为其他格式,可以在 savetxt( ) 函数中用 fmt 参数指定保存格式。fmt 参数默认值为 "%.13e"。常见的格式字符中,"d" 表示十进制整数,"f" 表示浮点数。savetxt( ) 函数的 delimiter 参数可用于指定分隔符,默认为空格。下面代码将数组 a 按整数方式,以逗号为分隔符保存到本地文件 "b.txt"。

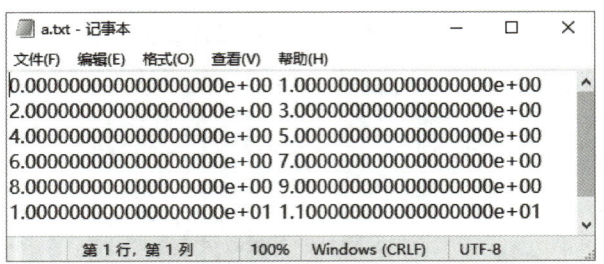

图 7-2 文件 a.txt 内容

```
In:    np.savetxt('b.txt', a, delimiter=',', fmt='%d')
```

打开 b.txt 文件后,其内容如图 7-3 所示。

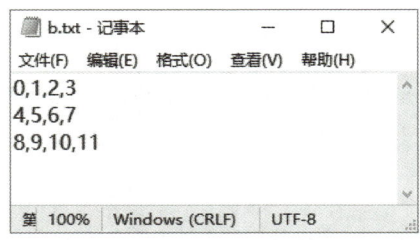

图 7-3 文件 b.txt 内容

loadtxt()函数能从文本文件中将数据读入数组。下面代码分别将 a.txt 和 b.txt 中的数据读入变量 c 和 d 中。

```
In:    c = np.loadtxt('a.txt')
In:    c
Out:   array([[ 0.,  1.,  2.,  3.],
              [ 4.,  5.,  6.,  7.],
              [ 8.,  9., 10., 11.]])
In:    d = np.loadtxt('b.txt', delimiter=',', dtype='int32')
In:    d
Out:   array([[ 0,  1,  2,  3],
              [ 4,  5,  6,  7],
              [ 8,  9, 10, 11]])
```

7.4.4.2 以二进制方式读写

除了以文本方式读写,NumPy 库还支持其特有的 .npy 格式的二进制文件,并通过 save() 函数和 load()函数以二进制方式实现数组与 .npy 文件之间的存取,代码如下:

```
In:    np.save('data', a)     # 将数组 a 保存为 data.npy 文件,扩展名 .npy 会自动添加
In:    e = np.load('data.npy')    # 从 data.npy 文件读取数组
In:    e
Out:   array([[ 0,  1,  2,  3],
              [ 4,  5,  6,  7],
              [ 8,  9, 10, 11]])
```

案例 7-1　考研复试

小张在一所高校负责管理科学与工程专业的研究生招生工作。他已经拿到 2024 年报考该校该专业全部 100 名考生的初试成绩，并且 2024 年的考研国家分数线也已经公布。现在他需要为本次考研复试做一些准备工作。

已知该校的管理科学与工程专业考研的四门考试科目分别为：政治（满分 100）、英语（满分 100）、数学（满分 150）、管理学（满分 150）。2024 年管理科学与工程专业的复试国家线如表 7-6 所示。

表 7-6　2024 年管理科学与工程专业的复试国家线

专业	总分	政治和英语单科（满分＝100）	数学和管理学单科（满分＝150）
管理科学与工程	347	49	74

由表 7-6 可知，必须总分不低于 347 分、政治和英语均不低于 49 分，并且数学和管理学均不低于 74 分的考生才有可能进入复试。

利用随机函数来模拟生成 100 名考生四门考试科目的成绩，存入一个 100 行 5 列的数组，其中：第一列为考生的考号 1—100；第二、三列分别为政治和英语成绩，成绩区间为 [35, 100)；第四、五列分别为数学和管理学成绩，成绩区间为 [50, 150]。

在模拟数据基础上，利用 NumPy 库来帮助小张完成以下各项分析任务：

（1）在 100 行 5 列的数组右边增加 1 列，统计每个考生的总分；
（2）统计每门考试科目所有学生成绩的平均分和标准差；
（3）统计每门考试科目单科达到复试线的人数，以及总分达到复试线的人数；
（4）在数组右边增加 1 列，用于标注每位学生是否具备复试资格，具备标 1，不具备标 0，打印具备复试资格学生的总人数；
（5）选取全部具备复试资格的学生，按照总分由高到低排列，并在数组最右侧增加 1 列标注排名。
（6）将带有排名的具备复试资格学生的数组保存在 "复试名单.csv" 文件中。

针对以上任务，编写代码如下：

案例代码 7-1　考研复试　　Kaoyan.py

```
1  import numpy as np
2  scores = np.random.seed(100)    # 设定随机种子
3  # 0.生成数据
4  n = 100
5  cut_offs = [49, 49, 74, 74, 347]    # 单科和总分分数线
6  ids = np.arange(1, n+1)    # 生成学号数组
```

```python
7   politics_english = np.random.randint(35, 100, size=(n,2))    # 随机生成政
    治和英语成绩
8   math_management = np.random.randint(50, 151, size=(n,2))    # 随机生成数学
    和管理学成绩
9   data = np.column_stack((ids, politics_english, math_management))    # 合
    并学号和成绩数据
10  # 1.计算总分
11  student_total = data[:, 1:].sum(axis=1)    # 取所有行的成绩数据列,沿1轴方向
    求和
12  data = np.column_stack((data, student_total))    # 将总成绩数据列合并到data
    数组右侧1列
13  # 2.按考试科目统计平均分和标准差
14  subject_mean = data[:, 1:5].mean(axis=0)    # 对于成绩数据列,沿0轴方向求均值
15  subject_std = data[:, 1:5].std(axis=0)    # 对于成绩数据列,沿0轴方向求标准差
16  print('政治、英语、数学、管理学四门考试科目的平均分分别为:', subject_mean)
17  print('政治、英语、数学、管理学四门考试科目的标准差分别为:', subject_std)
18  # 3.按考试科目统计达单科、总分线人数
19  qualified_politics = data[:, 1] >= cut_offs[0]    # 生成政治成绩是否上线的布
    尔数组
20  qualified_english = data[:, 2] >= cut_offs[1]    # 生成英语成绩是否上线的布尔
    数组
21  qualified_math = data[:, 3] >= cut_offs[2]    # 生成数学成绩是否上线的布尔数组
22  qualified_management = data[:, 4] >= cut_offs[3]    # 生成管理学成绩是否上线
    的布尔数组
23  qualified_total = data[:, 5] >= cut_offs[4]    # 生成总成绩是否上线的布尔数组
24  print('政治、英语、数学、管理学四门考试科目达线人数分别为:', qualified_politics.
    sum(),\
25  qualified_english.sum(), qualified_math.sum(), qualified_management.sum
    ())
26  print('总分达线人数为:', qualified_total.sum())    # 对布尔数组做sum()操作计算
    True值个数
27  # 4.复试资格标注
28  qualified = qualified_politics & qualified_english & qualified_math & \
29  qualified_management & qualified_total    # 五个布尔数组&操作得到是否获得复试
    资格的布尔数组
30  data = np.column_stack((data, np.where(qualified,1,0)))    # 复试资格列标注,
    合并到data
31  print('具备复试资格学生总人数:', qualified.sum())
32  # 5.选取具备复试资格学生,排序并标注排名
33  data_qualified = data[data[:, 6]==1]    # 取具备复试资格的考生数据
34  qualified_count = len(data_qualified)    # 具备复试资格的人数
35  data_qualified_sorted = data_qualified[data_qualified[:,5].argsort()
    [::-1]]    #总分降序
36  data_qualified_ranked = np.column_stack((data_qualified_sorted,
    np.arange(1,\
37  qualified_count+1)))
38  # 6.保存统计结果到CSV文件
39  np.savetxt('复试名单.csv', data_qualified_ranked, delimiter=',', fmt='%d')
```

该程序运行结果如下：

```
政治、英语、数学、管理学四门考试科目的平均分分别为：[ 69.98  70.62  99.86 101.03]
政治、英语、数学、管理学四门考试科目的标准差分别为：[18.97339825 17.13171328
29.5011932  23.01872767]
政治、英语、数学、管理学四门考试科目达线人数分别为：78 86 77 77
总分达线人数为：47
具备复试资格学生总人数：32
```

用 Excel 软件打开生成的“复试名单 .csv”文件，其内容如图 7-4 所示。

	A	B	C	D	E	F	G	H
1	34	85	78	130	149	442	1	1
2	63	98	78	137	115	428	1	2
3	74	77	78	129	142	426	1	3
4	14	69	62	140	143	414	1	4
5	31	86	89	105	133	413	1	5
6	98	94	68	101	146	409	1	6
7	45	93	54	143	117	407	1	7
8	32	70	88	150	92	400	1	8
9	4	88	50	127	134	399	1	9
10	84	75	56	130	137	398	1	10
11	54	88	92	132	82	394	1	11
12	95	84	93	80	132	389	1	12

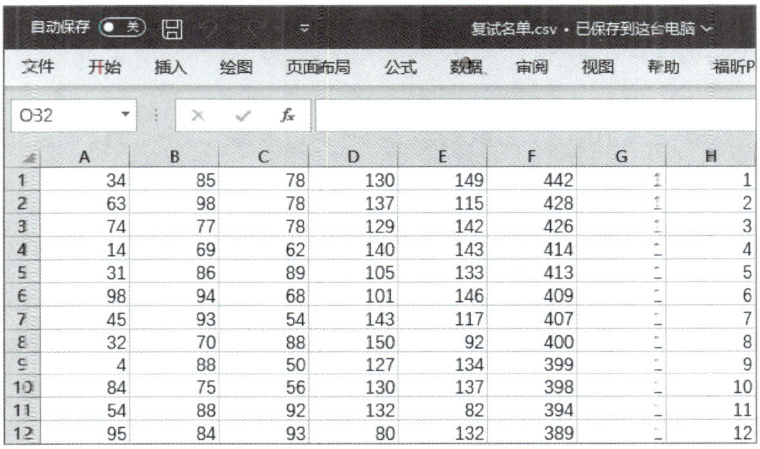

图 7-4　复试名单 .csv 文件内容

案例中涉及几个限于篇幅在前面没有展开进行介绍的函数。例如，在第 9 行中调用的 np.column_stack() 函数，用于将数组按列做合并。第 30 行中 np.where(qualified, 1, 0) 表示对数组 qualified 进行判断，为 True 时返回 1，为 False 时返回 0，从而实现将布尔数组转换为 0 和 1 构成的数组。本案例在数据生成方面还存在进一步改进的空间，这里都是按照均匀分布随机生成成绩数据，实际的成绩数据更接近正态分布，后续可根据正态分布随机数据生成函数对代码进行优化。

本章小结

1. 数组 ndarray 是 NumPy 库的重要数据结构，具有轴、秩、大小、形状等属性，NumPy 提供了多种方法来创建数组。

2. 对于数组可以进行基本索引和切片操作，还有布尔索引和花式索引的方式。

3. 数组可以与单个数据进行运算，也可以与数组进行运算，必要时还可以对数组进行形态变换和排序。

4. NumPy 中提供了大量的函数，包括统计函数、随机函数、多项式处理函数、文件读写函数等，这些函数为 NumPy 赋予了强大的科学计算能力。

复习思考题

1. 使用 NumPy 库创建数组有哪几种方法？
2. NumPy 数组切片和 Python 列表切片有何区别？
3. NumPy 数组有哪些常用的索引方式？

 操作实践题

1. 创建一个大小为 10 的等差数列数组 array1，其最小值为 21，最大值为 30，打印该数组。
2. 创建两个数组 array2 和 array3，数组元素分别为 [1, 2, 3, 4, 5, 6, 7, 8, 9, 10] 和 [11, 12, 13, 14, 15, 16, 17, 18, 19, 20]，计算数组 array2 和 array3 的欧氏距离。请了解欧氏距离的定义后完成程序编写。
3. 创建一个 5×5 的二维数组，使得数组外层元素均等于 1，内层元素均等于 -1，然后在该二维数组的最外面添加一层值为 0 的边界元素，使其变成一个 7×7 的数组。
4. 利用 NumPy 库中的多项式处理函数，构造函数 $f(x)=x^5+3x^3+4$，计算 $x=3$ 和 $x=5$ 时的函数值，并输出 $f(x)$ 的一阶导数和二阶导数的函数表达式。
5. 构造 50×4 的成绩数组，第 0 列代表学号 1—50，第 1—3 列代表三门成绩，其中成绩取 [40, 100] 间的随机整数。将构造的成绩数组保存到本地的 CSV 文件中。然后计算出必要的成绩统计数据。

第八章 Pandas 数据分析

本章思维导图

学习目标

- 掌握 Pandas 库的 Series 和 DataFrame 数据对象的特点和操作；
- 了解数据整理的概念，掌握 Pandas 库提供的多种数据整理方法；
- 掌握 Pandas 库的数据文件读写方式；
- 理解利用 Pandas 库工具进行数据分析的实际应用过程。

Pandas 是 Python 的一个数据分析库，最初由 AQR Capital Management 于 2008 年 4 月开发，并于 2009 年年底开源出来。Pandas 的名称来自面板数据（panel data）和 Python 数据分析（data analysis）。最初 Pandas 作为金融数据分析工具而被开发，目前已经广泛应用于各种商业领域和科学计算领域。

8.1 Pandas 的基本数据结构

Series 和 DataFrame 是 Pandas 的两个基本数据对象，掌握这两种数据对象的基本使用方法是掌握 Pandas 的关键。本节介绍这两个对象的基本概念和常用属性。Series 是具有索引的一维数组；DataFrame 是行和列具有标签的二维表格，与 Excel 及数据库中的数据表相似。DataFrame 的每一列都是一个 Series。要使用 Pandas，需要首先进行导入，导入的语法格式为：

```
import pandas as pd
```

可以获取 Pandas 的 __version__ 属性来了解当前 Pandas 的版本。代码如下：

```
In:    import pandas as pd
In:    pd.__version__    # 观察 Pandas 的版本，version 的左右两端都是两个下画线
Out:   '2.2.2'
```

8.1.1 Series

Series，又称系列，是 Pandas 中用来承载一维数据的容器。Series 由长度相等的一组索引（index）和一组值（value）组成。

8.1.1.1 Series 对象的创建

Pandas 库为 Series 提供了非常灵活的创建方式。一方面，Series 的结构类似于 NumPy 数组，因此可以直接基于列表或数组来创建 Series 对象；另一方面，Series 的索引名称可变，可以通过字典数据类型来创建 Series 对象。下面代码展示了利用 Series()函数创建 Series 对象的基本方法。

```
In:     import pandas as pd
In:     s1 = pd.Series([65, 84, 53])
In:     s1
Out:    0    65
        1    84
        2    53
        dtype: int64
```

由上述结果可以看出，Series 对象同时包含一组默认的整数索引，以及一组数据元素值。在打印显示时，整数索引在左边一列打印，值在右边一列打印。"dtype: int64"表示 Series 值的数据类型是 int64。创建 Series 对象 s1 时没有指定索引，则系统默认取 0 至元素个数减一的整数自动构造索引。

此外，还可以在 Series()函数中利用 index 参数来为 Series 对象指定一组字符串索引，即标签。代码如下：

```
In:     s1 = pd.Series([65,84,53], index=['刘文','王然','郑飞'])    # 利用 index
        参数指定字符串索引
In:     s1
Out:    刘文    65
        王然    84
        郑飞    53
        dtype: int64
```

Series 对象的标签和值的关系与 Python 字典非常类似，也可以利用字典来构建 Series 对象，代码如下：

```
In:     data = {'刘文':65,'王然':84,'郑飞':53}
In:     s2 = pd.Series(data)
In:     s2
Out:    刘文    65
        王然    84
        郑飞    53
        dtype: int64
```

8.1.1.2 Series 对象的操作

1. 数据访问

Series 数据结构提供了两种基本的数据访问方式：下标法和索引法。下标法类似于数组的访问,允许通过整数索引访问 Series 对象;索引法则类似于通过标签访问字典。下面代码演示了访问 Series 数据的两种方法。

```
In:     s1 = pd.Series([65, 84, 53], index=['刘文','王然','郑飞'])
In:     s1[0]    # 下标法:访问整数索引为 0 的元素
Out:    65
In:     s1[0:2]  # 下标法:访问整数索引为 0、1 的元素
Out:    刘文    65
        王然    84
        dtype: int64
In:     s1['刘文']   # 索引法:访问标签为'刘文'的元素
Out:    65
In:     s1['刘文':'王然']   # 索引法:访问标签为'刘文'至'王然'的元素
Out:    刘文    65
        王然    84
        dtype: int64
```

从以上结果可以看出,在进行切片访问时,下标法不能得到终止下标对应的元素,而索引法可以得到终止标签对应的元素。在实际使用时,应根据整数索引和标签的具体情况,选择合适的数据访问方式。

2. 数据修改

采用下标法修改 Series 的数据与修改列表和数组的数据类似,而采用索引法修改 Series 的数据与修改字典的数据类似。代码如下所示:

```
In:     s1 = pd.Series([65, 84, 53], index=['刘文','王然','郑飞'])
In:     s1['刘文'] = 70
In:     s1[1] = 70
In:     s1
Out:    刘文    70
        王然    70
        郑飞    53
        dtype: int64
```

3. 算术运算

Series 对象的算术运算与 NumPy 数组的算术运算类似:如果是 Series 对象与单个值做运算,则每个元素参与运算;如果是 Series 对象之间进行运算,则按照索引进行对位运算。下面代码演示了 Series 对象的算术运算。

```
In:     import pandas as pd
In:     s1 = pd.Series([1,2,3], ['a','b','c'])
In:     s1 + 1  # 显示 s1 中每个元素均加 1 后的结果,s1 本身并未发生变化
Out:    a    2
        b    3
        c    4
dtype: int64
In:     s2 = pd.Series([1,5,8], ['a','c','d'])
In:     s1 + s2
Out:    a    2.0
```

```
b    NaN
c   -2.0
d    NaN
dtype: float64
```

观察以上结果,由于 s1 和 s2 均有标签'a'和'c',因此标签'a'和'c'的元素值可以对位相减,标签'b'和'd'会因为不匹配得到 NaN 值。同时可以观察到,尽管 s1 和 s2 的元素类型为整数,但执行 s1-s2 操作后,Pandas 库会将结果以浮点数形式存储,以避免丢失精度。

由于 Pandas 中的数据类型类似于 NumPy 中,因此 NumPy 中的多数方法和函数对 Series 也是适用的。

8.1.2 DataFrame

DataFrame,又称数据框,是 Pandas 中用于表示二维结构的数据类型。可以将 DataFrame 看作带有标签的二维表格数据,也可以将其看成共享行索引的多个 Series 对象。

8.1.2.1 DataFrame 对象的创建

创建 DataFrame 对象的方法有很多,最基本的两种方式是利用 Series 数据对象和字典来构建 DataFrame 对象。下面的代码演示了创建数据结构为 DataFrame 的小型班级成绩单。首先为每个学生创建包含成绩信息的 Series 对象,然后将这些 Series 对象构造成 DataFrame 对象。在这个成绩单中,共有 4 名学生,每个学生都有语文、数学、英语 3 门课程成绩。

```
In:    import pandas as pd
In:    df1 = pd.DataFrame([
       pd.Series(['张三','一班',91,71,80],index=['姓名','班级','语文','数学','英语']),
       pd.Series(['李四','一班',75,91,89],index=['姓名','班级','语文','数学','英语']),
       pd.Series(['陈五','二班',86,75,75],index=['姓名','班级','语文','数学','英语']),
       pd.Series(['小明','二班',80,86,71],index=['姓名','班级','语文','数学','英语'])
       ])
In:    print(df1)
Out:        姓名    班级    语文    数学    英语
       0    张三    一班    91    71    80
       1    李四    一班    75    91    89
       2    陈五    二班    86    75    75
       3    小明    二班    80    86    71
```

下面代码则演示了利用字典来构建 DataFrame 对象。

```
In:    df2 = pd.DataFrame({'姓名':['张三','李四','陈五','小明'],
                          '班级':['一班','一班','二班','二班'],
                          '语文':[91,75,86,80],
                          '数学':[71,91,75,86],
                          '英语':[80,89,75,71]})
In:    print(df2)
Out:        姓名    班级    语文    数学    英语
       0    张三    一班    91    71    80
       1    李四    一班    75    91    89
       2    陈五    二班    86    75    75
       3    小明    二班    80    86    71
```

对于 DataFrame 对象,可以利用 print() 函数将其内容打印在 IPython 控制台;还可以在 Spyder 的 Variable Explorer(变量查看器)中双击 DataFrame 对象所在行,打开数据查看器,对数据进行查看和简单的排序,如图 8-1 所示。

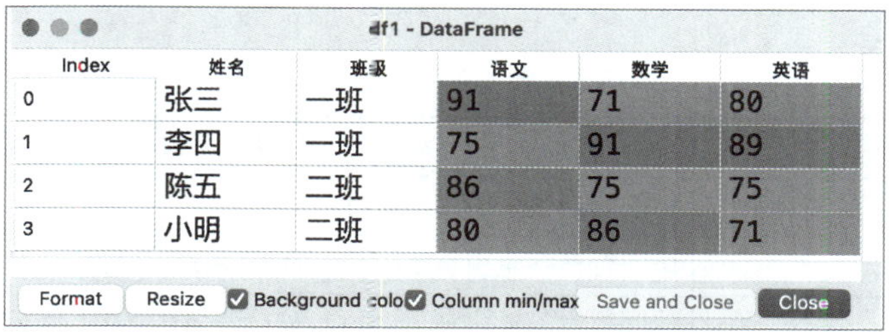

图 8-1 在 **Variable Explorer** 中查看 **DataFrame** 对象

8.1.2.2 DataFrame 数据的访问

DataFrame 作为二维数据结构,行和列都拥有对应的索引,根据访问区域可分为以下常用的数据访问方式:访问行数据、访问列数据、访问区域数据、访问单个数据等。

1. 访问行数据

下面仍然以前面创建的小型班级成绩单的 DataFrame 对象为例演示行数据访问的操作。

```
In:     import pandas as pd
In:     df = pd.DataFrame({'姓名':['张三','李四','陈五','小明'],
                           '班级':['一班','一班','二班','二班'],
                           '语文':[91,75,86,80],
                           '数学':[71,91,75,86],
                           '英语':[80,89,75,71]})
In:     df[0:1]   # 访问第 0 行,即张三的成绩信息
In:     df[1:3]   # 访问第 1、2 两行,即李四和陈五的成绩信息
In:     df.head()  # 默认获取前 5 条数据,不足 5 条则全部获取
In:     df.head(2)  # 获取前 2 条数据
In:     df.tail(3)  # 获取后 3 条数据,参数为空时默认获取后 5 条数据
```

2. 访问列数据

列数据访问包括访问单列数据和多列数据,具体操作参考以下代码。

```
In:     df['姓名']   # 访问'姓名'列
Out:    0    张三
        1    李四
        2    陈五
        3    小明
        Name: 姓名, dtype: object
In:     df[['姓名','班级','语文']]   # 访问'姓名''班级''语文'三个数据列
Out:       姓名   班级   语文
        0  张三   一班    91
        1  李四   一班    75
        2  陈五   二班    86
        3  小明   二班    80
```

从上面代码看到,如果需要访问多个数据列,可以采用花式索引的方式。

3. 访问区域数据

访问区域数据时可能用到的方式有 loc 和 iloc。其中,loc 是根据标签索引进行访问,而 iloc 则是根据整数索引进行访问。具体方式如表 8-1 所示。

表 8-1　　　　　　　　　　　访问区域数据的不同方式

使用方式	功能解释
loc[r]	访问行标签索引为 r 的行
loc[r1:r2]	访问行标签索引从 r1 至 r2 的行,包括 r2 行
loc[r1:r2, c1:c2]	访问行标签索引从 r1 至 r2、列标签索引从 c1 至 c2 的矩形区域
iloc[i]	访问行整数索引为 i 的行,i 从 0 开始
iloc[i1:i2]	访问行整数索引从 i1 至 i2 的行,不包括 i2 行
iloc[i1:i2, c1:c2]	访问行整数索引从 i1 至 i2、列整数索引从 c1 至 c2 的矩形区域

为了得到包含标签索引的 DataFrame,此处我们利用 DataFrame 对象的 set_index() 方法将"姓名"列设置为索引列,再进行 loc 和 iloc 的操作,具体见下面代码。

```
In:     df = df.set_index(['姓名'])   # 将'姓名'列设置为索引,并更新 df
In:     df     # 姓名是 df 的索引,左侧虽然看不到整数索引,但整数索引仍然有效
Out:          班级    语文    数学    英语
        姓名
        张三    一班    91     71     80
        李四    一班    75     91     89
        陈五    二班    86     75     75
        小明    二班    80     86     71
In:     df.loc['李四']   # 只访问行标签索引为'李四'的数据,也可以使用 df.iloc[1]
Out:    班级    一班
        语文    75
        数学    91
        英语    89
        Name: 李四, dtype: object
In:     df.loc['李四':'小明']   # 访问行标签索引从'李四'到'小明'的数据,包括'小明',也可
以使用 df.iloc[1:4]
Out:          班级    语文    数学    英语
        姓名
        李四    一班    75     91     89
        陈五    二班    86     75     75
        小明    二班    80     86     71
In:     df.loc['李四':'小明', '语文':'英语']   # 访问行标签索引从'李四'到'小明'列标签
        索引从'语文'到'英语'的数据
        # 也可以使用 df.iloc[1:,1:]
Out:          班级    语文    数学    英语
        姓名
        李四    一班    75     91     89
        陈五    二班    86     75     75
        小明    二班    80     86     71
```

提示

为了便于理解和操作,将姓名设置为 DataFrame 的标签索引,但这一操作并不一定合适。这是因为学生可能存在同名的情况,此时可能会使多行数据具有相同的行标签索引,在未来访问和处理数据时引发意想不到的问题。因此,被设置为标签索引的数据列一般要求具有唯一性。

4. 访问单个数据

单个数据的访问可以通过 at 和 iat 方式来实现。其中,at 是基于标签索引操作,iat 是基于整数索引操作,示例代码如下:

```
In:    df.at['小明','数学']   # 利用标签索引访问小明的数学成绩
Out:   86
In:    df.iat[3,2]   # 利用整数索引访问小明的数学成绩
Out:   86
```

8.2 数 据 整 理

8.2.1 索引设置

利用 Pandas 提供的 set_index()方法、reset_index()方法、reindex()方法可以对数据框对象的索引进行相关设置,便于后续的数据分析和处理,如表 8-2 所示。

表 8-2　　　　　　　　　　Pandas 提供的索引设置方法

方法名	功能描述
df.set_index(列名)	将数据列变为索引列,原数据框不变
df.reset_index()	将索引列变为数据列,原数据框不变
df.reindex(索引列表)	重索引,即以新的索引对原数据框进行重新索引,原数据框不变

以股票信息数据框为例,索引设置相关代码示例如下:

```
In:    import pandas as pd
In:    data = {
           '股票代码':['600519', '000858', '601318'],
           '股票名称':['贵州茅台', '五粮液', '中国平安'],
           '注册地':['贵州', '四川', '广东'],
           '最新价格':[1490.70, 131.56, 42.17]
       }
In:    df = pd.DataFrame(data)
In:    df
Out:           股票代码      股票名称      注册地      最新价格
       0       600519      贵州茅台      贵州      1490.70
```

```
In:         1           000858            五粮液            四川        131.56
            2           601318            中国平安          广东         42.17
In:     df = df.set_index('股票代码')
In:     df
Out:                    股票名称            注册地            最新价格
        股票代码
        600519          贵州茅台          贵州         1490.70
        000858          五粮液            四川          131.56
        601318          中国平安          广东           42.17
In:     df = df.reset_index()
In:     df
Out:                股票代码          股票名称           注册地        最新价格
        0           600519          贵州茅台          贵州       1490.70
        1           000858          五粮液            四川        131.56
        2           601318          中国平安          广东         42.17
In:     df.reindex([1, 2, 0])    # 按照索引1、2、0的顺序重新组织数据行
Out:                股票代码          股票名称           注册地        最新价格
        1           000858          五粮液            四川        131.56
        2           601318          中国平安          广东         42.17
        0           600519          贵州茅台          贵州       1490.70
```

8.2.2 数据增加和删除

Pandas 提供了 _append() 方法、drop() 方法、insert() 方法、pop() 方法等用于 DataFrame 行、列数据的增加和删除操作，如表 8-3 所示。

表 8-3　　Pandas 提供的 DataFrame 行列增加和删除的相关方法

方法名	功能描述
df._append()	在数据框的末尾增加数据行，原数据框不变
df.drop(行标签)	返回删除行后的新数据框，原数据框不变
df.drop(列名, axis=1)	返回删除列后的新数据框，原数据框不变
df.insert(新列位置, 列名, 列值)	插入新列，直接改变原数据框
df.pop(列名)	将指定列从数据框弹出返回，并删除

8.2.2.1　行的增加和删除

1. _append() 方法

要在 DataFrame 末尾增加一行，可使用 _append() 方法，以字典格式提供新行的数据。在股票信息数据框对象 df 基础上进行操作，代码如下：

```
In:     df = df._append({'股票代码':'600000','股票名称':'浦发银行','注册地':'上海',
        '最新价格':'8.53'}, ignore_index=True)    # 在 df 末尾增加新行,注意要指定
        ignore_index=True 参数
In:     df
Out:                股票代码          股票名称           注册地        最新价格
        0           600519          贵州茅台          贵州        1490.7
        1           000858          五粮液            四川         131.56
```

	2	601318	中国平安	广东	42.17
	3	600000	浦发银行	上海	8.53

若有结构相同的数据框 df 和 df2,则可用 df = df._append(df2)命令将两个数据框连接起来。

2. drop()方法

若要删除行,则可使用 drop()方法,代码如下:

```
In:    df.drop(2, inplace=True)
In:    df
Out:        股票代码    股票名称    注册地    最新价格
       0    600519    贵州茅台    贵州    1490.7
       1    000858    五粮液     四川    131.56
       3    600000    浦发银行    上海    8.53
```

设置 inplace=True 参数直接删除了 df 的第 2 行,此时 df 中就只有索引为 0、1、3 的三行数据。

 提示

> DataFrame 对象的很多方法并不直接改变原数据框,而是返回新的 DataFrame。需要修改原数据框时,可利用"df = df.方法名()"的方式,或在方法中指定"inplace=True"参数,形如"df.方法名(……, inplace=True)"。
>
> _append()方法的方法名最前面有一个下画线,这是因为在 Pandas 2.0 版本更新后,原有的 append()方法被弃用,但可以使用 _append()方法实现原 append()方法的功能。如果使用的是 Pandas 1.0 版本,可以直接使用 append()方法;如果使用的是 Pandas 2.0 版本,除了使用 _append()方法,还可以使用 concat()函数实现数据行的增加。

8.2.2.2 列的增加和删除

增加列最简单的方法是直接给一个新列赋值,新列默认插在最后一列。要注意新列的数据个数应等于 DataFrame 的行数。以股票信息 DataFrame 对象 df 为例,列的增加和删除操作的代码如下:

```
In:    import pandas as pd
In:    data = {
           '股票代码': ['600519', '000858', '601318'],
           '股票名称': ['贵州茅台', '五粮液', '中国平安'],
           '注册地': ['贵州', '四川', '广东'],
           '最新价格': [1490.70, 131.56, 42.17]
           }
In:    df = pd.DataFrame(data)
In:    df
Out:        股票代码    股票名称    注册地    最新价格
       0    600519    贵州茅台    贵州    1490.70
       1    000858    五粮液     四川    131.56
       2    601318    中国平安    广东    42.17
```

```
In:    df['昨收'] = [1466.25, 127.08, 44.12]    # 创建数据列'昨收',表示昨日收盘价
In:    df
Out:        股票代码    股票名称    注册地    最新价格    昨收
       0    600519    贵州茅台    贵州     1490.70    1466.25
       1    000858    五粮液      四川     131.56     127.08
       2    601318    中国平安    广东     42.17      44.12
In:    df['涨跌'] = df['最新价格'] - df['昨收']    # 通过'最新价格'和'昨收'计算得到
                                                  新数据列'涨跌'
In:    df
Out:        股票代码    股票名称    注册地    最新价格    昨收       涨跌
       0    600519    贵州茅台    贵州     1490.70    1466.25    24.45
       1    000858    五粮液      四川     131.56     127.08     4.48
       2    601318    中国平安    广东     42.17      44.12      -1.95
In:    df.insert(5, '今开', [1470.10, 126.85, 45.68])    # 第5列前增加数据列'今
                                                          开',表示今日开盘价
In:    df
Out:        股票代码    股票名称    注册地    最新价格    昨收       今开       涨跌
       0    600519    贵州茅台    贵州     1490.70    1466.25    1470.10    24.45
       1    000858    五粮液      四川     131.56     127.08     126.85     4.48
       2    601318    中国平安    广东     42.17      44.12      45.68      -1.95
```

删除数据列时,可使用如下三种方法。

```
In:    df.drop('涨跌', axis=1, inplace=True)    # 注意axis和inplace两个参数
In:    df.pop('今开')
In:    del df['昨收']
In:    df
Out:        股票代码    股票名称    注册地    最新价格
       0    600519    贵州茅台    贵州     1490.70
       1    000858    五粮液      四川     131.56
       2    601318    中国平安    广东     42.17
```

8.2.3 数据修改

如果要修改 DataFrame 对象中某个特定位置的值,则可以利用 at 操作直接指定行和列,代码如下:

```
In:    df['注册地'] = ['贵州遵义', '四川宜宾', '广东深圳']
In:    df.at[2, '最新价格'] = 42
In:    df
Out:        股票代码    股票名称    注册地      最新价格
       0    600519    贵州茅台    贵州遵义    1490.70
       1    000858    五粮液      四川宜宾    131.56
       2    601318    中国平安    广东深圳    42.00
```

8.2.4 合并与连接

根据合并方向的不同,可以分别使用 concat() 函数和 merge() 函数将多个 DataFrame 对象合并在一起。

8.2.4.1 concat ( ) 函数

concat()函数可以将其他 DataFrame 对象沿行标签索引方向追加到当前 DataFrame 对象的末尾(即数据列不变,增加新的数据行),并返回一个新对象。例如,执行下面代码,对应的合并结果示意图如图 8-2 所示。

```
result = pd.concat([df1, df2]) # 合并两个 DataFrame 对象
```

df1

	A	B	C	D
0	A0	B0	C0	D0
1	A1	B1	C1	D1
2	A2	B2	C2	D2
3	A3	B3	C3	D3

df2

	A	B	C	D
4	A4	B4	C4	D4
5	A5	B5	C5	D5
6	A6	B6	C6	D6
7	A7	B7	C7	D7

result

	A	B	C	D
0	A0	B0	C0	D0
1	A1	B1	C1	D1
2	A2	B2	C2	D2
3	A3	B3	C3	D3
4	A4	B4	C4	D4
5	A5	B5	C5	D5
6	A6	B6	C6	D6
7	A7	B7	C7	D7

图 8-2 concat()函数合并两个 DataFrame 对象示意图

要合并三个及以上的 DataFrame 对象,将待合并的 DataFrame 对象放在列表里作为 concat()函数的参数即可,代码如下:

```
result = pd.concat([df1, df2, df3, ...]) # 合并多个 DataFrame 对象
```

8.2.4.2 merge ( ) 函数

merge()函数将多个 DataFrame 对象依据某些列的值进行匹配合并。它可以实现不同 DataFrame 对象在列方向上的扩展,类似于数据库中的多表连接。作为连接依据的列被称为连接键(key)。例如,以下代码依据 key 列对 left、right 两个 DataFrame 对象进行合并,结果示意图如图 8-3 所示。

```
result = pd.merge(left, right, on='key') # 根据数据列 key 的值合并
```

left

	key	A	B
0	K0	A0	B0
1	K1	A1	B1
2	K2	A2	B2
3	K3	A3	B3

right

	key	C	D
0	K0	C0	D0
1	K1	C1	D1
2	K2	C2	D2
3	K3	C3	D3

result

	key	A	B	C	D
0	K0	A0	B0	C0	D0
1	K1	A1	B1	C1	D1
2	K2	A2	B2	C2	D2
3	K3	A3	B3	C3	D3

图 8-3 依据连接键实现 DataFrame 的连接示意图

在默认情况下,merge()函数采用内连接方式,即根据两个 DataFrame 对象的连接键的交集进行合并,将两个 DataFrame 对象连接键共有的数据值予以保留,在数据列方向上予以横向扩展。对于只在其中一个 DataFrame 对象连接键中出现的数据值,进行内连接时

对应的数据行会被抛弃。在图 8-3 中，left 和 right 两个 DataFrame 对象的 key 值具有 K0、K1、K2、K3 四个共有的数据值，因此将这四个数据值对应的数据行匹配起来进行横向的数据列合并，得到的结果对象 result 包含 A、B、C、D 四个数据列。如果 left 中还存在一行数据的 key 值为 K4，那么该行在进行内连接时会被抛弃。

如果不希望抛弃那些 key 值匹配失败的数据行，则需要更换合并时的连接方式，可以通过 merge() 函数的 how 参数来指定，how 参数取值与含义如表 8-4 所示。

表 8-4　　　　　　　　　　merge() 函数 how 参数取值与含义

参数值	连接方式	功能描述
inner	内连接（默认）	根据两个 DataFrame 对象之间连接键的交集进行合并
outer	外连接	根据两个 DataFrame 对象之间连接键的并集进行合并
left	左连接	只根据左 DataFrame（第一个参数对象）的连接键进行合并
right	右连接	只根据右 DataFrame（第二个参数对象）的连接键进行合并

8.3　数据分析

数据筛选、数据排序和分组统计是数据分析的三个核心内容，Pandas 库提供了相应的方法和操作进行支持。

8.3.1　数据筛选

根据条件筛选 DataFrame 对象中的数据，可以对指定列直接设定条件来筛选数据行。下面代码以 2023 年全国 GDP 排名前五的城市的 GDP 和人口数据建立 DataFrame，并进行数据筛选操作。

```
In:     import pandas as pd
In:     dct = {'城市':['北京','上海','广州','深圳','重庆'],
               'GDP':[43761, 47219, 30356, 34606, 30146],
               '人口':[2184, 2476, 1873, 1766, 3191]}  # GDP 单位为亿元，人口单位为万人
In:     df = pd.DataFrame(dct)
In:     df = df.set_index(['城市'])  # 将城市作为索引列
In:     print(df)
Out:              GDP     人口
        城市
        北京      43761   2184
        上海      47219   2476
        广州      30356   1873
        深圳      34606   1766
        重庆      30146   3191
In:     df_filter = df[df['人口'] > 2000]  # 筛选出人口多于 2000 万人的城市
In:     print(df_filter)
Out:              GDP     人口
```

```
       城市
       北京    43761    2184
       上海    47219    2476
       重庆    30146    3191
```

也可以使用 loc 操作设置筛选条件,如果有多个筛选条件,可以使用与运算符(&)、或运算符(|)、非运算符(~)对条件进行组合。例如,下面代码筛选出了 GDP 超过 40 000 亿元且人口多于 2 000 万人的城市。

```
In:    df_loc = df.loc[(df['GDP'] > 40000) & (df['人口'] > 2000)]
In:    print(df_loc)
Out:           GDP       人口
       城市
       北京    43761    2184
       上海    47219    2476
```

8.3.2 数据排序

对 DataFrame 中的数据进行排序,可以使用 sort_values() 方法,并利用参数 by 来指定按照哪个数据列进行排序。默认排序方式是升序,如果需要按降序排列,则可以通过指定参数 ascending=False 实现。下面代码按照 GDP 列降序排序,并在最后增加一个新的数据列"排名"。

```
In:    df = df.sort_values(by=['GDP'], ascending=False)
In:    print(df)
Out:           GDP       人口
       城市
       上海    47219    2476
       北京    43761    2184
       深圳    34606    1766
       广州    30356    1873
       重庆    30146    3191
In:    df['排名'] = list(range(1, 6))    # 新增一列'排名',取值1-5
In:    print(df)
Out:           GDP       人口      排名
       城市
       上海    47219    2476     1
       北京    43761    2184     2
       深圳    34606    1766     3
       广州    30356    1873     4
       重庆    30146    3191     5
```

提示

对于更复杂一些的排序情况,如需要对不同的数据列按照不同的升降序方式排序,则可以在参数 by 中指定以列表方式指定排序数据列,在参数 ascending 中也以列表方式分别指定不同的排序方式。例如,df.sort_values(by=['人口', 'GDP'], ascending=[True, False]) 可以实现先按照人口升序排列,在人口相同的情况下,按照 GDP 降序排列。

8.3.3 分组统计

分组统计是根据某一列或某几列的取值,将大数据集拆分成几个小数据集,然后在这几个小数据集上分别应用统计方法进行相关统计。图 8-4 演示了对 DataFrame 对象进行分组求和的基本逻辑。

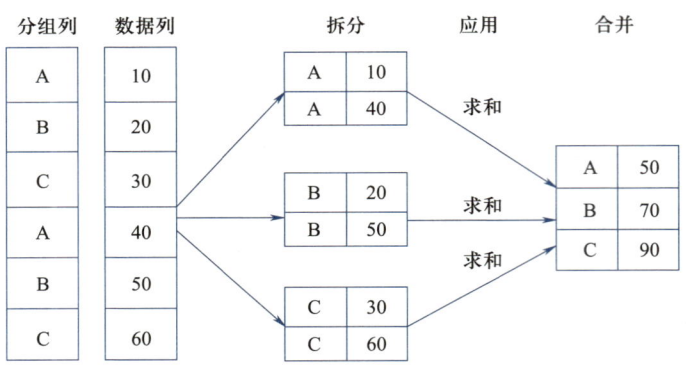

图 8-4　DataFrame 对象分组求和的基本逻辑

根据图 8-4,分组统计可以描述为"拆分—应用—合并"的过程。首先,DataFrame 对象依据给出的数据分组列被拆分为多组;然后,将一个统计方法应用到各个分组上产生一组新的统计值;最后,将所有组的统计结果合并到一个新的 DataFrame 对象中。

在创建分组对象 g 的基础上,Pandas 中分组对象的属性和方法如表 8-5 所示。

表 8-5　Pandas 中分组对象的属性和方法

属性和方法	描述
g.ngroups	列出分组数
g.groups	列出每个分组包含的数据索引编号
g.size()	列出每个分组中所含的数据个数
g.sum(), g.mean(), g.std()	对每组数据求和、均值和标准差
g.max(), g.min()	对每组数据求最大值和最小值
g.describe()	对分组数据进行统计,返回一组常用的统计量
g.agg([函数1, 函数2, …])	对分组数据按照一组指定函数进行统计

创建一个包含三个班级共 6 位学生的身高和体重信息的 DataFrame 对象,并进行分组操作。

```
In:     import pandas as pd
In:     data = {'名字':['小刘','小李','小张','小王','小赵','小周'],
               '性别':['男','女','男','女','男','女'],
               '班级':['1班','1班','2班','2班','3班','3班'],
               '身高':[175, 164, 181, 166, 172, 161],
               '体重':[71, 50, 82, 53, 64, 48]}  # 身高单位为厘米,体重单位为千克
In:     df = pd.DataFrame(data)
In:     print(df)
```

```
Out:       名字    性别    班级    身高    体重
     0     小刘    男     1班    175    71
     1     小李    女     1班    164    50
     2     小张    男     2班    181    82
     3     小王    女     2班    166    53
     4     小赵    男     3班    172    64
     5     小周    女     3班    161    48
In:    group_gender = df.groupby('性别')  # 创建一个性别分组对象
In:    print(group_gender)
Out:   <pandas.core.groupby.generic.DataFrameGroupBy object at
       0x000001C36C953400>
```

根据最后一行打印结果，变量 group_gender 是一个分组对象，它实际上并没有进行任何计算，只是包含关于"性别"分组的中间数据。在分组对象 group_gender 基础上，按性别统计学生的平均身高和体重，代码如下：

```
In:    avg = group_gender[['身高', '体重']].mean()
In:    print(avg)
Out:              身高          体重
       性别
       女      163.666667    50.333333
       男      176.000000    72.333333
```

也可以使用"group_gender.mean()[['身高','体重']]"对分组对象 group_gender 的全部数据列计算均值，然后通过花式索引选取身高和体重列。但这种计算效率较低。

在实际分组统计过程中，创建分组对象和应用统计方法往往可以一步完成。按照班级统计学生体重之和，分别找出男女生中最高的学生身高代码如下：

```
In:    total = df.groupby('班级')['体重'].sum()
In:    print(total)
Out:   班级
       1班    121
       2班    135
       3班    112
       Name: 体重, dtype: int64
In:    max_height = df.groupby('性别')['身高'].max()
In:    print(max_height)
Out:   性别
       女    166
       男    181
       Name: 身高, dtype: int64
```

8.4 数据读写

Pandas 提供了多种数据文件读写相关的函数和方法，可以方便地从常见数据格式的文件中将数据导入 DataFrame 对象，也可以方便地将 DataFrame 对象导出至各种数据格式的文件,如 CSV、Excel、JSON、HDFS 等格式的文件。表 8-6 列出了 Pandas 读写 CSV 文件、Excel 文件的函数与方法。

表 8-6　　　　　　　　Pandas 读写 CSV 文件和 Excel 文件的函数与方法

文件格式	操作	函数／方法	示例
CSV 文件	读／导入	read_csv()函数	df = pd.read_csv(源文件路径,其他参数)
	写／导出	to_csv()方法	df.to_csv(目标文件路径,其他参数)
Excel 文件	读／导入	read_excel()函数	df = pd.read_excel(源文件路径,其他参数)
	写／导出	to_excel()方法	df.to_excel(目标文件路径,其他参数)

8.4.1　to_csv( )方法与 to_excel( )方法

在导入数据时,可以利用 index_col 参数指定将第几列数据作为行索引;在导出数据时,可以通过参数 index=True/False 来指定是否需要将索引导出至文件(index 参数默认为 True,即索引将导出至文件)。对于导出至 Excel 文件,还可以利用 sheet_name 参数来指定将数据导出至哪个工作表。在导入导出 CSV 文件时,如果数据中存在中文,则可以利用 encoding 参数指定文件编码。以学生身高体重信息的 DataFrame 为例,数据文件读写操作的代码如下:

```
In:     import pandas as pd
In:     data = {'名字':['小刘','小李','小张','小王','小赵','小周'],
        '性别':['男','女','男','女','男','女'],
        '班级':['1班','1班','2班','2班','3班','3班'],
        '身高':[175, 164, 181, 166, 172, 161],
        '体重':[71, 50, 82, 53, 64, 48]}  # 身高单位为厘米,体重单位为千克
In:     df = pd.DataFrame(data)
In:     df.to_csv('student_info.csv', encoding='utf-8')  # 指定 UTF-8 编码保存
In:     df.to_excel('student_info.xlsx', index=False, sheet_name='sheet2')  # 不导出索引
```

此时在当前工作目录下生成了 1 个 CSV 文件和 1 个 Excel 文件,内容如图 8-5 所示。

如图 8-5 所示,student_info.csv 文件中包含了行索引 0-5,其编码为 UTF-8;student_info.xlsx 文件中并没有包含行索引,数据被写入工作表 sheet2 中。

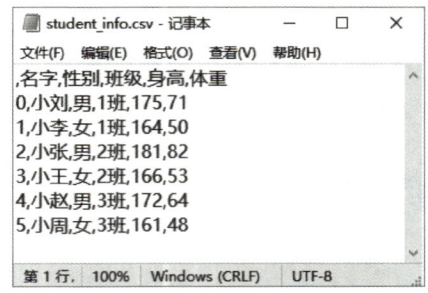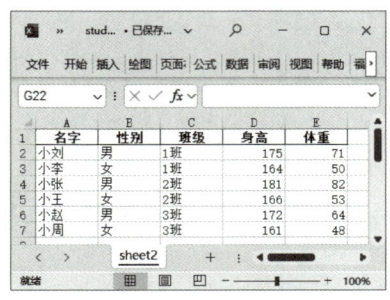

图 8-5　导出的 CSV 文件和 Excel 文件内容

8.4.2　read_csv()函数与read_excel()函数

使用read_csv()函数与read_excel()函数将student_info.csv和student_info.xls文件中的数据导入DataFrame对象,代码如下:

```
In:    df_csv = pd.read_csv('student_info.csv', encoding='utf-8', index_col=0    # 指定第0列为索引
In:    df_csv
Out:      名字   性别   班级   身高   体重
       0  小刘   男    1班   175   71
       1  小李   女    1班   164   50
       2  小张   男    2班   181   82
       3  小王   女    2班   166   53
       4  小赵   男    3班   172   64
       5  小周   女    3班   161   48
In:    df_excel = pd.read_excel('student_info.xlsx')
In:    df_excel
Out:      名字   性别   班级   身高   体重
       0  小刘   男    1班   175   71
       1  小李   女    1班   164   50
       2  小张   男    2班   181   82
       3  小王   女    2班   166   53
       4  小赵   男    3班   172   64
       5  小周   女    3班   161   48
```

8.5　数据绘图

plot()方法能够快速可视化DataFrame对象数据的分布和特征,这是因为Pandas中已经融入对Matplotlib库的支持。在示例代码8.1中,继续以学生身高体重信息的DataFrame对象为例,利用plot()方法快速绘图。

示例代码8.1　　DataFrameDraw.py

```
1    import pandas as pd
2    import matplotlib as plt
3    # 为了在绘制图表中支持中文显示,设置字体为黑体
4    plt.rcParams['font.family'] = 'SimHei'
5    data = {'名字': ['小刘', '小李', '小张', '小王', '小赵', '小周'],
6    '性别': ['男', '女', '男', '女', '男', '女'],
7    '班级': ['1班', '1班', '2班', '2班', '3班', '3班'],
8    '身高': [175, 164, 181, 166, 172, 161],
9    '体重': [71, 50, 82, 53, 64, 43]}   # 身高单位为厘米,体重单位为千克
10   df = pd.DataFrame(data)
11   df = df.set_index('名字')   # 将名字列设置为行索引
12   df.plot(kind='bar', title='学生身高体重情况')   # 绘制学生身高体重柱形图
13   plt.show()
```

程序运行结果如图8-6所示。

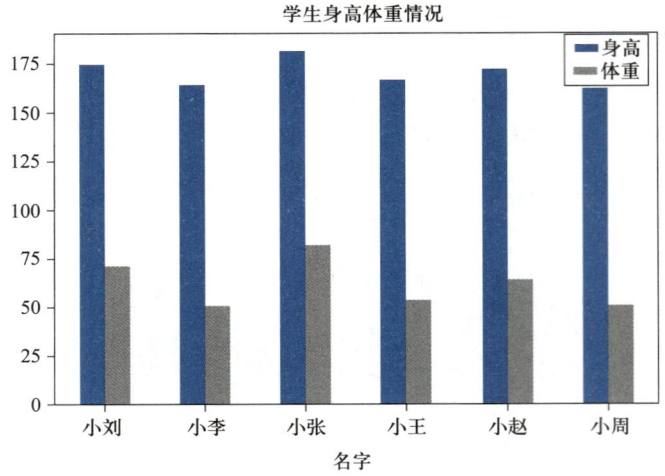

图 8-6　学生身高体重柱形图

根据体重列数据绘制学生体重占比情况饼状图,代码如下:

```
df.体重.plot(kind='pie', title='学生体重占比情况', autopct='%d%%', fontsize=14)
```

程序运行结果如图 8-7 所示(代码中 %d 是整数格式化,会将百分比四舍五入,导致百分比加总不等于 100%)。

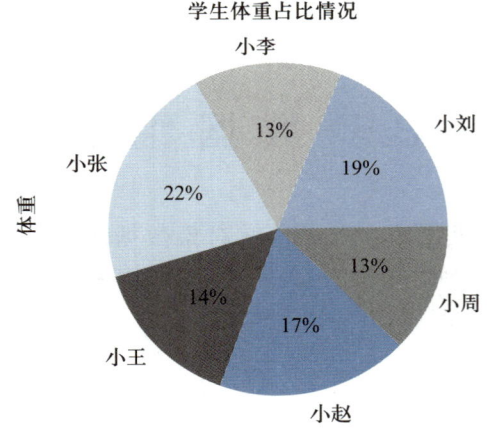

图 8-7　学生体重占比情况如饼状图

对于 DataFrame 对象或者其中的数据列,可以利用 plot()方法指定 kind 参数完成不同图形的绘制。kind 参数主要包括:area、bar、barh、density、hist、kde、line、pie 等。plot()方法还可以通过 title、fontsize 等参数进行标题和字体的设置。

案例 8-1　　泰坦尼克号数据集分析

泰坦尼克号(RMS Titanic)是英国白星航运公司下辖的一艘奥林匹克级邮轮,排水量

46 000 吨。它是当时世界上体积最庞大、内部设施最豪华的客运轮船，有“永不沉没”的美誉。然而不幸的是，泰坦尼克号在初航中便遭厄运。1912 年，泰坦尼克号与一座冰山相撞，船体断裂成两截后沉入大西洋底。2 224 名船员及乘客中，1 517 人丧生，其中仅 333 具罹难者遗体被寻回。泰坦尼克号沉没事故是和平时期死伤人数极为惨重的一次海难。现在利用 Pandas 对该事故做一些数据分析和统计。

（一）数据准备

首先需要准备泰坦尼克号事故相关的数据。titanic.xlsx 文件中登记了 891 位旅客的相关信息，如图 8-8 所示。该文件中各数据列含义如表 8-7 所示。

	A	B	C	D	E	F	G	H	I	J	K	L	M	N	O
1	survived	pclass	sex	age	sibsp	parch	fare	embarked	class	who	dult_mal	deck	bark_tow	alive	alone
2	0	3	male	22	1	0	7.25	S	Third	man	TRUE		Southampt	no	FALSE
3	1	1	female	38	1	0	71.2833	C	First	woman	FALSE	C	Cherbourg	yes	FALSE
4	1	3	female	26	0	0	7.925	S	Third	woman	FALSE		Southampt	yes	TRUE
5	1	1	female	35	1	0	53.1	S	First	woman	FALSE	C	Southampt	yes	FALSE
6	0	3	male	35	0	0	8.05	S	Third	man	TRUE		Southampt	no	TRUE
7	0	3	male		0	0	8.4583	Q	Third	man	TRUE		Queenstow	no	TRUE
8	0	1	male	54	0	0	51.8625	S	First	man	TRUE	E	Southampt	no	TRUE
9	0	3	male	2	3	1	21.075	S	Third	child	FALSE		Southampt	no	FALSE
10	1	3	female	27	0	2	11.1333	S	Third	woman	FALSE		Southampt	yes	FALSE
11	1	2	female	14	1	0	30.0708	C	Second	child	FALSE		Cherbourg	yes	FALSE
12	1	3	female	4	1	1	16.7	S	Third	child	FALSE	G	Southampt	yes	FALSE
13	1	1	female	58	0	0	26.55	S	First	woman	FALSE	C	Southampt	yes	TRUE
14	0	3	male	20	0	0	8.05	S	Third	man	TRUE		Southampt	no	TRUE
15	0	3	male	39	1	5	31.275	S	Third	man	TRUE		Southampt	no	FALSE
16	0	3	female	14	0	0	7.8542	S	Third	child	FALSE		Southampt	no	TRUE
17	1	2	female	55	0	0	16	S	Second	woman	FALSE		Southampt	yes	TRUE
18	0	3	male	2	4	1	29.125	Q	Third	child	FALSE		Queenstow	no	FALSE
19	1	2	male		0	0	13	S	Second	man	TRUE		Southampt	yes	TRUE
20	0	3	female	31	1	0	18	S	Third	woman	FALSE		Southampt	no	FALSE
21	1	3	female		0	0	7.225	C	Third	woman	FALSE		Cherbourg	yes	TRUE
22	0	2	male	35	0	0	26	S	Second	man	TRUE		Southampt	no	TRUE
23	1	2	male	34	0	0	13	S	Second	man	TRUE	D	Southampt	yes	TRUE
24	1	3	female	15	0	0	8.0292	Q	Third	child	FALSE		Queenstow	yes	TRUE
25	1	1	male	28	0	0	35.5	S	First	man	TRUE	A	Southampt	yes	TRUE
26	0	3	female	8	3	1	21.075	S	Third	child	FALSE		Southampt	no	FALSE
27	1	3	female	38	1	5	31.3875	S	Third	woman	FALSE		Southampt	yes	FALSE
28	0	3	male		0	0	7.225	C	Third	man	TRUE		Cherbourg	no	TRUE
29	0	1	male	19	3	2	263	S	First	man	TRUE	C	Southampt	no	FALSE

图 8-8 titanic.xlsx 文件

表 8-7 titanic.xlsx 文件中各数据列的含义

数据列名	中文含义	数据值描述
survived	是否生还	数字：0、1 对应 no、yes
pclass	客舱等级	数字：1、2、3 对应一、二、三等舱
sex	性别	字符：male、female
age	年龄	浮点数，177 条记录此字段缺失
sibsp	船上兄弟姐妹的人数	整数，283 条记录此字段值 >0
parch	船上父母和孩子的人数	整数，213 条记录此字段值 >0
fare	客运票价	浮点数
embarked	登船港口	字符：S、C、Q
class	客舱等级	字符：First、Second、Third
who	身份类型	字符：man、woman、child
adult_male	是否成年男性	True、False

第八章　Pandas 数据分析

(续表)

数据列名	中文含义	数据值描述
deck	舱面	字符：A、C、D、E、G，688 条记录此字段缺失
embarked_town	登船港口全名	共三个港口
alive	是否生还	字符：no、yes
alone	是否单独一人	True（537 条）、False（354 条）

（二）数据读取

利用 Pandas 的 read_excel() 函数，从 titanic.xlsx 文件中读取数据，得到 DataFrame 对象。

```
In:     import pandas as pd
In:     tit = pd.read_excel('titanic.xlsx')
In:     tit.shape   # 查看 tit 的形状
Out:    (891, 15)
```

通过以上操作可见，titanic.xlsx 被成功读入并保存到 DataFrame 对象 tit 中，tit 的形状为 891 行 15 列。

（三）数据观察

读入数据后，为了快速对 tit 进行预览，可以调用 head() 方法来查看前若干条数据。如果希望查看完整数据，还可以在 Spyder 右上角的变量查看器中双击 tit 对象名称，打开独立的窗口进行观察，如图 8-9 所示。

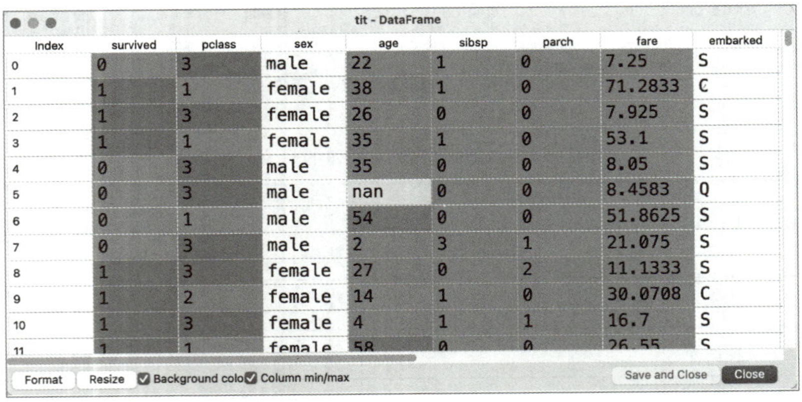

图 8-9　在独立窗口中查看 tit 数据

接下来，可以通过 info() 方法观察行、列基本信息。

```
In:     tit.info()   # 查看 DataFrame 对象的行列索引、数据列非空情况和数据类型等信息
Out:    <class 'pandas.core.frame.DataFrame'>
        RangeIndex: 891 entries, 0 to 890
        Data columns (total 15 columns):
         #   Column       Non-Null Count  Dtype
        ---  ------       --------------  -----
         0   survived     891 non-null    int64
         1   pclass       891 non-null    int64
```

```
 2   sex         891 non-null    object
 3   age         714 non-null    float64
 4   sibsp       891 non-null    int64
 5   parch       891 non-null    int64
 6   fare        891 non-null    float64
 7   embarked    889 non-null    object
 8   class       891 non-null    object
 9   who         891 non-null    object
 10  adult_male  891 non-null    bool
 11  deck        203 non-null    object
 12  embark_town 889 non-null    object
 13  alive       891 non-null    object
 14  alone       891 non-null    bool
dtypes: bool(2), float64(2), int64(4), object(7)
memory usage: 92.4+ KB
```

从上述输出内容看出,数据列既有整数(int64)、浮点数(float64)类型,还包括字符串(object)和布尔(bool)类型,大部分数据列都有891个非空值(non-null),只有age、embarked、deck数据列或多或少存在数据缺失的情况。缺失数据对后续分析影响不大,这里并不对缺失值做特殊处理。

观察各数据列的缺失情况还可以利用isnull()方法配合sum()方法来实现,如下面代码能够直接输出各数据列缺失值的数量。

```
In:    tit.isnull().sum()     # isnull()方法判断各单元格数据是否为空值,sum()方法汇总
       空值数量
Out:   survived       0
       pclass         0
       sex            0
       age          177
       sibsp          0
       parch          0
       fare           0
       embarked       2
       class          0
       who            0
       adult_male     0
       deck         688
       embark_town    2
       alive          0
       alone          0
       dtype: int64
```

利用unique()方法可以观察数据列的取值范围,利用value_counts()方法可以了解各取值对应的数据记录条数,还可以绘图观察数据。

```
In:    tit.survived.unique()    # survived字段只有0和1两种取值。
Out:   array([0, 1])
In:    tit['survived'].unique()   # 通过方括号[]来获取'survived'数据列
Out:   array([0, 1])
```

```
In:   tit.pclass.unique()    # 查看客舱等级数据列的取值范围情况
Out:  array([3, 1, 2])
In:   tit.sex.value_counts()    # 查看不同性别的人数,结果显示男性居多
Out:  male      577
      female    314
      Name: sex, dtype: int64
In:   tit.sex.value_counts().plot(kind='pie', autopct='%.2f%%')    # 绘制年龄
      分布饼状图
Out:
```

```
In:   tit.pclass.value_counts()    # 查看不同客舱等级的人数,可见三等仓占比过半
Out:  3    491
      1    216
      2    184
      Name: pclass, dtype: int64
In:   tit.pclass.value_counts().plot(kind='pie', autopct='%.2f%%')    # 绘制
      客舱等级分布饼状图
Out:
```

```
In:   tit.age.hist()    # 绘制年龄分布直方图
Out:
```

此外,还可以利用 8.3 节介绍的数据筛选和排序方法来观察感兴趣的数据。

```
In:   tit[tit.who == 'child']    # 查看身份类型为'child'的数据
```

```
Out:       survived  pclass     sex    age  ...  deck  embark_town  alive  alone
      7           0       3    male   2.00  ...   NaN  Southampton     no  False
      9           1       2  female  14.00  ...   NaN    Cherbourg    yes  False
     10           1       3  female   4.00  ...     G  Southampton    yes  False
     14           0       3  female  14.00  ...   NaN  Southampton     no   True
     16           0       3    male   2.00  ...   NaN   Queenstown     no  False
     ..         ...     ...     ...    ...  ...   ...          ...    ...    ...
    831           1       2    male   0.83  ...   NaN  Southampton    yes  False
    850           0       3    male   4.00  ...   NaN  Southampton     no  False
    852           0       3  female   9.00  ...   NaN    Cherbourg     no  False
    869           1       3    male   4.00  ...   NaN  Southampton    yes  False
    875           1       3  female  15.00  ...   NaN    Cherbourg    yes   True
    [83 rows x 15 columns]
In:   tit[(tit.age < 1) & (tit.sex == 'female')]   # 查看不足1岁的女婴数据
Out:       survived  pclass     sex   age  ...  deck  embark_town  alive  alone
    469           1       3  female  0.75  ...   NaN    Cherbourg    yes  False
    644           1       3  female  0.75  ...   NaN    Cherbourg    yes  False
    [2 rows x 15 columns]
In:   tit.sort_values('age', ascending=False)# 查看按照年龄降序排列后的结果，
      tit本身不会变化
Out:       survived  pclass   sex   age  ...  deck  embark_town  alive  alone
    630           1       1  male  80.0  ...     A  Southampton    yes   True
    851           0       3  male  74.0  ...   NaN  Southampton     no   True
    493           0       1  male  71.0  ...   NaN    Cherbourg     no   True
     96           0       1  male  71.0  ...     A    Cherbourg     no   True
    116           0       3  male  70.5  ...   NaN   Queenstown     no   True
     ..         ...     ...   ...   ...  ...   ...          ...    ...    ...
    859           0       3    male   NaN  ...   NaN    Cherbourg     no   True
    863           0       3  female   NaN  ...   NaN  Southampton     no  False
    868           0       3    male   NaN  ...   NaN  Southampton     no   True
    878           0       3    male   NaN  ...   NaN  Southampton     no   True
    888           0       3  female   NaN  ...   NaN  Southampton     no  False
    [891 rows x 15 columns]
```

提示

从上面输出结果中发现，许多数据行或者数据列并未完整显示，而是出现了一些省略号，这是因为结果的行列数超出了Pandas的默认设置，IPython控制台为了不输出过多内容仅显示部分数据。可以通过执行代码pd.set_option('display.max_columns', 15)来设置最大显示列数为15；可以执行pd.set_option('display.min_rows', 100)来设置最小显示行数为100。对于数据行列数较多的情形，建议将结果赋值给变量，并在Spyder的变量查看器中观察数据。

（四）简单数据统计

对数据进行观察后，可以进行简单数据统计。

```
In:   tit.survived.mean()    # 计算平均生还率
Out:  0.3838383838383838
In:   round(tit.age.mean(), 1)    # 计算平均年龄并保留 1 位小数
Out:  29.7
In:   tit.age.max(), tit.age.min()    # 计算年龄的最大值和最小值
Out:  (80.0, 0.42)
In:   tit.fare.agg(['max', 'min', 'mean'])    # 使用 agg()方法一次性调用多个统计
      函数
Out:  max     512.329200
      min       0.000000
      mean     32.204208
      Name: fare, dtype: float64
```

从结果中可以看出,平均生还率仅为 38.38%,平均年龄为 29.7 岁,年龄最大值为 80 岁,最小值不足半岁。其中 agg()方法可以传入一个列表参数,列表元素为希望调用的函数名称字符串,从而实现一次执行多个统计任务。

对于 DataFrame 对象的数值类型数据列,还可以利用 describe()方法一次性查看样本计数(count)、均值(mean)、标准差(std)、最小值(min)、下四分位数(25%)、中位数(50%)、上四分位数(75%)、最大值(max)等常见统计量。

```
In:   tit.describe()
Out:          survived    pclass      age        sibsp       parch       fare
      count   891.000000  891.000000  714.000000 891.000000  891.000000  891.000000
      mean    0.383838    2.308642    29.699118  0.523008    0.381594    32.204208
      std     0.486592    0.836071    14.526497  1.102743    0.806057    49.693429
      min     0.000000    1.000000    0.420000   0.000000    0.000000    0.000000
      25%     0.000000    2.000000    20.125000  0.000000    0.000000    7.910400
      50%     0.000000    3.000000    28.000000  0.000000    0.000000    14.454200
      75%     1.000000    3.000000    38.000000  1.000000    0.000000    31.000000
      max     1.000000    3.000000    80.000000  8.000000    6.000000    512.329200
```

(五) 基本分组统计

分组统计是按特定类别对数据进行汇总和对比,有助于发现各组间的差异和特征,将复杂的数据转化为更易于理解的形式。通过前面分析可知数据集全样本的平均生还率为 38.38%,如果计算不同性别和客舱等级的乘客的平均生还率,就需要通过分组统计来实现,代码如下:

```
In:   tit.groupby('sex')['survived'].mean()    # 先按'sex'列分组,取'survived'
      列统计各组均值
Out:  sex
      female    0.742038
      male      0.188908
      Name: survived, dtype: float64
In:   tit.groupby('sex')['survived'].mean().plot(kind='bar')    # 生成不同性
      别乘客的平均生还率的柱形图
```

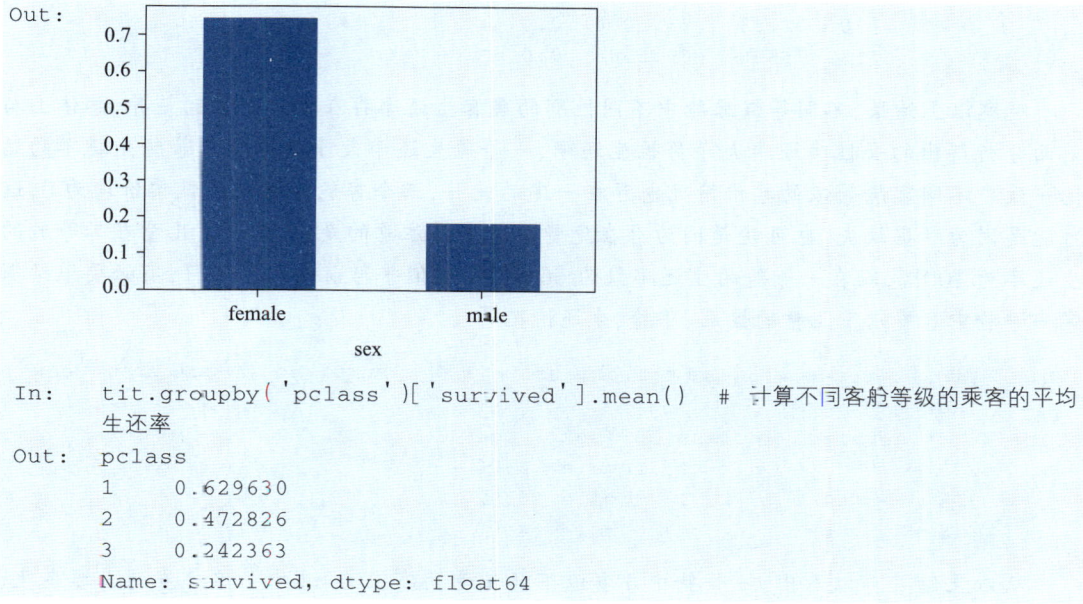

```
In:   tit.groupby('pclass')['survived'].mean()   # 计算不同客舱等级的乘客的平均
      生还率
Out:  pclass
      1    0.629630
      2    0.472826
      3    0.242363
      Name: survived, dtype: float64
```

从结果可以看出,女性生还率大于男性生还率,这也许可以归因于逃生时的"女士优先"。而不同客舱等级对应的生还率也存在较大差异,这可能与客舱所处位置、乘客身份地位等因素有关。

(六) 复杂分组统计

基本分组统计还可以进一步结合筛选、多级分组、agg()方法等实现更为复杂的分组统计分析,代码如下:

```
In:   tit[(tit.age < 6)].groupby(['pclass'])['survived'].mean()   # 6岁以下儿
      童在不同客舱等级生还率情况
Out:  pclass
      1    0.666667
      2    1.000000
      3    0.371429
      Name: survived, dtype: float64
In:   tit.groupby(['pclass', 'sex']).survived.mean()   # 不同客舱等级的不同性
      别乘客的生还率
Out:  pclass  sex
      1       female    0.968085
              male      0.368852
      2       female    0.921053
              male      0.157407
      3       female    0.500000
              male      0.135447
      Name: survived, dtype: float64
In:   tit.groupby('pclass').fare.agg(['mean', 'max', 'min'])   # 按客舱等级
      统计票价均值、最大值、最小值
Out:              mean        max      min
      pclass
      1         84.154687   512.3292   0.0
```

```
         2         20.662183      73.5000    0.0
         3         13.675550      69.5500    0.0
```

观察以上结果，不同等级客舱中不同性别的乘客生还率存在较为明显的差异，总体上与前面分析得出的女性生还率大于男性生还率、一等舱生还率大于二等和三等舱生还率的结论一致。不同客舱等级的票价情况也存在一定的差异，三个客舱等级的最低票价均为0，这可能是因为数据缺失，也可能是因为存在免费票。值得注意的是，6岁以下儿童在二等舱的生还率为100%，而在一等舱的生还率仅为66.67%，这似乎与前面结论不符，有必要继续探究一等舱中6岁以下儿童的性别、年龄、生还情况等。

```
In:    tit[(tit.age < 6) & (tit.pclass == 1)][['survived', 'pclass', 'sex',
       'age']]
Out:          survived    pclass      sex       age
       297       0           1       female     2.00
       305       1           1       male       0.92
       445       1           1       male       4.00
```

从以上结果可以看出，一等舱中6岁以下的儿童共有三名，其中一名2岁的女婴丧生，导致生还率偏低。

受限于篇幅，这里仅对泰坦尼克号数据集做了部分具有一定代表性的基本数据分析，使用的数据列也只是其中一小部分，Pandas还有许多数据分析功能可以进一步探索。

本章小结

1. Pandas 提供了 Series 和 DataFrame 两种重要的数据结构。Series 是一维数据结构，DataFrame 是一种带有标签的二维数据结构。DataFrame 对象可以基于 Series 对象或字典进行创建。Pandas 为 DataFrame 对象提供了访问行、列和区域数据的操作。

2. DataFrame 对象的常用数据整理操作包括索引设置、数据增加和删除、数据修改、合并与连接等。其中，Pandas 提供了 set_index() 方法、reset_index() 方法、reindex() 方法等用于索引设置；_append() 方法、insert() 方法、drop() 方法、pop() 方法等用于对行、列数据的增加和删除操作；可以按照数据插入方式对数据列整体修改，也可以利用 at 操作修改特定位置的单个值；concat() 函数和 merge() 函数可以将多个 DataFrame 对象进行合并。

3. 数据筛选、排序和分组统计是数据分析的三个核心内容。筛选即选取满足特定条件的数据行，其原理与 NumPy 的布尔索引选取数据相同；排序是按照特定的顺序对数据进行重新组织，可以利用 sort_values() 方法实现；分组统计是将数据分组进而在各组数据上执行统计的操作，一般利用 groupby() 方法配合统计方法来实现。

4. DataFrame 对象与本地 CSV 文件、Excel 文件可以利用 read_csv() 函数、read_excel() 函数、to_csv() 方法、to_excel() 方法方便地导入和导出。在数据分析的过程中还可以快速使用 Pandas 的数据可视化功能，调用 plot() 方法绘制各种类型的图表，如柱形图、饼状图、折线图等。

复习思考题

1. Pandas 的两种基本数据结构是什么？它们之间是什么关系？
2. Series 对象有哪些常用的操作？
3. DataFrame 对象有哪些常用的操作？
4. Pandas 如何读写 CSV 文件和 Excel 文件？

 操作实践题

1. 创建一个长度为 6，名称为 se1 的 Series 对象，指定索引名分别为 "a"，"b"，…，"f"，然后将索引为 "b" 和 "d" 的数据打印出来，并判断 "a" 和 "g" 是不是 se1 的索引。

2. 已知字典 dict1＝｛'a':1,'b':2,'c':3,'d':4,'e':5｝，要求：将 dict1 转换成 Series 并命名为 se2，然后将 se2 的每个元素值乘以 3 并打印出来。

3. 构建含有 1 000 个随机整数的 Series 对象，整数值的取值范围为 [1，100]，输出不重复的数据值，统计每个数据的出现次数。

4. 构建两个有相同字段名的 DataFrame 对象，用 concat( ) 函数完成合并。

5. 已知字典 dict2＝｛"ID":[1,2,3,4,5,6,7,8,9]，"System":["win10"，"win10"，np.nan,"win10"，np.nan,np.nan,"win7"，"win7"，"win8"]，"cpu":["i7"，"i5"，np.nan,"i7"，np.nan,np.nan,"i5"，"i5"，"i3"]｝，包括计算机的 9 个系统信息属性。要求：建立字典 dict3，与 dict2 的 ID 相同，并增加一些属性；将两个字典转换为 DataFrame 类型，并用 merge( ) 函数合并。

6. score.xlsx 文件中包含的 2 个工作表 Sheet1、Sheet2 分别存放了几名同学的成绩及职务，分别如图 8-10 和图 8-11 所示。

	A	B	C	D	E	F
1	学号	姓名	性别	语文	数学	英语
2	1001	郭靖	男	91	85	82
3	1002	杨过	男	92	93	86
4	1003	令狐冲	男	85	80	78
5	1004	黄蓉	女	94	90	92
6	1005	王语嫣	女	98	95	87
7	1006	韦小宝	男	65	50	90
8	1007	周芷若	女	86	80	82

图 8-10 文件中的 Sheet1——成绩表

	A	B
1	学号	职务
2	1001	班长
3	1005	学习委员
4	1002	体育委员
5	1004	生活委员

图 8-11 文件中的 Sheet2——职务表

首先，自行创建 Excel 文件，在 Sheet1、Sheet2 中输入图 8-10 和图 8-11 中的全部数据，保存文件名为 score.xlsx。其次，利用下方代码从文件中读出 2 个工作表的数据，分别存入 DataFrame 对象 score 和 duty。

```
excel=pd.read_excel('score.xlsx', sheet_name=[0,1], header=0)
score=excel[0]
duty=excel[1]
```

对 score 和 duty 进行以下操作：

① 输出 score 的前三行数据，输出 score 的总行数。
② score 新增一列"总分"，存放前三列成绩之和。
③ score 依据"总分"列的值从高到低进行排序。
④ score 根据"性别"列进行分组，分别输出男生、女生的平均成绩。
⑤ 输出男生的最高总分、女生的最高总分。
⑥ score 新增一列"等级"，存放总分等级：总分大于等于 270 的等级为 A，总分小于 210 的等级为 C，总分介于 210 到 270（含 210，不含 270）的等级为 B。
⑦ 使用 merge() 函数以"学号"列为连接键，将 score 与 duty 合并，合并时保留 score 的所有数据行，合并后生成一个新 DataFrame 对象 students。
⑧ 将 students 的数据存入一个新的 Excel 文件 students.xlsx，文件内容如图 8-12 所示。

	A	B	C	D	E	F	G	H	I	J
1		学号	姓名	性别	语文	数学	英语	总分	等级	职务
2	0	1005	王语嫣	女	98	95	87	280	A	学习委员
3	1	1004	黄蓉	女	94	90	92	276	A	生活委员
4	2	1002	杨过	男	91	93	86	270	A	体育委员
5	3	1001	郭靖	男	91	85	82	258	B	班长
6	4	1007	周芷若	女	86	80	82	248	B	
7	5	1003	令狐冲	男	85	80	78	243	B	
8	6	1006	韦小宝	男	65	50	90	205	C	

图 8-12　students.xlsx 文件的内容

第九章 Matplotlib 数据可视化

本章思维导图

学习目标

> 了解 Matplotlib 的导入方法与两种输出模式;
> 掌握 Matplotlib 图形绘制的基本方法和基本过程;
> 掌握折线图、柱形图、饼状图、散点图、直方图等图形的绘制方法;
> 了解双坐标系图形和子图的绘制方法;
> 掌握鸢尾花数据可视化与国际足联球员能力雷达图绘制。

科学计算一般分为两个步骤:组织数据和展示数据。企业管理和科学研究积累了大量的数据,为了揭示数据背后的深刻含义,需要对海量数据进行抽取、加工和提炼等组织工作,需要 NumPy 和 Pandas 等数据分析与处理的好帮手。数据可视化是指以直观的图形方式展示数据,Matplotlib 库为数据可视化提供了理想的解决方案。

9.1 Matplotlib 基本使用

Matplotlib 库是一个非常强大的二维绘图库,为用户提供强大的图形绘制功能,它与 NumPy 和 Pandas 都是 Python 数据科学生态系统的组成部分,它们之间无缝连接。首先让我们来了解和学习 Matplotlib 的基本使用方法。

9.1.1 Matplotlib 简介

Matplotlib 最初是由 John D. Hunter 发起的一个开源项目,支持二维绘图和部分三维绘图。Matplotlib 官网提供了非常丰富的文档和示例,方便用户学习其各项功能与操作方法。Matplotlib 提供交互绘图方式,用户可在交互环境中执行命令实时地绘制与修改图形。生成的图形可以保存为多种格式,如 png、pdf、jpg、svg。Matplotlib 提供了两个便捷的绘图子模块:pyplot 和 pylab。其中 pyplot 提供了一个类似 MATLAB 的绘图框架,通过简洁的绘图函数实现不同的绘图功能。本章主要在 Anaconda 平台的 Spyder 环境下学习 pyplot 模块的使用。

首先，导入 Matplotlib 库中的 pyplot 模块，可以用 plt 指代该模块，代码如下：

```
In:    import matplotlib.pyplot as plt    # 导入 pyplot 模块并命名为 plt
```

图形输出分为嵌入模式和独立窗口模式两种，在 IPython 交互窗口中可用下面的两条命令控制图形的输出模式。

```
In:    %matplotlib inline    # 设置嵌入模式显示图形
In:    %matplotlib            # 设置独立窗口模式显示图形
```

其中，嵌入模式将在 Spyder 右上方"帮助、变量查看、文件管理与绘图展示区"的"Plots"功能选项卡中显示图形（早期的 Spyder 版本则是在 IPython 交互控制台中显示图形），图形显示后不能再修改。独立窗口模式是在弹出窗口中显示图形，图形可以放大、缩小和修改。建议首先在 IPython 交互控制台中执行"%matplotlib"将图形输出设为独立窗口模式，以便后续图形输出结果的观察和修改。

提示

以 % 开头的命令是 IPython 的"魔术命令"或"魔法命令"，因为它们是 IPython 特有的配置命令，标准 Python 不支持这类配置命令。这些魔术命令只能在 IPython 交互控制台中执行，而不能包含在 Python 源程序中。常用的魔术命令还有：

（1）%clear：清除 IPython 控制台的内容；

（2）%reset：清除所有内存变量；

（3）%time：测算代码执行时间；

（4）%whos：给出当前内存中全局变量的详细信息；

（5）%lsmagic：列出可用的魔术命令。

9.1.2 折线图绘制实例

下面以折线图绘制为例，介绍 Matplotlib 绘图的基本方法。在 IPython 交互控制台中执行魔术命令"%matplotlib"将图形输出设置为独立窗口模式。然后，绘制一条简单曲线 $y=x^2$，如示例代码 9.1 所示。通过折线图来绘制曲线是基于描点连线原理，因此需要提供折线上若干点的 x 坐标和 y 坐标。这些坐标可用列表或 NumPy 数组表示，折线上的点越多，最后绘制的曲线就越平滑。

示例代码 9.1　SimpleCurveWindow.py

```
1    import numpy as np
2    import matplotlib.pyplot as plt    # 导入 pyplot 模块
3    x = np.linspace(-2, 2, 50)    # 在区间[-2,2]内等间距产生 50 个点
4    y = x**2    # 计算平方值
5    plt.plot(x, y, color='blue', ls='--', label='y=x^2')    #绘制曲线并设定
     颜色、线型、图例等参数
```

```
6       plt.xlabel('x', fontsize=14)  # x轴上的标签为'x'
7       plt.ylabel('y', fontsize=14)  # y轴上的标签为'y'
8       plt.title('Example', fontsize=18)  # 设置标题
9       plt.legend()  # 显示图例(y=x^2)
10      plt.show()  # 显示图形
```

运行程序后将弹出独立窗口,如图 9-1 所示。

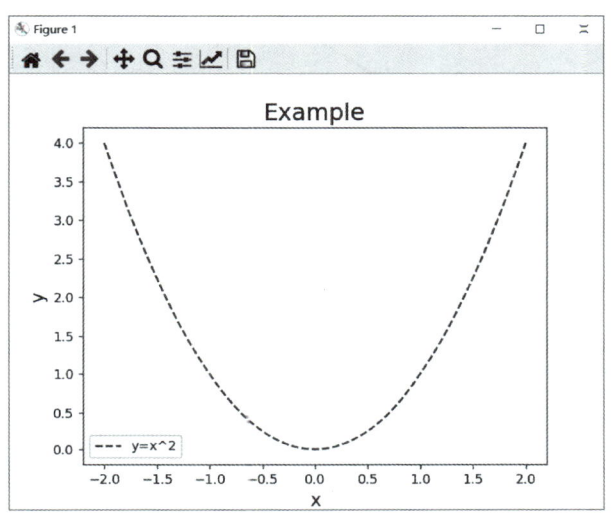

图 9-1 $y=x^2$ 曲线图(独立窗口模式)

程序中调用的绘图相关命令形式为"plt.函数名()"。每个函数完成不同的功能,可指定不同的参数,分别用于绘制折线图、设置标签文字、设置图形标题、显示图例、显示图形等。独立窗口可放大、缩小,支持后续的交互式修改,并可将图形保存为多种图片格式。

下面再以嵌入模式绘制一条 $y=2x$ 的直线。在 IPython 交互控制台先执行魔术命令"%matplotlib inline",再执行示例代码 9.2。

示例代码 9.2 SimpleCurveInline.py

```
1       import numpy as np
2       import matplotlib.pyplot as plt  # 导入pyplot模块
3       y = 2 * np.arange(10)
4       plt.plot(y, color='b', ls='-', linewidth=2)  # 本例只提供y值,设定颜色、
        线型、线宽
5       plt.title('y=2*x', fontsize=18)
6       plt.show()
```

绘制折线图时一般应提供若干点 x 坐标和 y 坐标两组序列数据。若只提供一个序列数据,则 Matplotlib 会认定提供的是 y 轴数据,并从 0 开始自动生成顺序整数值的 x 坐标,因此本例中 x 坐标数据值会是[0,1,2,…,len(y)-1]。在嵌入模式下,图形显示在右上角的 Plots 功能选项卡中,图形只能查看,不能进行交互式修改,如图 9-2 所示。

实际上,Matplotlib 可以支持两种绘图模式:一种是示例 9.1 和 9.2 采用的类 MATLAB 风格,主要通过命令"plt.函数名()"进行绘图和相关设置;另一种是面向对象风格,绘制简单曲线 $y=2x$,如示例代码 9.3 所示。

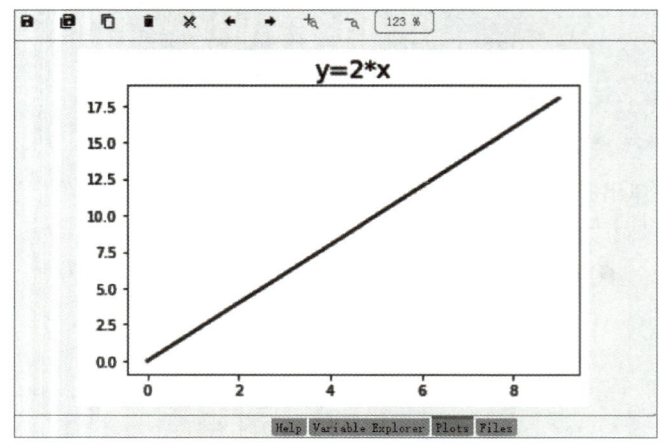

图 9-2　y=2x 直线图（嵌入模式）

示例代码 9.3　SimpleCurveObject.py

```
1    import matplotlib.pyplot as plt
2    import numpy as np
3    fig, ax = plt.subplots()    # 创建一个绘图对象和一个轴对象
4    y = 2 * np.arange(10)    # 生成y坐标数据
5    ax.plot(y)    # 在轴对象上绘制曲线
6    ax.set_title('y=2*x')    # 设置图表的标题
7    plt.show()    # 显示图形
```

9.1.3　颜色、标记与线型设置

利用 plot()函数作图可以指定线条的线型、颜色、标记等参数，语法格式如下：

plt.plot(x , y, linestyle='线型', color='颜色', marker='标记')

常用的各种格式符号参数如表 9-1、表 9-2、表 9-3 所示。

表 9-1　　　　　　　　　　常用线型 linestyle（ls）参数表

linestyle 参数表	描述	linestyle 参数表	描述
—	实线	:	虚线
— —	破折线	None	空白（不画线）
—.	点画线		

表 9-2　　　　　　　　　　常用颜色 color（c）参数表

颜色名称	简写	描述	颜色名称	简写	描述
red	r	红色	yellow	y	黄色
black	k	黑色	white	w	白色
blue	b	蓝色	green	g	绿色
cyan	c	青色	#0022FF		RGB 模式自行配色

表 9-3　　　　　　　　　　常用标记 marker 参数表

标记	描述	标记	描述
o	圆圈	s	正方形
.	点	*	星号
D	菱形	d	小菱形
+	加号	x	x 号
v	尖角朝下的三角形	<	尖角朝左的三角形
>	尖角朝右的三角形	^	尖角朝上的三角形
None	空白		

利用 plot() 命令设置了红色、虚线、圆圈标记符号代码如下。运行结果如图 9-3 所示。其中，第二条 plot() 命令采用了简写方式，将红色、虚线、圆圈标记缩写为一个字符串 'ro:'。作折线图时如不设置格式符号，则默认的格式字符是 'b-'，即蓝色实线。

```
In:    x = np.arange(10)
In:    y = x ** 2 + 2 * x + 5
In:    plt.plot(x, y, c='r', ls=':', marker='o', markersize=10)   # 设置颜色线
In:    型、标记符号与大小 plt.plot(x, y, 'ro:')    # 上一条命令的简写
```

可以一次性在 plot() 函数的参数中设置多组数据和格式符，以便快速在一幅图上绘出多条线，代码如下。运行结果如图 9-4 所示。

```
In:    x = np.arange(10)
In:    y1 = x
In:    y2 = x ** 2 + 3 * x + 4
In:    y3 = 5 * x + 10
In:    plt.plot(x, y1, 'rs-', x, y2, 'b--', x, y3, 'go')    # 提供三组数据绘制三条线
```

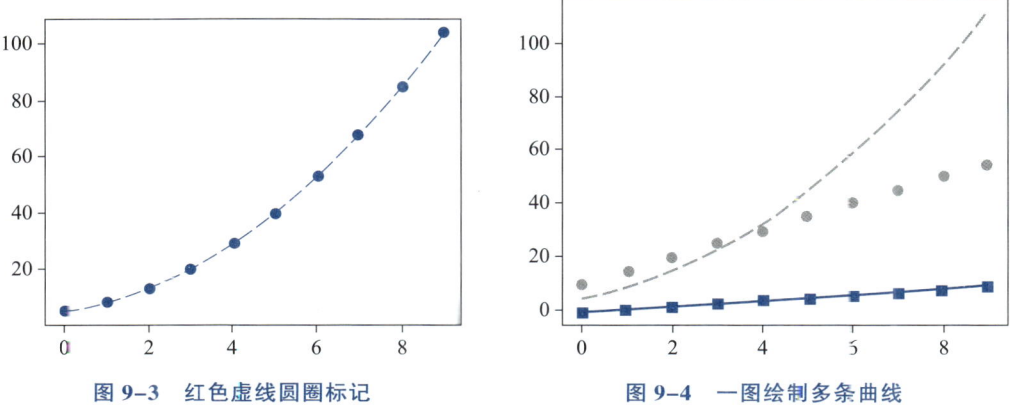

图 9-3　红色虚线圆圈标记　　　　　　图 9-4　一图绘制多条曲线

9.1.4　绘图属性设置

除了调用 plot() 等绘图函数绘制图形的主体部分，通常还需要进行一些属性设置，以增

强图形的美观性和可读性。表 9-4 列出了常用的绘图属性设置函数。

表 9-4　　　　　　　　　　　　常用绘图属性设置函数

示例	解释	示例	解释
plt.title('图标题')	设置图形标题	plt.grid(True/False)	显示/不显示网格
plt.xlim(x1, x2)	设置 x 轴范围	plt.ylim(y1, y2)	设置 y 轴范围
plt.axis('equal')	设置 x、y 轴单位长度相等	plt.axis('on/off')	显示/不显示坐标轴
plt.xlabel('x 轴')	设置 x 轴标记文字	plt.ylabel('y 轴')	设置 y 轴标记文字
plt.legend()	显示图例	plt.text(x, y, 'text')	在指定坐标处显示文字
plt.figure(figsize=(m,n))	设置图形大小	plt.savefig('a.png')	保存图片
plt.style.use('风格')	设置绘图风格		

对于表 9-4 中所列的函数,可以在 IPython 控制台调用 help() 函数查看帮助信息,如"help(plt.title)"可以查看 plt.title() 函数的使用方法。plt.title() 函数用于设置图形的标题。

如果想限制坐标轴的显示范围,可用 plt.xlim() 函数和 plt.ylim() 函数分别设置 x 轴和 y 轴的坐标显示区域。Matplotlib 为了将图形显示得更加饱满和完整,有时会将坐标轴的尺度进行压缩,从而使得绘制的图形失真,如绘制的圆形会显示成椭圆。此时,可以在代码中调用 plt.axis('equal') 将 x、y 轴的单位长度相等。便用以下代码绘制一个半径为 3 的圆,未设置与已设置 plt.axis('equal') 的对比效果如图 9-5 和图 9-6 所示。

```
In:     x = np.linspace(-3, 3, 100)    # 在区间[-3,3]内生成100个x值
In:     y = np.sqrt(9 - x ** 2)    # 计算半径为3的圆上的点的y坐标
In:     plt.plot(x, y, x, -y)    # 绘制半径为3的圆。便用两组数据,先画上半圆,再画下半圆
In:     plt.axis('equal')    # 设置x、y轴的单位长度相等
```

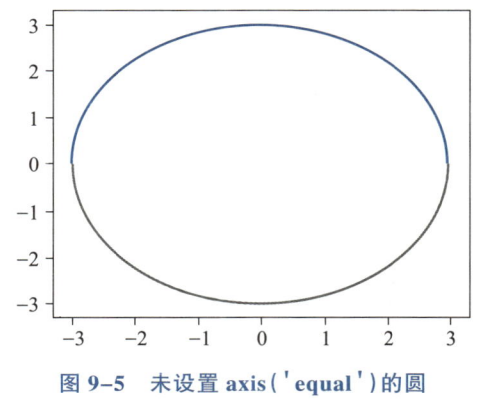 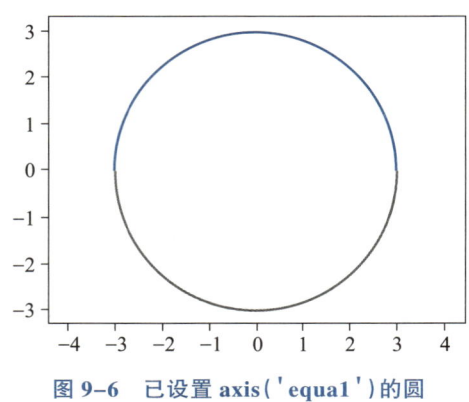

图 9-5　未设置 axis('equal') 的圆　　　　图 9-6　已设置 axis('equal') 的圆

如果要突出图形而淡化其他内容,可用 plt.axis('off') 隐藏坐标轴。如果想更清楚地观察数据值,可以用 plt.grid(True) 设置显示网格线,如示例代码 9.4 所示。运行得到的图形如图 9-7 所示。

9.1 Matplotlib 基本使用

示例代码 9.4 ShowGridGraphing.py

```
1   import matplotlib.pyplot as plt
2   import numpy as np
3   x = np.linspace(-3*np.pi, 3*np.pi, 100)  # 在区间[-3π,3π]内生成10个x值
4   y = np.sin(x)  # 计算sin值
5   plt.plot(x, y)  # 画正弦曲线图
6   plt.grid(True)  # 显示网格线,指定参数axis='x'将只显示垂直网格线,指定参数
    axis='y'只显示水平网格线
7   plt.show()
```

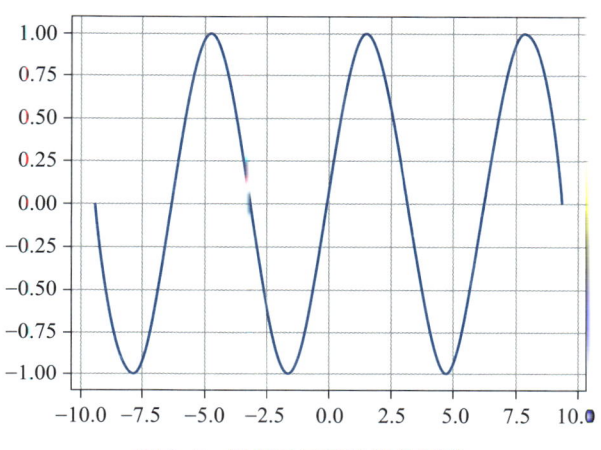

图 9-7 设置显示网格线的图形

在一个图中包含多个子图时,可用参数 "label='图例名'" 给各个子图加上图例说明。plt.legend()函数可用参数 loc='位置' 来规定图例的位置,参数值如表 9-5 所示。参数值用字符串或整数值表达均可。其中, plt.legend(loc='lower right') 和 plt.legend(loc=4) 的效果相同,都是将图例显示在右下角。用 plt.legend()命令显示图例,如示例代码 9.5 所示。代码第 8 行和第 9 行二选一,运行结果分别如图 9-8、9-9 所示。

表 9-5　　　　　　　　　　plt.legend()函数的 loc 参数值

位置字符串	整数值	位置	位置字符串	整数值	位置
best	0(默认)	自适应最佳位置	upper right	1	右上
upper left	2	左上	lower left	3	左下
lower right	4	右下	right	5	右
center left	6	左中	center right	7	右中
lower center	8	中下	upper center	9	中上
center	10	居中			

示例代码 9.5 LegendExample.py

```
1   import matplotlib.pyplot as plt
2   import numpy as np
3   x = np.arange(10)
```

```
4    y1 = 3 * x
5    y2 = 5 * x
6    plt.plot(x, y1, label='Line1')   # 线1
7    plt.plot(x, y2, label='Line2')   # 线2
8    plt.legend()   # 按默认位置显示图例
9    plt.legend(loc=8, frameon=False, ncol=2)   # 按指定位置显示图例
10   # 其中 loc=8 表示图例显示在下方并居中,frameon=False 指图例不显示外边框,ncol=2
     指分 2 列
11   plt.show()
```

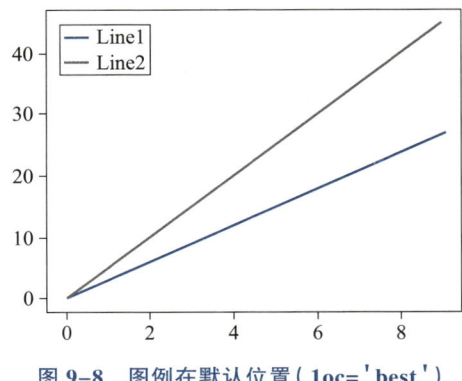 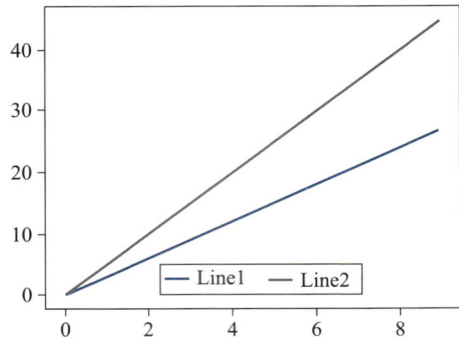

图 9-8　图例在默认位置（loc='best'）　　　图 9-9　图例在指定位置（loc=8）

plt.figure(figsize=(m,n))可设置图形的大小,单位为英寸。

plt.savefig()用于保存图片,可用不同的扩展名（如 png、jpg、svg）将绘制的图形保存为不同格式的图片,图片默认保存在当前工作目录中。

plt.style.use('风格')用于设置绘图风格,不同风格图形的视觉效果有差异。代码如下所示：

```
In:   plt.style.available               # 获得所有可用的风格名称
In:   plt.style.use('ggplot')           # 设置为 ggplot 绘图风格
In:   plt.style.use('dark_background')  # 设置为暗色背景绘图风格
```

9.1.5　中文显示问题

Matplotlib 的默认配置文件无法正确显示中文,中文字符将显示为小方格。正确显示中文方法是在程序头部设定中文字体,并设置和修正坐标轴上的负号无法正常显示等字符编码问题。具体如示例代码 9.6 所示。

示例代码 9.6　ChineseMinusSet.py
```
1    import matplotlib.pyplot as plt
2    plt.rcParams['font.sans-serif'] = ['SimHei']   # 指定中文字体为黑体
3    plt.rcParams['axes.unicode_minus'] = False     # 修正坐标轴上负号'-'显示为
     方块的问题
4    plt.xlim([-5,5])   # 测试:坐标轴上负号显示正常
5    plt.title('中文标题')   # 测试:中文标题显示正常
6    plt.show()
```

9.2 常见图形绘制

上一章讲解了 Pandas 绘图,这里讲解 Matplotlib 绘图。Matplotlib 支持的常见图形类型如表 9-6 所示。前一节介绍了折线图的绘制,本节主要介绍柱形图、饼状图、散点图、直方图等几种常见图形的绘制方法。

表 9-6　　　　　　　　　　Matplotlib 支持的常见图形类型

命令名	图形类型	命令名	图形类型
plt.plot()	折线图	plt.bar()	柱形图
plt.pie()	饼状图	plt.barh()	水平柱形图
plt.hist()	直方图	plt.scatter()	散点图
plt.boxplot()	箱线图		

9.2.1 柱形图

柱形图又称栏状图,是一种以矩形的高度为计量单位的图形统计报告图,用一系列高度不等的纵向矩形栏来表示数据之间的差别。Matplotlib 提供了 bar() 函数来绘制柱形图,代码如下:

```
In:    import matplotlib.pyplot as plt
In:    import numpy as np
In:    x = np.arange(10)
In:    y = np.random.randint(0, 30, 10)
In:    plt.bar(x, y)
In:    plt.show()
```

运行结果如图 9-10 所示。

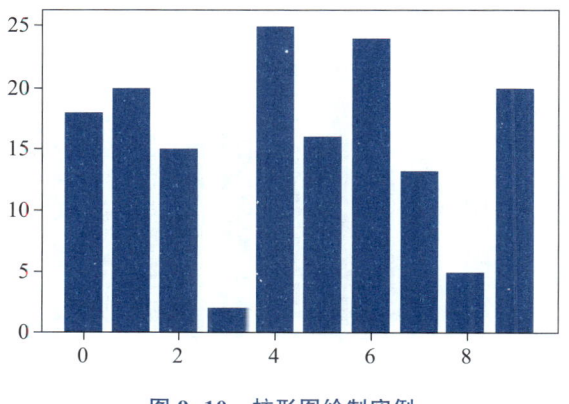

图 9-10　柱形图绘制实例

bar()函数可以通过设定更多的参数来绘制样式更丰富的柱形图,常用的参数如表 9-7 所示。

表 9-7　　　　　　　　　　　　　bar()函数的常用参数

参数	含义
x	矩形柱的横坐标
height	矩形柱的高度
width	矩形柱的宽度
bottom	矩形柱底部的纵坐标
color 或 facecolor	矩形柱的填充颜色
edgecolor	矩形柱的边缘颜色

以上代码使用 bar() 函数的两个参数 x 和 height 绘制了一组颜色单一的柱状图。多组柱状图对比展示数据,需要设置图形样式才能加以区分。示例代码 9.7 演示了如何通过设定常用参数来绘制两组样式相异的柱状图。

示例代码9.7　MultiBars.py

```
1    import matplotlib.pyplot as plt
2    import numpy as np
3    n = 10
4    x = np.arange(n) + 1
5    y1 = np.random.uniform(0.5, 1.0, n)    # 生成n个0.5到1.0之间均匀分布的
                                              浮点数
6    y2 = np.random.uniform(0.5, 1.0, n)
7    plt.bar(x, y1, width=0.35, facecolor='blue', edgecolor='white')
8    plt.bar(x+0.35, y2, width=0.35, facecolor='red', edgecolor='white')
9    plt.show()
```

运行结果如图 9-11 所示。

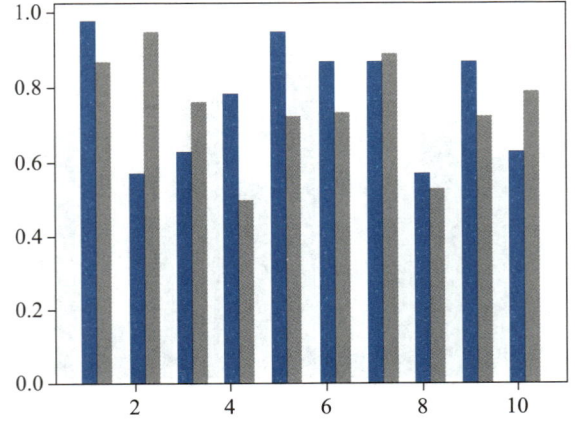

图 9-11　两组样式相异的柱形图

在示例代码 9.7 中，bar() 函数的参数 x 为各个矩形柱的横坐标，参数 height 则通过 np.random.uniform() 方法随机生成两组随机数作为矩形柱的高度。其中，参数 width 表示矩形柱的宽度，参数 edgecolor 将边缘颜色设为白色，参数 facecolor 分别将两组矩形柱的颜色填充为蓝色和红色。

9.2.2 饼状图

饼状图显示了一个数据系列中各类别的占比情况。Matplotlib 提供了 pie() 函数用于饼状图的绘制。下面代码演示如何使用 pie() 函数绘制不显示比例和标签的基本饼状图。

```
In:     import matplotlib.pyplot as plt
In:     data = [15, 15, 40, 30]
In:     plt.pie(data)
In:     plt.show()
```

运行结果如图 9-12 所示。

pie() 函数可以接收列表或者 numpy 数组作为参数，其中的值表示每个扇区的数量构成，其总和无须为 100 或者 1，pie() 函数会自动计算饼状图中每块区域的分布比例。在实际应用中通常还需要显示每个扇区的标签、比例等信息。pie() 函数可以通过设置特定的参数来丰富和改变图形样式，常用参数如表 9-8 所示。

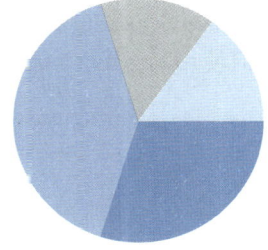

图 9-12　基本饼状图

表 9-8　　　　　　　　　　pie() 函数的常用参数

参数	含义
size	指定每个扇区的大小
labels	指定每个扇区的标签
explode	指定每个扇区与圆心的距离
shadow	显示阴影
labeldistance	标签的绘制位置，小于 1 则绘制在饼状图的内侧，否则在外侧
autopct	显示每个扇区的百分比
pctdistance	指定 autopct 的位置刻度
radius	控制饼状图的半径

示例代码 9.8 演示了如何通过指定特定参数来绘制饼状图。

示例代码 9.8　PieChart.py

```
1   import matplotlib.pyplot as plt
2   data = [15, 45, 30, 10]
3   labels = ['Java', 'Python', 'C', 'C#']
4   explodes=(0, 0.1, 0, 0)
5   plt.axis('scaled')
6   plt.pie(data, labels=labels, radius=1, explode=explodes, autopct='%1.1f%%',\
7           pctdistance=0.5, labeldistance=1.2, textprops={'fontsize':16})
8   plt.show()
```

代码中的参数 data 为各扇区对应数据，labels 表示数据对应的标签，radius 指定饼状图的半径；explodes=（0,0.1,0,0）中的 0.1 表示对应扇区距离圆心 0.1 倍半径；autopct='％1.1f％％'指定百分比标签保留小数点后 1 位；pctdistance=0.5 表示百分比标签位置距离圆心 0.5 倍半径，labeldistance=1.2 表示标签距离圆心 1.2 倍半径；textprops 指定了标签字体大小。程序运行结果如图 9-13 所示。

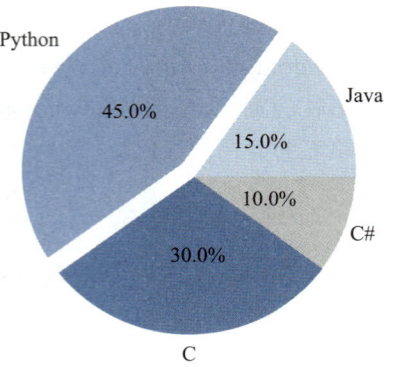

图 9-13　包含更多效果的饼状图

9.2.3　散点图

散点图直观地展示数据点在直角坐标系上的分布情况，通常用于反映两个变量的关联性及联系模式。Matplotlib 提供了 scatter()函数来实现散点图的绘制。除了设定基本的 x、y 坐标参数，还可以通过设置更多特定参数来绘制各种不同效果的散点图。下面代码演示了如何使用 scatter()函数绘制一幅简单的散点图。

```
In:     import matplotlib.pyplot as plt
In:     import numpy as np
In:     x = np.random.rand(100)
In:     y = np.random.rand(100)
In:     plt.scatter(x, y)
In:     plt.show()
```

运行结果如图 9-14 所示。

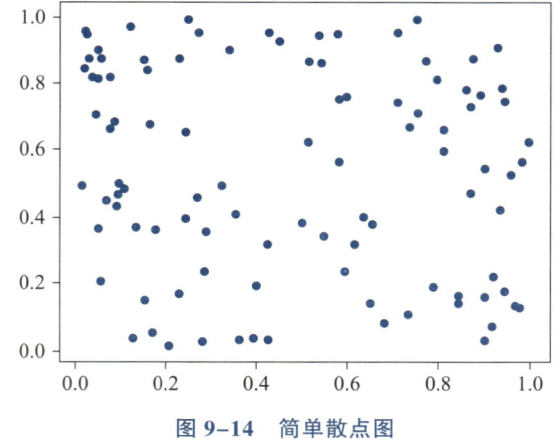

图 9-14　简单散点图

代码中调用两次 np.random.rand()函数以分别生成两组长度为 100 的 0 到 1 之间的随机数数组，用于构成散点的 x 坐标和 y 坐标，然后调用 scatter()函数来进行散点图的绘制。scatter()函数还可进一步以设置更多特定参数来丰富散点图的样式，常用参数如表 9-9 所示。

在实际绘制中，如果需要改变散点图中点的大小、形状，以及颜色等，可以通过设置 s、c、marker 等相关参数来实现。例如，观察不同类别数据的散点分布情况，可以给不同类别数据的散点设置不同的样式与颜色。下面示例代码 9.9 展示了如何通过为 scatter() 函数设置特定的参数来绘制两组数据的散点图。

表 9-9　　　　　　　　　　　scatter() 函数的常用参数

参数	含义
x 和 y	列表或数组,表示散点的 x 和 y 坐标数据
s	尺寸,表示散点的大小
color	颜色,可以是颜色字符串(如'b'和'y'),也可以是数组
marker	散点的形状,默认是'o',可以设置为'*''v''+'等
alpha	透明度,范围是 0~1

示例代码 9.9　ScatterGroup.py

```
1   import matplotlib.pyplot as plt
2   import numpy as np
3   x1 = np.random.uniform(0, 6, 10)
4   y1 = np.random.uniform(0, 6, 10)
5   x2 = np.random.uniform(4, 10, 10)
6   y2 = np.random.uniform(4, 10, 10)
7   # 绘制不同颜色和样式的两组数据的散点图
8   plt.scatter(x1, y1, marker='x', color='red', s=40, alpha=0.8)
9   plt.scatter(x2, y2, marker='o', color='green', s=80, alpha=0.3)
10  plt.show()
```

代码中首先调用 np.random.uniform() 函数来随机生成两组坐标点,并将这两组坐标点分别传入 scatter() 函数,然后为每组坐标点设置不同的 maker、color、s 和 alpha,最后绘制出两组数据的散点图。运行结果如图 9-15 所示。

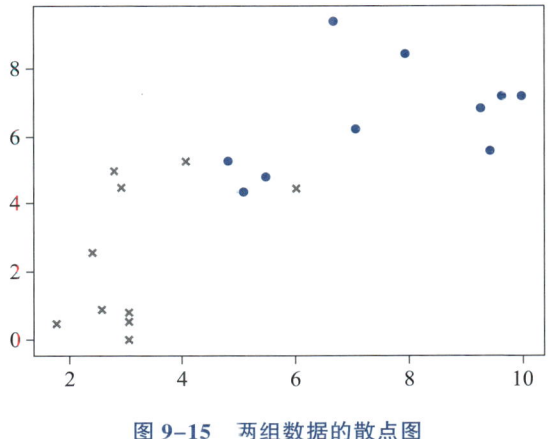

图 9-15　两组数据的散点图

示例代码 9.10 随机生成 50 个坐标点并绘制散点图,其中每个点的位置、半径和颜色均为随机。

示例代码 9.10　ScatterRandom.py

```
1   import matplotlib.pyplot as plt
2   import numpy as np
3   import time
4   np.random.seed(int(time.time()))  # 根据当前时间生成一个随机种子
5   N = 50  # 散点个数,后续散点的坐标、颜色和大小都是长度为 N 的序列
6   x = np.random.rand(N)
7   y = np.random.rand(N)
8   colors = np.random.rand(N)  # 随机颜色数组
9   size = (30 * np.random.rand(N)) ** 2  # 随机散点大小数组
10  plt.scatter(x, y, s=size, c=colors, alpha=0.5)
11  plt.show()
```

运行结果如图 9-16 所示。这种除了展示散点位置,还展示散点大小的散点图也被称为气泡图。它比二维散点图多了一个维度的数据,在视觉上提供了更多信息。

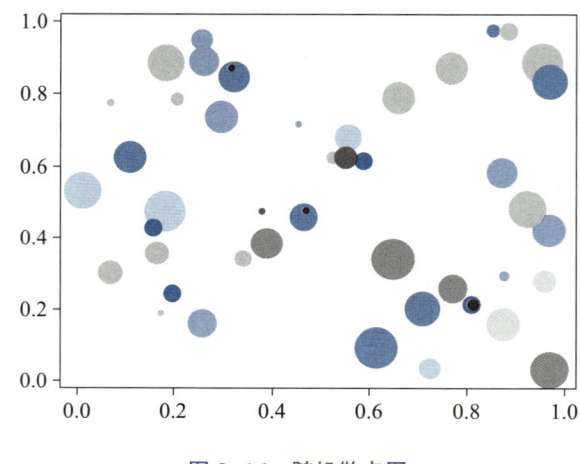

图 9-16　随机散点图

9.2.4　直方图

直方图将整个取值范围划分为一系列的区间,然后计算落入每个区间的观测值的数量或占比。直方图中每个条形的高度对应该区间内数据点的频数或频率,从而提供数据分布的直观展示。Matplotlib 提供了用于绘制直方图的 hist() 函数,传入直方图中条形的数量和对应的数值数据即可快速绘制直方图。以下代码演示了如何使用 hist() 函数绘制基本直方图。

```
In:   import matplotlib.pyplot as plt
In:   import numpy as np
In:   x = np.random.randn(1000)  # 生成1000个符合标准正态分布的数据构成的数组
In:   plt.hist(x, bins=50)  # 条形个数为50,即分为 50 个区间统计数据并展示频数
In:   plt.show()
```

运行结果如图 9-17 所示。

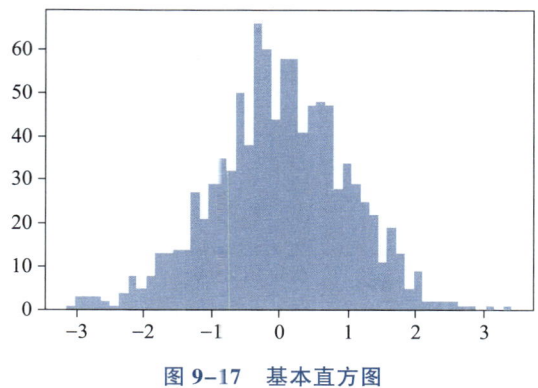

图 9-17 基本直方图

在以上代码中，hist()函数接收了一个具有 1 000 个元素的标准正态分布随机数组作为参数，并指定条形个数为 50，即将整个数据区间等分成 50 个子区间，统计每个区间的数据频数作为条形的高度。hist()函数提供了一些参数用于自定义直方图的样式。常用参数如表 9-10 所示。

表 9-10　　　　　　　　　　　　　hist()函数的常用参数

参数	含义
x	用于绘制直方图的原始列表或数组数据
bins	直方图的条形数量，可选项，默认为 10
density	是否绘制频率，默认为 False，即绘制频数
facecolor	直方图的条形颜色
edgecolor	直方图的条形边框颜色
alpha	透明度
histtype	直方图的类型，可选 'bar' 'barstacked' 'step' 或 'stepfilled'

下面代码演示了如何使用 hist()函数设置特定参数自定义直方图样式。

```
In:    import matplotlib.pyplot as plt
In:    import numpy as np
In:    x = np.random.rand(10000)
In:    plt.hist(x, 60, density=True, histtype='bar', facecolor='red',
       alpha=0.9, \edgecolor='black')
In:    plt.show()
```

以上代码首先调用 np.random.randn()函数随机生成 10 000 个数据，作为 hist()函数参数 x 的值，参数 bins 的值设为 60，直方图的类型设为 'bar'，表示将一共绘制 60 个条形。设置每个条形的颜色为红色，透明度为 0.9，边框为黑色，参数 density 设置为 True 表示纵轴显示频率而非频数。程序运行结果如图 9-18 所示。

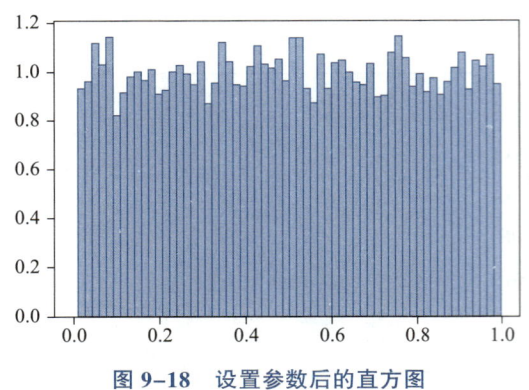

图 9-18 设置参数后的直方图

9.2.5 图形绘制的一般过程

通过以上不同类型图形绘制的示例,可以总结使用 Matplotlib 进行图形绘制的一般过程。

9.2.5.1 准备数据

准备好符合绘图函数要求的数据是数据可视化的基础,准备的数据可以是列表、numpy 数组、DataFrame 或其他数据结构。根据绘图函数要求可能还需要对数据进行预处理,如筛选、分组、计算统计量。

9.2.5.2 调用绘图函数

调用绘图函数是整个绘图过程的核心,需要根据可视化需要选择合适的图形,并调用对应的绘图函数。不同的绘图函数所需的数据形式和参数设置不尽相同,可以通过查阅文档资料、官网示例,以及借助 Spyder 提供的帮助功能来正确调用绘图函数完成图形主体部分的绘制。

9.2.5.3 修饰和标注

在绘制图形主体部分后,为提高图表的可读性和美观性,通常需要对图表进行修饰和标注。常见的修饰和标注包括添加标题、轴标签、图例、网格线,以及调整颜色和样式。

9.3 图形绘制进阶

9.3.1 双坐标系图形绘制

双坐标系图形可以在同一张图上叠加两组数据,可以使用面向对象风格绘制。示例代码 9.11 给出了一个简单的双坐标系图形绘制的实例。

示例代码 9.11 DoubleCoordinateCurve.py

```
1    import matplotlib.pyplot as plt
2    import numpy as np
```

```
3    t = np.arange(0.01,10.0,0.01)  # 生成x坐标数据t
4    data1 = np.exp(t)  # 第一组数据为e的t次方
5    data2 = np.sin(2 * np.pi * t)  # 用正弦函数构造第二组数据
6    fig, ax1 = plt.subplots()  # 创建绘图对象fig与轴对象ax1
7    color1 = 'red'  # 第一组数据元素设置为红色
8    ax1.set_xlabel('time(s)')  # 设置ax1的x轴标签
9    ax1.set_ylabel('exp', color=color1)  # 设置ax1的y轴标签
10   ax1.plot(t, data1, color=color1)  # 在ax1上绘制第一组数据的函数曲线
11   ax1.tick_params(axis='y', labelcolor=color1)  # 设置第一组数据y轴颜色
12   ax2 = ax1.twinx()  # 创建与ax1共享x轴的另一个轴对象ax2
13   color2 = 'blue'  # 第二组数据元素设置为蓝色
14   ax2.set_ylabel('sin', color=color2)  # 设置ax2的y轴标签
15   ax2.plot(t, data2, color=color2)  # 在ax2上绘制第二组数据的函数曲线
16   ax2.tick_params(axis='y', labelcolor=color2)  # 设置第二组数据y轴颜色
17   plt.show()
```

使用twinx()方法可以共享x轴,并创建另一个独立的轴对象。利用轴对象的tick_params()方法对坐标系进行参数设置,这里用于设置y轴的颜色。程序运行结果如图9-19所示。

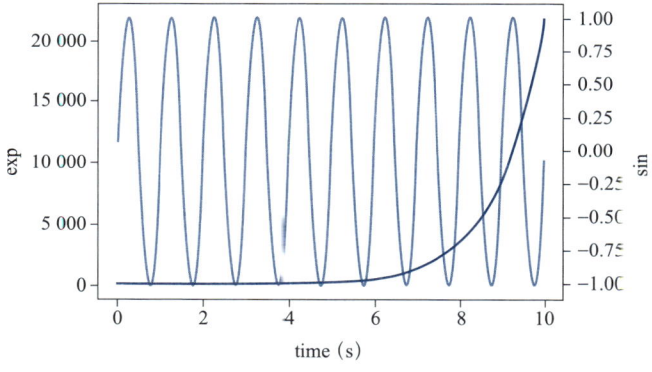

图 9-19 双坐标系曲线图

9.3.2 子图绘制

使用plt模块中的subplot()函数可以将整个绘图区域划分为若干子区域,在子区域中绘制不叠加的图形,其语法格式如下:

```
plt.subplot(nrows, ncols, index)
```

其中,参数nrows表示将绘图区分割成的行数,参数ncols表示将绘图区分割成的列数,index指当前子区域的索引。因此,subplot()函数的前两个参数相当于把整个绘图区域分割成nrows行、ncols列,共nrows×ncols个子区域,并通过第三个参数index指定当前绘图区域的索引号。子区域索引号按照行优先顺序,从1开始编号,步长为1依次递增。下面的代码将绘图区域分割成了3行2列共6个子区域,并且将4号区域指定为当前绘图区域,示意图如图9-20所示。

```
In:    import matplotlib.pyplot as plt
```

```
In:    plt.subplot(3, 2, 4)
In:    plt.show()
```

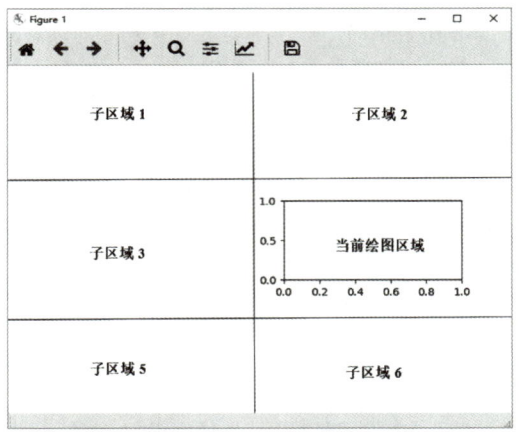

图 9-20　子绘图区示意图

示例代码 9.12 将绘图区域划分为 2×2 的四个子区域,在每个区域中分别绘制折线图、柱形图、水平条形图和散点图。

示例代码 9.12　Subplot.py

```
1   import matplotlib.pyplot as plt
2   plt.subplot(2, 2, 1)
3   plt.plot(range(7), [5, 2, 7, 9, 3, 8, 6])
4   plt.subplot(2, 2, 2)
5   plt.bar(range(7), [5, 2, 7, 9, 3, 8, 6])
6   plt.subplot(2, 2, 3)
7   plt.barh(range(7), [5, 2, 7, 9, 3, 8, 6])
8   plt.subplot(2, 2, 4)
9   plt.scatter(range(7), [5, 2, 7, 9, 3, 8, 6])
10  plt.show()
```

运行上述代码,输出图形如图 9-21 所示。

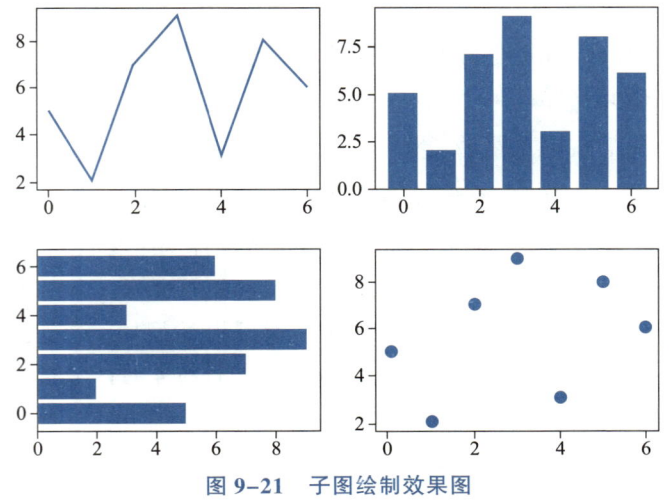

图 9-21　子图绘制效果图

案例 9-1 鸢尾花数据可视化

在实际数据分析过程中,数据往往以某种格式存放在文件中。本节将以鸢尾花数据集为例,展示如何从 CSV 文件中读取数据以进行图形的绘制。鸢尾花数据集(Iris)是数据分析中用于分类实验的常用数据集。它描述了鸢尾花的 3 个品种:山鸢尾(setosa)、变色鸢尾(versicolor)和弗吉尼亚鸢尾(virginica)。每个品种 50 个样本,共 150 个样本。数据集包含 4 个特征变量和 1 个类别变量,4 个特征变量分别为萼片长度、萼片宽度、花瓣长度和花瓣宽度,类别变量为鸢尾花的品种。

通过前言所附二维码下载数据集得到压缩包文件"iris.zip",压缩包内的"iris.data"即数据文件。用记事本打开该文件,可以看到一行代表一条数据记录,数据之间用逗号分隔,因此其本质上是一个 CSV 文件,可以直接利用 Pandas 库的 read_csv() 函数将数据导入 DataFrame 对象进行分析,并利用 Matplotlib 进行数据可视化。案例代码 9-1 展示了鸢尾花数据分析和可视化的具体过程。

案例代码 9-1 鸢尾花数据可视化 IrisDataVisualization.py

```
1   import pandas as pd
2   from matplotlib import pyplot as plt
3   # 中文和负号显示设置
4   plt.rcParams['font.sans-serif'] = ['SimHei']
5   plt.rcParams['axes.unicode_minus'] = False
6   # 基础字典定义
7   columns = {'sepal_len':'萼片长度','sepal_width':'萼片宽度','petal_len':
8               '花瓣长度','petal_width':'花瓣宽度','class':'品种'}  # 各数据列及其中文名
9   classes = {'setosa':'山鸢尾','versicolor':'变色鸢尾','virginica':'弗吉
                尼亚鸢尾'}  # 品种
10  colors = {'setosa':'blue', 'versicolor':'orange', 'virginica':
                'green'}  # 品种及其颜色
11  # 读取并处理数据
12  data = pd.read_csv('iris.data', header=None)  # 读取数据,不将数据第一行
                设置为表头
13  data.columns = columns.keys()  # 设置 data 的列名为 columns 字典的键
14  data['class'] = data['class'].apply(lambda x:x.split('-')[1])  # 去
                除"Iris-"前缀
15  x_axis, y_axis = 'sepal_len', 'petal_len'  # x 轴和 y 轴分别选取萼片长度和
                花瓣长度
16  # 循环为每个品种绘制散点图
17  for cl, co in colors.items():  # 遍历字典 colors 的全部条目
18      x = data[data['class']==cl][x_axis]  # 取类型为 cl 的 x 轴数据
19      y = data[data['class']==cl][y_axis]  # 取类型为 cl 的 y 轴数据
20      plt.scatter(x, y, c=co, label=classes[cl], alpha=0.5)  # 绘制散点图
21  plt.legend()
```

```
22      plt.xlabel(columns[x_axis])
23      plt.ylabel(columns[y_axis])
24      plt.title(f'{columns[x_axis]}与{columns[y_axis]}的品种分布图')
25      plt.grid(True)
26      plt.show()
```

案例代码的第 4、5 两行用于处理绘图过程中的中文乱码和负号显示问题。第 7-10 行定义了三个基础字典，其中字典 columns 用于记录各数据列及其中文名；字典 classes 记录三个鸢尾花品种对应的中文名称；字典 colors 用于保存各鸢尾花品种对应的绘图颜色。

第 12-14 行利用 Pandas 读取并整理数据。读取的品种"class"一列数据均以"Iris-"作为前缀，第 14 行代码对"class"一列调用 apply()函数来执行一个匿名函数以获取分隔符"-"之后的内容，作为新的"class"列。

第 15 行选取绘制散点图时关注的两个属性数据列，这里选取的是萼片长度（sepal_len）和花瓣长度（petal_len）。第 17-20 行构造循环，针对每个鸢尾花品种绘制不同颜色的散点图，其中第 18 和 19 行利用 Pandas 的数据筛选方式提取用于绘制散点图的 x 轴和 y 轴数据。

第 21 行代码开始依次设置显示图例、x 轴和 y 轴标签、图标题，以及网格线，并显示图形。其中第 24 行标题设置时采用 f-string 格式化字符串。

最终程序运行结果如图 9-22 所示。

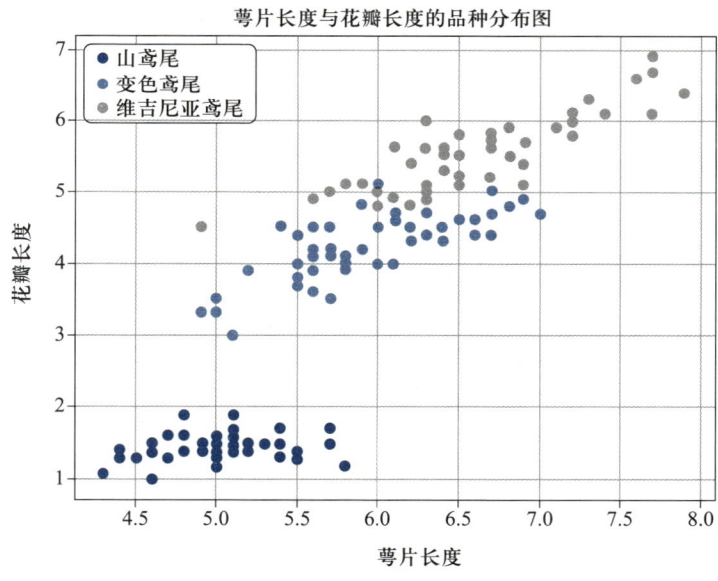

彩色插图

图 9-22

图 9-22 鸢尾花的属性分布

从图 9-22 中可以清晰地看出，不同品种的鸢尾花分布在绘图区域的不同部分，反映它们在萼片长度和花瓣长度方面具有较为明显的差异，或者反过来说明萼片长度和花瓣长度对于判定鸢尾花的品种具有较为良好的预测能力。例如，萼片长度和花瓣长度均较短的很可能是山鸢尾，而萼片长度和花瓣长度均较长的大多是弗吉尼亚鸢尾，中等的长度的则多为变色鸢尾。此外，可以通过修改第 15 行等号右边的属性列名称，然后运行程序来观察其他属性的分布图。

案例 9-2 国际足联球员能力雷达图

雷达图，又称蜘蛛图或星形图，是一种用于多属性变量数据可视化的图形。它由一个中心点和从中心向外辐射的多个轴线组成，每条轴线代表一个属性变量。数据点在各个轴线上按其对应的位置绘制，最后这些点将连接成一个多边形。

本案例介绍如何利用 Matplotlib 绘制国际足联球员能力雷达图。案例数据来自阿里云天池公共数据集，该数据集包含了国际足联 211 个球队及其球员的数据。在下载得到的 "players_fifa21.csv" 数据文件中，保存了 19 020 名球员的 90 个属性信息，包括姓名、年龄、身高、体重、国籍、位置、俱乐部、身价、薪水等基础信息，以及速度、射门、传球等能力信息。

针对前锋、中场和后卫位置的三名代表性球员：梅西（Lionel Messi）、德布劳内（Kevin De Bruyne）和范戴克（Virgil van Dijk），选取速度（PaceTotal）、射门（ShootingTotal）、传球（PassingTotal）、控球（DribblingTotal）、防守（DefendingTotal）、对抗（PhysicalityTotal）六个维度绘制雷达图，相关代码如下：

案例代码 9-2　国际足联球员能力雷达图　FIFAPlayerRadar.py

```python
import pandas as pd
import numpy as np
import matplotlib.pyplot as plt
# 中文和负号显示设置
plt.rcParams['font.sans-serif'] = ['SimHei']
plt.rcParams['axes.unicode_minus'] = False
# 定义基础数据，包括数据列名、球员姓名、雷达图的线型和填充色等
columns = {'PaceTotal':'速度', 'ShootingTotal':'射门', 'PassingTotal':'传球',
           'DribblingTotal':'控球', 'DefendingTotal':'防守','PhysicalityTotal':'对抗'}
players = ['Lionel Messi', 'Kevin De Bruyne', 'Virgil van Dijk']
line_styles = ['bo-', 'g^-', 'rs-']
fill_colors = ['blue', 'green', 'red']
labels = list(columns.values())  # 取各列中文名作为雷达图各维度上的标签
df = pd.read_csv('players_fifa21.csv')  # 读取数据
nAttr = len(columns)  # 维度个数
data = pd.DataFrame()  # 定义空 DataFrame 用于遍历添加数据
for player in players:    # 遍历 players 列表中球员姓名，获取 columns 中指定的数据列
    data = pd.concat([data, df[df['FullName'] == player][list(columns.keys())]])
data = data.reset_index(drop=True)  # 筛选后索引会混乱，重置索引从 0 开始计数
angles = np.linspace(0, 2*np.pi, nAttr, endpoint=False)  # 计算极坐标中各维度的绘图角度
angles = np.append(angles, angles[0])  # 为形成封闭图形，将第 0 项数据再次补充到最后
labels = np.append(labels, labels[0])
plt.subplot(polar=True)  # 设置极坐标绘图方式
```

```
24    for index, row in data.iterrows():    # 遍历每一名球员的数据
25        values = np.array(row)    # 将数值部分转换为数组
26        values = np.append(values, values[0])    # 将第0项数据补充到最后,以实现封闭绘图
27        plt.plot(angles, values, line_styles[index], linewidth=1, label=players[index])    # 绘制线条
28        plt.fill(angles, values, facecolor=fill_colors[index], alpha=0.1)    # 填充颜色
29    plt.thetagrids(angles*180/np.pi, labels)    # 设置标签
30    plt.legend(loc=(0.94, 0.8))    # 指定图例位置
31    plt.figtext(0.62, 0.95, '国际足联球员能力雷达图', ha='center', size=14)    # 设置标题
32    plt.show()
```

以上代码先导入相关函数库,处理中文和负号显示问题,定义数据列名、球员姓名,设定雷达图的线型、填充色等基础数据。在读取全部球员数据后,第17行开始循环遍历获取球员数据,拼接到 DataFrame 对象 data 中。由于数据筛选后还保留了原来的行索引,因此第19行重置索引,从0开始重新计数。

接下来开始准备雷达图绘制。雷达图采用的并非直角坐标,而是极坐标。极坐标绘图需要给出各个数据点 P 与极点 O 的距离(极径),以及直线 OP 与参考系射线的夹角(极角)。第20行将圆周按维度个数等分,以计算各个数据点对应的极角;第21行将 angles 数组的第0个元素拼接到数组的最后,这是为了在后续雷达图绘制时,将最后一个数据点与第一个数据点连接在一起形成封闭图形,labels、values 数组的类似处理也是起到这一作用。第23行代码指定采用极坐标绘图方式。

第24-28行构造了一个循环,遍历 data 中每名球员的数据,循环体包括处理数据、绘制线条和填充颜色。第29行根据 angles 数组计算出的位置放置各维度的标签;第30行在指定坐标处放置图例;第31行在指定位置处放置图标题,也可以利用 plt.title() 函数来设置标题。

程序运行结果如图 9-23 所示。

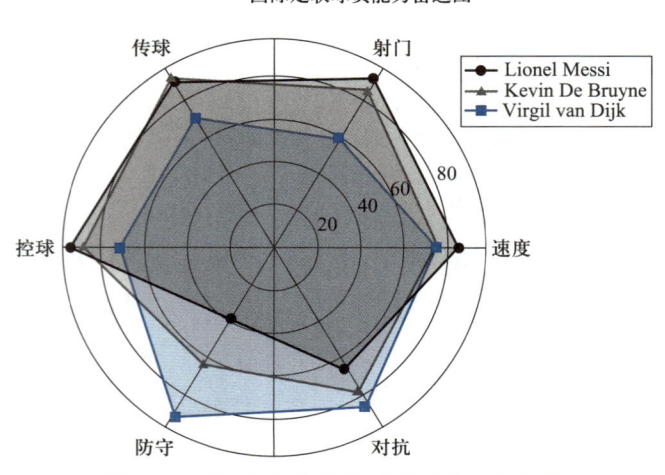

图 9-23　梅西、德布劳内、范戴克能力雷达图

从结果看,这三名优秀球员的雷达图面积均较大,反映出他们具有突出的个人能力。他们在球场上擅长的位置不同,因此在雷达图中的相对位置有所不同。可以修改代码第 8-12 行,分析其他球员及其能力属性,以及设定线型和填充风格。

本章小结

1. 在 Python 数据分析和可视化领域,Matplotlib 是一个用于绘制图表和图形的重要函数库。它可以类似 MATLAB 按函数的方式操作各个绘图命令,也可以以面向对象的方式实现。其功能包括绘制折线图、柱形图等各种类型的图表,还支持自定义图表的样式、标签、标题、坐标轴和图例等。

2. 使用 Matplotlib 进行数据可视化的基本过程可以总结为三个步骤,即:准备数据、调用绘图函数、修饰标注。

3. 对于有些更复杂的情况,可以采用双坐标系和子图等方式绘制图形,使之呈现更丰富的信息。

复习思考题

1. 简述使用 Matplotlib 绘图的一般过程。
2. Matplotlib 绘图有哪两种风格?
3. Spyder 中绘图结果有哪两种输出方式?

操作实践题

1. 写出设置 x 轴显示范围 $[1,5]$, y 轴显示范围 $[0,10]$,显示网格线,设置标题为"Title"所需的绘图命令。

2. 选择合适的 x 轴和 y 轴范围,编写程序绘制以下函数的图形:

① $f(x)=\cos 2x$

② $f(x)=e^{-x}\sin 2\pi x$

③ $f(x)=\sin x + x^2$

④ $f(x)=\begin{cases} x^2 & x<0 \\ x-1 & x \geqslant 0 \end{cases}$

3. 调查 10 位同学的身高和体重,绘制一个反映身高与体重关系的散点图。

4. 绘制 x 在 $[-10,10]$ 取值区间上的函数 $f(x)=x^3+2x^2+3x+4$、$f(x)$ 一阶导数和 $f(x)$ 二阶导数的图形,要求:

① 在三个子区域,分别放置上述三个图形;

② 第一个子区域,标题为 Polynomial,使用红色实线绘制;
③ 第二个子区域,标题为 First Derivative,使用蓝色虚线绘制;
④ 第三个子区域,标题为 Second Derivative,使用绿色实心圆点绘制。

5. 在四个子区域,分别绘制圆形、正方形、三角形和直线,如图 9-24 所示。

彩色插图

图 9-24

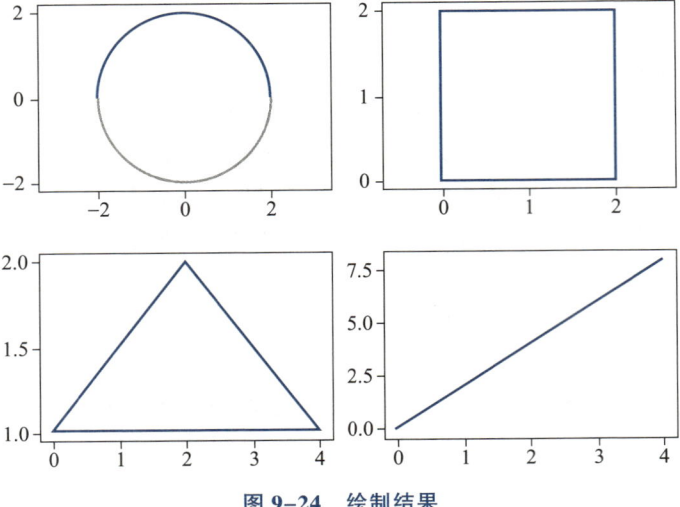

图 9-24　绘制结果

6. 选择 2 名乒乓球选手,选取四个能力维度给他们评分,参考案例 9-2 绘制雷达图。

第四篇 数据分析应用实践

本篇将介绍 Python 在文本分析、财经数据分析和电商销售数据分析口的应用实践,有助于深入地理解和掌握 Python 数据分析的实际操作和综合应用。

文本分析是数据分析的重要分支之一,有助于挖掘出隐藏在文字背后有价值的信息。第十章将介绍如何利用 Python 分别进行英文和中文文本的分析、jieba 分词库的应用,以及词云图的绘制方法。

财经数据分析是数据分析任务的典型应用场景之一,利用 Python 丰富的财经数据接口和工具,可以获取和分析各种财经数据。第十一章以 AKShare 平台为背景,介绍如何利用 Python 获取财经数据,并结合数据分析技术进行沪深股票数据分析、行情数据可视化、优质基本面股票池构建等实践应用,有助于拓展在财经领域的数据分析能力。

电商销售数据分析是数据分析在商业领域中的重要应用之一,有助于了解市场需求、优化产品策略和提升销售业绩。第十二章将介绍利用 Python 进行电商销售数据分析的完整流程,包括在数据预处理基础上,对销售情况和客户价值等进行分析和可视化,揭示销售现状、销售趋势和客户特征等有价值的信息,最终形成完整的数据分析报告,以帮助企业做出更加科学和有效的决策。

第十章 Python 文本分析

本章思维导图

学习目标

- 掌握文本预处理和英文词频统计的基本方法;
- 了解中文和英文文本分析方法的异同;
- 掌握 jieba 分词库的使用和基于 WordCloud 库的词云图绘制。

文本分析是利用计算机程序对文本数据进行处理、解析和理解的技术。作为自然语言处理的重要应用领域之一,文本分析在日常工作中使用广泛。随着社交媒体的流行,基于文本的用户意图识别、情感分析对于企业产品或服务优化、用户需求挖掘等都发挥重要作用。文本分析包括文本的预处理、词频统计、分词、词性标注与筛选、关键词提取、文本信息可视化等内容。

10.1 文本分析基础

10.1.1 文本预处理

文本预处理,又称文本清洗,主要方式包括去除标点符号、修正拼写错误或错别字、停用词处理、分词等,其目的是为后续的文本分析工作提供可用性高的文本数据。

10.1.1.1 去除标点符号

去除标点符号的基本思路是将标点符号替换成空格,可以利用字符串的替换实现,如示例代码 10.1 所示。

示例代码 10.1　RemovePunctuations.py

```
1    text = "Hello,I think there are too many punctuation marks!Do you
         think so?"
2    punctuations = '!\"\'#$%()*+-,./:;<=>?@[\\]^_`{|}~'
3    for ch in punctuations:
```

```
4        text= text.replace(ch,' ')
5    print(text)
```

程序运行结果如下:

```
Hello I think there are too many punctuation marks Do you think so
```

示例代码 10.1 的第 2 行创建了一个包含各种标点符号的字符串 punctuations,包括单引号、双引号、反斜杠等常见标点符号;然后遍历 punctuations 中的每一个标点符号 ch,将字符串 text 中的标点符号 ch 替换为空格。

事实上,Python 还提供了一个正则表达式库 re,它包含了一套丰富的正则表达式工具,用于字符串的搜索、替换、匹配,以及分割等操作。利用正则表达式可以去除文本的标点符号,示例代码 10.2 展示了利用 re 库的 sub() 函数来替换文本中的标点符号,sub() 函数第一个参数是一个正则表达式模式,第二个参数是一个替换字符串,第三个参数是原始文本。

示例代码 10.2 RemovePunctuationsRe.py
```
1    import re
2    text = 'Hello,I think there are too many punctuation marks!Do you
     think so?'
3    clean_text = re.sub(r'[^\w\s]', ' ', text)
4    print(clean_text)
```

正则表达式

代码第三行中,使用正则表达式[^\w\s]来匹配除字母、数字和空格外的所有字符,将其替换为空格符串,从而去除标点符号。正则表达式本书不展开介绍,左侧提供正则表达式的二维码,读者了解即可。

10.1.1.2 修正拼写错误或错别字

为了确保文本分析结果的正确性,预处理时有必要对文本中的拼写错误或错别字进行修正。可以创建字典保存单词的错误拼写和正确拼写,然后通过遍历该字典,将待修改字符串中所有可能的错误拼写替换成正确拼写,如示例代码 10.3 所示。

示例代码 10.3 FixTypos.py
```
1    replace_dict = {'Hellp': 'Hello',
2                    'faverite': 'favorite',
3                    'langauge': 'language',
4                    'Pyhon': 'Python'}
5    text = 'Hellp, Pyhon is my faverite langauge!'
6    for error_word, correct_word in replace_dict.items():
7        text = text.replace(error_word, correct_word)
8    print(text)
```

程序运行结果如下:

```
Hello, Python is my favorite language!
```

10.1.1.3 停用词处理

在文本信息处理中,为节省存储空间、提高搜索效率,可以过滤掉文本中的某些无实际价值的词,这些词被称为停用词(stop words)。为实现对停用词的批量处理,可以创建一个停用词表。考虑到停用词可能是某个单词的一部分,所以不建议直接使用replace()方法将停用词替换为空格或空字符串,以免误删或改变其他单词。可以将待处理字符串转换成列表,从中移除停用词,再将去除停用词后的列表转换回字符串。具体如示例代码10.4所示。

示例代码10.4 Stopwords.py

```
1   # 定义一个去除标点符号的函数
2   def remove_puncs(text):
3       punctuations = '!\"\'#$%()*+-,./:;<=>?@[\\]^_`{|}~'
4       Text = text[:]   # 利用切片将参数字符串text内容复制给Text
5       for ch in punctuations:
6           Text = Text.replace(ch, ' ')
7       return Text
8   sentence = '''Python is a popular programming language known for its simplicity and
9   versatility. It was created by Guido van Rossum and first released in 1991. Python is
10  widely used in various fields such as web development, data analysis, artificial
11  intelligence, and automation.'''
12  sentence = remove_puncs(sentence)   # 调用去除标点符号的函数
13  sentence = sentence.lower()   # 转换为小写字母
14  word_list = sentence.split()   # 将字符串拆分为列表
15  newlist=[]   # 创建空列表用于保存去除停用词后的词
16  # 创建停用词列表
17  stopwords = ['the', 'a', 'an', 'and', 'but', 'am', 'is', 'are', 'in', 'on', 'it', 'for', 'as', 'by','was', 'were', 'its', 'their', 'our', 'your']
18  for word in word_list:   # 遍历词列表中的每一个词
19      if word not in stopwords:
20          newlist.append(word)   # 如果该词不在停用词列表中,则添加到newlist中
21  sentence= ' '.join(newlist)   # 用空格连接去除停用词后的词列表
22  print(sentence)
```

示例代码10.4的第2-7行将去除标点符号的代码封装在自定义函数remove_puncs()中。第8-11行定义了一个长文本的多行字符串,在第12行调用remove_puncs()函数实现标点符号去除。接下来将字符串转换为小写字母,并使用split()方法将字符串拆分为列表。第17行创建了停用词列表,第18-20行遍历每一个词,如果该词不在停用词列表中,则把它放入结果列表newlist,第21行用空格连接newlist中每一个单词得到停用词处理后的文本。

示例代码10.4的运行结果如下:

```
python popular programming language known simplicity versatility
created guido van rossum first released 1991 python widely used various
fields such web development data analysis artificial intelligence
automation
```

10.1.2 词频统计

统计文本中多次出现的词语,进而简要分析文本的内容,就是词频统计问题。

词频统计是一个累加问题,其基本思路是对文本中每个单词设计一个计数器,单词每出现一次,相关计数器加1。如果以单词为键,以计数器为值,构成"＜单词＞:＜出现次数＞"的键值对,可以很好地解决该问题。

"案例4-2:字符统计"中介绍了从英文字符串中统计每个字符出现次数的方法。这里我们借鉴解决"字符统计"问题的思路,在莎士比亚的名作《哈姆雷特》(*Hamlet*)中出现次数前10的单词,按从多到少排序。

《哈姆雷特》的全文保存为hamlet.txt文件。词频统计步骤有以下几点。

(1)初始化文本:主要包括读取文本、大小写转换、去除标点符号、停用词处理、拆分得到词列表。

(2)词频计算:参照"案例4-2:字符统计",构建字典对象,遍历词列表并利用字典对象的get()方法实现词频计算。

(3)按词频排序并输出:对已统计好词频的字典对象按值排序,并输出键值对。

完整程序如示例代码10.5所示。

示例代码10.5 Hamlet.py

```
1   # 定义读取文本、去除标点符号、拆分得到词列表的函数
2   def get_word_list():
3       text = open('hamlet.txt', 'r').read().lower()
4       punctuations = '!\"\'#$%()*+-,./:;<=>?@[\\]^_`{|}~'
5       for ch in punctuations:
6           text = text.replace(ch, ' ')
7       word_list = text.split()
8       return word_list
9   # 定义去除停用词的函数
10  def remove_stopwords(word_list, stopwords):
11      lst = []
12      for word in word_list:
13          if (word not in stopwords) and len(word)>1:   # 取不在停用词列
                表且长度大于1的词
14              lst.append(word)
15      return lst
16  stopwords = ['the', 'a', 'an', 'and', 'but', 'am', 'is', 'are', 'in', 'on', 'it',
17  'for', 'as', 'by', 'was', 'were', 'its', 'their', 'our', 'your', 'i', 'you', 'he',
18  'she', 'her', 'his', 'be', 'been', 'have', 'to', 'of', 'my', 'this', 'that', 'not',
19  'no', 'me', 'him', 'with', 'what', 'so', 'do', 'will', 'shall', 'we', 'all', 'if',
20  'or']
21  word_list = get_word_list()    # 调用函数得到词列表
22  word_list = remove_stopwords(word_list, stopwords)    # 调用函数去除停用词
23  # 词频计算
24  counts = {}
25  for word in word_list:
26      counts[word] = counts.get(word,0) + 1
27  # 按词频排序并输出
28  ordered_data = sorted(counts.items(), key = lambda x:x[1], reverse=True)
29  for word, count in ordered_data[:10]:
30      print("{0:<10}{1:>5}".format(word, count))
```

10.1 文本分析基础

代码运行后输出结果如下：

```
hamlet      471
lord        311
king        202
horatio     158
claudius    120
queen       119
polonius    119
good        109
thou        107
come        106
```

 案例 10-1 ································ ▶ **Python 之禅**

Python 内置了一个有趣的文件，被称为"Python 之禅"（The Zen of Python）。在 IPython 控制台调用语句"import this"后，会输出一段有趣的内容，代码如下：

```
In:    import this
Out:   The Zen of Python, by Tim Peters

       Beautiful is better than ugly.
       Explicit is better than implicit.
       Simple is better than complex.
       Complex is better than complicated.
       Flat is better than nested.
       Sparse is better than dense.
       Readability counts.
       Special cases aren't special enough to break the rules.
       Although practicality beats purity.
       Errors should never pass silently.
       Unless explicitly silenced.
       In the face of ambiguity, refuse the temptation to guess.
       There should be one-- and preferably only one --obvious way to do
       it.
       Although that way may not be obvious at first unless you're Dutch.
       Now is better than never.
       Although never is often better than *right* now.
       If the implementation is hard to explain, it's a bad idea.
       If the implementation is easy to explain, it may be a good idea.
       Namespaces are one honking great idea -- let's do more of those!
```

输出内容是一段由 Tim Peters 撰写的文章，介绍了 Python 程序的一些重要原则，如简洁明了、逻辑清晰、注重可读性。

源代码 this.py 文件除了表达 Python 设计理念，还有另一番趣味。用记事本打开该文件，可见其内容如下：

第十章　Python 文本分析

案例代码10-1　This.py

```
1    s = """Gur Mra bs Clguba, ol Gvz Crgref
2
3    Ornhgvshy vf orggre guna htyl.
4    Rkcyvpvg vf orggre guna vzcyvpvg.
5    Fvzcyr vf orggre guna pbzcyrk.
6    Pbzcyrk vf orggre guna pbzcyvpngrq.
7    Syng vf orggre guna arfgrq.
8    Fcnefr vf orggre guna qrafr.
9    Ernqnovyvgl pbhagf.
10   Fcrpvny pnfrf nera'g fcrpvny rabhtu gb oernx gur ehyrf.
11   Nygubhtu cenpgvpnyvgl orngf chevgl.
12   Reebef fubhyq arire cnff fvyragyl.
13   Hayrff rkcyvpvgyl fvyraprq.
14   Va gur snpr bs nzovthvgl, ershfr gur grzcgngvba gb thrff.
15   Gurer fubhyq or bar-- naq cersrenoyl bayl bar --boivbhf jnl gb qb vg.
16   Nygubhtu gung jnl znl abg or boivbhf ng svefg hayrff lbh'er Qhgpu.
17   Abj vf orggre guna arire.
18   Nygubhtu arire vf bsgra orggre guna *evtug* abj.
19   Vs gur vzcyrzragngvba vf uneq gb rkcynva, vg'f n onq vqrn.
20   Vs gur vzcyrzragngvba vf rnfl gb rkcynva, vg znl or n tbbq vqrn.
21   Anzrfcnprf ner bar ubaxvat terng vqrn -- yrg'f qb zber bs gubfr!"""
22
23   d = {}
24   for c in (65, 97):
25       for i in range(26):
26           d[chr(i+c)] = chr((i+13) % 26 + c)
27
28   print("".join([d.get(c, c) for c in s]))
```

这段程序里面根本就没有"Python之禅"的英文文本，而是由一些杂乱的文字和几行Python程序代码构成。为什么该程序运行之后可以打印出正常的英文文章呢？

该程序第1-21行是一个多行字符串s，但该字符串并非文章的"明文"，可以理解为一段"密文"。第23-28行将s转换成明文内容并输出。这段代码涵盖字典、列表和元组类型，以及两个嵌套的循环，具体功能如下：

已知英文字母Unicode编码中，大写字母A的编码是65，小写字母a的编码是97，其他字母的编码可以在65或97的基础上递增推导得到，如执行chr(65)可以获得编码为65的字符'A'，执行chr(98)可以得到字符'b'。

第23行定义了一个空字典d，用于记录字符之间的映射关系。第24行创建了一个外层循环，让c分别取65和97两个编码，也就是大写字母A和小写字母a的编码，c的作用是确定字符编码的起始位置。第一轮循环取65，以处理大写字母；第二轮循环取97，以处理小写字母。在第25行的内层循环中，让i由0至25遍历，即依次设置26个偏移量，i+c就是每次所处理字符的编码。例如，对于外层的第一轮循环，c的值为65，在内层循环中i的值从0至25变化，那么i+c的值将从65依次变化到90，即从大写字母A遍历到大写字母Z；类似地，对于外层的第二轮循环，c的值为97，在内层循环中i+c的值将从97变化到122，即从小写字母a遍历到小写字母z。第24和25两行所构成的双重循环头分别对每一个大写字母和小写字母的编码进行遍历。

这段程序最关键的是第26行，它实现将字典d中键i+c对应的字符设置为(i+13)%26+c对应的字符，表示取到这个字符后面的第13个字符。"%26"起到"超过26就清零重新计数"的作用。例如，c为65，i为0时，i+c的值为65，即大写字母'A'的编码，此时，表达式(0+13)%26+65的计算结果为78，即大写字母N的编码；类似地，i为20时，i+c的值为85，即大写字母U的编码，此时，表达式(20+13)%26+65的计算结果为72，即大写字母H的编码。

因比，第23-26行实际上在字典d中建立了字母A到Z和字母a到z的13位循环移动的密文与原文的对应关系表，如表10-1所示。其中键用于表示密文，而值用于表示对应的原文。

表10-1　　　　　　　　　　密文与原文的对应关系表

密文编码	密文字符	原文编码	原文字符	密文编码	密文字符	原文编码	原文字符
65	A	78	N	97	a	110	n
66	B	79	O	98	b	111	o
67	C	80	P	99	c	112	p
68	D	81	Q	100	d	113	q
69	E	82	R	101	e	114	r
70	F	83	S	102	f	115	s
71	G	84	T	103	g	116	t
72	H	85	U	104	h	117	u
73	I	86	V	105	i	118	v
74	J	87	W	106	j	119	w
75	K	88	X	107	k	120	x
76	L	89	Y	108	l	121	y
77	M	90	Z	109	m	122	z
78	N	65	A	110	n	97	a
79	O	66	B	111	o	98	b
80	P	67	C	112	p	99	c
81	Q	68	D	113	q	100	d
82	R	69	E	114	r	101	e
83	S	70	F	115	s	102	f
84	T	71	G	116	t	103	g
85	U	72	H	117	u	104	h
86	V	73	I	118	v	105	i
87	W	74	J	119	w	106	j
88	X	75	K	120	x	107	k
89	Y	76	L	121	y	108	l
90	Z	77	M	122	z	109	m

第 28 行代码利用列表生成式从密文字符串 s 中取出每一个密文字符 c,再从字典 d 中查找密文字符 c 对应的原文字符(如果字典 d 中不存在 c,则直接以 c 作为默认值返回),得到密文字符对应的原文字符列表,最后利用空字符串连接这些原文字符,就得到了"Python 之禅"文章原文的完整字符串。这个案例属于凯撒密码的应用之一。

10.2 中文文本分析

10.2.1 分词

在自然语言处理过程中,为了能更好地处理句子,往往需要把句子拆分成一个个的词语,以便更好地分析句子的特性,这个过程就是分词。中文句子不像英文那样自带空格分隔,并且存在各种各样的词组,从而使中文分词具有一定的难度。

jieba 库是 Python 的中文分词函数库,支持简体、繁体中文,并且提供了丰富的分词模式,如精确模式、全模式和搜索引擎模式。此外,jieba 库还允许高级用户加入自定义词典以提高分词的准确率。

在 Anaconda Prompt 中执行全自动安装命令"pip install jieba"即可安装 jieba 库,使用 jieba 库时要先用"import jieba"导入。

10.2.1.1 jieba 库的分词函数

jieba 库的分词函数如表 10-2 所示。

表 10-2　　　　　　　　　　　　jieba 库的分词函数

函数	描述
jieba.lcut(s)	精确模式,返回列表类型
jieba.lcut(s, cut_all=True)	全模式,返回列表类型
jieba.lcut_for_search(s)	搜索引擎模式,返回列表类型
jieba.cut(s)	精确模式,返回可迭代的数据类型
jieba.cut(s, cut_all=True)	全模式,返回文本 s 中所有可能的词
jieba.cut_for_search(s)	搜索引擎模式,返回适合搜索引擎建立索引的分词结果

上面 6 个分词函数可以分为两组:前三个为 lcut 系列函数,它们将返回列表类型的分词结果;后三个为 cut 系列函数,它们不返回列表,而是返回可迭代数据类型,后续可以通过遍历来获取切分出的词。

下面介绍精确模式、全模式和搜索引擎模式三种分词模式。

(1)精确模式。将句子按照最精确的模式分割,是最为常用的一种分词模式。

```
In:    import jieba
In:    s = '让我们尽心尽力地创造每一天的美好'
In:    for x in jieba.cut(s):    # jieba.cut()返回可迭代类型数据
           print(x, end='/')
Out:   让/我们/尽心尽力/地/创造/每/一天/的/美好/
In:    jieba.lcut(s)    # jieba.lcut()返回的是一个列表
Out:   ['让', '我们', '尽心尽力', '地', '创造', '每', '一天', '的', '美好']
```

（2）全模式。将句子中所有的词都分割出来。

```
In:    s = '让我们尽心尽力地创造每一天的美好'
In:    for x in jieba.cut(s, cut_all = True):
           print(x, end = '/')
Out:   让 我们 尽心 尽心尽力 尽力 地 创造 每 一天 的 美好
In:    jieba.lcut(s, cut_all = True)
Out:   ['让', '我们', '尽心', '尽心尽力', '尽力', '地', '创造', '每', '一天', '的',
       '美好']
```

（3）搜索引擎模式。返回针对搜索引擎应用场景优化后的分词结果。

```
In:    s = '西安交通大学坐落于陕西省西安市'
In:    jieba.lcut(s)    # 精确模式
Out:   ['西安交通大学', '坐落于', '陕西省', '西安市']
In:    jieba.lcut(s, cut_all = True)    # 全模式
Out:   ['西安', '西安交通', '西安交通大学', '交通', '大学', '坐落', '坐落于', '落于',
       '陕西', '陕西省', '西安', '西安市']
In:    jieba.lcut_for_search(s)    # 搜索引擎模式
Out:   ['西安', '交通', '大学', '西安交通大学', '坐落', '落于', '坐落于', '陕西', '陕
       西省', '西安', '西安市']
```

10.2.1.2 jieba库添加新词

利用jieba库的add_word()函数可以将新词添加到分词词典中，也可以自定义词典。虽然jieba库有识别新词的能力，但是个性化添加新词可以提高分词准确率。

1. 单个添加

按照系统默认方式的分词，代码如下：

```
In:    test_sent = '马小兵来到上交大学习隐私增强技术方面的知识'[1]
In:    words = jieba.cut(test_sent)    # 直接使用cut()函数分词
In:    print('/'.join(words))
Out:   马/小兵/来到/上交/大/学习/隐私/增强/技术/方面/的/知识
```

使用cut()函数直接分词将"马小兵""上交大"和"隐私增强技术"三个词进行了拆分。如果希望将它们分别作为一个整体，可以使用add_word()函数将它们添加为新词，使分词结果符合当下语境，代码如下：

```
In:    jieba.add_word('马小兵')
In:    jieba.add_word('上交大')
In:    jieba.add_word('隐私增强技术')
In:    words = jieba.cut(test_sent)
```

---

[1] 此处马小兵为化名。上交大为上海交通大学简称，为体现分词不符合预期效果，而词库中增加新词较使用简称。

```
In:    print('/'.join(words))
Out:   马小兵 / 来到 / 上交大 / 学习 / 隐私增强技术 / 方面 / 的 / 知识
```

2. 批量添加

如果需要加入的新词较多,可以创建并加载自定义词典。使用 jieba 库的 load_user_dict() 函数可以加载自定义词典,语法如下:

```
jieba.load_user_dict(fileName)    # fileName 为自定义词典文件对象或自定义词典文件路径
```

自定义词典文件是一个文本文件,其中每个词占一行,每一行按顺序给出词语、词频(可省略)、词性(可省略)三部分内容,其间用空格隔开。

例如,在当前工作目录中创建自定义词典文件"userdict.txt",在其中存入三个新词"上交大""马小兵"和"隐私增强技术",如图 10-1 所示。

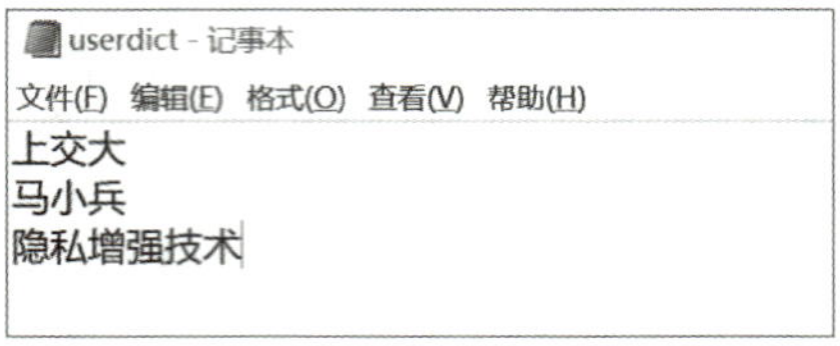

图 10-1　userdict.txt 文件内容

然后运行如下代码,并观察分词结果。

```
In:    jieba.load_userdict('userdict.txt')
In:    words = jieba.cut(test_sent)
In:    print('/'.join(words))
Out:   马小兵 / 来到 / 上交大 / 学习 / 隐私增强技术 / 方面 / 的 / 知识
```

10.2.2　词性标注与筛选

词性(part-of-speech,POS),又称词类,主要用来描述一个词在上下文中的作用,如名词、动词、形容词、数词、量词、代词。词性标注是帮助计算机理解文本的一项非常重要的基础性工作。为了方便在程序中表示词性,需要给每个词性编码。常见词性及其编码对照表,如表 10-3 所示。

表 10-3　　　　　　　　　　　　常见词性及其编码对照表

词性	编码	词性	编码	词性	编码
形容词	a	连词	c	副词	d
方位词	f	成语	i	数词	m
名词	n	人名	nr	地名	ns
介词	p	代词	r	时间词	t
助词	u	动词	v	语气词	y

jieba 库的词性标注模块采用与中科院 ICTCLAS 汉语词性标注集兼容的标记法。

10.2.2.1　基本词性标注

利用 jieba 库的 posseg 模块可以实现基本的中文文本词性标注,如示例代码 10.6 所示。

示例代码 10.6　POSSeg.py

```
1    import jieba.posseg as psg    # 导入词性标注模块
2    text = '我爱北京天安门'
```

```
3      word_pos= psg.lcut(text)  # 分词并标注词性
4      print(word_pos)  # 打印结果
5      for w in word_pos:  # 遍历词性标注结果
6              print(w.word, w.flag)  # 分别打印词内容和词性
```

程序运行结果如下,其中 r 表示代词,v 表示动词,ns 表示地名。

```
[pair('我', 'r'), pair('爱', 'v'), pair('北京', 'ns'), pair('天安门', 'ns')]
我 r
爱 v
北京 ns
天安门 ns
```

运行结果第 1 行是直接打印词性标注结果列表。但是,在实际应用中通常利用示例代码 10.6 的第 5、6 行,对词性标注结果列表进行遍历,利用 word 属性获得词,利用 flag 属性获得对应的词性编码。

10.2.2.2 词性筛选

在词性标注基础上,可以利用列表生成式进一步实现文本的词性筛选。示例代码 10.7 给出了一段关于新疆游记的文本,通过词性筛选找出其中提到的地名。

示例代码 10.7　POSFilter.py

```
1    import jieba.posseg as psg  # 导入词性标注模块
2    text = '''今年夏天,我们一家人来到了向往已久的新疆。首先,我们参观了喀纳斯湖,
3    水面碧绿如玉,周围的山峦苍翠欲滴。接着,我们前往了神秘的喀什,这里的古老建筑和
4    独特的文化让我深深着迷。晚上,我们围坐在一起静静地看着星空,听着远处的马蹄声和
5    动听的民歌,心中充满了感激和满足。接着我们来到了伊犁,参观了薰衣草基地,领略了
6    一场紫色的盛宴。最后,我们来到了天山山脉,山脚下是茂密的森林和潺潺的小溪,
7    山顶则是终年不化的积雪。站在山顶上俯瞰整个新疆,我感到自己的心灵得到了升华和
8    净化。这次新疆之旅让我收获颇丰,我深入了解了新疆的风土人情和历史文化,也结识了
9    许多热情友好的当地人。我希望将来还能来到新疆,继续探索这片神秘的土地。'''
10   word_pos = psg.cut(text)
11   print(type(word_pos))  # word_pos 是一个可迭代类型
12   places = set([w.word for w in word_pos if w.flag == 'ns'])  # 筛选地名并去重
13   print(places)
```

程序运行结果如下:

```
<class 'generator'>
{'喀什', '天山山脉', '新疆', '喀纳斯湖', '伊犁'}
```

示例代码 10.7 使用了 psg.cut() 函数返回可迭代数据类型。第 12 行使用了一个带有 if 条件的列表生成式,只筛选词性(flag 属性)为地名(ns)的词的内容(word 属性),最后利用 set() 函数转换为集合实现去重。从结果看,该程序有效筛选出了文本中提及的地名。可以尝试将第 12 行的 "ns" 修改为其他词性编码观察结果。

10.2.3　关键词抽取

关键词是指最能够反映出文本主题或者核心意思的词语,在文本聚类、分类、自动摘要等领域中有着重要的作用。有些文本会提供关键词,如论文;然而大量文本不提供关键词,

此时可以利用 jieba 库的 analyse 模块自动抽取出关键词,来帮助捕捉文本的主题和大意。

jieba 库的 analyse 模块提供了 extract_tags() 函数基于 TF-IDF 算法实现,可以非常方便地从文本中抽取关键词。示例代码 10.8 对朱自清的《荷塘月色》节选进行关键词抽取。

示例代码10.8 ExtractTags.py

```
1   import jieba.analyse as als
2   # 定义待分析的文本
3   text = '''这几天心里颇不宁静。今晚在院子里坐着乘凉,忽然想起日日
4   走过的荷塘,在这满月的光里,总该另有一番样子吧。月亮渐渐地升高了,
5   墙外马路上孩子们的欢笑,已经听不见了;妻在屋里拍着闰儿,迷迷糊糊
6   地哼着民歌。我悄悄地披了大衫,带上门出去。
7   沿着荷塘,是一条曲折的小煤屑路。这是一条幽僻的路;白天也少人走,
8   夜晚更加寂寞。荷塘四面,长着许多树,蓊蓊郁郁的。路的一旁,是些杨
9   柳,和一些不知道名字的树。没有月光的晚上,这路上阴森森的,有些怕
10  人。今晚却很好,虽然月光也还是淡淡的。
11  路上只我一个人,背着手踱着。这一片天地好像是我的;我也像超出了平
12  常的自己,到了另一世界里。我爱热闹,也爱冷静;爱群居,也爱独处。
13  像今晚上,一个人在这苍茫的月下,什么都可以想,什么都可以不想,便
14  觉是个自由的人。白天里一定要做的事,一定要说的话,现在都可不理。
15  这是独处的妙处,我且受用这无边的荷香月色好了。'''
16  # 使用 TF-IDF 算法提取关键词
17  keywords = als.extract_tags(text, topK=10, withWeight=True)
18  # 打印关键词和对应的权重
19  for keyword, weight in keywords:
20      print(f'{keyword}: {weight}')
```

程序运行结果如下:
荷塘: 0.33456036227884617
今晚: 0.2077618153228846
独处: 0.19411567619615383
月光: 0.1492046201228846
白天: 0.13614558037923077
蓊蓊郁郁: 0.13366036203846154
路上: 0.12083480458365384
荷香: 0.11643190560288462
光里: 0.1149496875278846
墙外: 0.1149496875278846

补充知识
TF-IDF
算法

从结果看,程序所抽取的关键词和权重还是比较准确的。值得一提的是,"蓊蓊郁郁"这样仅出现一次且独特的词也被抽取出来了,这要归功于 extract_tags() 函数所依赖的 TF-IDF 算法。类似地,也可以利用 textrank() 函数依托 TextRank 算法实现关键词抽取。

10.3　WordCloud 词云图绘制

在文本分析中,可以通过词云图对文本中出现频率较高的词可视化,从而直观地突出文本主旨。Python 第三方库 WordCloud 可以实现词云图绘制,在 Anaconda Prompt 窗口中

执行"pip install wordcloud"即可安装,使用"from wordcloud import WordCloud"在程序中导入。

使用WordCloud库生成词云图有两种常用的方法:第一种是基于文本生成词云图,第二种则是基于词频字典生成词云图。无论采用哪种方法,都可以总结为三个基本步骤:构造WordCould对象、调用该对象的generate()方法生成词云数据、调用to_file()方法将词云数据保存成本地图片文件。

10.3.1 基于文本生成词云图

10.3.1.1 英文文本的词云图

一段英文文本的字符串s如下:

```
In:    s = '''From the perspective of thinking, artificial intelligence
is not limited to logical thinking, to consider image thinking,
inspiration thinking to promote the breakthrough development of
artificial intelligence, mathematics is often considered to be the
basic science of a variety of disciplines, mathematics has also
entered the field of language, thinking, artificial intelligence
disciplines must also borrow mathematical tools, mathematics not
only in standard logic, fuzzy mathematics and other fields play
a role. When mathematics enters the discipline of artificial
intelligence, they will promote each other and develop faster.'''
```

首先导入词云库并构造WordCloud对象wc:

```
In:    from wordcloud import WordCloud
In:    wc = WordCloud(width=1000, height=800, background_color='white')
```

其中,参数width指定生成词云的宽度(单位为像素),height指定高度,background_color指定词云图的背景颜色。

接下来,调用wc对象的generate()方法生成词云数据。generate()方法接受一个以空格分隔的字符串作为参数,因此英文文本可以直接作为参数。

```
In:    wc = wc.generate(s)
```

最后,调用to_file()方法将词云数据保存到本地图片文件。

```
In:    wc.to_file('wc.png')
```

以上三个步骤也可以合并成一行代码实现词云图绘制:

```
In:    WordCloud(width=1000, height=800, background_color='white').
       generate(s).to_file('wc.png')
```

生成的英文词云图如图10-2所示。

10.3.1.2 中文文本的词云图

中文文本词云图绘制步骤和英文文本词云图绘制步骤基本一致,但有两处需要注意:第一,需要对中文字体进行设置,否则可能无法正常显示;第二,由于generate()方法只接受以空格分隔的字符串作为参数,因此需要先将中文文本分词,并用空格连接分词结果。

图 10-2　生成的英文词云图

示例代码 10.9 展示了中文文本词云图绘制的过程。

```
示例代码10.9  ChineseWordCloud.py
1   import jieba
2   from wordcloud import WordCloud
3   s='''随着人工智能、大数据等新技术蓬勃发展,数字化、智能化在解放生产力、释放技术红利
4   的同时,也带来数据安全、信息安全等新风险,特别是生成式人工智能技术的不断突破,给人类
5   主体性带来新挑战,这也让人们更加关注新技术环境下的隐私保护问题。数据安全、隐私保护
6   与风险管理相伴而生。从个体层面看,数据泄露不仅是无形资产损失,而且会引发有形资产损失,甚
7   至会危害人身安全;从群体层面看,大规模的隐私泄露可能导致国家层面的社会风险和经济风
8   险,甚至国家安全风险。因此,我们需要从风险管理的视角进一步审视数据安全与隐私保护问
9   题,促进数字技术和产业健康可持续发展。'''
10  s1 = ' '.join(jieba.lcut(s))    # 用空格连接分词结果构成满足要求的字符串
11  wc = WordCloud(font_path='simkai.ttf', background_color='white',
    width=500, height=400)
12  wc.generate(s1)
13  wc.to_file('wc1.png')
```

示例代码 10.9 中,第 10 行将字符串 s 分词得到词列表,然后用空格连接词列表中的每个词,构成字符串 s1。在第 11 行 WordCloud()函数中,参数 font_path 用于指定所采用的字体文件,这里使用的 simkai.ttf 是简体中文楷体的字体文件。在 Windows 系统中,字体文件存放于 "C:\Windows\Fonts\" 文件夹。常用的字体文件还有 simhei.ttf(黑体)、simsun.ttc(宋体)等。生成的中文词云图如图 10-3 所示。

图 10-3　生成的中文词云图

10.3.2　基于词频字典生成词云图

如果我们已经对文本做好词频统计,并将结果保存在一个以词为键、以频数为值的词频字典中,那么生成词云图就可以不需要原始的文本内容,只需要该词频字典即可。在这种情况下,WordCould 对象的 fit_words()方法或 generate_from_frequencies()方法就可以替代 generate()方法,用于根据词频字典生成词云图。

示例代码 10.10 生成了一个词频字典,字典的键为各个英文大写字母,随机生成 1~100 的整数作为每个键对应的值,进而利用 fit_words()方法基于该字典生成词云图。

10.3 WordCloud 词云图绘制

示例代码 10.10　RandomWordCloud.py

```
1    from wordcloud import WordCloud
2    import random
3    import string    # 导入string库
4    lstChar = [x for x in string.ascii_uppercase]    # 获取所有英文大写字母
5    lstFreq = [random.randint(1,100) for i in range(26)]    # 生成26个随机
     整数作为词频
6    # 下面使用字典生成式,产生形如{'A': 80, 'B': 11, 'C': 38, …}的字典
7    freq = {x[0]:x[1] for x in zip(lstChar, lstFreq)}
8    print(freq)
9    wc = WordCloud(background_color='white', width=1000, max_words=20,
         height=860,margin=1).fit_words(freq)    # 利用字典freq生成词云数据
10   wc.to_file("RandomCloud.png")
```

示例代码 10.10 第 7 行使用 zip() 函数将每个字母和对应的词频进行配对,然后利用字典生成式生成词频字典对象 freq。在第 9 行的 WordCloud() 函数内部,参数 max_words 指定词云图最多显示的词数,参数 margin 指定词之间的间距。

运行程序后控制台显示结果如下:

{'A': 72, 'B': 40, 'C': 59, 'D': 15, 'E': 3, 'F': 44, 'G': 74, 'H': 6, 'I': 12, 'J': 92, 'K': 1, 'L': 8, 'M': 20, 'N': 67, 'O': 66, 'P': 55, 'Q': 95, 'R': 35, 'S': 52, 'T': 71, 'U': 77, 'V': 86, 'W': 1, 'X': 52, 'Y': 52, 'Z': 30}

打开工作目录中生成的词云图文件,内容如图 10-4 所示。

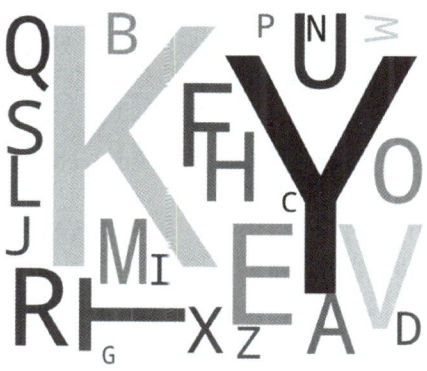

图 10-4　随机词频词云图

案例 10-2　《三国演义》人物出场次数统计

《三国演义》是我国家喻户晓的古典四大名著之一,书中刻画了上百个各具特色的人物,如刘备、关羽、张飞、诸葛亮、曹操、孙权、周瑜。那么在整部《三国演义》小说中,罗贯中在哪些人物身上花费的笔墨最多呢?本案例试图利用 Python 文本分析的相关技术对《三国

演义》小说人物出场次数进行统计，找出出场次数排名前 30 的人物。

（一）数据准备

首先需要准备好《三国演义》小说的 txt 文件，编码格式为 UTF-8，如图 10-5 所示。

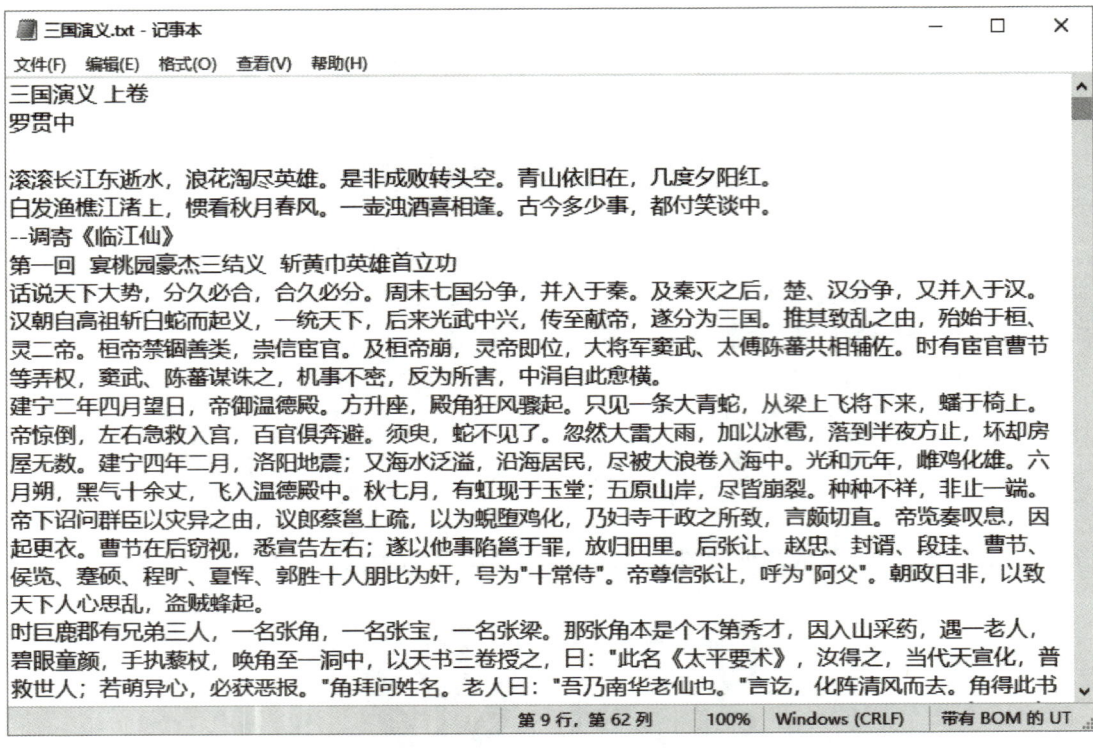

图 10-5 《三国演义》小说的 txt 文件

读取并观察"三国演义 .txt"中的文本内容，示例代码如下：

```
In:    txt = open('三国演义 .txt', encoding='utf-8').read()
In:    len(txt)
Out:   602415
In:    txt[:50]
Out:   '\ufeff 三国演义　上卷 \n 罗贯中 \n\n 滚滚长江东逝水,浪花淘尽英雄。是非成败转头空。
       青山依旧在,几度夕阳红。\n'
In:    txt[-50:]
Out:   ';陈留归命与安乐,王侯公爵从根苗。纷纷世事无穷尽,天数茫茫不可逃。鼎足三分已成梦,后
       人凭吊空牢骚。\n'
```

从以上结果可见，整部小说内容被读取到一个字符串 txt 中，该字符串共有 602 415 个字符。观察其中前 50 个字符和后 50 个字符，确保数据已被完整地读取。其中，字符 \ufeff 是字节顺序标记，表示文件是以 UTF-8、UTF-16 或 UTF-32 等 Unicode 编码格式保存的。

（二）分词并统计词频

读取小说文本后，可以探索性地进行词频统计并观察结果。第一步读取文件内容并分词，第二步计算词频，第三步根据词频排序并输出结果。具体如案列代码10-2（1）所示。

```
案例代码10-2(1) ThreeKingdom.py
1    import jieba
2    # 读取文件内容并分词
3    txt = open('三国演义.txt', 'r', encoding='utf-8').read()   # 注意文件编码
4    words = jieba.lcut(txt)
5    # 计算词频
6    counts = {}
7    for word in words:
8        if len(word) == 1:   # 排除单个字符的分词结果
9            continue
10       else:
11           counts[word] = counts.get(word,0) + 1
12   # 按词频排序
13   items = list(counts.items())   # 将字典条目转换为列表
14   items.sort(key=lambda x:x[1], reverse=True)   # 对列表按频数排序
15   # 输出结果
16   print('词频统计结果')
17   for i in range(30):
18       word, count = items[i]
19       print(word, count, end='/')
```

运行以上程序结果如下：

词频统计结果
曹操 953/ 孔明 836/ 将军 772/ 却说 656/ 玄德 585/ 关公 510/ 丞相 491/ 二人 469/ 不可 440/ 荆州 425/ 玄德曰 390/ 孔明曰 390/ 不能 384/ 如此 378/ 张飞 358/ 商议 344/ 如何 338/ 主公 331/ 军士 317/ 吕布 300/ 左右 294/ 军马 293/ 赵云 278/ 刘备 277/ 引兵 276/ 次日 271/ 大喜 268/ 云长 265/ 孙权 264/ 天下 255/

在词频统计结果中，已出现曹操、孔明、玄德等人物，但该程序还存在两个问题：其一是出现了许多与人名无关的词汇，如"将军""却说"；其二是出现了不同的词表示同一人物，如"玄德"和"刘备"及"孔明"和"孔明曰"。

对于第一个问题，可以设置一个停用词文件"stopwords.txt"。在该文件中保存非人物的词，词与词用逗号分隔开。对于第二个问题，则需要将人名进行整合。例如，"玄德""玄德曰""皇叔""先主"可以合并统计为刘备；"孟德""曹贼""阿瞒"等可以合并统计为曹操；"孔明""孔明曰""卧龙"可以合并统计为诸葛亮。此外，"丞相"在前期多指曹操，而在后期多指诸葛亮，为简便计算，将"丞相"加入停用词文件。

注意，仅通过一轮程序优化并不能直接筛选出出场次数排名前30的人物。再次运行程序，将新出现的非人物词加入停用词文件，将新出现的人名进行合并统计；继续运行程序，通过多轮迭代最终找出排名前30的人物。

多轮迭代后的停用词文件stopwords.txt如图10-6所示。

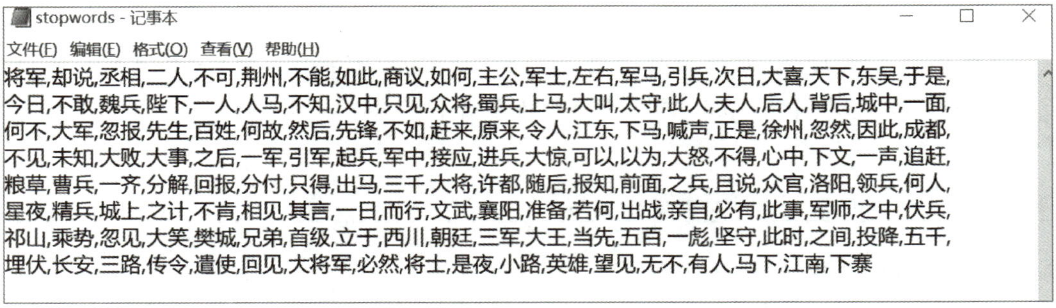

图 10-6　停用词文件 **stopwords.txt**

最后，将人物及其出场次数存放到文本文件"三国演义人物出场次数 .txt"中。

增加停用词以及合并统计人物出场次数的程序如案例代码 10-2（2）所示。

案例代码 10-2（2）　ThreeKingdom.py

```
1   import jieba
2   # 读取文件内容
3   txt = open('三国演义 .txt', 'r', encoding='utf-8').read()
4   words = jieba.lcut(txt)
5   # 读取停用词文件内容,拆分得到停用词列表
6   stopwords = open('stopwords.txt', 'r', encoding='utf-8').read()
7   stopword_list = [word for word in stopwords.split(',')]
8   # 人名合并,统计词频
9   counts = {}
10  for word in words:
11      if len(word) == 1:
12          continue
13      elif word in {'孔明', '孔明曰', '卧龙'}:
14          rword = '诸葛亮'
15      elif word in {'关公', '云长'}:
16          rword = '关羽'
17      elif word in {'玄德', '玄德曰', '皇叔', '先主'}:
18          rword = '刘备'
19      elif word in {'孟德', '曹贼', '阿瞒', '曹公', '魏王'}:
20          rword = '曹操'
21      elif word in {'翼德'}:
22          rword = '张飞'
23      elif word in {'子龙'}:
24          rword = '赵云'
25      elif word in {'都督', '公瑾'}:
26          rword = '周瑜'
27      elif word in {'仲达'}:
28          rword = '司马懿'
29      elif word in {'阿斗', '后主'}:
30          rword = '刘禅'
31      elif word in {'献帝', '天子', '刘协'}:
32          rword = '汉献帝'
33      else:
34          rword = word
```

10.3 WordCloud 词云图绘制

```
35         counts[rword] = counts.get(rword,0) + 1
36     # 删除停用词
37     for stopword in stopword_list:
38         del(counts[stopword])
39     items = list(counts.items())
40     items.sort(key=lambda x:x[1], reverse=True)
41     # 打印统计结果将人物及其出场次数信息存入文件
42     print('三国演义人物出场次数')
43     f = open('三国演义人物出场次数.txt', 'w', encoding='utf-8')
44     for i in range(30):
45         word, count = items[i]
46         f.write('{}:{}\n'.format(word, count))
47         print(word, count, end='/')
48     f.close()
```

运行以上程序,控制台显示运行结果如下:

三国演义人物出场次数
刘备 1498/ 诸葛亮 1425/ 曹操 1045/ 关羽 784/ 周瑜 470/ 张飞 376/ 赵云 314/ 吕布 300/ 孙权 264/ 刘禅 255/ 司马懿 237/ 汉献帝 211/ 袁绍 191/ 马超 185/ 魏延 180/ 黄忠 168/ 姜维 151/ 马岱 127/ 庞德 122/ 孟获 122/ 刘表 120/ 夏侯惇 116/ 董卓 114/ 孙策 108/ 鲁肃 107/ 徐晃 97/ 关兴 97/ 司马昭 89/ 夏侯渊 88/ 王平 88/

同时,本地工作目录中生成文件"三国演义人物出场次数.txt",文件内容如图10-7所示。

（三）词云图绘制

根据生成的"三国演义人物出场次数.txt"文件,将《三国演义》小说中出场次数排名前30的人物直观地呈现为词云图。先将文件中统计好的词频信息转换为字典,进而利用generate_from_frequencies()方法或者fit_words()方法绘制词云图,如案例代码10-2(3)所示。

图10-7 "三国演义人物出场次数.txt"文件内容

案例代码10-2(3) ThreeKingdom.py

```
1   from wordcloud import WordCloud
2   f = open('三国演义人物出场次数.txt', 'r', encoding='utf-8')
3   counts={}  # 构造字典保存人名及出场次数
4   for line in f:   # 遍历文件的每一行数据
5       name, count = line.split(':')   # 按冒号拆分人名和出场次数
6       counts[name] = int(count)
7   f.close()
8   wc=WordCloud(font_path='simhei.ttf', background_color='white', width=1200,
9                max_words=500, height=860, margin=2).fit_words(counts)
10  wc.to_file('三国演义人物Top30.png')
```

程序运行后,打开工作目录中生成的"三国演义人物Top30.png"词云图,如图10-8所示。

此外，可以引入形状轮廓清晰的图片来生成各种形状的词云。例如，绘制以爱心图片 Heart.jpg（图 10-9）为形状轮廓的词云图，程序如案例代码 10-2（4）所示。

图 10-8　三国演义人物 Top30 词云图

图 10-9　爱心图片

案例代码 10-2（4）　ThreeKingdom.py

```
1   from wordcloud import WordCloud
2   import imageio
3   bg = imageio.v2.imread('Heart.jpg')  # 读入形状图片
4   f = open('三国演义人物出场次数.txt', 'r', encoding='utf-8')
5   counts={}  # 构造字典保存人名及出场次数
6   for line in f:  # 遍历文件的每一行数据
7       name, count = line.split(':')  # 按冒号拆分人名和出场次数
8       counts[name] = int(count)
9   f.close()
10  wc = WordCloud(font_path='simkai.ttf', background_color='white', width=1000,
11      max_words=500, height=860, margin=2, mask=bg).fit_words(counts)
12  wc.to_file('三国演义人物Top30Heart.png')
```

案例代码 10-2（4）与案例代码 10-2（3）的区别就在于第 2、3 行导入 imageio 库并加载图片文件，同时在第 11 行将图片文件对象作为参数 mask 的数据。运行以上程序代码，得到"三国演义人物 Top30Heart.png"词云图，如图 10-10 所示。

词频统计结果显示刘备的出场次数最多，其次是诸葛亮、曹操、关羽、周瑜、张飞、赵云等。为简化问题将"丞相"放到了停用词中，实际上在《三国演义》的后半部分，大量"丞相"指代诸葛亮。如果将这一因素考虑进来，出场次数最多的可能会是诸葛亮。鲁迅先生曾在《中国小说史略》里评价《三国演义》"状诸葛之多智而近妖"。罗贯中在《三国演义》中对诸葛亮个人和刘备集团的偏爱在本案例的文本分析结果中得到了验证。本案例属于较为初级的探索性文本分析，在词频统计方面还存在诸多有待改进之处。

图 10-10　三国演义人物 Top30Heart 词云图

本章小结

1. 文本分析旨在从文本数据中提取有用的信息和知识，Python 的文本分析技术，主要涵盖英文文本分析、中文文本分析、词云图绘制几方面内容。

2. 英文文本分析是文本分析的基础，英文文本预处理及词频统计的多种方法基本上也适用于中文文本分析。

3. 相比英文文本分析，中文文本分析具有更大难度，这是因为中文句子不像英文那样自带空格作为天然分隔符，并且存在各种词组。

4. 分词是中文文本分析区别于英文文本分析的一个重要操作。利用第三方库 jieba 进行中文文本分析处理，包括分词、词性标注、关键词的抽取等。

5. 文本分析的最终结果可以通过可视化方式展示，可以利用第三方库 WordCloud 将文本分析结果以词云图的方式可视化呈现。

 复习思考题

1. 文本预处理主要包括哪些方式？
2. 中文与英文文本分析有哪些异同？
3. jieba 库的主要功能有哪些？
4. 利用 WordCloud 库绘制词云图的一般步骤是怎样的？

 操作实践题

1. 选择自己感兴趣的一段英文文本进行词频统计。
2. 从网上找一篇游记，利用 jieba 库的词性标注和筛选功能找出该游记中出现最多的 5 个地点。
3. 找一首自己最喜欢的歌曲，尝试利用 TF-IDF 和 TextRank 算法对歌词进行关键词的抽取。
4. 针对党的二十大报告全文，分别绘制名词、动词、形容词的词云图。
5. 统计《三国演义》中提到次数排名前 20 的地点，绘制一个带有形状的词云图。

第十一章　财经数据接口及其应用

本章思维导图

🎯 学习目标

- 掌握 AKShare 财经数据接口的基本使用过程；
- 掌握 AKShare 相关接口函数的调用；
- 掌握利用 AKShare 进行沪深股票数据基本分析的方法；
- 了解利用 Python 程序进行股票行情数据可视化的方法；
- 理解利用 Python 程序进行股票基本面分析的方法。

财经数据接口是一种用于获取和交换金融和经济数据的编程接口或工具，通常提供对实时和历史财经数据的访问，如股票价格、汇率、利率、财务报表、宏观经济指标。财经数据接口通常由金融数据提供商、经济研究机构或交易平台提供，可以通过编程方式访问，以满足各种金融分析、投资决策、风险管理和研究需求。

11.1　财经数据接口简介

11.1.1　AKShare 简介

AKShare 是基于 Python 的财经数据接口库，获取的是相对权威的财经数据网站公布的原始数据，利用原始数据进行各数据源之间的交叉验证，以及再加工。用户可以通过调用相关的数据接口来获取数据到本地。其原理是在本地运行 Python 代码，实时从网络采集数据到本地，用于后续的数据分析。AKShare 具有以下特色和优势：代码语法符合 PEP8 规范，数据接口的命名统一；支持 Python 3.12 及其以上版本；提供文档支持，为每个数据接口提供详细的说明和示例，只需要复制粘贴就可以下载数据；持续维护目标网页变化导致的部分数据接口运行异常问题；持续更新财经数据接口，同时优化源代码；为非 Python 用户提供 HTTP API 接口工具 AKTools。

需要注意的是，由于网络数据采集接口众多、目标网站经常变换网页格式，因此需要维护及更新相关接口，将AKShare更新到最新版本。同时也需要关注AKShare主页上的项目文档的更新，因为使用方式和接口变更都会在文档中及时更新。

使用AKShare平台数据的Python开发者需要在本机安装AKShare包。保证本机处于联网状态，在Anaconda prompt命令行操作界面执行如下命令完成安装：

```
pip install akshare --upgrade
```

或者指定国内镜像地址安装，命令如下：

```
pip install akshare --upgrade -i https://pypi.tuna.tsinghua.edu.cn/simple
```

安装成功后方可利用AKShare的内置函数获取平台提供的财经数据。绝大部分的AKShare内置函数返回的数据都是Pandas的DataFrame类型，所以非常方便与NumPy、Pandas和Matplotlib等库结合以完成各种数据处理、分析和可视化任务。

11.1.2 其他财经数据接口

除了AKShare，还有其他一些较为流行的支持Python的财经数据接口，如TuShare、FuShare、baostock、pytdx、lixinger，它们的功能和用法与AKShare类似。以TuShare为例，用户也可以通过pip指令安装TuShare库，并在Python中调用相关函数来获取TuShare提供的财经数据。TuShare提供两个版本，免费版使用方便，但数据为临时抓取，不够稳定；专业版数据质量更高，但会有积分权限的要求。

一些量化研究平台也为用户开展量化分析提供了Python数据接口，如聚宽（JoinQuant）、点宽（DigQuant）。JQData是聚宽数据团队专门为金融机构、学术团体和量化研究者们提供的本地量化金融数据服务，可快速查看和计算金融数据以解决本地、Web、金融终端调用数据的需求。JQData适用Windows、Mac、Linux多种操作系统，支持Python等编程语言，通过pip指令安装，通过API方式提供数据。

一些专业金融终端软件也提供了利用Python访问和获取财经数据的接口，如万得（WIND）、彭博（Bloomberg）、同花顺（iFinD）、东方财富（Choice）。例如，在万得金融终端的"插件修复"菜单中选择"修复Python接口"即可完成Python接口安装，接下来可以利用万得的API数据服务，获得全市场的金融数据、商业数据、宏观经济指标、资讯舆情，以及各种专题特色数据。专业金融终端软件接口提供的数据全面、质量可靠，但费用相对昂贵。

11.2 沪深股票数据分析

AKShare平台通过简单的接口调用可以方便地获得股票、期货、债券、期权、外汇、货币等各种财经数据。其中，股票市场已成为现代社会中个人和机构投资者的主要投资渠道之一，因此以我国沪深股票数据分析为例，讨论财经数据接口的应用。

11.2.1 股票历史行情数据分析

AKShare 提供了 stock_zh_a_hist() 函数用于获取股票历史行情数据。该数据来自东方财富网,单次调用能够返回指定沪深京 A 股上市公司、指定周期和指定日期间的历史行情日频率数据。stock_zh_a_hist() 函数的输入参数及其说明如表 11-1 所示。

表 11-1　　　　　　　stock_zh_a_hist() 函数输入参数及其说明

参数名称	类型	说明
symbol	str	股票代码,如 symbol='603777'
period	str	查询频率'daily''weekly''monthly',如 period='daily'
start_date	str	开始查询的日期,如 start_date='20210301'
end_date	str	结束查询的日期,如 end_date='20210616'
adjust	str	默认返回不复权的数据;qfq,返回前复权后的数据;hfq,返回后复权后的数据
timeout	float	默认不设置超时参数,如 timeout=None

调用 stock_zh_a_hist() 函数后,输出参数(DataFrame 数据列)及其说明如表 11-2 所示。

表 11-2　　　　　　　stock_zh_a_hist() 函数输出参数及其说明

参数名称	类型	说明	参数名称	类型	说明
日期	object	交易日	成交量	int64	单位:手
股票代码	object	不带市场标识的股票代码	成交额	float64	单位:元
开盘	float64	开盘价	振幅	float64	单位:%
收盘	float64	收盘价	涨跌幅	float64	单位:%
最高	float64	最高价	涨跌额	float64	单位:元
最低	float64	最低价	换手率	float64	单位:%

以平安银行为例,利用 stock_zh_a_hist() 函数等进行基本的股票历史行情数据分析,示例代码如下:

```
In:    import akshare as ak
In:    info000001 = ak.stock_individual_info_em(symbol='000001')    # 查看000001
       股票基本信息
In:    info000001
Out:           item                          value
       0       股票代码                        000001
       1       股票简称                        平安银行
       2       总股本                    19405918198.0
       3       流通股                    19405546950.0
       4       总市值                  194641359525.940002
       5       流通市值                 194637635908.5
       6       行业                            银行
       7       上市时间                       19910403
```

11.2 沪深股票数据分析

```
In:   df_hist_000001 = ak.stock_zh_a_hist(symbol='000001', period='daily',
      start_date='20220101', end_date='20240630', adjust='')  # 查看股票000001
      自2022年1月1日至2024年6月30日之间的历史日线行情数据
In:   df_hist_000001.head(3)  # 浏览前3条数据
Out:          日期      股票代码    开盘    收盘  ...  振幅   涨跌幅   涨跌额  换手率
       0  2022-01-04  000001   16.48  16.66 ... 2.91   1.09   0.18  0.60
       1  2022-01-05  000001   16.58  17.15 ... 4.02   2.94   0.49  1.01
       2  2022-01-06  000001   17.11  17.12 ... 1.57  -0.17  -0.03  0.57
In:   df_hist_000001.info()  # 查看DataFrame对象的基本信息
Out:  <class 'pandas.core.frame.DataFrame'>
      RangeIndex: 601 entries, 0 to 600
      Data columns (total 12 columns):
       #   Column    Non-Null Count   Dtype
      ---  ------    --------------   -----
       0   日期        601 non-null     object
       1   股票代码      601 non-null     object
       2   开盘        601 non-null     float64
       3   收盘        601 non-null     float64
       4   最高        601 non-null     float64
       5   最低        601 non-null     float64
       6   成交量       601 non-null     int64
       7   成交额       601 non-null     float64
       8   振幅        601 non-null     float64
       9   涨跌幅       601 non-null     float64
       10  涨跌额       601 non-null     float64
       11  换手率       601 non-null     float64
      dtypes: float64(9), int64(1), object(2)
      memory usage: 56.5+ KB
In:   df_hist_000001.set_index('日期', inplace=True)  # 将日期设置为索引
In:   df_hist_000001.head(3)
Out:          股票代码    开盘    收盘    最高   ...  振幅   涨跌幅   涨跌额  换手率
      日期                                   ...
      2022-01-04  000001  16.48  16.66  16.66 ... 2.91   1.09   0.18  0.60
      2022-01-05  000001  16.58  17.15  17.22 ... 4.02   2.94   0.49  1.01
      2022-01-06  000001  17.11  17.12  17.27 ... 1.57  -0.17  -0.03  0.57
In:   import matplotlib.pyplot as plt
In:   plt.rcParams['font.sans-serif'] = ['MicroSoft YaHei']  # 指定中文字体为微
      软雅黑
In:   df_hist_000001['收盘'].plot(fontsize=8)  # 绘制收盘价的折线图
Out:
```

245

```
In:    # 绘制涨跌额的折线图,并在y=0处增加一条红色水平线
       df_hist_000001['涨跌额'].plot(fontsize=8).axhline(y=0, color='red')
Out:
```

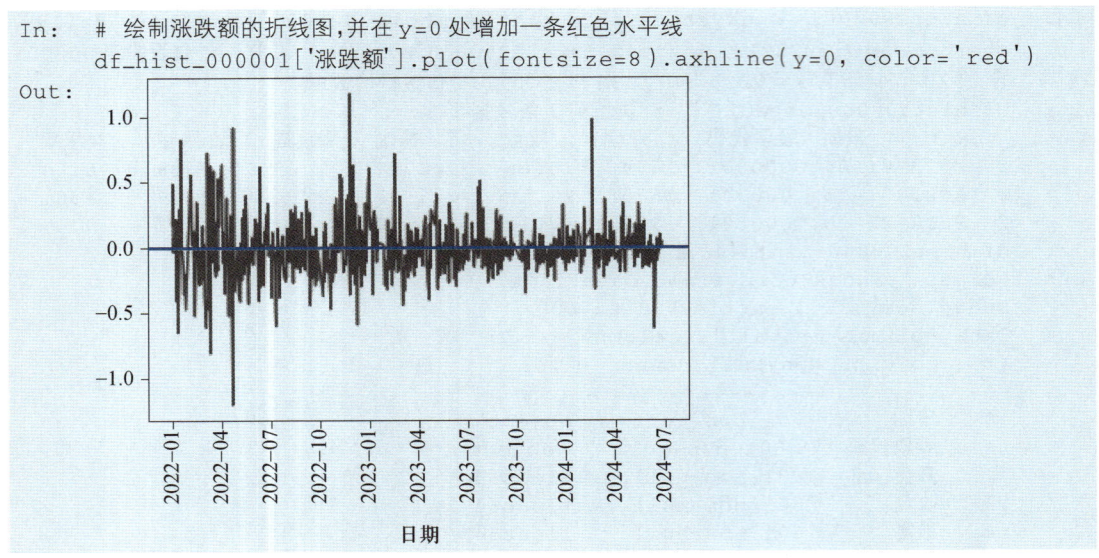

11.2.2 股票实时行情数据分析

利用 AKShare 的 stock_zh_a_spot_em() 函数可以一次性获取当前交易的所有沪深京 A 股上市公司的股票实时行情数据(如果是节假日,则为上一交易日数据)。该函数无须输入参数,输出参数及其说明如表 11-3 所示。

表 11-3　　　　　　stock_zh_a_spot_em() 函数输出参数及其说明

参数名称	类型	说明	参数名称	类型	说明
序号	int64		昨收	float64	昨日收盘价
代码	object		量比	float64	相对成交量
名称	object		换手率	float64	单位:%
最新价	float64	单位:元	市盈率-动态	float64	
涨跌幅	float64	单位:%	市净率	float64	
涨跌额	float64	单位:元	总市值	float64	单位:元
成交量	float64	单位:手	流通市值	float64	单位:元
成交额	float64	单位:元	涨速	float64	单位:%
振幅	float64	单位:%	5分钟涨跌	float64	单位:%
最高	float64	最高价	60日涨跌幅	float64	单位:%
最低	float64	最低价	年初至今涨跌幅	float64	单位:%
今开	float64	今日开盘价			

利用 stock_zh_a_spot_em() 函数进行股票实时行情分析,示例代码如下:

```
In:    df_realtime = ak.stock_zh_a_spot_em()
In:    df_realtime.shape
Out:   (5624, 23)
In:    df_realtime.head()
```

```
Out: 序号   代码     名称    最新价  涨跌幅 ...    流通市值     涨速  5分钟涨跌 60日涨跌幅 年初至今涨跌幅
     0  1  301605  N绿联科  45.55  114.76 ... 1.421537e+09  0.55    1.22    114.76     114.76
     1  2  870725  鸿智科技 12.57   22.04 ... 2.029850e+08 -0.32   -0.24      2.28      -8.38
     2  3  300287  飞利信    2.20   20.22 ... 2.842829e+09  0.00    0.00    -23.08     -45.27
     3  4  300824  北鼎股份  8.08   20.06 ... 2.553767e+09  0.00    0.00     -4.60      -8.49
     4  5  300281  金明精机  5.33   20.05 ... 2.117747e+09  0.00    0.00     18.18     -10.72
In:  # 当前涨幅最大的 3 只股票
In:  df_realtime.sort_values('涨跌幅', ascending=False).head(3)
Out: 序号   代码     名称    最新价  涨跌幅 ...    流通市值     涨速  5分钟涨跌 60日涨跌幅 年初至今涨跌幅
     0  1  301605  N绿联科  45.55  114.76 ... 1.421537e+09  0.55    1.22    114.76     114.76
     1  2  870725  鸿智科技 12.57   22.04 ... 2.029850e+08 -0.32   -0.24      2.28      -8.38
     2  3  300287  飞利信    2.20   20.22 ... 2.842829e+09  0.00    0.00    -23.08     -45.27
In:  # 当前跌幅最大的 6 只股票,这里用另一种方法,先找出跌幅最大的股票索引,再做 loc 操作
In:  fall6 = df_realtime['涨跌幅'].sort_values().head(6).index   # 找出跌幅最大
     的股票索引
In:  df_realtime.loc[fall6]
Out:         代码      名称     涨跌幅  最新价  换手率   涨速
     5623  301226  祥明智能  -16.63  25.86  47.95  -0.77
     5622  300960  通业科技  -15.93  22.37  15.55  -0.04
     5621  839946  华阳变速  -13.53   5.92  30.19  -0.50
     5620  300391  长药控股  -11.97   4.34  20.04   0.23
     5619  873223  荣亿精密  -11.15   5.02  17.36  -0.59
     5618  301016  雷尔伟   -10.81  24.92  14.45   0.00
In:  # 当前涨速最快的 5 只股票,仅查看{'代码','名称','涨跌幅','最新价','换手率','涨速'}六个
     数据列
In:  risespeed5 = df_realtime['涨速'].sort_values(ascending=False).head().
     index
In:  df_realtime.loc[risespeed5,['代码','名称','涨跌幅','最新价','换手率','涨速']]
Out:         代码      名称    涨跌幅  最新价  换手率   涨速
     203   002795  永和智控   5.46   3.67   2.19   2.51
     1964  872925  锦好医疗   1.93  11.09   0.36   2.31
     158   688225  亚信安全   6.13  10.90   0.67   1.77
     2347  688391  钜泉科技   1.67  26.76   1.05   1.29
     3918  833427  华维设计   0.61   8.25   0.86   1.23
In:  # 找出当前最新价为最高价,且涨速大于1的股票,即当前上升势头强劲的股票
In:  df_realtime.loc[(df_realtime.最新价 == df_realtime.最高) & (df_realtime.
     涨速 > 1)]
Out:            序号   代码     名称    最新价 ...  涨速  5分钟涨跌 60日涨跌幅 年初至今涨跌幅
     203    204  002795  永和智控   3.67 ...  2.51    3.97    -15.05     -50.87
     639    640  836942  恒立钻具   8.27 ...  1.10    0.85     -6.02     -35.69
     990    991  002775  文科股份   2.80 ...  1.12    0.56    -28.57     -55.00
     1964  1965  872925  锦好医疗  11.09 ...  2.31    2.69    -10.56      -9.84
```

11.2.3 新股发行数据分析

利用 AKShare 的 stock_xgsglb_em() 函数可以获取新股申购与中签数据,包括发行总数、发行价格、中签率等信息。该函数的输入参数只有 symbol,其值为字符串{'全部股票','沪市主板','科创板','深市主板','创业板','北交所'}之一;输出参数及其说明如表 11-4 所示。

表 11-4　　　　　　　　stock_xgsglb_em( )函数输出参数及其说明

参数名称	类型	说明	参数名称	类型	说明
股票代码	object		中签号公布日	object	
股票简称	object		中签缴款日期	object	
申购代码	object		上市日期	object	
发行总数	float64	单位：万股	发行市盈率	float64	
网上发行	int64	单位：万股	行业市盈率	float64	
顶格申购需配市值	float64	单位：万元	中签率	float64	单位：%
申购上限	int64	单位：万股	询价累计报价倍数	float64	
发行价格	float64	单位：元	配售对象报价家数	float64	
最新价	float64	单位：元	连续一字板数量	object	
首日收盘价	float64	单位：元	涨幅	float64	单位：%
申购日期	object		每中一签获利	float64	单位：元

利用 stock_xgsglb_em( )函数进行新股发行数据分析，示例代码如下：

```
In:    import pandas as pd
In:    df_new = ak.stock_xgsglb_em(symbol=''全部股票'')
In:    df_new['上市日期'] = pd.to_datetime(df_new['上市日期'])    # 将'上市日期'列
       转换为日期时间型
In:    df_new2023 = df_new[df_new['上市日期'].dt.year==2023]    # 筛选2023年上市
       的新股
In:    df_new2023.head()
Out:        股票代码  股票简称  申购代码    发行总数 ...配售对象报价家数 连续一字板数量    涨幅  每中一签获利
       54   301566  达利凯普  301566   6001.0000...       6934.0       None  227.14   10110.0
       55   301578  辰奕智能  301578   1200.0000...       7047.0       None   65.78   16095.0
       56   871263  莱赛激光  889263   1916.6667...          NaN       None  203.90       NaN
       57   603004  鼎龙科技  732004   5888.0000...       8393.0       None  105.41    8855.0
       58   301526  国际复材  301526  70000.0000...       6924.0       None  174.31    2320.0
In:    # 2023年发行总数最大的10只新股,选取前4列
       df_new2023.sort_values(by='发行总数', ascending=False).iloc[:10,:4]
Out:        股票代码  股票简称  申购代码      发行总数
       255  688469  芯联集成  787469  169200.0000
       284  001286  陕西能源  001286   75000.0000
       58   301526  国际复材  301526   70000.0000
       301  600925  苏能股份  730925   68888.8889
       59   601096  宏盛华源  780096   66878.8772
       218  688472  阿特斯  787472   54105.8824
       261  688249  晶合集成  787249   50153.3789
       286  601061  中信金属  780061   50115.3847
       150  688347  华虹公司  787347   40775.0000
       119  688549  中巨芯   787549   36931.9000
In:    # 2023年中签率最高的10只新股,选取特定数据列
       df_new2023.sort_values(by='中签率', ascending=False).iloc[:10,[0,1,2,7,
       13,16]]
```

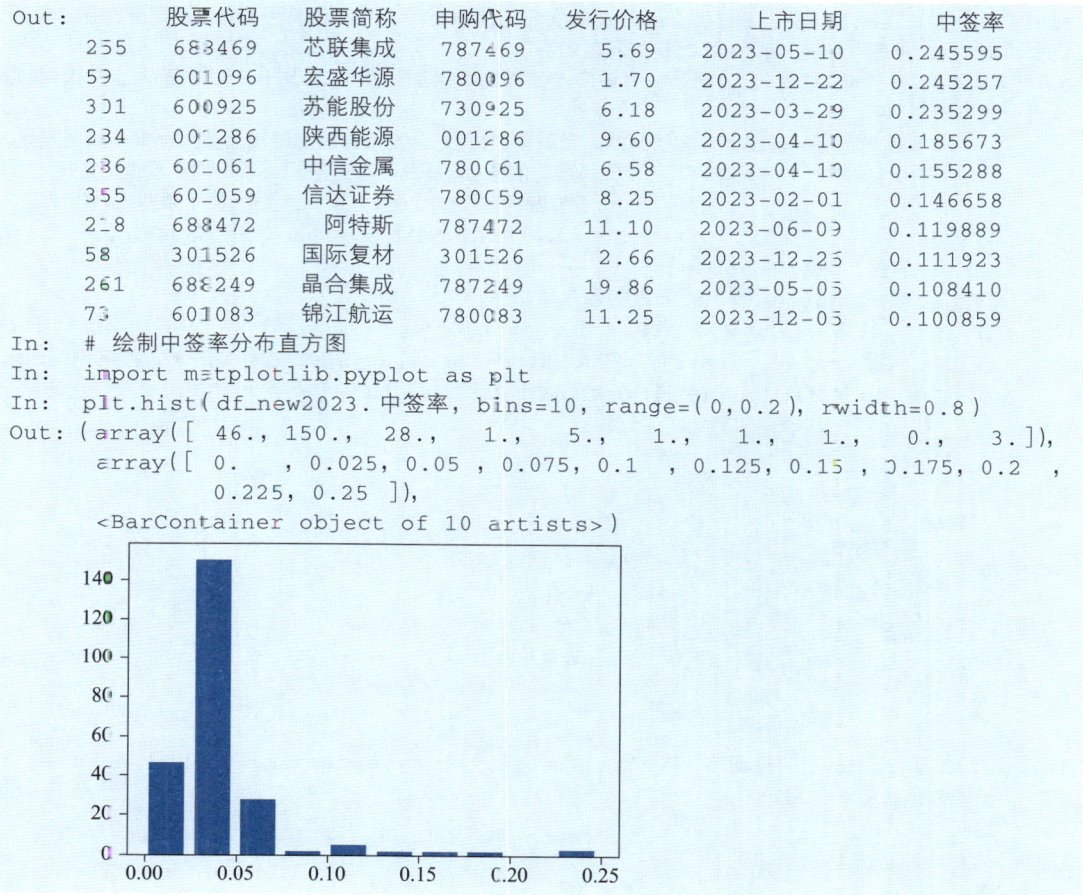

11.2.4 投资者互动数据分析

AKShare 提供的 stock_irm_cninfo() 函数能够获取深交所 "互动易" 平台上投资者与上市公司的问答互动数据。该函数通过指定一个字符串类型的证券代码参数 symbol，单次最多能够返回近期 10 000 条提问数据，其输出参数及其说明如表 11-5 所示。

表 11-5　　　　　　　　stock_irm_cninfo() 函数输出参数及其说明

参数名称	类型	说明	参数名称	类型	说明
股票代码	object	限深交所股票代码	提问时间	object	
公司简称	object		更新时间	object	
行业	object		提问者编号	object	
行业代码	object		问题编号	object	
问题	object		答案 ID	object	
提问者	object		回答内容	object	
来源	object	网站、APP、公众号	回答者	object	

利用 stock_irm_cninfo() 函数进行投资者与上市公司间的问答互动数据分析，示例代码如下：

第十一章　财经数据接口及其应用

In: df_QA = ak.stock_irm_cninfo(symbol='002558')　# 获取巨人网络近期问答互动数据
In: df_QA.问题[:5]　# 查看近5条问题内容
Out: 0　请问,在未来6G时代,公司是否有相应产品或技术储备?公司5G时代产品在下一个时代,风险与机遇怎样?
　　　1　　　　看看奥运会开幕式上刺客信条的高光时刻,公司是否觉得自己的游戏品类太过单一和局限化。
　　　2　　　　　　　　公司羸弱的营收,是否可以支撑起AI发展巨大的开支?
　　　3　　　　　　　　看看公司单一的业务,上市以来都经历了哪些发展?
　　　4　　　　　　　　公司子公司PLAY的经营发展情况,是否可以介绍一下?
Name: 问题, dtype: object
In: df_QA.来源.unique()　# 查看问题来源
Out: array(['网站','公众号','APP'],dtype=object)
In: df_QA.来源.value_counts().plot(kind='pie',autopct='%d%%')　# 绘制问题来源饼状图(%d是整数格式化,会将百分比四舍五入,导致百分比加总不等于100%)
Out:

In: df_QA.groupby('提问者').size().sort_values(ascending=False).head()　# 提问数排名前5的用户
Out: 提问者
　　　irm31870193　　　　136
　　　鲁宁　　　　　　　　45
　　　Mr.seven-11　　　　42
　　　城外　　　　　　　　39
　　　一页知春秋　　　　　36
　　　dtype: int64
In: # 按年份统计问题数量
In: import pandas as pd
In: df_QA['提问年份'] = pd.to_datetime(df_QA['提问时间']).dt.year　# 创建'提问年份'列
In: df_QA.提问年份.value_counts().sort_index().plot(kind='bar')　　　#绘制各年问题数量柱形图
Out:

根据投资者提问的内容文本,筛选出 2 个字及以上的名词绘制词云图,以反映投资者关心的主要内容。具体如示例代码 11.1 所示。

示例代码 11.1　e11.1QuestionWordCloud.py

```
1   import jieba.posseg as psg
2   from wordcloud import WordCloud
3   import akshare as ak
4
5   df_QA = ak.stock_irm_cninfo(symbol='002558')  # 获取巨人网络近期的问答互动数据
6   txt = ''.join(df_QA.问题)  # 连接所有问题的文本内容
7   seg = psg.cut(txt)  # 分词并进行词性标注
8   word_list = [x.word for x in seg if x.flag=='n' and len(x.word)>1]
9   counts={}  # 创建字典保存词频统计结果
10  for word in word_list:
11      counts[word] = counts.get(word,0) + 1
12  wc = WordCloud(font_path='simkai.ttf', background_color='white',
13                 width=500, height=400)
14  wc.generate_from_frequencies(counts).to_file('w.png')
```

运行程序在当前工作目录中生成 w.png 图片文件,词云图生成结果如图 11-1 所示。

图 11-1　词云图生成结果

案例 11-1 股票行情数据可视化

我们在股票软件和财经网站上经常可以看到股票行情走势图,这种图形以可视化的方式展示价格的变动情况,为投资者决策提供重要参考。目前最为常见的股票行情走势图是 K 线图。利用 Python 的 mplfinance 库实现 K 线图的绘制,首先需要利用 pip 指令安装 mplfinance 库。根据股票行情数据绘制 K 线图的步骤有以下几点。

(1)利用 AKShare 的 stock_zh_a_hist() 函数获取指定代码的股票历史行情数据。

(2)根据 mplfinance 库的列名、索引等要求对数据进行整理。数据要求 DataFrame 对象列名包括开盘价(open)、最高价(high)、最低价(low)、收盘价(close)、成交量(volume)、并以交易日期作为索引。

（3）设置绘图参数，如文本标注、颜色、样式、均线。

（4）调用 mplfinance 库的 plot() 函数完成 K 线图绘制。

以用友网络（600588）为例，绘制自 2023 年 1 月 1 日至 2023 年 9 月 30 日价格波动的 K 线图，示例代码如下：

案例代码 11-1　股票行情数据可视化　　KLine.py

```python
1   import mplfinance as mpf
2   import matplotlib
3   import matplotlib.pyplot as plt
4   from cycler import cycler
5   import pandas as pd
6   import akshare as ak
7
8   # 1.获取数据
9   symbol = '600588'   # 指定股票代码
10  df = ak.stock_zh_a_hist(symbol=symbol, period='daily', start_date='20240101',
11                          end_date='20240630', adjust='')
12  # 2.整理数据
13  df.rename(columns={'开盘':'open'}, inplace=True)   # 根据需要修改'开盘'列的列名为 open
14  df.rename(columns={'最高':'high'}, inplace=True)   # 修改'最高'列的列名为 high
15  df.rename(columns={'最低':'low'}, inplace=True)    # 修改'最低'列的列名为 low
16  df.rename(columns={'收盘':'close'}, inplace=True)  # 修改'收盘'列的列名为 close
17  df.rename(columns={'成交量':'volume'}, inplace=True) # 修改'成交量'列的列名为 volume
18  df['日期'] = pd.to_datetime(df['日期'])   # 将'日期'列转换为日期时间型
19  df.set_index(['日期'], inplace=True)   # 将日期设置为索引
20  # 3.设置绘图参数
21  kwargs = dict(type='candle', mav=(5,20,60), volume=True,
22          title='{}股票K线图'.format(symbol), ylabel='价格(元)', ylabel_
            lower='成交量',figratio=(3,2), figscale=2, datetime_format='%Y-
            %m-%d')   # 文本标注及基础参数
23  colors = mpf.make_marketcolors(up='red', down='green', edge='i', wick='i',
            volume='i', inherit=True)   # 颜色参数
24  style = mpf.make_mpf_style(gridaxis='both', gridstyle='-.', y_on_
            right=False,marketcolors=colors, rc={'font.family':'SimHei', 'font.
            size':18}) #字体样式
25  matplotlib.rcParams['axes.prop_cycle'] = cycler(color=['blue', 'orange',
            'green'])   # 均线颜色
26  matplotlib.rcParams['lines.linewidth'] = 0.5   # 均线线宽
27  # 4.绘制图形
28  mpf.plot(df, **kwargs,style=style, show_nontrading=False,
29          savefig='{}股票K线图.jpg'.format(symbol))   # 绘制并保存图形
30  plt.show()
```

程序运行结果如图 11-2 所示，同时也会在当前工作目录下保存文件名为"600588 股票 K 线图.jpg"的图片文件。对于本案例中相关参数更详细的解释，以及 mplfinance 库更详细的用法，可以参考 mplfinance 的主页说明。

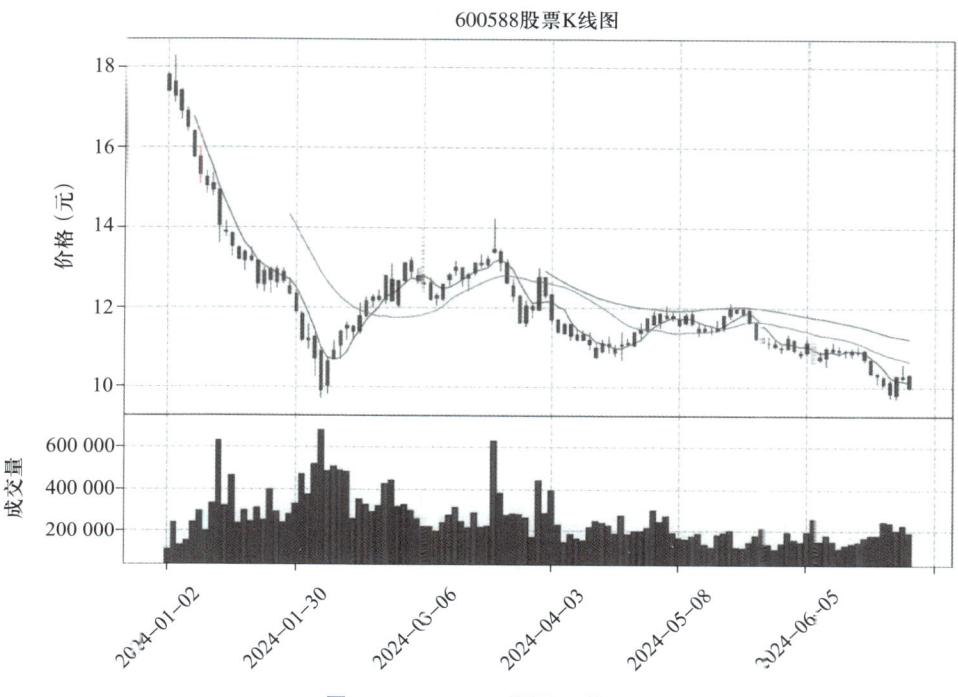

彩色插图

图 11-2

图 11-2　600588 股票 K 线图

案例 11-2　优质基本面股票池构建

上市公司的基本面是指公司在经济和财务方面的基本状况和表现。基本面分析包括对上市公司的财务状况、盈利状况、市场占有率、经营管理体制、人才构成等各个方面进行分析，以评估企业的健康状况、业务稳定性和潜在的投资价值。相比于技术面和政策面分析，基本面分析为评估上市公司内在价值和潜在风险提供了更稳定、更可靠的信息。然而，我国 A 股市场上市公司已突破 5 000 家，各家公司的基本面情况在生产经营过程中动态变化，投资者手工收集上市公司的基本面数据并进行分析并不现实。利用计算机程序，在获取关键的基本面指标数据基础上，自动化筛选出优质基本面的股票并建立股票池，能够有效提高投资者的决策效率。

在"AKShare 数据字典"目录中可以找到"AKShare 股票数据"下的"基本面数据"节点，包括来自不同数据源的基本面数据接口。这里我们使用"关键指标-同花顺"接口，对应的函数为 stock_financial_abstract_ths()。该接口的输入参数为股票代码 symbol 和报告期类别 indicator，返回 DataFrame 对象，包括净利润、净利润同比增长率等涵盖上市公司业绩报告、盈利能力、营运能力、成长能力、偿债能力和现金流量等方面的 20 余个财务指标的历史数据。具体输出参数及其说明如表 11-6 所示。

表 11-6　　　　　stock_financial_abstract_ths ( ) 函数输出参数及其说明

参数名称	类型	说明	参数名称	类型	说明
报告期	object	季度末最后一天	销售毛利率	object	单位：%
净利润	object	单位：元	净资产收益率	object	单位：%
净利润同比增长率	object	单位：%	净资产收益率－摊薄	object	单位：%
扣非净利润	object	单位：元	营业周期	object	单位：天
扣非净利润同比增长率	object	单位：%	存货周转率	object	单位：次
营业总收入	object	单位：元	存货周转天数	object	单位：天
营业总收入同比增长率	object	单位：%	应收账款周转天数	object	单位：天
基本每股收益	object	单位：元	流动比率	object	比值
每股净资产	object	单位：元	速动比率	object	比值
每股资本公积金	object	单位：元	保守速动比率	object	比值
每股未分配利润	object	单位：元	产权比率	object	比值
每股经营现金流	object	单位：元	资产负债率	object	单位：%
销售净利率	object	单位：%			

考虑 AKShare 接口获取数据的特点，以全部上证 A 股作为候选对象，按照以下三个步骤构建优质基本面股票池：

（1）利用 stock_info_sh_name_code ( ) 函数获取全部上证 A 股的股票清单。

（2）确定衡量基本面质量的若干关键指标，循环调用 stock_financial_abstract_ths ( ) 函数，逐一获取每只股票最新报告期的关键指标数据，将全部股票数据合并至 DataFrame 对象。

（3）基于合并后的 DataFrame，对上市公司基本面质量进行排序，选取排名靠前的若干股票构成优质基本面股票池。

表 11-6 中可用来体现公司投资价值的指标组合有很多。为简化问题，选取净资产收益率、销售净利率和净利润同比增长率三个指标作为衡量上市公司基本面质量的关键指标。通常情况下，这些指标值越大，表示公司的基本面质量越高，公司股票的投资价值越大。然而由于这些指标在计算原理上存在差别，因此不能简单根据三个指标值之和的大小来判定上市公司基本面质量的高低。为此，我们可以在这三个关键指标上分别计算各上市公司的排名，然后计算三个指标上的排名之和，按照排名之和从小到大的顺序对上市公司再次排序，取前若干名公司的股票来建立优质基本面股票池，作为候选的投资标的。具体代码如下所示。

案例代码 11-2　　优质基本面股票池构建　　StockPool.py

```
1    import pandas as pd
2    import akshare as ak
```

```python
3   from tqdm import tqdm   # Anaconda 内置的进度条处理库
4   import datetime
5
6   # 计算报告期,根据当前日期计算得到最新报告期字符串,格式形如"2024-03-31"
7   def get_report_date(this_year, this_month):
8       if this_month >= 11:  # 11、12月可获得本年度三季报,报告期为9月30日
9           report_date = str(this_year) + '-09-30'
10      elif this_month >= 9:   # 9、10月可获取本年度半年报,报告期为6月30日
11          report_date = str(this_year) + '-06-30'
12      elif this_month >= 5: # 5-8月可获取本年度一季报,报告期为3月31日
13          report_date = str(this_year) + '-03-31'
14      else   # 1-4月可获取上一年度三季报(因为部分公司年报可能还未披露)
15          report_date = str(this_year - 1) + '-09-30'
16      return report_date
17
18  this_year = datetime.datetime.today().year    # 获取当前年份
19  this_month = datetime.datetime.today().month   # 获取当前月份
20  report_date = get_report_date(this_year, this_month)   # 调用函数得到最新报
    告期字符串
21
22  columns = ['证券代码','证券简称','净资产收益率','销售净利率','净利润同比增长率']
23  df = pd.DataFrame(columns=columns)   # 创建 DataFrame 对象 df 用于保存数据
24  all_stocks = ak.stock_info_sh_name_code(symbol='主板A股')   # 获取上证A股列表
25
26  # 循环获取全部上证 A 股的指标数据,合并到 df
27  for i in tqdm(all_stocks.index):   # 将全部股票的索引作为 tqdm()函数的参数构
    造进度条
28      code = all_stocks.loc[i, '证券代码']   # 获取每只股票的代码
29      name = all_stocks.loc[i, '证券简称']   # 获取每只股票的简称
30      d = ak.stock_financial_abstract_ths(symbol=code, indicator='按单季度')
    # 获取指标
31      d['证券代码'] = code   # 增加证券代码列
32      d['证券简称'] = name   # 增加证券简称列
33      d_newest = d[d.报告期==report_date][columns]   # 只筛选当前报告期的数据
34      df = pd.concat([df, d_newest])   # 将当前股票的最新指标数据合并到 df
35  df.to_excel('data.xlsx')   # 保存数据作为备份
36  df = pd.read_excel('data.xlsx', dtype={'证券代码':'str'}, index_col=0)
    # 读取本地数据
37
38  # 将数据列的字符串类型转换为浮点数类型
39  df['净资产收益率'] = df['净资产收益率'].str.rstrip('%').astype('float')
40  df['销售净利率'] = df['销售净利率'].str.rstrip('%').astype('float')
41  df['净利润同比增长率'] = df['净利润同比增长率'].str.rstrip('%').astype('float')
42
43  df.dropna(inplace=True)   # 剔除有缺失值的数据行
44
45  # 计算排名与排序
46  for col in df.columns[-3:]:   # 遍历 df 的最后 3 列,即三个关键指标数据列
47      df[col+'排名'] = df[col].rank(ascending=False)   # 按降序计算排名
48  df['排名和'] = df.iloc[:, -3:].sum(axis=1)   # 累加最后3列数据,得到'排名和'列
49  df['最终排名'] = df['排名和'].rank()   # 按'排名和'列数据升序排序,得到'最终排名'列
50  df_pool = df.sort_values(by='最终排名').head(100)   # 以'最终排名'列数据升
    序排序,取前 100 只股票
```

```
51
52    # 保存结果
53    filename = report_date + '优质股票池.xlsx'
54    df_pool.to_excel(filename, index=False)
55    print('\n'+filename+'已保存')
```

在案例代码11-2中，自定义函数get_report_date()用于根据当前年份和月份获取最新报告期字符串。在stock_financial_abstract_ths()函数返回的结果中，报告期以报告季度的最后一天表示，如2024年一季报的报告期表示为"2024-03-31"，2024年半年报的报告期表示为"2024-06-30"。上交所规定：每年4月30日前必须披露上一年度的年报和当年的一季报；8月31日前必须披露当年的半年报（即中报）；10月31日前必须披露当年的三季报。因此根据当前的年份和月份就可以推理得到最新报告期字符串，如当前日期为2024年10月1日，那么所有上市公司应当已经披露2024年的半年报，最新报告期字符串为"2024-06-30"。

第27—34行代码联机从AKShare平台下载上证A股全部上市公司基本面数据并进行合并，这一过程可能需要消耗几分钟时间。为了解数据获取的进展情况，在全部股票索引all_stocks.index的外面增加tqdm()函数，以呈现数据获取的进度条，运行效果如图11-3所示。

```
35%|         | 597/1690 [02:41<04:25,  4.11it/s]
```

图11-3 数据获取进度条

数据下载完毕后，第35行代码将其保存到本地Excel文件作为备份。为避免每次运行程序时重复联机下载相同的数据，在首次下载保存数据后，如果要对后续代码进行修改或调试，可以将第27—35行的代码注释掉再运行，就可以直接读取本地已保存的Excel文件数据。

由于我们选取的净资产收益率、销售净利率和净利润同比增长率三个指标的数据为字符串类型，不便于后续的处理，因此第39—41行代码将这三个数据列中字符串的百分号去掉，并转换为浮点数类型。然后第43行代码将包含缺失值的数据剔除。

第46—50行代码首先对遍历df最后3列，生成三个指标对应的排名列。接下来计算排名和并生成"排名和"列，对排名和按升序进行排序得到"最终排名"列，最后按照"最终排名"列升序排序，取前100只股票作为优质股票池并保存到本地Excel文件。打开文件后内容如图11-4所示，投资者可以从中择优投资。

	证券代码	证券简称	净资产收益率	销售净利率	净利润同比增长率	净资产收益率排名	销售净利率排名	净利润同比增长率排名	排名和	最终排名
2	603321	梅轮电梯	5.96	50.57	682.49	54	18.5	29	101.5	1
3	603530	XD神马电	3.87	27.57	329.69	179	137	59	375	2
4	600776	东方通信	3.87	23.73	903.59	179	181	20	380	3
5	601975	招商南油	7.22	36.69	65.32	23	73	287	383	4
6	605069	正和生态	3.27	47.02	272.54	292.5	26	68	386.5	5
7	603025	大豪科技	6.65	25.43	103.69	35	167	198	400	6
8	603393	新天然气	4.43	29.82	126.85	122	117	166	405	7
9	603676	卫信康	6.84	29.86	57.54	31	114	319	464	8
10	603277	银都股份	5.69	26.06	68.81	62	158.5	276	496.5	9
11	601058	赛轮轮胎	6.56	14.39	191.19	38	371	95	504	10
12	600809	山西汾酒	20.22	40.86	29.95	3	43	468	514	11
13	603568	伟明环保	6.28	36.09	40.29	45.5	78	395	518.5	12
14	603198	迎驾贡酒	10.38	39.41	30.43	11	49	463	523	13
15	603103	横店影视	15.09	25.96	46.43	5	160	359	524	14
16	600738	丽尚国潮	3.26	31.48	160.15	295	107	125	527	15
17	603088	宁波精达	7.07	29.35	40.97	25.5	120	390	535.5	16
18	600726	华电能源	11.31	13.17	160.35	7	417	122	546	17
19	600052	东望时代	2.39	104.82	633.27	517	7	31	555	18
20	603980	吉华集团	2.73	28.85	717.22	420.5	127	27	574.5	19
21	601021	春秋航空	5.02	15.67	127.78	85	340	163	588	20

图11-4 生成的优质股票池文件内容

需要指出的是，本案例只是提供了一种利用 Python 程序提高优质公司股票筛选效率的方法，而不能简单地将结果作为股票市场的投资依据，因为上述方法还存在诸多局限。例如，我们只是凭借经验选取了衡量基本面质量的三个关键指标，实际上，选取关键指标并没有统一的标准，不同的财务指标体现不同视角下上市公司的情况，而不同行业的上市公司财务指标在数值上是否具有可比性也尚无定论。此外，本案例在各指标上分别排序并计算"排名和"的方法只是多指标综合评价的简化手段之一，可以建立更加复杂、合理而有效的评价模型。对于筛选出的优质基本面股票，可以在未来观察它们在股票市场中的表现，或者以过去某个时间节点 t 为基准，筛选优质基本面股票并观察它们在 t 时间节点后一段时期内的表现，以此来判定关键指标和评价模型的有效性，并不断优化关键指标体系和评价模型。这也正是量化投资策略回测和优化的思想。

本章小结

1. 财经数据接口是获取财经数据的一种重要方式，目前流行的支持 Python 的财经数据接口有 AKShare、TuShare、FuShare、baostock、pytdx、lixinger 等，此外还可以利用 Python 从聚宽等量化平台，以及万得等金融终端获取数据。

2. 利用 AKShare 接口，可以实现沪深股票历史行情数据分析、实时行情数据分析、新股发行数据分析，以及投资者互动数据分析。

复习思考题

1. AKShare 财经数据接口具有哪些功能？支持获取哪些数据？
2. 简述 AKShare 财经数据接口的基本使用步骤。
3. 除了 AKShare，还有其他哪些常见的财经数据接口？
4. 优质基本面股票池构建还可以有哪些思路？

操作实践题

1. 选择一支你感兴趣的股票，利用 AKShare 获取该股票某段时间内的收盘价，并绘制折线图。
2. 利用 AKShare 获取你生日那天的新闻联播文字稿，进行词频统计，并找出出现频数排名前 10 的词。
3. 设计一个程序，要求以股票价格的日线数据为基础绘制月 K 线图。
4. 选择一个你感兴趣的行业，分析该行业的基本面关键指标，并以这些指标为基础找出该行业排名前 10 的股票。

第十二章 电商销售数据分析实践

本章思维导图

学习目标

- 理解数据分析的一般过程；
- 掌握数据预处理的基本方法；
- 掌握订单与商品分析方法与程序实现；
- 掌握物流与配送分析方法与程序实现；
- 掌握销售与利润分析方法与程序实现；
- 掌握客户价值分析方法与程序实现；
- 掌握数据分析报告的撰写。

通过前面章节的学习，你已掌握Python语法与数据分析技术，但将知识转化为解决实际问题的能力才是关键。在电商销售数据分析中，数据规模庞大、来源复杂、格式不一，传统工具难以应对。而Python能高效完成数据预处理、可视化呈现与模型构建，大幅提升分析效率与深度。

12.1 案例背景与分析流程

12.1.1 案例背景

在当前互联网时代下，网络购物对消费者而言早已习以为常。许多企业尝试开设网上店铺、开展电商来拓展商业机会。开展电商不仅能够实现全天候、全球范围内的线上销售，而且相较于传统实体店面运营成本更低。然而，开展电商面临激烈的市场竞争，因为同类商家、同质商品众多，消费者的需求也越来越多样化。如何在了解自身经营状况的基础上，依赖自身有限的资源制订合理的营销策略成为企业的一项重要挑战。电商企业在经营过程中基于互联网与销售平台积累了大量的销售数据，这些数据为企业应对各种挑战提供了可能。当前，销售数据分析已成为企业制订战略过程中不可或缺的环节之一。通过对销售数据的深入挖掘与分析,企业能够更全面而客观地了解经营状况与客户行为,有助于精准定位目标市场,制订有针对性的市场策略。总之,数据分析是电商企业成功的关键,为企业提供了全面、深入的商业洞察,指导企业制订更加精准和有效的经营和营销策略。本案例以一家开展线上销售的全球性超市(以下简称 A 公司)为背景,根据其 2011—2014 年的电商销售数据,从订单与商品、物流与配送、销售与利润、客户价值等四个方面分析其经营情况。

12.1.2 分析流程

本案例的分析流程如图 12-1 所示,主要包括在数据准备的基础上,根据数据导入与探索的结果进行数据预处理,进而开展具体分析,最后完成数据分析报告的撰写。

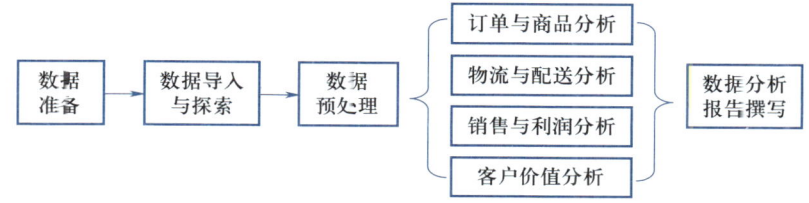

图 12-1 分析流程

12.2 数 据 准 备

本案例的数据根据数据科学竞赛平台 Kaggle 的 "superstore_data" 数据集改编。Kaggle 由安东尼·高德布鲁姆(Anthony Goldbloom)和本·哈姆纳(Ben Hamner)于 2010 年在澳大利亚墨尔本创立,是主要为开发商和数据科学家提供举办机器学习竞赛、托管数据库、编写和分享代码等服务的平台。Kaggle 在 2017 年被 Google 收购,现为 Google Cloud 的一部分。

本案例的数据文件为 "Order2011—2014.csv"。该数据文件总共有 51 290 行数据,每行代表一个订单,共有 24 个数据列(也称字段),每列记录了订单的某个属性。数据列名称与说明如表 12-1 所示。

表 12-1 数据列名称与说明

数据列名称	说明	数据列名称	说明
Row ID	行编号	State	客户所在州/省
Order ID	订单编号	Country	客户所在国家/地区
Order Date	订单日期	Postal Code	邮政编码
Ship Date	发货日期	Market	商店所属市场
Ship Mode	发货模式	Region	商店所属洲
Customer ID	客户编号	Product ID	商品编号
Customer Name	客户姓名	Category	商品类别
Segment	客户类别	Sub-Category	商品子类别
City	客户所在城市	Product Name	商品名称

（续表）

数据列名称	说明	数据列名称	说明
Sales	订单销售额	Profit	订单利润
Quantity	订单销售件数	Shipping Cost	配送成本
Discount	订单折扣	Order Priority	订单优先级

12.3　数据导入与探索

12.3.1　数据导入

数据下载完毕后需要利用 Pandas 导入，以快速查看和理解数据。使用 Pandas 的 read_csv() 函数读取数据的时候，需要根据 CSV 文件存储的编码格式进行读取。本案例文件的编码为"latin1"。利用 DataFrame 对象的 head() 方法查看前 5 条记录，检查是否导入成功。具体代码如下：

```
In:  import pandas as pd
In:  df = pd.read_csv('Order2011-2014.csv', encoding='latin1')
In:  df.head()
Out:    Row ID      Order ID Order Date ...  Profit Shipping Cost Order Priority
     0   42433   AG-2011-2040   1/1/2011 ... 106.140         35.46         Medium
     1   22253  IN-2011-47883   1/1/2011 ...  36.036          9.72         Medium
     2   48883   HU-2011-1220   1/1/2011 ...  29.640          8.17           High
     3   11731 IT-2011-3647632  1/1/2011 ... -26.055          4.82           High
     4   22255  IN-2011-47883   1/1/2011 ...  37.770          4.70         Medium
     [5 rows x 24 columns]
```

12.3.2　数据探索

对于导入的数据有必要进行初步的探索，以了解数据特性，主要包括数据列基本信息、缺失值和重复值情况、数据分布和异常值情况等。

12.3.2.1　数据列基本信息

利用 DataFrame 对象的 info() 方法可以查看其数据列基本信息。示例代码如下：

```
In:  df.info()
Out: <class 'pandas.core.frame.DataFrame'>
     RangeIndex: 51290 entries, 0 to 51289
     Data columns (total 24 columns):
      #   Column         Non-Null Count  Dtype
     ---  ------         --------------  -----
      0   Row ID         51290 non-null  int64
      1   Order ID       51290 non-null  object
      2   Order Date     51290 non-null  object
      3   Ship Date      51290 non-null  object
```

```
 4   Ship Mode          51290 non-null  object
 5   Customer ID        51290 non-null  object
 6   Customer Name      51290 non-null  object
 7   Segment            51290 non-null  object
 8   City               51290 non-null  object
 9   State              51290 non-null  object
 10  Country            51290 non-null  object
 11  Postal Code        9994 non-null   float64
 12  Market             51290 non-null  object
 13  Region             51290 non-null  object
 14  Product ID         51290 non-null  object
 15  Category           51290 non-null  object
 16  Sub-Category       51290 non-null  object
 17  Product Name       51290 non-null  object
 18  Sales              51290 non-null  float64
 19  Quantity           51290 non-null  int64
 20  Discount           51290 non-null  float64
 21  Profit             51290 non-null  float64
 22  Shipping Cost      51290 non-null  float64
 23  Order Priority     51290 non-null  object
dtypes: float64(5), int64(2), object(17)
memory usage: 9.4+ MB
```

观察以上结果，一共包括 51 290 行数据，在 24 个数据列中有 7 个是数值类型（其中 5 个浮点型、2 个整型），其他 17 个数据列都是通用类型（object）。其中，订单日期（Order Date）和发货日期（Ship Date）在后续数据预处理时可以转换成日期时间类型以便进一步分析。绝大部分数据列都包含 51 290 个非空值（non-null），表示没有数据缺失，只有邮政编码（Postal Code）一列有缺失值。

12.3.2.2 缺失值和重复值情况

1. 缺失值情况

尽管 DataFrame 对象的 info() 方法可以了解各数据列的数据缺失情况，但不够直观，可以利用下面代码直接得到各数据列的缺失值个数。

```
In:  df.isnull().sum()
Out: Row ID             0
     Order ID           0
     Order Date         0
     Ship Date          0
     Ship Mode          0
     Customer ID        0
     Customer Name      0
     Segment            0
     City               0
     State              0
     Country            0
     Postal Code        41296
     Market             0
     Region             0
     Product ID         0
     Category           0
```

```
Sub-Category      0
Product Name      0
Sales             0
Quantity          0
Discount          0
Profit            0
Shipping Cost     0
Order Priority    0
dtype: int64
```

2. 重复值情况

为避免数据中存在重复记录,即所有数据列的值均相同的行,使用下面代码结果检查重复值情况。

```
In:  df.duplicated().sum()
Out: 0
```

12.3.2.3 数据分布与异常值情况

利用 DataFrame 对象的 describe() 方法能够快速了解数值型数据列的均值、标准差、最值和分位数情况,有助于观察数据分布和异常值。示例代码如下:

```
In:  desc = df.describe()
In:  desc
Out:             Row ID      Postal Code    ...        Profit    Shipping Cost
     count   51290.00000    9994.000000    ...  51290.000000     51290.000000
     mean    25645.50000   55190.379428    ...     28.610982        26.375915
     std     14806.29199   32063.693350    ...    174.340972        57.296804
     min         1.00000    1040.000000    ...  -6599.978000         0.000000
     25%     12823.25000   23223.000000    ...      0.000000         2.610000
     50%     25645.50000   56430.500000    ...      9.240000         7.790000
     75%     38467.75000   90008.000000    ...     36.810000        24.450000
     max     51290.00000   99301.000000    ...   8399.976000       933.570000
```

对于以上没有显示完整的数据列,可以利用 Pandas 的 set_option() 函数设置显示数据列数,或者打开变量查看器双击 desc 变量查看 describe() 方法返回的数据分布情况,如图 12-2 所示。

Index	Row ID	Postal Code	Sales	Quantity	Discount	Profit	Shipping Cost
count	51290	9994	51290	51290	51290	51290	51290
mean	25645.5	55190.4	246.491	3.47655	0.142908	28.611	26.3759
std	14806.3	32063.7	487.565	2.27877	0.21228	174.341	57.2968
min	1	1040	0.444	1	0	-6599.98	0
25%	12823.2	23223	30.7586	2	0	0	2.61
50%	25645.5	56430.5	85.053	3	0	9.24	7.79
75%	38467.8	90008	251.053	5	0.2	36.81	24.45
max	51290	99301	22638.5	14	0.85	8399.98	933.57

图 12-2　describe() 方法返回的数据分布情况

观察订单利润（Profit）列可知，平均每笔订单利润为 28.611 美元，其中利润最高的一笔订单为 8 399.98 美元，而利润最低的一笔订单竟亏损 6 599.98 美元，因此有必要检查这些数据是否存在异常情况。首先，检查利润最高的订单的异常情况，代码如下：

```
In:   df[df['Profit']==max(df['Profit'])].iloc[0]
Out:  Row ID                                            38123
      Order ID                                   CA-2013-118689
      Order Date                                     3/10/2013
      Ship Date                                     10/10/2013
      Ship Mode                                 Standard Class
      Customer ID                                      TC-20980
      Customer Name                               Tamara Chand
      Segment                                         Corporate
      City                                            Lafayette
      State                                             Indiana
      Country                                    United States
      Postal Code                                       47905.0
      Market                                                 US
      Region                                            Central
      Product ID                              TEC-CO-10004722
      Category                                       Technology
      Sub-Category                                      Copiers
      Product Name          Canon imageCLASS 2200 Advanced Copier
      Sales                                            17499.95
      Quantity                                                5
      Discount                                              0.0
      Profit                                           8399.976
      Shipping Cost                                      349.07
      Order Priority                                     Medium
      Name: 8898, dtype: object
```

结果显示，利润最高的一笔订单所售出的商品是一款佳能高级打印机"Canon imageCLASS 2200 Advanced Copier"，订单数量为 5 台，销售额为 17 499.95 美元，计算可得平均每台打印机价格约为 3 500 美元，没有折扣，利润接近订单销售额的一半，数据总体还是合理的。然后，检查利润最低的订单的异常情况。

```
In:   df[df['Profit']==min(df['Profit'])].iloc[0]
Out:  Row ID                                            39069
      Order ID                                   CA-2013-103196
      Order Date                                     26-11-2013
      Ship Date                                      3/12/2013
      Ship Mode                                 Standard Class
      Customer ID                                       CS-12505
      Customer Name                              Cindy Stewart
      Segment                                         Consumer
      City                                            Lancaster
      State                                              Ohio
      Country                                    United States
      Postal Code                                       43130.0
      Market                                                 US
      Region                                              East
      Product ID                              TEC-MA-10000418
```

```
Category                                           Technology
Sub-Category                                         Machines
Product Name     Cubify CubeX 3D Printer Double Head Print
Sales                                                4499.985
Quantity                                                    5
Discount                                                  0.7
Profit                                              -6599.978
Shipping Cost                                          451.63
Order Priority                                            Low
Name: 43453, dtype: object
```

结果显示,利润最低的一笔订单亏损额为 6 599.978 美元。该订单所售出的商品是一款双头 3D 打印机 "Cubify CubeX 3D Printer Double Head Print",销售额为 4 499.985 美元,订单数量为 5 台,平均每台打印机售价约为 900 美元,平均每件亏损 1 320 美元。该产品打了 3 折,可知每件产品原价约为 3 000 美元。因此可以初步判断这笔订单因给客户提供了过低的折扣而出现较大的亏损。从数据本身而言,没有足够的证据确定其为异常数据。

12.4 数据预处理

12.4.1 重命名数据列

观察表 12-1 的数据列名称发现,在多个单词组成的数据列名称中,单词之间由空格分隔,而商品子类别的列名中包含横杠 "-"。这些都不符合 Python 列名的规范与惯例,需要对列名进行重命名,将空格、横杠统一替换为下画线命名方式。示例代码如下:

```
In:  df.rename(columns=lambda x: x.replace(' ', '_').replace('-', '_'),
     inplace=True)
In:  df.columns
Out: Index(['Row_ID', 'Order_ID', 'Order_Date', 'Ship_Date', 'Ship_Mode',
            'Customer_ID', 'Customer_Name', 'Segment', 'City', 'State', 'Country',
            'Postal_Code', 'Market', 'Region', 'Product_ID', 'Category',
            'Sub_Category', 'Product_Name', 'Sales', 'Quantity', 'Discount',
            'Profit', 'Shipping_Cost', 'Order_Priority'],dtype='object')
```

12.4.2 删除冗余数据列

因为邮政编码一列存在较多的缺失值,而后续数据分析用不到邮政编码,所以这里直接删除该列,代码如下:

```
In:  df.drop(['Postal_Code'], axis=1, inplace=True)
In:  df.columns
Out: Index(['Row_ID', 'Order_ID', 'Order_Date', 'Ship_Date', 'Ship_Mode',
            'Customer_ID', 'Customer_Name', 'Segment', 'City', 'State', 'Country',
            'Market', 'Region', 'Product_ID', 'Category', 'Sub_Category',
            'Product_Name', 'Sales', 'Quantity', 'Discount', 'Profit',
```

'Shipping_Cost', 'Order_Priority'],dtype='object')

12.4.3 日期数据列处理

订单日期（Order_Date）和发货日期（Ship_Date）列需转换为日期时间型数据，以便于后续处理和分析。转换之前先用如下代码观察这两列数据的情况。

```
In:  df[['Order_Date', 'Ship_Date']]    # 花式索引
Out:      Order_Date  Ship_Date
     0    1/1/2011    6/1/2011
     1    1/1/2011    8/1/2011
     2    1/1/2011    5/1/2011
     3    1/1/2011    5/1/2011
     4    1/1/2011    8/1/2011
          ...         ...
     51285  31-12-2014  4/1/2015
     51286  31-12-2014  5/1/2015
     51287  31-12-2014  2/1/2015
     51288  31-12-2014  6/1/2015
     51289  31-12-2014  4/1/2015
```

结果显示，两列数据格式并不统一，大多数是"日/月/年"的格式，一部分是"日-月-年"的格式。如果直接转换为日期时间类型可能导致意外错误。这里统一将这两列中"-"替换为"/"，再进行日期时间类型转换，代码如下：

```
In:  df['Order_Date'] = df['Order_Date'].str.replace('-', '/')
In:  df['Ship_Date'] = df['Ship_Date'].str.replace('-', '/')
In:  df['Order_Date'] = pd.to_datetime(df['Order_Date'], format='%d/%m/%Y')
In:  df['Ship_Date'] = pd.to_datetime(df['Ship_Date'], format='%d/%m/%Y')
In:  df[['Order_Date', 'Ship_Date']]
Out:      Order_Date  Ship_Date
     0    2011-01-01  2011-01-06
     1    2011-01-01  2011-01-08
     2    2011-01-01  2011-01-05
     3    2011-01-01  2011-01-05
     4    2011-01-01  2011-01-08
          ...         ...
     51285  2014-12-31  2015-01-04
     51286  2014-12-31  2015-01-05
     51287  2014-12-31  2015-01-02
     51288  2014-12-31  2015-01-06
     51289  2014-12-31  2015-01-04
```

12.4.4 创建新数据列

首先，为了便于后续分别按年度、月份、星期进行分析，创建订单年份（Order_Year）、订单月份（Order_Month）、订单星期数（Order_Weekday）三个数据列。其次，根据订单日期（Order_Data）和发货日期（Ship_Date），创建发货准备天数（Order2Ship_Days）数据列，用于物流与配送方面的分析，代码如下：

```
In:  df['Order_Year'] = df['Order_Date'].dt.year
     df['Order_Month'] = df['Order_Date'].dt.month
```

```
         df['Order_Weekday'] = df['Order_Date'].dt.day_name()
         df['Order2Ship_Days'] = (df['Ship_Date'] - df['Order_Date']).dt.
         days
         df.iloc[:,-4:].head(8)
Out:       Order_Year    Order_Month    Order_Weekday    Order2Ship_Days
         0    2011            1            Saturday            5
         1    2011            1            Saturday            7
         2    2011            1            Saturday            4
         3    2011            1            Saturday            4
         4    2011            1            Saturday            7
         5    2011            1            Saturday            7
         6    2011            2            Tuesday             2
         7    2011            2            Tuesday             2
In:      df['Order2Ship_Days'].unique()
Out:     array([5, 7, 4, 2, 3, 6, 0, 1], dtype=int64)
```

从以上结果看出，创建的数据列成功出现在 df 的最后四列，其中发货准备天数的取值范围为[0,7]，说明订单均在下单后一周之内完成发货。

完成以上预处理步骤后，立即对整理好的数据进行备份，代码如下：

```
In:      df.to_csv('Order2011-2014_treated.csv', encoding='latin1', index=False)
```

后续可以将备份好的数据文件"Order2011-2014_treated.csv"读入内存进行分析，代码如下：

```
In:      df = pd.read_csv('Order2011-2014_treated.csv', encoding='latin1')
```

12.5 订单与商品分析

12.5.1 订单特征分析

12.5.1.1 订单年份分布

根据数据集中 A 公司 2011—2014 年的订单数据，统计这四年中每年的订单总量。可以对订单年份（Order_Year）列数据调用 value_counts()方法实现，还可以进一步调用 plot()函数绘制图表。

```
In:      df['Order_Year'].value_counts()
Out:     Order_Year
         2014    17531
         2013    13799
         2012    10962
         2011     8998
```

```
Name: count, dtype: int64
In: df['Order_Year'].value_counts()[::-1].plot(kind='bar')
Out:
```

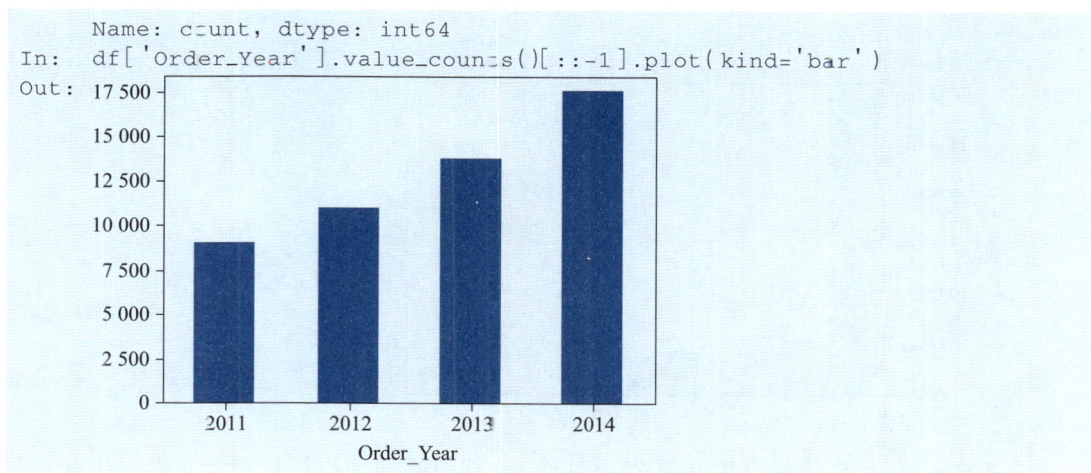

结果显示，A 公司订单数量呈现逐年稳步增长的态势。

12.5.1.2　订单优先级分布

订单优先级（Order_Priority）列记录了订单的优先级情况，据此统计不同优先级订单的数量并通过绘制饼状图展示不同优先级订单的占比情况，代码如下：

```
In:  df['Order_Priority'].value_counts()
Out: Order_Priority
     Medium      29433
     High        15501
     Critical     3932
     Low          2424
     Name: count, dtype: int64
In:  df['Order_Priority'].value_counts().plot(kind='pie', autopct='%.2f%%')
Out:
```

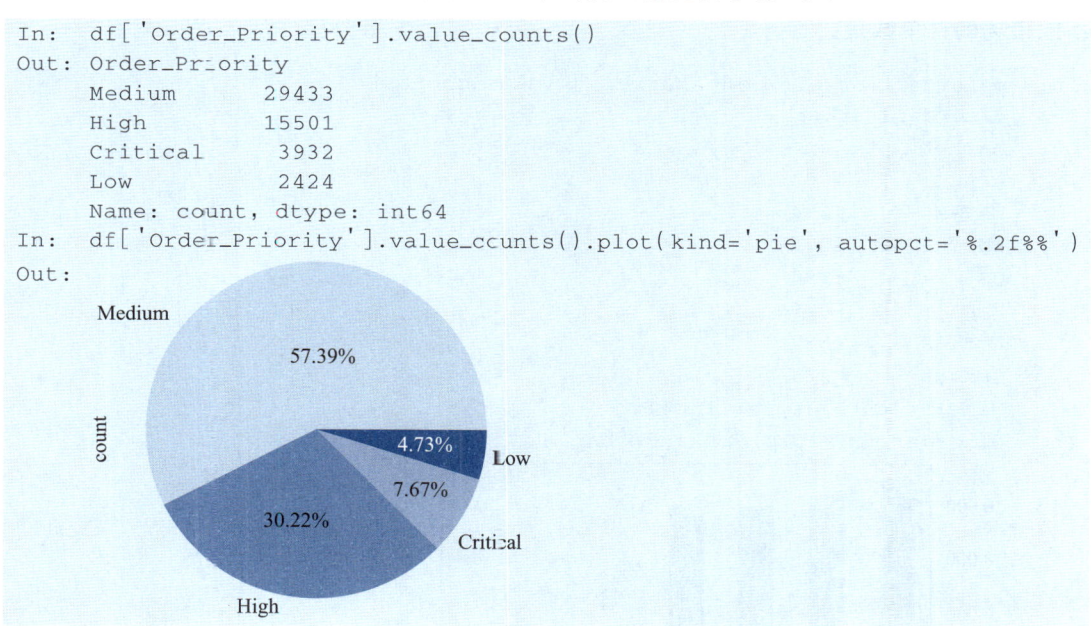

结果显示，"中"和"高"优先级的订单占绝大多数。

12.5.1.3　订单折扣分析

折扣（Discount）列记录了订单的折扣情况，观察数据可以发现不少订单都给出了折扣。其中，0 表示没有折扣，0.6 表示四折。下面代码对订单折扣情况进行分析。

```
In:  (df['Discount'] >0 ).sum()    # 计算打折订单的数量
Out: 22281
In:  (df['Sales'] * df['Discount']).sum() / df['Sales'].sum()    # 计算全部商
     品的平均折扣
```

```
Out: 0.10649411404573314
In:  df['Discount'].plot(kind='hist',bins=10,range=(0,1),edgecolor='black')
Out:
```

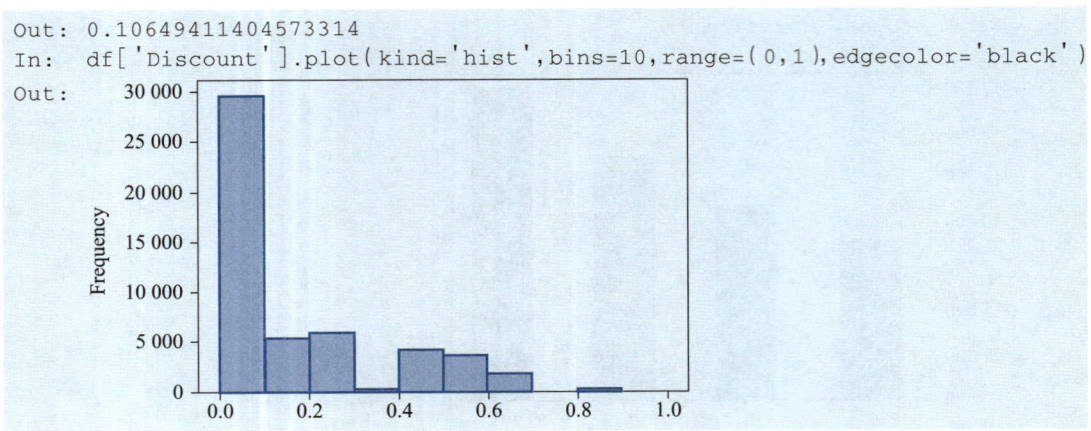

结果显示,打折销售的订单共有 22 281 个,全部商品的平均折扣约为九折。从直方图也可看出大部分订单折扣在九折以内。

12.5.1.4 订单地域分析

1. 订单的市场分布

通过对不同地域订单数量进行分析,可以观察订单的跨地域分布状况。下面代码分析不同市场的订单数量。

```
In:  df_order_market = df['Market'].value_counts()
In:  df_order_market
Out: Market
     APAC      11002
     LATAM     10294
     EU        10000
     US         9994
     EMEA       5029
     Africa     4587
     Canada      384
     Name: count, dtype: int64
In:  df_order_market.plot(kind='bar')
Out:
```

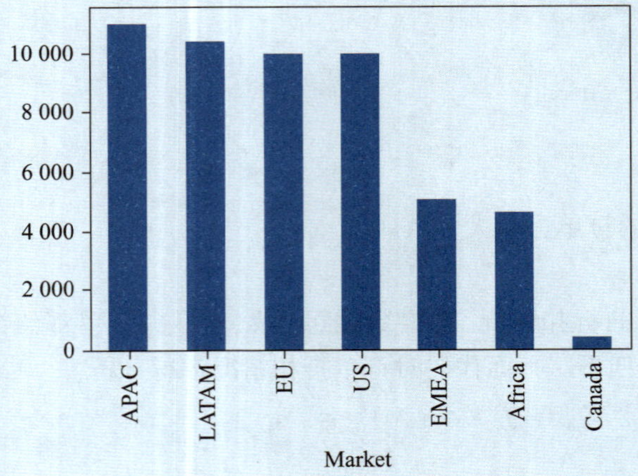

结果显示,A 公司业务覆盖七个市场,按订单数量降序排列:亚太(APAC),拉美(LATAM),

12.5 订单与商品分析

欧盟（EU）、美国（US）、欧洲、中东和非洲（EMEA）[①]、非洲（Africa）、加拿大（Canada）。其中前四个市场订单较多，而加拿大市场订单数量非常少。

2．订单的国家分布

按国家分组统计进行订单计数，找出订单最多的 10 个国家。

```
In:   df_order_country_top10 = df.groupby('Country')['Row_ID'].count().\
      sort_values(ascending=False)[:10]
In:   df_order_country_top10
Out:  Country
      United States       9994
      Australia           2837
      France              2827
      Mexico              2644
      Germany             2065
      China               1915
      United Kingdom      1633
      Brazil              1599
      India               1555
      Indonesia           1390
      Name: Row_ID, dtype: int64
In:   df_order_country_top10.plot(kind='bar', color='#888888')   # 通过 RGB 方
      式指定灰色
```

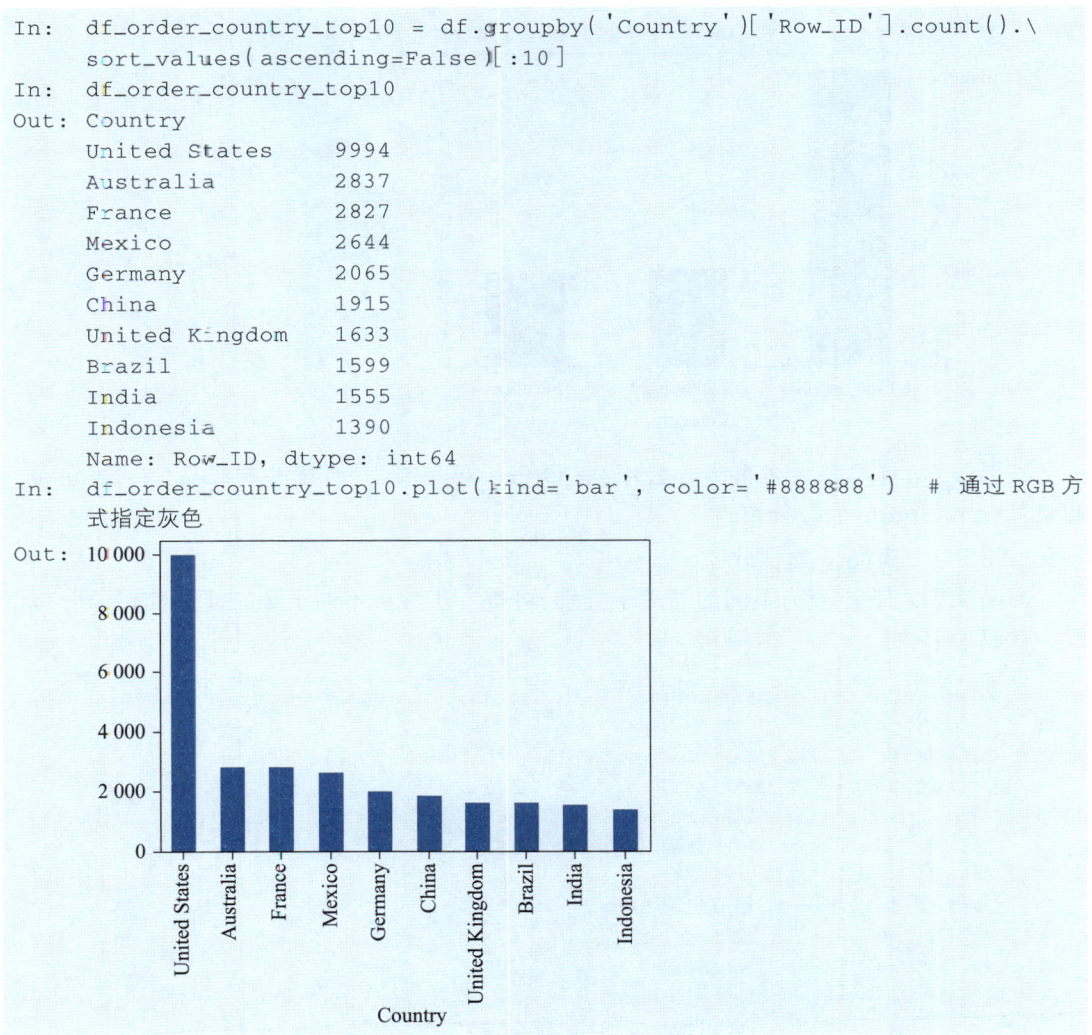

对比以上两项分析结果，尽管从单一国家层面看，美国订单数量遥遥领先，但亚太、拉美和欧盟市场国家众多，这三个市场的订单总量均超过美国。与此类似，还可以对不同城市、州（省）等地域的订单数量进行统计。

12.5.2 商品品类分析

12.5.2.1 商品类别分布

A 公司销售不同类别的商品，有必要了解全部订单的商品类别分布情况。代码如下：

[①] 在 A 公司的市场业务划分中 EMEA 和 EU 的市场未重叠。

```
In:  df['Category'].value_counts()
Out: Category
     Office Supplies    31273
     Technology         10141
     Furniture           9876
     Name: count, dtype: int64
In:  df['Category'].value_counts().plot(kind='bar')
Out:
```

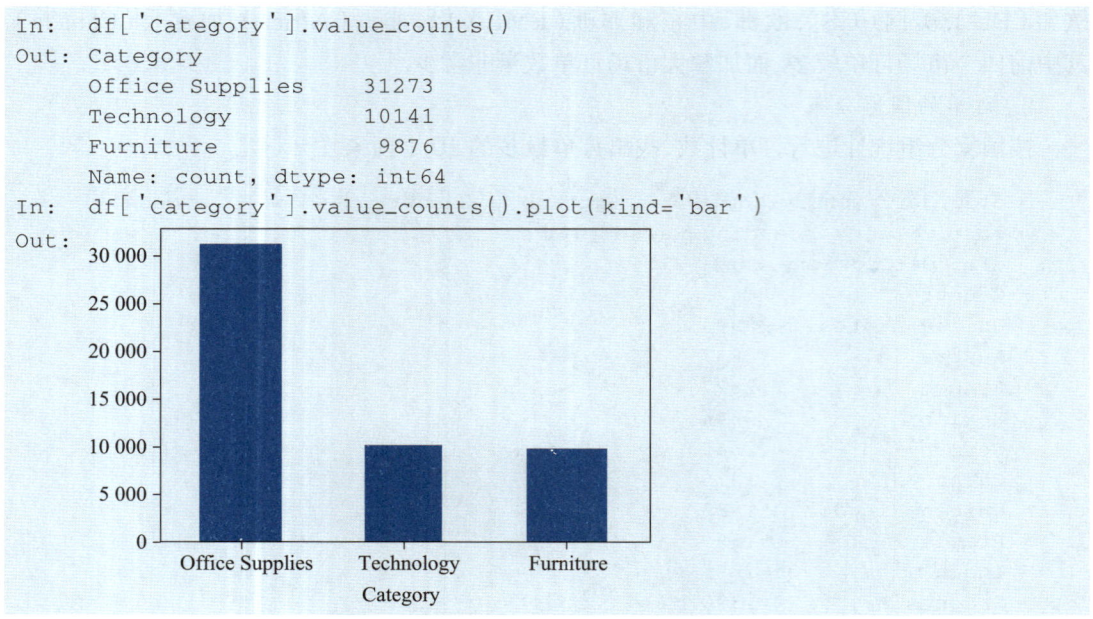

结果显示,订单中大多数为办公用品(Office Supplies),而技术类产品(Technology)和家具(Furniture)的数量相当。

12.5.2.2　商品子类别分布

商品类别之下还分为不同的商品子类别,可进一步分析不同子类别商品的订单分布情况。代码如下:

```
In:  df_categories = df.groupby(['Category', 'Sub_Category']).size()
In:  df_categories
Out: Category         Sub_Category
     Furniture        Bookcases       2411
                      Chairs          3434
                      Furnishings     3170
                      Tables           861
     Office Supplies  Appliances      1755
                      Art             4883
                      Binders         6152
                      Envelopes       2435
                      Fasteners       2420
                      Labels          2606
                      Paper           3538
                      Storage         5059
                      Supplies        2425
     Technology       Accessories     3075
                      Copiers         2223
                      Machines        1486
                      Phones          3357
     Name: count, dtype: int64
```

基于 Matplotlib 和子图绘制的相关知识,完成各类别商品中不同子类别商品订单数量的柱形图绘制。示例代码如下:

12.5 订单与商品分析

示例代码 12.1　OrderSubCategory.py

```
1   import pandas as pd
2   import matplotlib.pyplot as plt
3   plt.rcParams['font.sans-serif'] = ['SimHei']
4   df = pd.read_csv('Order2011-2014_treated.csv', encoding='latin1')
5   df_categories = df.groupby(["Category", 'Sub_Category']).size()
6   Categories = ['Furniture', 'Office Supplies', 'Technology']
7   plt.figure(figsize=(20,6))
8   plt.suptitle('不同子类别商品订单数量', fontsize=22)
9   for i in range(3):
10      data = df_categories.loc[Categories[i]]
11      ax = plt.subplot(1, 3, i-1)
12      ax.bar(x=data.index, height=data, hatch='/', color='red', edgecolor='grey')
13      ax.set_title(Categories[i], fontsize=20)
14      ax.tick_params(axis='x', rotation=60, labelsize=18)
15      ax.tick_params(axis='y', labelsize=14)
16  plt.show()
```

结果如图 12-3 所示,对不同子类别商品订单数量一目了然。

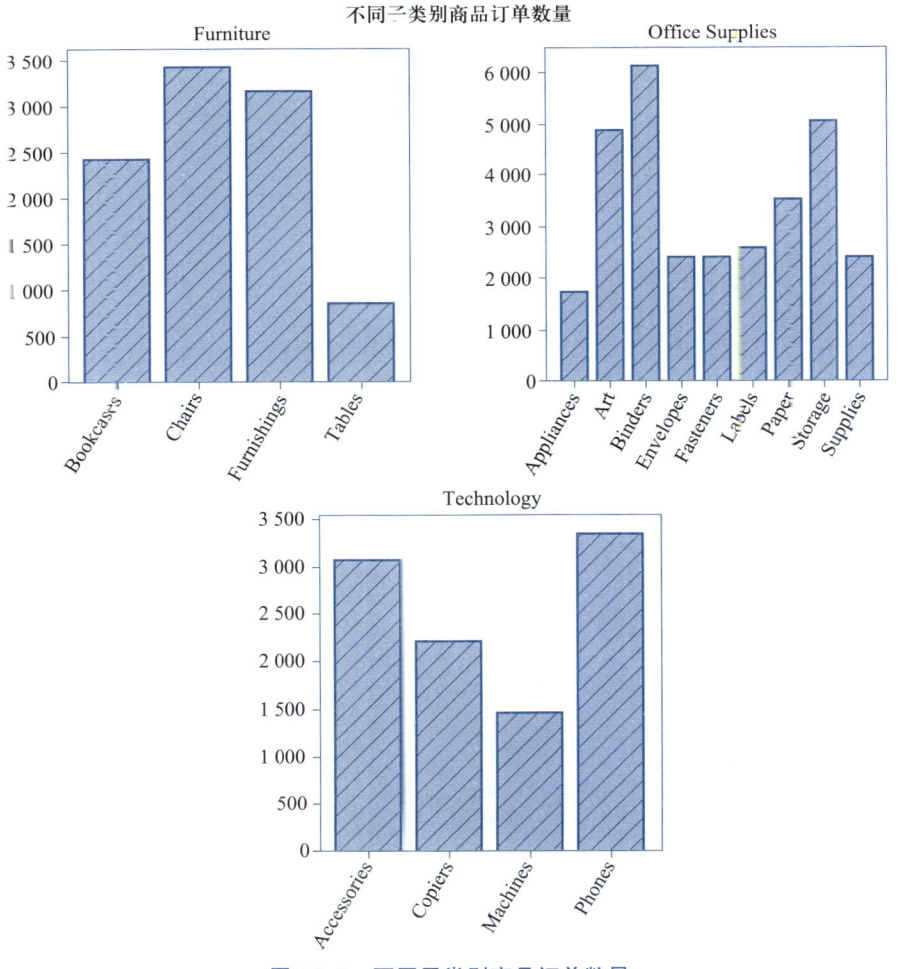

图 12-3　不同子类别商品订单数量

提示

如果只是希望在数据分析过程中以可视化方式快速地了解数据的分布和数量特征，可以直接对 DataFrame 或 Series 对象调用 plot() 函数进行绘图；如果希望绘制更高质量的图表，进行各种标注修饰、子图绘制等，则建议基于 Matplotlib 库的相关函数和方法，在独立的 Python 文件中编写程序。

12.5.2.3 不同类别商品的地域分布

考虑商品类别与地域维度的交叉，可以分析不同类别商品在不同地域的订单数量分布情况。对商品类别（Category）和商品所属市场（Market）两个数据列做两级分组统计计数，建立数据透视表并绘制柱形图，具体代码如下：

```
In : df_category_market = df.groupby(['Category', 'Market']).size()   # 按商
                                                                     品类别、商品所属市场两级分组
In : df_category_market
Out: Category         Market
     Furniture        APAC       2429
                      Africa     631
                      Canada     42
                      EMEA       770
                      EU         1501
                      LATAM      2382
                      US         2121
     Office Supplies  APAC       6177
                      Africa     3045
                      Canada     277
                      EMEA       3297
                      EU         6589
                      LATAM      5862
                      US         6026
     Technology       APAC       2396
                      Africa     911
                      Canada     65
                      EMEA       962
                      EU         1910
                      LATAM      2050
                      US         1847
     dtype: int64
In : df_category_market = df_category_market.reset_index()   # 将分组索引作为普
                                                              通数据列
In : df_category_market
Out:           Category       Market       0
     0         Furniture      APAC         2429
     1         Furniture      Africa       631
```

```
2         Furniture      Canada    42
3         Furniture        EMEA   770
4         Furniture          EU  1501
5         Furniture       LATAM  2382
6         Furniture          US  2121
7   Office Supplies        APAC  6177
8   Office Supplies      Africa  3045
9   Office Supplies      Canada   277
10  Office Supplies        EMEA  3297
11  Office Supplies          EU  6589
12  Office Supplies       LATAM  5862
13  Office Supplies          US  6026
14       Technology        APAC  2396
15       Technology      Africa   911
16       Technology      Canada    65
17       Technology        EMEA   962
18       Technology          EU  1910
19       Technology       LATAM  2050
20       Technology          US  1847
```

In: `df_category_market.rename(columns={0:'Order_Count'}, inplace=True)` # 修改"0"列的列名

In: `df_category_market = pd.pivot_table(df_category_market, index='Category', columns='Market')` # 生成数据透视表对象,指定Category作为行索引,Market数据作为列名

In: `df_category_market`

Out:

	Order_Count						
Market	APAC	Africa	Canada	EMEA	EU	LATAM	US
Category							
Furniture	2429.0	631.0	42.0	770.0	1501.0	2382.0	2121.0
Office Supplies	6177.0	3045.0	277.0	3297.0	6589.0	5862.0	6026.0
Technology	2396.0	911.0	65.0	962.0	1910.0	2050.0	1847.0

在变量查看器中查看数据透视表对象df_category_market,如图12-4所示。

图 12-4 数据透视表对象 df_category_market

在数据透视表对象df_category_market中,行索引为商品类别,列索引为商品所属市场,单元格数据表示对应商品在对应市场的订单数量,如左上角的数据2 429表示家具在亚太市场共有2 429笔订单。对于数据透视表对象df_category_market,还可以利用Pandas的plot()方法进行更为直观的可视化呈现,代码如下:

```
In: df_category_market.plot(kind='bar', figsize=(8,6))   # 直接对数据透视表绘
制柱形图
Out:
```

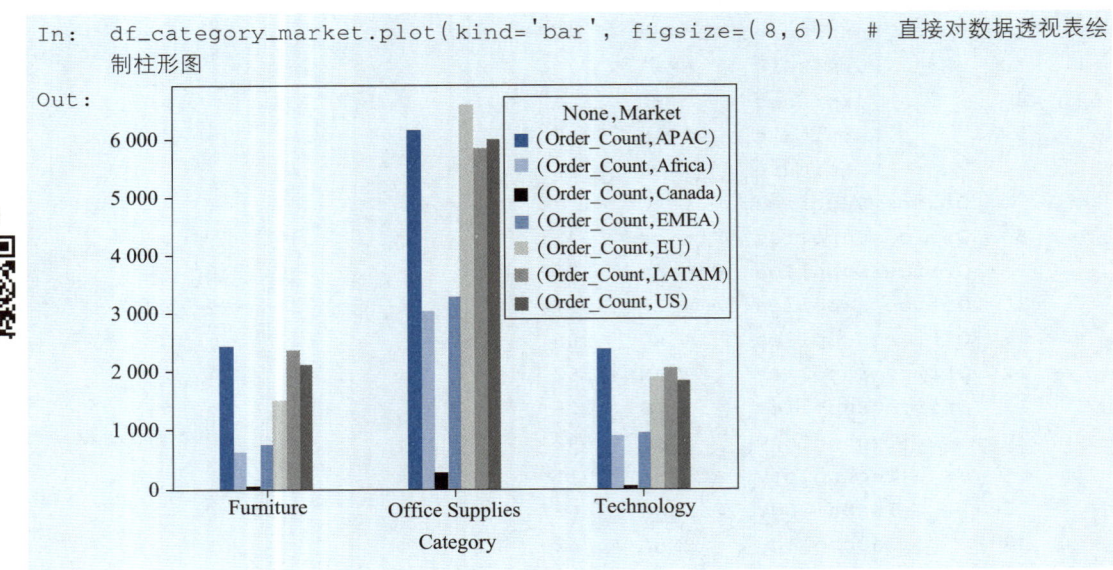

结果显示,家具和技术类产品在亚太市场的订单数最多,而办公用品在欧盟市场订单最多。

12.6 物流与配送分析

对于开展线上销售的全球性超市而言,物流与配送是影响生存发展的关键环节,下面对 A 公司的物流与配送相关情况进行分析。

12.6.1 发货模式与订单优先级关联性分析

首先,分析发货模式(Ship_Mode)和订单优先级(Order_Priority)两个数据列的取值情况。代码如下:

```
In: df['Ship_Mode'].value_counts()
Out: Ship_Mode
     Standard Class    30775
     Second Class      10309
     First Class        7505
     Same Day           2701
     Name: count, dtype: int64
In: df['Order_Priority'].value_counts()
Out: Order_Priority
     Medium    29433
     High      15501
     Critical   3932
     Low        2424
     Name: count, dtype: int64
```

从发货模式看,标准等级发货模式(Standard Class)的订单数最多,其次是二等发

货模式（Second Class）和一等发货模式（First Class），当日发货模式（Same Day）的订单数最少。而从订单优先级看，订单数量最多的是中等优先级（Medium），其次是高优先级（High）、最高优先级（Critical）、低优先级（Low）。一般认为订单优先级和发货模式可能存在某种关联，即优先级越高的订单，其发货也可能会采用更快的模式，但对两个数据列的单独统计难以观察这种关联性。为此，可以建立数据透视表进行进一步分析，代码如下：

```
In:   df_priority_ship_mode = df.groupby(['Order_Priority', 'Ship_Mode']).
      size()
In:   df_priority_ship_mode = df_priority_ship_mode.reset_index()
In:   df_priority_ship_mode.rename(columns={0:'Order_Count'}, inplace=True)
In:   df_priority_ship_mode = df_priority_ship_mode.pivot_table(df_priority_
      ship_mode, index='Order_Priority', columns='Ship_Mode')
In:   df_priority_ship_mode
Out:                  Order_Count
      Ship_Mode      First Class  Same Day  Second Class  Standard Class
      Order_Priority
      Critical           1734.0      742.0        1456.0             NaN
      High               3413.0     1269.0        4010.0          6809.0
      Low                   NaN        NaN           NaN          2424.0
      Medium             2358.0      690.0        4843.0         21542.0
```

结果显示，发货模式和订单优先级之间存在较强的关联性。优先级较高的订单中，采用当日发货模式（Same Day）和一等发货模式（First Class）的比例较高，而低优先级（Low）订单全部采用标准等级发货模式（Standard Class）。

12.6.2 发货准备时间分析

分析发货准备天数（Order2Ship_Days）数据列，以了解不同情境下发货准备时间的异质性。首先，观察不同发货准备天数的订单数量分布情况。

```
In:   df['Order2Ship_Days'].value_counts().sort_index()
Out:  Order2Ship_Days
      0       2600
      1       1662
      2       7026
      3       5035
      4      14434
      5      11222
      6       6255
      7       3057
      Name: count, dtype: int64
```

从结果可知，下单后 4 天发货的订单是最多的。接下来从不同维度对发货准备时间进行分析。

12.6.2.1 不同商品类别的发货准备时间

分析不同商品类别与子类别的发货准备时间，代码如下：

```
In:  df.groupby('Category')['Order2Ship_Days'].mean()
Out: Category
     Furniture            3.988659
     Office Supplies      3.963803
     Technology           3.967755
     Name: Order2Ship_Days, dtype: float64
In:  df.groupby('Sub_Category')['Order2Ship_Days'].mean().sort_values()
Out: Sub_Category
     Paper          3.876201
     Appliances     3.887179
     Bookcases      3.927001
     Accessories    3.933008
     Phones         3.962764
     Storage        3.966001
     Envelopes      3.971663
     Binders        3.971879
     Labels         3.973523
     Copiers        3.994602
     Fasteners      3.995455
     Art            3.995495
     Chairs         4.000000
     Supplies       4.008247
     Tables         4.010453
     Machines       4.010767
     Furnishings    4.017350
     Name: Order2Ship_Days, dtype: float64
```

结果显示,不同商品类别的平均发货准备时间差别不大,在具体的商品子类别中,家具、机器、桌子的发货准备时间相对较长。

12.6.2.2 不同市场和国家的发货准备时间

首先分析不同市场的发货准备时间,代码如下:

```
In:  df.groupby('Market')['Order2Ship_Days'].mean()
Out: Market
     APAC     3.969097
     Africa   3.910399
     Canada   3.677083
     EMEA     3.933386
     EU       4.008300
     LATAM    3.996794
     US       3.958875
     Name: Order2Ship_Days, dtype: float64
```

结果显示,加拿大市场的发货准备天数明显地低于其他市场,而欧盟市场的发货准备时间最长。

接着分析不同国家的发货准备时间,代码如下:

```
In:  df.groupby('Country')['Order2Ship_Days'].mean().sort_values()[:5]
Out: Country
     Chad             2.000000
     Bahrain          2.000000
     Guinea-Bissau    2.444444
```

```
        Estonia         2.461538
        Swaziland       2.500000
        Name: Order2Ship_Days, dtype: float64
In:  df.groupby('Country')['Order2Ship_Days'].mean().sort_values()[-5:]
        Country
        Tajikistan      5.000000
        Jamaica         5.032258
        Macedonia       5.250000
        Armenia         5.333333
        South Sudan     5.500000
        Name: Order2Ship_Days, dtype: float64
```

结果显示,不同国家的发货准备天数存在较大差异。较快的 5 个国家的发货准备天数平均在 2 天半以内,而较慢的 5 个国家的发货准备天数需要 5 天以上。

12.6.2.3 不同订单优先级和发货模式的发货准备时间

理论上,订单优先级高和发货模式等级较高的订单的发货准备时间也应当较短。验证代码如下:

```
In:  df.groupby('Order_Priority')['Order2Ship_Days'].mean().sort_values()
Out: Order_Priority
        Critical    1.806205
        High        3.085801
        Medium      4.516529
        Low         6.484736
        Name: Order2Ship_Days, dtype: float64
In:  df.groupby('Ship_Mode')['Order2Ship_Days'].mean().sort_values()
Out: Ship_Mode
        Same Day            0.037394[1]
        First Class         2.181746
        Second Class        3.230187
        Standard Class      4.998018
        Name: Order2Ship_Days, dtype: float64
```

结果显示,优先级越高的订单平均发货准备时间越短。当日发货模式(Same Day)的平均发货准备时间接近 0,而标准等级发货模式(Standard Class)的平均发货准备天数接近 5 天。

12.6.2.4 不同星期数的发货准备时间

按照订单星期数分组统计订单的平均发货准备时间,代码如下:

```
In:  df.groupby('Order_Weekday')['Order2Ship_Days'].mean().sort_values()
Out: Order_Weekday
        Wednesday   3.956083
        Tuesday     3.960245
        Monday      3.962079
        Thursday    3.963702
        Friday      3.973898
        Saturday    4.005240
```

---

[1] 尽管销售系统要求当日发货,可能出于种种原因实际当日未发货,但这种情况极少,所以本数值接近 0。

```
Sunday       4.085859
Name: Order2Ship_Days, dtype: float64
```

结果显示，一周内各天的发货准备时间比较接近，其中周末订单的发货准备时间相对较长。

12.6.3 配送成本分析

12.6.3.1 配送成本的总体分布

计算配送成本的最大值、最小值和均值，并绘制配送成本分布直方图，代码如下：

```
In:  df['Shipping_Cost'].max(), df['Shipping_Cost'].min(),df['Shipping_Cost'].mean()
Out: (933.57, 0.0, 26.375915188145836)
In:  plt.hist(df['Shipping_Cost'], bins=20, range=(0,1000))  # 利用matplotlib的hist()函数绘制直方图
Out:
```

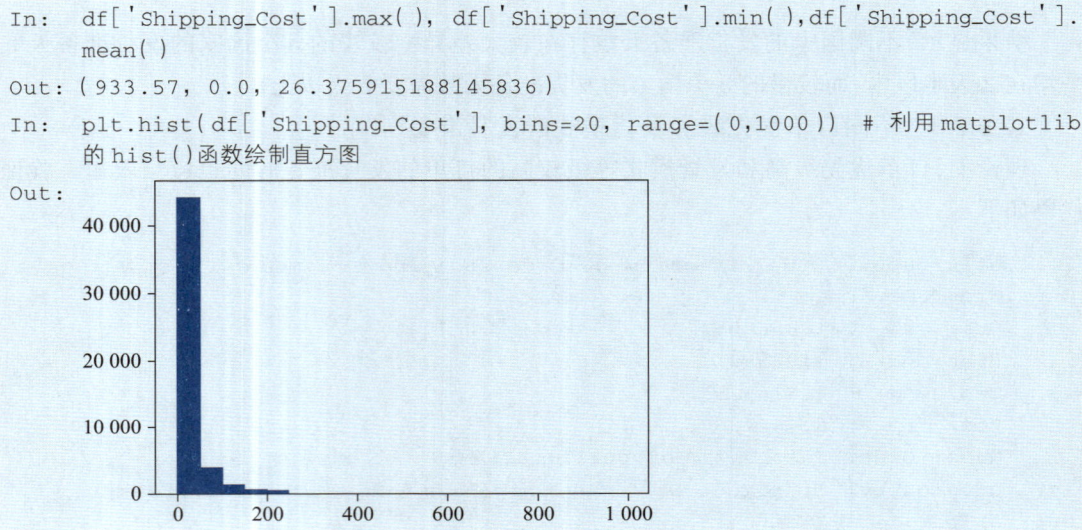

结果显示，订单最高配送成本为933.57美元，最低为0，平均配送成本约为26.38美元；绝大多数订单的配送成本低于50美元。

12.6.3.2 配送成本的分组统计

绘制柱形图展示不同商品类别与子类别、不同市场、不同发货模式、不同发货准备时间的配送成本情况，代码如下：

```
In:  df.groupby('Category')['Shipping_Cost'].mean().plot(kind='barh')  # 按商品类别
Out:
```

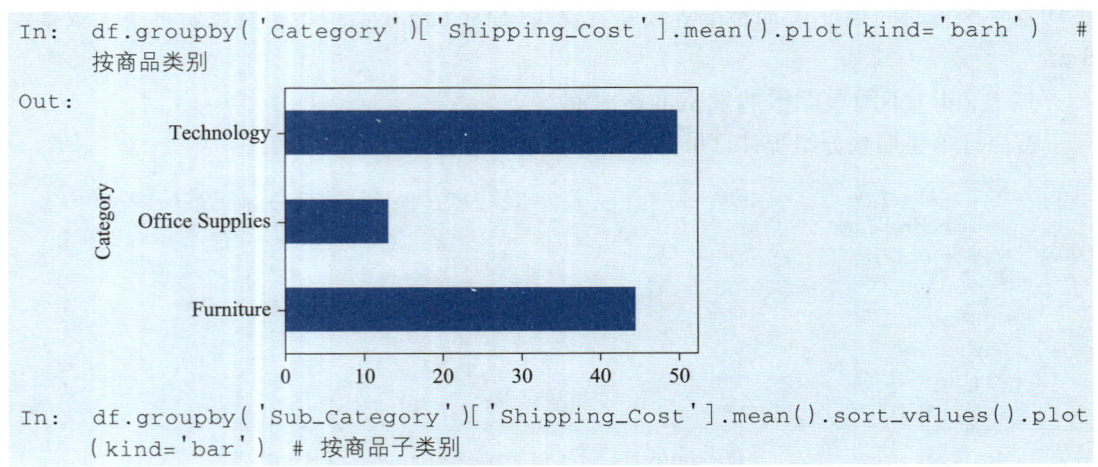

```
In:  df.groupby('Sub_Category')['Shipping_Cost'].mean().sort_values().plot(kind='bar')  # 按商品子类别
```

12.6 物流与配送分析

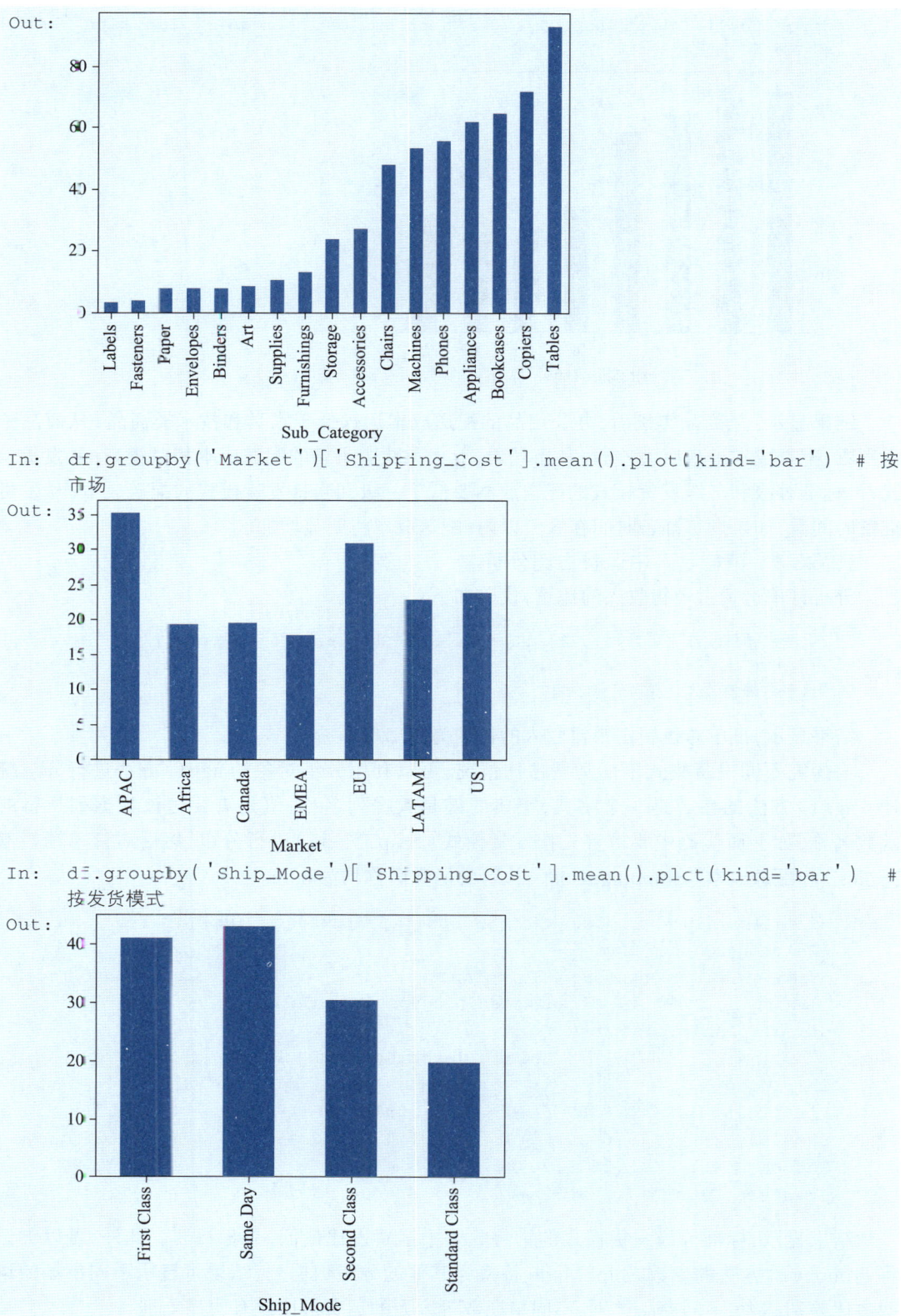

```
In: df.groupby('Market')['Shipping_Cost'].mean().plot(kind='bar')  # 按
    市场
```

```
In: df.groupby('Ship_Mode')['Shipping_Cost'].mean().plot(kind='bar')  #
    按发货模式
```

```
In:  df.groupby('Order2Ship_Days')['Shipping_Cost'].mean().plot(kind='bar')
     # 按发货准备天数
Out:
```

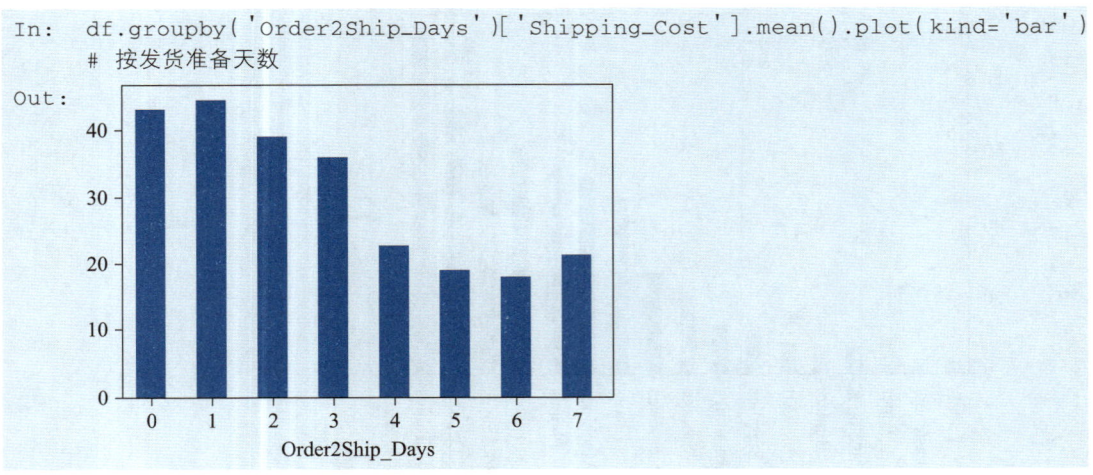

结果显示：从商品类别看，办公用品的配送成本远远低于家具和技术类商品；从商品子类别看，配送成本呈现巨大差异；从市场看，亚太和欧盟市场的配送成本相对较高；从发货模式看，标准等级和二级发货模式的配送成本要低于一级和当日发货模式的配送成本；从发货准备时间看，如果发货准备时间在 3 天以内，配送成本将明显增加。

12.6.3.3 销售收入中运费占比分析

分析订单运费占销售收入的比重，代码如下：

```
In:  '运费占销售收入比重为:{:.2%}'.format(df['Shipping_Cost'].sum()/df['Sales'].sum())
Out: '运费占销售收入比重为:10.70%'
```

结果显示，订单总运费占销售收入的比重为 10.70%。

为探究不同发货模式下的运费占比情况，可以利用分组对象的 agg() 方法进行分组统计。agg() 方法的参数是一个字典，字典的键是数据列名称，值是需要对该数据列执行的函数名称，如上面代码中要求首先按发货模式（Ship_Mode）进行分组，然后对订单销售额（Sales）和配送成本（Shipping_Cost）执行的函数名称均为 sum。

```
In:  df_sales_ship_cost_mode = df.groupby('Ship_Mode').agg({'Sales':'sum', \
     'Shipping_Cost':'sum'})
In:  df_sales_ship_cost_mode['Shipping_Cost_Per'] = df_sales_ship_cost_mode \
     ['Shipping_Cost'] / df_sales_ship_cost_mode['Sales']
In:  df_sales_ship_cost_mode
Out:                    Sales       Shipping_Cost   Shipping_Cost_Per
     Ship_Mode
     First Class    1.830976e+06    308103.25       0.168273
     Same Day       6.672020e+05    115974.06       0.173822
     Second Class   2.565672e+06    314112.62       0.122429
     Standard Class 7.578652e+06    614630.76       0.081100
```

结果显示，标准等级发货模式的销售收入中运费占比最低，为 8.11%。此外，可以尝试将 groupby() 方法的参数 Ship_Mode 替换为其他的分组数据列，结果将显示不同市场的运费占比差别不大，不同商品类别、不同星期数等方面的运费占比没有明显差别。

12.7 销售与利润分析

对于电商企业来说,持续关注并优化销售和利润是确保生存和可持续发展的关键。通过年销售额及其增长率分析、销售淡旺季分析、不同市场利润情况分析、销售额与利润组合分析等,可以从多方面了解 A 公司的销售与利润情况。

12.7.1 年销售额及其增长率分析

将销售额按照年份进行分组,计算出 2011—2014 年的年销售额,代码如下:

```
In:   sales_year = df.groupby('Order_year')['Sales'].sum()
In:   sales_year
Out:  Order_Year
      2011    2.259451e+06
      2012    2.677439e+06
      2013    3.405746e+06
      2014    4.299866e+06
      Name: Sales, dtype: float64
```

销售额增长率是企业本年销售增长额同上年销售额之比,是衡量企业经营状况和市场占有能力、预测企业经营业务拓展趋势的重要指标,也是企业扩张增量资本和存量资本的重要前提。该指标越大,表明销售额增长速度越快,企业市场前景越好。其计算公式如下:

销售额增长率 =(本年销售额 - 上年销售额)÷ 上年销售额 × 100%

根据销售额增长率公式可以分别算出 2012 年、2013 年和 2014 年的销售额增长率,代码如下:

```
In:   sales_growth = ((sales_year - sales_year.shift(1)) / sales_year.shift
      (1)).dropna()
In:   sales_growth
Out:  Order_Year
      2012    0.184995
      2013    0.272017
      2014    0.262533
      Name: Sales, dtype: float64
```

其中,shift() 方法能够对时间序列数据做移动转换,以计算相邻日期的数据变动。例如,sales_year.shift(1) 能够使 sales_year 中的各行后移一个数据位,代码如下:

```
In:   sales_year.shift(1)
Out:  Order_Year
      2011             NaN
      2012    2.259451e+06
      2013    2.677439e+06
      2014    3.405746e+06
      Name: Sales, dtype: float64
```

此外,可以使用 map() 方法和 format() 方法将销售额增长率转换为百分比格式。

```
In:  sales_growth_percentage = sales_growth.map(lambda x: format(x, '.2%'))
In:  sales_growth_percentage
Out: Order_Year
     2012    18.50%
     2013    27.20%
     2014    26.25%
     Name: Sales, dtype: object
```

为了更加直观地展示数据,可以在双坐标系绘制销售额及其增长率变动情况图,如示例代码 12.2 所示。

示例代码 12.2　SalesAndRate.py

```
1   import pandas as pd
2   import matplotlib.pyplot as plt
3   plt.rcParams['font.sans-serif'] = ['SimHei']
4   df = pd.read_csv('Order2011-2014_treated.csv', encoding='latin1')
5   sales_year = df.groupby('Order_Year')['Sales'].sum()
6   sales_growth = ((sales_year-sales_year.shift(1))/sales_year.shift(1)).dropna()
7   fig, ax = plt.subplots()
8   xlabel = [str(y)+'年' for y in sales_year.index.tolist()]
9   bar = ax.bar(sales_year.index,sales_year,color='blue', edgecolor='black', tick_label= xlabel)
10  ax.set_title('销售额及其增长率')
11  ax.set_xlabel('年份')
12  ax.set_ylabel('销售额/元')
13  ax_right = ax.twinx()
14  line = ax_right.plot(sales_growth.index.values,sales_growth.values,'r-o')
15  ax_right.set_ylim([0,0.3])
16  ax_right.set_ylabel('增长率')
17  plt.legend([bar, line[0]], ['销售额', '增长率'])
18  plt.show()
```

运行结果如图 12-5 所示。

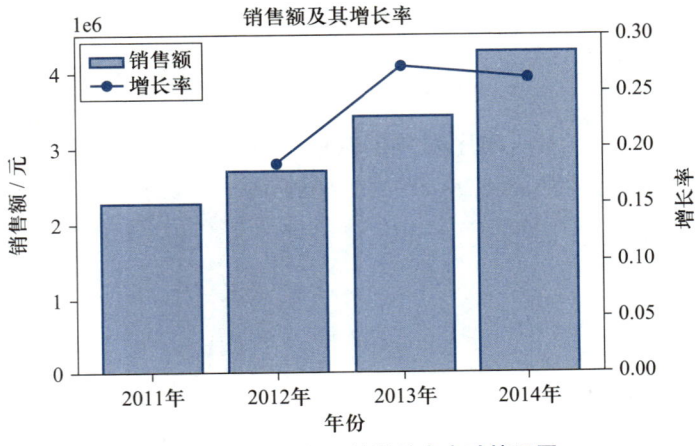

图 12-5　销售额及其增长率变动情况图

twinx() 方法共享了 x 轴,并且建立了两个 y 轴,左侧的 y 轴代表的是销售额,右侧的 y 轴代表对应的销售额增长率。从图 12-5 中可以清晰地看出 2011—2014 年 A 公司的销售额在稳步上升,销售额增长率在增长后趋于平稳。

12.7.2 销售淡旺季分析

许多行业的销售情况具有季节性或周期性,从而形成淡季或旺季。对于 A 公司而言,可以根据按照一定的时间单位对销售额进行分析。例如,探索销售额在不同月份的变化情况,从而找出重点的销售月份,为营销策略的制订提供参考。

为了更直观地按月销售情况分析销售淡旺季,可以按月份对销售额进行汇总统计,通过柱形图展示;还可以进一步将数据按年和月进行分组,计算出每年每月的销售总额,再将其制作成年、月、销售额的数据透视表,最后通过折线图展示,代码如下:

```
In:  df.groupby('Order_Month')['Sales'].sum().plot(kind='bar')
Out:
```

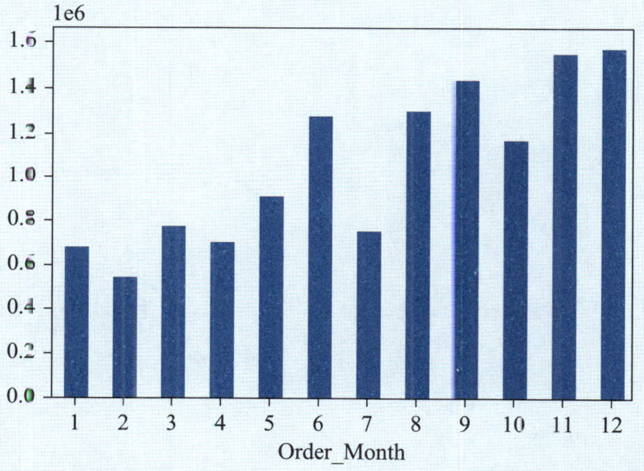

```
In:  sales_year_month = df.groupby(['Order_Year', 'Order_Month'])['Sales'].sum()
In:  sales_year_month = sales_year_month.reset_index()   # 将分组后的多层索引设置成列数据
In:  sales_year_month = pd.pivot_table(sales_year_month, index='Order_Month', columns='Order_Year')   # 生成数据透视表
In:  sales_year_month.plot(color=['red', 'orange', 'blue', 'green'])   # 直接将数据透视表绘制成折线图
Out:
```

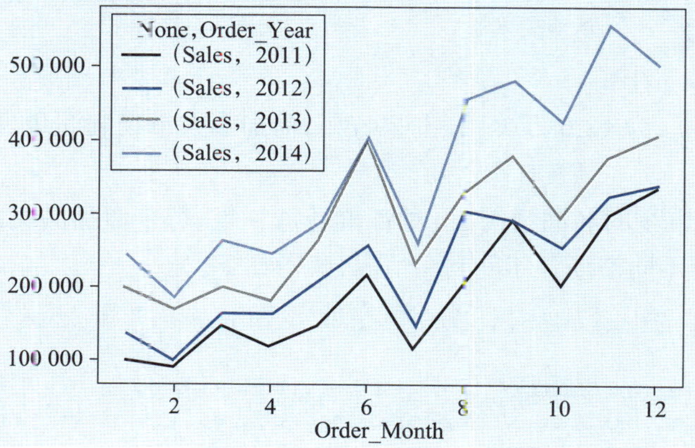

彩色插图

折线图

通过上面两个结果图可以看出，A公司下半年的销售额整体高于上半年，每年的8—12月为销售旺季。2011—2014年，代表每一年销售额的折线都在前一年的折线之上，这印证了销售额逐年增长的结论。在上半年中6月的销售额也比较高，而7月的销售额明显下滑，每年的2月和10月会有略微的销售额下降。将代码中关于销售额的Sales数据列替换成关于利润的Profit的数据列，则可以根据利润分析销售淡旺季，结论也类似。

12.7.3 不同市场利润情况分析

在了解A公司整体销售情况之后，再对不同市场的利润情况进行分析，以便为下一年度不同市场销售和利润目标的确定，以及营销策略的制订提供参考。

首先，按照市场（Market）数据列进行分组，统计不同市场2011—2014年的总利润及其占比情况，代码如下：

```
In:  profit_market = df.groupby('Market')['Profit'].sum()
In:  profit_market
Out: Market
     APAC      436000.04900
     Africa     88871.63100
     Canada     17817.39000
     EMEA       43897.97100
     EU        372829.74150
     LATAM     221643.48708
     US        286397.02170
     Name: Profit, dtype: float64
In:  profit_market.plot(kind='pie', autopct='%1.1f%%', title='各市场总利润占比',
     fontsize=8)
Out:
```

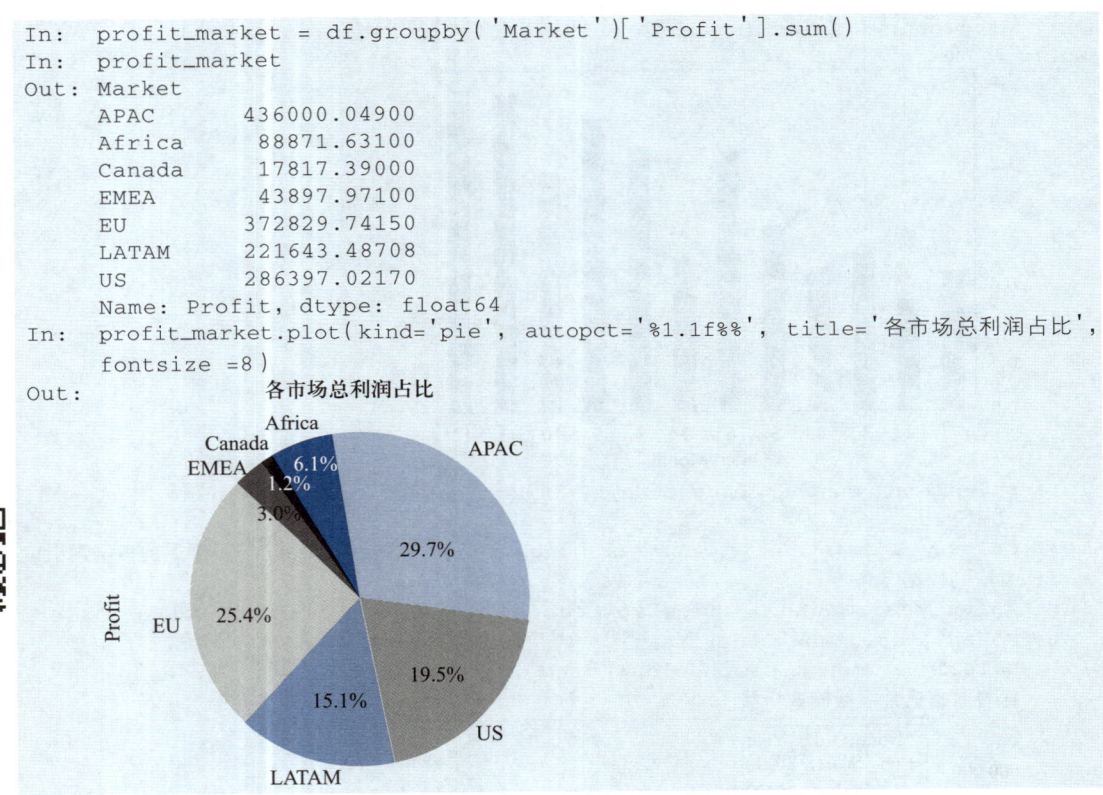

结果显示，亚太市场利润最高，为43.6万美元，占29.7%，而加拿大市场利润最少，只占1.2%。

其次，为了更清晰地了解各市场的利润情况，再对各市场每一年、每个商品品类的利润进行分析。利用数据透视表分析不同市场各年度利润情况，代码如下。

```
In:  profit_market_year = df.groupby(['Market','Order_Year'])['Profit'].
     sum()
In:  profit_market_year = profit_market_year.reset_index()
In:  profit_market_year = pd.pivot_table(profit_market_year, index='Market',
     columns= 'Order_Year')
```

```
In:  profit_market_year
Out:                  Profit
     Order_Year     2011         2012         2013          2014
     Market
     APAC       83031.57540  89110.8504  123103.12590  140454.49730
     Africa     10944.11400  11908.9350   26687.11200   39331.47000
     Canada      1807.08000   4387.8400    5129.46000    5993.01000
     EMEA        5280.03000   5419.5750   10598.04300   22600.32300
     EU         61625.62200  83984.5770   98275.18500  128944.35750
     LATAM      36708.41604  50184.8980   61415.37348   73334.79956
     US         49543.97410  61618.6037   81726.93080   93507.51310
In:  profit_market_year.plot(kind='bar', title='不同市场各年度利润对比')
Out:
```

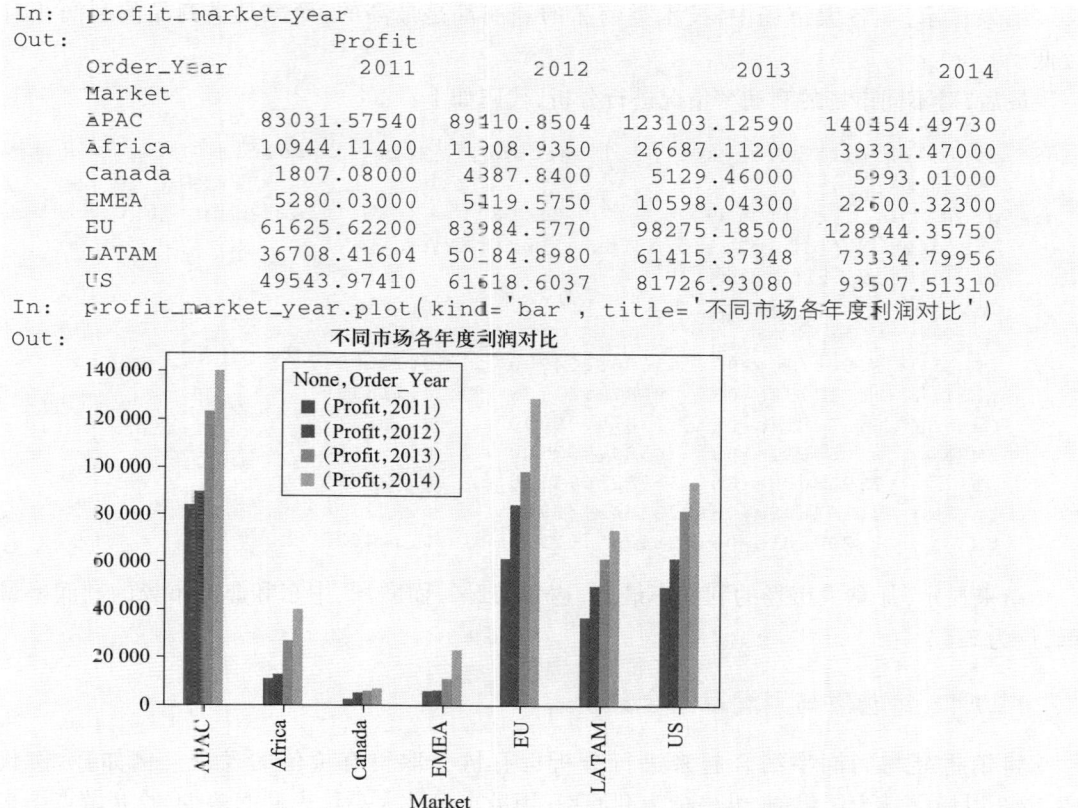

结果显示，各个市场2011—2014年的利润总额均呈增长趋势，其中亚太市场和欧盟市场不仅利润较高，增长速度也比较快。

类似地，可以对不同市场各类别商品的利润情况进行分析，代码如下：

```
In:  profit_market_cate = df.groupby(['Market', 'Category'])['Profit'].sum()
In:  profit_market_cate = profit_market_cate.reset_index()
In:  profit_market_cate = pd.pivot_table(profit_market_cate, index='Market',
     columns='Category')
In:  profit_market_cate.plot(kind='bar', title='不同市场各类别商品利润对比')
Out:
```

结果显示，在各大市场中，技术类商品的利润都是最高的，而家具类商品的利润相对较低。

最后，对不同市场的利润率情况进行分析，代码如下：

```
In: df_sales_profit_market = df.groupby('Market').agg({'Sales':'sum',
    'Profit':'sum'})
In: df_sales_profit_market['Profit_Rate'] = df_sales_profit_market
    ['Profit'] / df_sales_profit_market['Sales']
In: df_sales_profit_market
Out:           Sales          Profit       Profit_Rate
     Market
     APAC      3.585744e+06   436000.04900   0.121593
     Africa    7.837732e+05   88871.63100    0.113389
     Canada    6.692817e+04   17817.39000    0.266217
     EMEA      8.061613e+05   43897.97100    0.054453
     EU        2.938089e+06   372829.74150   0.126895
     LATAM     2.164605e+06   221643.48708   0.102394
     US        2.297201e+06   286397.02170   0.124672
```

结果显示，加拿大市场的利润率最高，达 26.62%，而欧洲、中东和非洲市场的利润率最低，仅为 5.45%。

12.7.4 销售额与利润率组合分析

将销售额与利润率结合起来进行分析也有机会取得有价值的发现。例如，示例代码 12.3 以横坐标为销售额、纵坐标为利润率，用散点尺寸大小代表利润多少，绘制散点图来刻画不同市场的销售额和利润情况。

示例代码 12.3　SalesAndProfit.py

```
1  import pandas as pd
2  import matplotlib.pyplot as plt
3  plt.rcParams['font.sans-serif'] = ['SimHei']
4  df = pd.read_csv('Order2011-2014_treated.csv', encoding='latin1')
5  df_sales_profit_ market = df.groupby('Market').agg({'Sales':'sum',
   'Profit':'sum'})
6  df_sales_profit_market['Profit_Rate'] = df_sales_profit_ market['Profit'] /
   df_sales_profit_market['Sales']
7  markets = ['APAC', 'Africa', 'Canada', 'EMEA', 'EU', 'LATAM', 'US']
8  colors = ['red', 'orange', 'black', 'green', 'cyan', 'blue', 'magenta']
9  for idx, market in enumerate(markets):
10     x = df_sales_profit_market.loc[market, 'Sales']
11     y = df_sales_profit_ market.loc[market, 'Profit_Rate']
12     scale = df_sales_profit_market.loc[market, 'Profit'] / 1200
13     plt.scatter(x, y, c=colors[idx], label=market, s=scale, alpha=0.6, \
14            edgecolors='none')
15 plt.title('不同市场销售额与利润率情况散点图')
16 plt.xlabel('销售额')
17 plt.ylabel('利润率')
18 plt.legend()
19 plt.grid(True)
20 plt.show()
```

程序运行结果如图 12-6 所示。

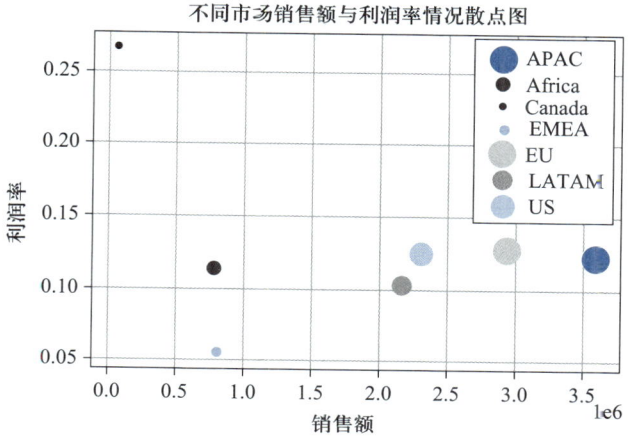

图 12-6　不同市场销售额与利润率情况散点图

在图 12-6 中，颜色不同的散点代表不同的市场，散点越偏右表示销售额越高，越偏上表示利润率越高，最优的情况是在右上方，而在左下方表示销售额和利润率情况不太理想。同时，散点的大小还代表了对应市场利润总额的大小。从图 12-6 可知，亚太和欧盟两个市场的销售和利润状况比较理想；加拿大市场尽管销售额和利润总额远低于其他市场，但其利润率却远高于其他市场；欧洲、中东和非洲市场的销售和利润状况较为一般。

12.8　客户价值分析

对于电商企业而言，客户是收入和利润的直接来源，客户的购买行为决定了企业的销售额和市场地位。客户价值分析是通过评估和分类客户的价值来帮助企业制订策略的过程。通过客户价值分析，电商企业能更好地理解并服务客户，有助于进一步提高客户满意度和忠诚度，增加企业的市场竞争力和利润空间。目前，具有影响力并得到实证验证的客户价值分析理论与模型包括：客户终生价值理论、客户价值金字塔模型、策论评估矩阵分析法和客户价值分类模型等。这里以客户价值分类模型（RFM 模型）为例，进行客户价值分析。

12.8.1　RFM 模型的分析维度

RFM 模型是一种在市场营销和客户关系管理中常用的工具，用于分析和理解客户价值。RFM 是 recency、frequency 和 monetary 的缩写，分别代表该模型的三个指标：

（1）消费间隔：客户最近一次消费的时间与当前时间的间隔。R 值越小，表示客户最近一次消费时间越近，可能对产品或服务更感兴趣，客户价值越高。

（2）消费频率：客户在一定时间内的消费次数。F 值越大，表示客户交易越频繁，客户忠诚度更高，客户价值越高。

（3）消费金额：客户在最近一段时间内的消费金额。M 值越大，表示客户的消费能力越强，客户价值越高。

RFM 模型的三个维度在对客户特征判断和运营策略设计时发挥不同的作用，如表 12-2 所示。

表 12-2　RFM 模型各维度的客户特征判断与运营策略设计

模型维度	客户特征判断	运营策略设计
R	反映客户对商家的记忆强度，用于判断活跃用户与沉睡用户，较小的 R 值通常表示客户较为活跃，R 值越大客户越可能"沉睡"，流失可能性越大	活跃用户可能对新产品或促销更感兴趣，而沉睡用户可能需要重新唤醒。针对活跃用户，可以推送新产品信息或特别优惠；对于沉睡用户，可以通过定制化的促销活动来重新吸引他们
F	反映客户的忠诚度和亲密度，高 F 值的客户可能是忠诚用户，对产品或服务有较高的满意度；还可用于判断客户对商家的熟悉度，以及购买习惯	针对高频率客户，可以提供会员专属权益或定期的奖励；对于低频率客户，可以通过促销、折扣等方式刺激其再次购买。低频率客户甚至可能是竞争对手的常客，需要制订一定的竞争策略吸引他们
M	反映客户的付费能力和付费意愿，高 M 值的客户可能是高价值客户，对于产品或服务有较高的认可度和资金投入，价格敏感度较低	针对高价值客户，可以提供高端产品或专属定制服务；对于低价值客户，可以通过推荐产品组合或优惠券等方式鼓励其增加购物车价值

12.8.2　RFM 模型的应用

12.8.2.1　基于 RFM 组合分析的客户分类

RFM 模型可以与客户生命周期价值分析，以及聚类、决策树等机器学习方法进行结合，以帮助企业更细致地理解不同客户群体的特征，并制订更具针对性的营销策略。这里采用一种较为简单的根据 R、F、M 三个维度评分值对客户进行分类的组合分析方法，并用 Python 程序实现。基于 RFM 组合分析的客户分类如表 12-3 所示。

表 12-3　基于 RFM 组合分析的客户分类

R 评分值	F 评分值	M 评分值	客户分类
高	高	高	重要价值客户
高	低	高	重要发展客户
低	高	高	重要保持客户
低	低	高	重要挽留客户
高	高	低	一般价值客户
高	低	低	一般发展客户
低	高	低	一般保持客户
低	低	低	一般挽留客户

表12-3将每个维度都分为高和低两种评分值,进而将客户群体划分为8种类型。例如,某个客户最近一次消费时间与当前时间的间隔比较大,但是在一段时间内的消费频次和累计消费总金额都很高,就说明这个客户就是RFM模型中的重要促持客户。为了避免该客户的流失,企业的运营人员就要专门针对这种类型的客户设计特定的运营策略。这就是RFM模型的核心价值。

12.8.2.2　RFM模型的分析思路

利用RFM模型对客户分类,需分别计算R、F、M数据值。以A公司某客户(AA-315)2014年的消费情况为例讨论R、F、M数据值的计算过程。表12-4展示了该客户2014年的消费记录部分数据列。

表12-4　　　　某客户AA-315的2014年消费记录

Customer ID	Customer Name	Order Date	Sales	Product ID
AA-315	Alex Avila	2014-05-06	756.600	TEC-CAN-10004291
AA-315	Alex Avila	2014-12-29	20.052	OFF-CAR-10004661
AA-315	Alex Avila	2014-07-31	10.740	OFF-HAR-10001262

根据RFM组合分析方法,只需要关注Order Date和Sales两个数据列即可完成对该客户R、F、M数据值的计算。例如,假定以2014年12月31日作为分析时间节点,该客户2014年的R、F、M数据值计算结果有以下几点。

(1) R数据值:最近一次消费时间2014年12月29日与2014年12月31日的时间间隔为2天。

(2) F数据值:2014年消费频率为3次。

(3) M数据值:2014年消费金额为787.392美元(756.600+20.052+10.740)。

R、F、M数据值的量纲不同,无法直接通过R、F、M单独的数据值衡量客户的价值。在案例11-2中介绍了一种对量纲不同指标进行分别排名,通过计算"排名和"进而得到综合排序的方案。这里依据基于RFM的组合分析方法,将不同维度上计算得到的数据值映射为评分值,对评分值进行等级划分,进而确定客户类型,具体实现思路如下几点。

(1) 根据2014年全年销售数据,计算全部客户的R、F、M数据值。

(2) 分别对R、F、M数据值设置若干区间段,将不同区间段映射为不同的评分值。F和M的数据值越大,评分值越高;R数据值越大,评分值越低。

(3) 在R、F、M维度上分别计算全部客户的平均评分值,对每位客户在三个维度上的评分值分别进行高低等级标记,高于或等于平均评分值则标记为"高",否则标记为"低"。

(4) 根据各维度上的高低等级标记,确定客户类型。

(三) RFM模型分析的代码实现

基于上述思路,编写基于RFM模型的A公司2014年客户价值分析Python程序。首先,利用下面代码实现数据读取、预处理,以及R、F、M数据值的计算。以2014年12月31日作为分析时点。

```
In:  import pandas as pd
In:  df = pd.read_csv('Order2011-2014_treated.csv', encoding='latin1')
In:  df['Order_Date']=pd.to_datetime(df['Order_Date'])
In:  df2014 = df[df['Order_Year']==2014][['Customer_ID', 'Order_Date', 'Sales']]
     # 取 2014 年数据
In:  df2014_group = df2014.groupby('Customer_ID') # 按照客户编号分组
In:  df2014_last = df2014_group.apply(lambda x:x.sort_values('Order_Date').
     iloc[-1],include_groups=False)   # 找出每位客户最近一次的消费时间
In:  df2014_last['R'] = (pd.to_datetime('2014-12-31') - df2014_last
     ['Order_Date']).values
In:  df2014_last['F'] = df2014_group.size()
In:  df2014_last['M'] = df2014_group['Sales'].sum()
In:  df2014_last.head()
Out:              Order_Date     Sales        R     F         M
     Customer_ID
     AA-10315     2014-12-23    45.9900    8 days   17    3889.2065
     AA-10375     2014-12-25   444.4200    6 days   14    1904.5380
     AA-10480     2014-08-28    27.8190  125 days   10    7752.9070
     AA-10645     2014-12-03    43.2957   28 days   19    3539.8788
     AA-315       2014-12-29    20.0520    2 days    3     787.3920
```

其中，R 数据值列为描述时间间隔的 timedelta 类型。

然后，在计算出的 R、F、M 数据值基础上，根据经验和业务场景分别对 R、F 和 M 设置数据值区间段和评分值的映射关系。例如，对于 R 维度，最近一次消费时间距 2014 年 12 月 31 日的时间间隔小于 1 个月设置为 5 分，1~3 个月设置为 4 分，3~6 个月设置为 3 分，6~9 个月设置为 2 分，9~12 个月设置为 1 分，则可以设置区间划分列表为 [−1, 31, 92, 186, 277, 365]，分别对应 5~1 分。类似地，对于 F 维度，设置区间划分列表为 [0, 5, 10, 15, 20, 50]，分别对应 1~5 分；对于 M 维度，设置区间划分列表为 [0, 500, 1 000, 5 000, 10 000, 30 000]，分别对应 1~5 分。注意 R 维度对应的评分值顺序与 F 和 M 维度相反，实现代码如下：

```
In:  import datetime
In:  cut_R = [datetime.timedelta(days=i) for i in [-1,31,92,186,277,365]]
     # 设置区间划分
In:  cut_F = [0,5,10,15,20,50]
In:  cut_M = [0,500,1000,5000,10000,30000]
In:  df2014_last['RS'] = pd.cut(df2014_last['R'], bins=cut_R, labels=[5,4,
     3,2,1]).values
In:  df2014_last['FS'] = pd.cut(df2014_last['F'], bins=cut_F, labels=[1,2,
     3,4,5]).values
In:  df2014_last['MS'] = pd.cut(df2014_last['M'], bins=cut_M, labels=[1,2,
     3,4,5]).values
In:  df2014_last.head()
Out:              Order_Date     Sales        R     F         M    RS  FS  MS
     Customer_ID
     AA-10315     2014-12-23    45.9900    8 days   17    3889.2065  5   4   3
     AA-10375     2014-12-25   444.4200    6 days   14    1904.5380  5   3   3
     AA-10480     2014-08-28    27.8190  125 days   10    7752.9070  3   2   4
     AA-10645     2014-12-03    43.2957   28 days   19    3539.8788  5   4   3
     AA-315       2014-12-29    20.0520    2 days    3     787.3920  5   1   2
```

12.8 客户价值分析

从结果可见,已经根据设置的区间划分规则为每个客户设定 R、F 和 M 数据值对应的评分值 RS、FS、MS。

接着,在每个维度上分别计算评分值的平均值,大于等于平均值的评分值标记为"高",小于平均值的评分值标记为"低",代码如下:

```
In:  import numpy as np
In:  for col in df2014_last.columns[-3:]:
In:      df2014_last[col] = df2014_last[col].values.astype('int')  # 将各
    维度评分值转换为整数
In:      mean = np.mean(df2014_last[col].values) # 计算均值
In:      df2014_last[col+'_tag'] = np.where(df2014_last[col]>=mean,'高',
    '低')  # 与均值比较后标记高低等级
In:  RFM2014 = df2014_last[['RS_tag','FS_tag','MS_tag']].copy()
In:  RFM2014.head()
Out:         RS_tag FS_tag MS_tag
    Customer_ID
    AA-10315      高      高      高
    AA-10375      高      高      高
    AA-10480      低      低      高
    AA-10645      高      高      高
    AA-315        高      低      低
```

根据三个维度上的高低等级对客户类型进行标记,代码如下:

```
In:  col_join = RFM2014.apply(lambda x:''.join([str(i) for i in x.values.
     tolist()]), axis=1)
In:  dct = {'高高高':'重要价值客户','高低高':'重要发展客户',
            '低高高':'重要保持客户','低低高':'重要挽留客户',
            '高高低':'一般价值客户','高低低':'一般发展客户',
            '低高低':'一般保持客户','低低低':'一般挽留客户'}
In:  RFM2014['type'] = col_join.map(dct)
In:  RFM2014.head()
Out:         RS_tag FS_tag MS_tag     type
    Customer_ID
    AA-10315      高      高      高    重要价值客户
    AA-10375      高      高      高    重要价值客户
    AA-10480      低      低      高    重要挽留客户
    AA-10645      高      高      高    重要价值客户
    AA-315        高      低      低    一般发展客户
```

最后,通过下面代码计算并查看各种类型客户的占比情况。

```
In:  size = RFM2014.groupby('type').size()
In:  customer_count = sum(size)  # 计算客户总数
In:  size = size.to_frame()  # 将 size 从 Series 转换为 DataFrame 对象
In:  size['pct'] = ['{:.2%}'.format(i/customer_count) for i in size[0]]
In:  size
Out:                0      pct
    type
    一般价值客户     8    0.53%
    一般保持客户     5    0.33%
    一般发展客户   143    9.46%
    一般挽留客户   405   26.80%
```

```
重要价值客户    466    30.84%
重要保持客户    235    15.55%
重要发展客户    110     7.28%
重要挽留客户    139     9.20%
```

从结果看,A 公司的重要价值客户占比最高,达 30.84%,四类重要客户共占 62.87%,客户总体结构良好,这也许正是 A 公司经营业绩逐年上升的原因之一。

上面基于 RFM 模型的客户价值分析代码均在 IPython 控制台完成,可以尝试在独立的 Python 文件中编写程序再运行查看效果。还可以进一步考察客户结构在不同年份的变化情况,以及在不同市场间的差异。

至此,A 公司销售数据分析的具体工作已经完成。但是,这些代码和结果只是作为数据分析人员完成数据分析工作的过程性记录,并不适合直接呈报给企业的管理者和决策者。此时,撰写一份体例规范、信息丰富的数据分析报告是非常必要的。

12.9 数据分析报告撰写

数据分析报告是数据分析人员通过对数据深入研究,发现数据中反映的现象与事实,揭示其背后的本质和规律,分析得出相关结论并给出相关决策建议的应用文体。数据分析报告是数据分析思路和过程的最终呈现,数据分析报告的好坏不仅反映数据分析人员专业水平的高低,也会对管理者、决策者的决策与行动方案制订产生影响。

12.9.1 数据分析报告的类型

数据分析报告按照其关注的侧重点不同,可以划分为描述类报告、因果类报告、预测类报告和咨询类报告,如表 12-5 所示。这四种类型的数据分析报告的分析深度和难度逐渐增加,对组织决策的支持程度也依次增加。其中,描述类报告只需要准确清晰地描述事实即可,因果类报告需要进一步揭示事实背后的因果关系,预测类报告关注事态的未来走向,而咨询类报告则要求通过全面分析为组织提供科学的决策方案建议。

表 12-5　　　　　　　　　　数据分析报告的类型

数据分析报告类型	数据分析报告内容	
	必选内容	可选内容
描述类报告	发生了什么事	
因果类报告	发生了什么事	
	事情为什么会发生	
预测类报告	发生了什么事	事情为什么会发生
	未来会如何发展	
咨询类报告	发生了什么事	事情为什么会发生
	应如何决策	未来会如何发展

此外,根据数据分析报告的报告时间、分析对象等情况,还可以划分为定期分析报告、专题分析报告、综合分析报告等类型。其中,定期分析报告是以定期数据分析报表为依据,反映计划执行情况、影响因素和形成原因的数据分析报告,一般按日、周、月、季、年等时间阶段定期制订,其时效性要求较高。专题分析报告是对社会经济现象的某一方面或某一个问题进行专门研究的数据分析报告,用于辅助决策者解决某个特定问题,其制订时间并不确定,但往往要求对该专题进行深入的剖析。综合分析报告是全面评价一个地区、单位或部门业务等方面发展情况的数据分析报告,要求全面反映分析对象各方面的情况,但不能只对资料简单罗列,而应当把互相关联的现象和问题综合起来进行系统性分析。

12.9.2 数据分析报告的结构

数据分析报告没有统一结构,不同的数据分析师、不同性质的数据分析,所得到的数据分析报告结构也可能不尽相同。数据分析报告的结构大致会遵循"开篇—正文—结论"的模式,即"总—分—总"结构,如图 12-7 所示。

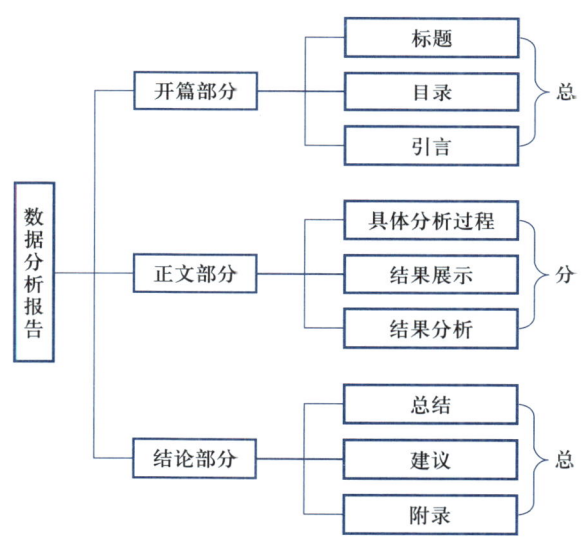

图 12-7 数据分析报告结构

12.9.2.1 开篇部分

1. 标题

数据分析报告的标题应当简洁、准确,能够概括数据分析报告的核心主题,以加快阅读者对报告内容的了解。常见的数据分析报告标题有以下几种类型。

(1) 基本观点型:这类标题通常直接表达某种观点,如"不能忽略低端消费客户""广告收入是互联网公司的重要收入来源"。

(2) 结论概括型:这类标题叙述报告反映的事实,概括分析报告的中心结论,如"企业 2022 年总销售额增长了 20%""2022 年汽车行业薪酬涨幅为 5%"。

(3) 分析主题型:这类标题通常交代数据分析报告的主题、范围和时间等情况,不直接呈现观点,如"手机行业运营现状分析""公司收入增长影响因素分析""2022 年同行业不同公司业务对比分析"。

（4）问题提出型：这类标题以提问的形式点明数据分析报告解决的问题，如"年货消费升级，谁在崛起""如何留住客户"。

2. 目录

目录是数据分析报告的内容索引和顺序提要，相当于数据分析报告的大纲，体现报告的分析思路。目录要避免过于详细和冗长，应当通过简洁而清晰的方式帮助阅读者了解报告内容间的层次逻辑关系。例如，目录中列示的各小节需要添加对应的页码；如果报告中有大量图表，可以为图表单独制作目录。

3. 引言

引言是数据分析报告的一个重要组成部分，也是阅读者查看标题和目录后认真阅读的部分，有助于阅读者迅速捕捉数据分析的价值。引言主要包括分析背景、分析内容和分析思路、分析结论四个方面，分别回答四个问题："为什么要进行此次数据分析（Why）""通过此次数据分析主要解决哪些问题（What）""此次数据分析是如何开展的（How）""此次数据分析取得了什么新的发现（What）"。

（1）分析背景：对数据分析的背景情况进行说明，阐述此次数据分析的目的、必要性和意义，其中也可以穿插一些其他相关信息，如行业发展现状。

（2）分析内容：简要介绍此次数据分析主要是针对哪些具体问题，以及针对这些具体问题分别进行了哪些分析。

（3）分析思路：介绍完成此次数据分析的主要思路和过程，如遵循的管理或营销理论框架、数据的来源和获取方式、采用的数据分析模型和技术。

（4）分析结论：简要报告通过此次数据分析取得了什么新的发现，得到了什么有价值的结论。

12.9.2.2　正文部分

正文是数据分析报告的核心部分，包括具体分析过程、结果展示和结果分析。

（1）具体分析过程：需要按照分析思路框架呈现清晰具体的数据分析过程，可以按照数据分析的任务划分若干分析模块，各个分析模块从不同侧面严谨地切合整个数据分析的主题，并按照一定逻辑进行组织。

（2）结果展示：数据分析的结果可以用文字、数值、图表等不同形式呈现，一般需要以图文并茂的方式展示数据分析的结果。如果有使用统计方法，则提供相关的统计指标和分析结果；如果涉及建模，则可以展示模型的关键结果和性能指标，如模型的准确度、精确度、召回率。

（3）结果分析：对所展示的结果需要进一步分析和解释，说明结果揭示了什么趋势或关系，以及为什么会产生这样的趋势或关系。这需结合专业领域知识对数据结果成因进行推断；还可以阐述数据或模型的局限性，以帮助阅读者了解结果的可靠性和适用性。

数据分析报告正文的三个部分并非一定按照顺序撰写，也可以在具体分析模块中展示。正文内容必须与分析思路契合，要以科学严谨的范式确保分析过程的合理性和正确性，以清晰简练的文字确保报告的逻辑性和可读性。

12.9.2.3 结论部分

数据分析报告的结论部分需要进行全文的综合和总结,帮助阅读者加深认识、明确主旨、引发思考。数据分析报告的结论部分主要包括以下三个方面。

(1) 总结:对整篇数据分析报告完成的工作,以及得到的主要结论进行概括。此处不是对分析结果的简单复述,而是结合分析主题,经过综合分析、逻辑推导后形成的总结性观点。

(2) 建议:立足数据分析的结果,针对企业面临的问题提出具体的解决方案,主要关注保持优势及改进劣势等内容。这部分内容要密切联系企业的业务,提出切实可行的建议。数据分析师需要在分析结果基础上,进一步深入挖掘、探索和研究导致分析结果的真正原因,并在此基础上给出解决方案和建议。

(3) 附录:数据分析报告的附录不是必需的。一般来说,附录用于补充正文使用的分析方法、图形、专业术语、重要原始数据、关键程序代码等内容,帮助阅读者更好地理解数据分析报告中的内容,以及提供深入研究数据分析报告的途径。

12.9.3 电商销售数据分析报告示例

根据数据分析报告撰写的要求,提供A公司电商销售数据分析报告示例供参考。数据集仅包含A公司订单数据但缺少公司基本情况资料,考虑到报告的完整性,这里便虚构了A公司的部分背景,并假定数据分析时点为2015年。数据分析报告中的图表是在前文分析结果的基础上补充了标题、坐标轴标注等信息。扫描右侧二维码可获取该示例。

电商销售数据分析报告示例

 本章小结

1. 通过互联网开展产品销售已成为许多商家拓展销售渠道的重要选择,商家通过网络销售产品的同时也得到了大量的销售订单数据,这些数据为商家了解自身销售状况、客户特征,以及制订后一步的营销策略提供了良好基础。

2. 在数据导入、探索和预处理的基础上从商品与订单、物流与配送、销售与利润,以及客户价值等四个方面开展详细分析。

3. 数据分析的结果通常需要以数据分析报告的书面形式呈现给管理者和决策者,数据分析报告一般应具有描述现象、给出解释和提供对策三方面的作用,其类型主要有描述类报告、因果类报告、预测类报告和咨询类报告等类型,通常分为开篇、正文和结论三个部分进行撰写。

 复习思考题

1. 数据预处理有哪些基本方法?举例说明如何实现。
2. 对于电商销售问题,需要做哪些方面的数据分析?

3. 简述 RFM 模型的基本原理。
4. 简述数据分析报告的主要结构。

 操作实践题

选择一个你感兴趣的领域确定研究问题，获取该领域的数据集并进行数据分析，下面是部分参考问题。

（1）中国大学排行榜：从权威网站获取中国大学在某个方面（如录取分数、毕业生薪酬）的排名，分析地域差异，展示排名随年度变化情况。

（2）全球国家基本情况分析：分析全球主要国家的国土面积、人口数量、GDP 等信息，结合地图展示。

（3）中国大学国内期刊论文发表情况分析：获取中国大学的国内期刊论文发表数据，从发文数量、质量等方面对学校、个人进行排名，分析研究主题热点随时间变化情况。

（4）天气数据分析：对若干城市某段时间内的天气、空气质量等数据进行分析和可视化。

主要参考文献

[1] 嵩天,礼欣,黄天羽. Python 语言程序设计基础[M]. 2 版. 北京:高等教育出版社, 2017.
[2] 钟雪灵,李立,高平安,李梅生,唐名华. Python 程序设计基础[M]. 北京:电子工业出版社, 2019.
[3] 赵璐,孙冰,蔡源,陈东. Python 语言程序设计教程[M]. 上海:上海交通大学出版社, 2019.
[4] 王德志,李冬艳,杨阳,崔新伟. Python 基础与应用开发[M]. 北京:清华大学出版社, 2020.
[5] 杨国俊,张植皓,潘海超. Python 数据分析入门与实战[M]. 北京:机械工业出版社, 2020.
[6] 谢志龙,李庆. Python 应用基础[M]. 北京:机械工业出版社,2021.
[7] 林志杰,陈宇乐. Python 基础应用[M]. 北京:机械工业出版社,2022.
[8] 肖泉,黄佳玲. 新文科背景下财经院校大学生数据素养提升路径探索:以"Python 语言与数据分析"公共课为嵌入[J]. 大学教育,2023(6).

教师教学资源服务指南

关注微信公众号"**高教财经教学研究**",可浏览云书展了解最新经管教材信息、申请样书、下载课件、下载试卷、观看师资培训课程和直播录像等。

 ## 课件及资源下载

电脑端进入公众号点击导航栏中的"教学服务",点击子菜单中的"资源下载",或浏览器输入网址链接http://r 01.35.126.6/,注册登录后可搜索相应资源并下载。

 ## 样书申请及培训课程

点击导航栏中的"教学服务",点击子菜单中的"云书展",了解最新教材信息及申请样书。

点击导航栏中的"教师培训",点击子菜单中的"培训课程"即可观看教师培训课程和"名师谈教学与科研直播讲堂"的录像。

联系我们

联系电话:(021)56718921

郑重声明

高等教育出版社依法对本书享有专有出版权。任何未经许可的复制、销售行为均违反《中华人民共和国著作权法》，其行为人将承担相应的民事责任和行政责任；构成犯罪的，将被依法追究刑事责任。为了维护市场秩序，保护读者的合法权益，避免读者误用盗版书造成不良后果，我社将配合行政执法部门和司法机关对违法犯罪的单位和个人进行严厉打击。社会各界人士如发现上述侵权行为，希望及时举报，我社将奖励举报有功人员。

反盗版举报电话　（010）58581999　58582371
反盗版举报邮箱　dd@hep.com.cn
通信地址　北京市西城区德外大街4号　高等教育出版社知识产权与法律事务部
邮政编码　100120